X

Das Buch

Die Vorwortautoren: zwei Generale – die beiden Chefs, welche die Hauptverwaltung Aufklärung (HVA) des MfS hatte. Die Herausgeber: zwei Oberste aus dem gleichen Hause. Die Autoren: über dreißig Personen, die im westlichen Sprachgebrauch die Bezeichnung »Top-Spione« trugen. Es waren Wissenschaftler, Politiker, Journalisten, Diplomaten, Verfassungsschützer und andere integre Staatsbürger, die sich irgendwann als Idealisten entschlossen, die Geheimnisse der einen Seite an die andere weiterzugeben. Es herrschte Kalter Krieg, und sie waren davon überzeugt, den Frieden sicherer zu machen, wenn ihre, also die westliche Seite, nicht das verführerische Gefühl militärischer Überlegenheit hätte.

Nie zuvor in der Geschichte hat sich eine derart große Gruppe von Kundschaftern oder Spionen kollektiv zu Wort gemeldet. Sie berichten selbstbewußt über ihre Motive, Handlungen und Erfahrungen – auch jene, die sie in Gefängnissen sammeln mußten.

Die Herausgeber

Klaus Eichner, Jahrgang 1939, Diplomjurist, Mitarbeiter des MfS von 1957 bis 1990. Zunächst in der Spionageabwehr. Danach in der Hauptverwaltung Aufklärung (HVA) tätig. Seit 1974 Analytiker im Bereich IX/C der HVA, spezialisiert auf USA-Geheimdienste. Von 1987 bis zur Auflösung der HVA Leiter des Bereichs C (Auswertung und Analyse) der Abteilung IX (Gegenspionage). Letzter Dienstgrad: Oberst.

Gotthold Schramm, Jahrgang 1932, Diplomjurist, Mitarbeiter des MfS von 1952 bis 1990, seit 1954 in der Hauptverwaltung Aufklärung (HVA). Zwischen 1963 und 1969 bei der Spionageabwehr (HA II), danach wieder HVA. Ab 1969 verantwortlich für die Sicherheit der DDR-Auslandsvertretungen, zuletzt als Stellvertretender Leiter der Abteilung IX, 1986 Leiter der Abteilung XVIII (Zivile Verteidigung). Letzter Dienstgrad: Oberst.

Band 3 der Geschichte der HV A

Klaus Eichner/Gotthold Schramm (Hrsg.)

Top-Spione im Westen

Spitzenquellen der DDR-Aufklärung erinnern sich

Mit einem Vorwort von
Markus Wolf und Werner Großmann

edition ost

ISBN 978-3-360-01096-4

Umschlaggestaltung: Buchgut, Berlin
Umschlagfoto: ullstein bild / Vario-Press
Druck und Bindung: CPI Moravia Books GmbH

Ein Verlagsverzeichnis schicken wir Ihnen gern:
Das Neue Berlin Verlagsgesellschaft mbH
Neue Grünstr. 18, 10179 Berlin
Tel. 01805/30 99 99 (0,14 Euro/min. aus dem deutschen Festnetz, abweichende Preise von Mobilfunkteilnehmern)

Die Bücher des Verlags Das Neue Berlin und der edition ost erscheinen in der Eulenspiegel Verlagsgruppe

www.edition-ost.de

Inhalt

Die uns allen gemeinsame Motivation bestand objektiv darin,
einen Beitrag zum Schutz des ersten sozialistischen Staates in Deutschland
zu leisten und damit dem Frieden zu dienen.
Wir haben, glaube ich, auch durch unsere Haltung
nach der Niederlage zeigen können, daß die DDR-Auslandsaufklärung
eine besondere moralische und politische Qualität hatte.

Botschaftsrat Klaus von Raussendorff,
Jahrgang 1936, Aufklärer des MfS seit 1961,
bis zu seiner Verhaftung 1990 im Auswärtigen Amt tätig,
zu sechs Jahren Haft verurteilt.

Vorbemerkungen

In Berlins Mitte, wo einst das Stadion der Weltjugend lag, wächst die Zentrale des Bundesnachrichtendienstes aus dem Boden. Noch bevor die Fundamente gegossen wurden, errichtete man meterhohe Planken, die den Blick auf die Baustelle versperren. Und nachts werfen mehr Scheinwerfer Licht auf die videoüberwachten Sichtblenden, als die DDR-Grenzer jemals anknipsen konnten. Auch ohne das Wissen darum, wer hier was baut, bekommt jeder Spaziergänger mit: Das muß was ganz Geheimes sein.

Noch immer befindet sich die Höhle des Löwen in Pullach bei München und jenseits einer Grenze, die es seit 1990 nicht mehr gibt. Künftig also, man spricht von etwa viertausend BND-Bediensteten, die ab 2013 hier ihr üppiges Gehalt verdienen sollen, liegt die Höhle im Herzen des einstigen Gegners. Diese Vorstellung entbehrt nicht einer gewissen Pikanterie, weshalb man sich auch lange in München gegen sie sträubte. 720mal eine Millionen Euro sollen in den Ostberliner Sand gesetzt werden. Am Ende sind es gewiß mehr. Man kennt ja solche Baukalkulationen. 100.000 Quadratmeter Nutzfläche, etwa 25 Fußballfelder voller Schlapphüte … Irre.

Wer spricht da gleich vom Überwachungsstaat und von dessen Ausbau? Ach so, natürlich, das ist der Auslandsnachrichtendienst, der hat überhaupt nichts mit der Innenpolitik zu tun. Und wenn, wie mal wieder im Frühjahr 2008 publik wurde, inländische Journalisten systematisch und ausdauernd bespitzelt und ausgeforscht werden, ist das eine ärgerliche Panne und läßliche Sünde. Wie es eben auch überhaupt nichts mit inneren Belangen zu tun hat, wenn beispielsweise Journalisten auf der Honorarliste des BND stehen.

Als es noch die DDR gab und deren Auslandsnachrichtendienst, die Hauptverwaltung Aufklärung (HV A), interessierte man sich in Berlin (Ost) auch für den Bundesnachrichtendienst in Pullach. Seit langem ist es kein Geheimnis mehr, daß man mit Dr. Gabriele Gast, seit 1973 Regierungsdirektorin in diesem Amte, und etlichen anderen überzeugten Sozialisten Spitzenquellen vor Ort besaß. Die Auslandsaufklärung der DDR, das räumen heute selbst ihre Gegner ein, war erfolgreich wie kaum ein anderer Dienst. Ein hinlänglicher Grund, weshalb an die dreißig Top-Spione der DDR in einem Sammelband sich ihrer damaligen Tätigkeit erinnerten. Das Buch erschien 2003 unter dem Titel »Kundschafter im Westen«. Der Vorgang war in mehrfacher Hinsicht bemerkenswert. Ein vergleichbares Buch gab es vorher nicht und wird es vermutlich auch nie wieder geben. Unvorstellbar, daß sich etwa so viele ehemalige CIA-Agenten oder BNDler zusammenfänden, um ein kollektives Werk dieses Charakters vorzulegen. Offenkundig muß es doch etwas Grundsätzliches geben, was östliche von westlichen Nachrichtendienstlern unterscheidet, selbst wenn sich das Handwerk gleicht?

Die Frage ist natürlich rhetorischer Natur, weil jeder politisch Denkende die Antwort weiß. Es ist dieses hohe Maß an Idealismus und die daraus resultierende Selbstlosigkeit. Man machte nicht einen »Job«, sondern engagierte sich für eine bessere, eine geordnete, eine friedlichere Welt. Und da man in den sozialistischen Staaten, etwa der DDR, deren Anwalt und Vorkämpfer sah, verbündete man sich mit diesen. Wissenschaftler, Politiker, Journalisten, Diplomaten, Verfassungsschützer und andere integere Bundesbürger beiderlei Geschlechts handelten als Überzeugungstäter. Ihnen standen DDR-Bürger zur Seite, die eine Entscheidung für eine Tätigkeit im gegnerischen Operationsgebiet getroffen hatten.

Daß ihre Überzeugung begründet war und sie für die richtige Seite gearbeitet haben, lesen wir heute fast täglich in der Zeitung. So meinte etwa Heiner Geißler, einst Generalsekretär der CDU und Bundesminister für Jugend, Familie und Gesundheit, am 9. März 2008 im Berliner *Tagesspiegel*, es habe den Anschein, »als ob im Rahmen der Globalisierung die Zivilisation wieder um 200 Jahre zurückgeworfen werden sollte«. Die globale Wirtschaft ist »eine Welt der Anarchie geworden, ohne Gesetze, ohne Regeln, ohne soziale Übereinkünfte«. Und warum: Weil es seit 1990 kein gesellschaftlich organisiertes Gegengewicht mehr gibt, welches sich auf Marx und Engels beruft, mithin sozialistisch ist. Geißler weiter: »›Das Kapital hat die Bevölkerung agglomeriert, die Produktionsmittel zentralisiert und das Eigentum in wenigen Händen konzentriert. Die Arbeiter, die sich stückweise verkaufen müssen, sind eine Ware wie jeder andere Handelsartikel und daher gleichmäßig allen Wechselfällen der Konkurrenz, allen Schwankungen des Marktes ausgesetzt.‹ Dieses Zitat stammt aus dem ›Kommunistischen Manifest‹ (1848) und ist eine hinreichende Beschreibung des jetzigen Weltwirtschafts- und Finanzsystems, das moralisch krank und auf Dauer nicht konsensfähig ist. **Im Gegensatz zu damals fehlt heute die politische Macht** *(Hervorhebung durch die Hrsg.)*, um in der Welt- und Finanzwirtschaft für Ordnung zu sorgen. Wenn die westlichen Staatsfrauen und -männer nicht endlich aufwachen, werden sich die Prophezeiungen von Marx und Engels doch noch erfüllen.«

Wem der Konservative Geißler zu links ist, dem sei Horst Köhler zur Lektüre empfohlen. Einst Chef des Internationalen Währungsfonds (IWF) und davor als für die Treuhandanstalt zuständiger Staatssekretär im Bundesfinanzministeriums maßgeblich an der Zerschlagung der DDR-Wirtschaft beteiligt, nennt der heutige Bundespräsident das Weltfinanzsystem ein »Monster«, das in die Schranken gewiesen werden müsse.

Die staatssozialistischen Länder haben das »Monster« in die Schranken zu weisen versucht. Nimmt man ihr Ende: ohne Erfolg. Blickt man aufs Ganze: sehr wohl. Unverständlich darum, weshalb diese Tatsache nicht Gemeingut ist und die Geschichte der DDR und ihrer Institutionen nach wie vor verleumdet und kriminalisiert wird. Mit dem Wissen von heute sollte man inzwischen Wesentliches von Unwesentlichem scheiden können.

Um der Welt gerechte Regeln und Ordnung, also politischen wie sozialen Frieden zu geben, traten auch jene Kundschafter an. Mit Kollektiv- statt mit Korpsgeist. Aus Verantwortung für das deutsche Volk, für die Menschheit – und nicht nur für eine Familie und privates Glück. Darüber berichteten sie in diesem Sammelband. Über ihre Motive, über ihre Arbeit, ihre Erfahrungen, Einsichten, Konsequenzen.

Der von ihnen vertretene Idealismus hat allerdings auch »Nachteile«. Das ist die Bescheidenheit. Als der Verlag damals vorschlug, das Buch »Top-Spione im Westen« zu nennen, hoben etliche die Hände und reklamierten für sich, keine Spitzenquelle gewesen zu sein. Natürlich, einen Himmel nur mit Sternen 1. Klasse gibt es nicht, das weiß jeder, der nachts einmal den Blick nach oben richtet. So einigten sich Autoren, Herausgeber und Verleger auf den dann gewählten Titel, der seit 2003 mehrere Auflagen erfuhr.

Nachdem weitere Jahre ins Land gegangen sind und weil wegen ungebrochener Nachfrage eine neue Ausgabe nötig wird, kehren wir zu dem ursprünglichen Titel zurück. Nicht etwa, weil die Autoren die Bescheidenheit verlassen hätte oder sie mit den Spionen westlicher Dienste gleichgesetzt werden sollen, sondern weil die Macht des Faktischen wirkt. Nahezu zwei Jahrzehnte Leben in der Bundesrepublik sind nicht spurlos an der Alltagssprache vorübergezogen, die Nachgeborenen sprechen auch kein DDR-Deutsch mehr. Begriffe wie *Kundschafter des Friedens* oder *Aufklärer* sind in diesen Generationen aus dem Gebrauch. Mit einem Spion hingegen kann ein junger

Mensch was anfangen. Selbst wenn er nicht durch die Berliner Chaussee-Straße flaniert, um sich im BND-Shop aufklären zu lassen, was ein Nachrichtendienst angeblich so treibt.

Die Neuauflage des Buches unterscheidet sich von den vorhergehenden Ausgaben unter anderem dadurch, daß einige Autoren, die damals bei der Premiere dabei waren, heute nicht mehr sind. Johanna Olbricht beispielsweise, in Bonn Sekretärin mehrerer FDP-Generalsekretäre, deren Text der erste im Buch ist, trug diesen damals bei der Buchvorstellung in Lichtenberg vor.

Ursprünglich war die Veranstaltung im Rathaus Schöneberg vorgesehen, doch der Bezirksbürgermeister kündigte den Raum, weil er unter der »Freiheitsglocke« solche Töne nicht duldete. Die Absage führte dazu, daß das Interesse der Medien sprunghaft anstieg. Der Verlag sah allen Grund, sich anschließend bei dem CDU-Lokalpolitiker für die Schützenhilfe zu bedanken.

Markus Wolf, bis 1986 Chef der HV A und damit auch Chef der Top-Spione, schrieb gemeinsam mit seinem Nachfolger das Vorwort und stellte das Buch damals mit vor: Auch Markus Wolf ist 2006 verstorben. So erscheinen einige Texte gleichsam postum.

Und jene Autoren, die eine Bearbeitung für nötig hielten, haben diese vorgenommen. Sie haben aktualisiert. Aber nichts von dem weggenommen, was sie damals selbstbewußt schrieben und mit unveränderter Überzeugung vertreten. Die Zeitläufte bestätigen sie darin, sich damals für die bessere Seite entschieden und das Richtige getan zu haben. Dafür wurden sie angefeindet und verfolgt. Aber auch das ist Geschichte, viele sehen das inzwischen anders.

Manche Erkenntnis braucht eben einige Zeit, ehe sie sich durchsetzt.

Klaus Eichner *Gotthold Schramm*
Berlin, im Frühjahr 2008

Vorwort

Das ist ein außergewöhnliches Buch. Außergewöhnlich, weil es von »Kundschaftern der unsichtbaren Front« geschrieben wurde, die hinter der Frontlinie des Kalten Krieges kämpften. Die Verfasser der nachfolgenden Beiträge waren den Gefahren und Risiken eines Krieges tatsächlich ausgesetzt. Auch wenn dieser Krieg nicht mit konventionellen Waffen geführt wurde.

Den heißen Krieg, das Inferno – den Einsatz von Massenvernichtungswaffen – zu verhindern, war das oberste Ziel des Außenpolitischen Nachrichtendienstes und der Militäraufklärung der DDR, für die sie tätig waren.

Wir kennen keine vergleichbare Publikation – weder in Ost noch in West –, in der sich eine derart ansehnliche Zahl auch bislang kaum bekannter Teilnehmer dieser großen Auseinandersetzung der Nachkriegszeit zu Wort gemeldet hat.

Das Besondere der Beiträge: Die Autoren schildern für sie bedeutsame Erlebnisse des Kundschafterdasein, sie beschreiben ihre Gefühle bei Erfolgen wie auch bei Niederlagen. Selbst für uns, die wir viele der Autoren während unserer aktiven Zeit im Dienst persönlich kannten, ist etliches neu, aufregend und spannend. Es berühren sowohl die äußere Dramatik als auch die innere, die sie mit ihrem Einblick in das Innerste, dem Blick auf die Motive für ihr Handeln offenlegen. Wir erfahren so, warum sie trotz vieler Anfechtungen und Schwierigkeiten zur Erfüllung ihres Auftrages fähig waren.

Sie sahen in der Deutschen Demokratischen Republik eine Alternative zur restaurativen Entwicklung in der Bundesrepublik Deutschland, sie wollten mit ihrem Einsatz persönlich zur Erhaltung des Friedens und zur Bewahrung und Festigung einer sozialistischen Entwicklung in der DDR beitragen. Keiner, der dafür mit voller Hingabe und hoher Professionalität tätig war, braucht sich dessen zu schämen.

Hier äußern sich Frauen und Männer, die aus politischen und ideologischen Motiven handelten und dazu auch heute noch stehen. Sie äußern sich stellvertretend auch für jene, die aus verschiedenen Gründen nicht oder noch nicht an die Öffentlichkeit gehen wollen oder können. Dazu haben in erster Linie die aus unserer Sicht rechtswidrige Strafverfolgung, anhaltende Diskreditierung, Diffamierung und gnadenlose soziale Ausgrenzung beigetragen. Im Gegensatz dazu wurden Spione westlicher Dienste voll rehabilitiert und finanziell für ihre Tätigkeit belohnt. Diese Ungleichbehandlung widerspricht anerkannter völkerrechtlicher Praxis.

Ungeachtet der Gründe für unterschiedliche Reaktionen auf die Idee für dieses Buchprojekt gehören unsere Hochachtung und unsere Dankbarkeit uneingeschränkt allen früheren Kundschaftern, egal, für welchen Bereich sie tätig waren. In freundschaftlicher Verbundenheit werden wir weiter an ihrer Seite stehen.

Wir verurteilen den Verrat durch einige unserer ehemaligen Mitarbeiter, der bei Autoren und am Buch nicht beteiligten Aufklärern zu hohen Freiheitsstrafen führte.

Den Autoren, den Herausgebern, der »Arbeitsgruppe Aufklärer« der »Gesellschaft für rechtliche und humanitäre Unterstützung e. V.« (GRH) sowie der Gruppe »Kundschafter des Friedens e. V.« ist für das Gelingen dieses Werkes zu danken.

Markus Wolf *Werner Großmann*
Berlin, im Frühjahr 2003

Ich wurde Sonja Lüneburg

Johanna Olbrich (1926-2004), Lehrerin und Schulleiterin, Zusammenarbeit mit der HVA seit 1963. Übersiedlung als »Sonja Lüneburg« in die BRD. Sekretärin beim Bundestagsabgeordneten William Borm (FDP), später Sekretärin bei den Generalsekretären der FDP Flach und Bangemann; Mitarbeit in der Fraktion im EU-Parlament Brüssel, Sekretärin des Bundesministers für Wirtschaft Bangemann. 1985 Rückzug aus Sicherheitsgründen in die DDR.
1991 zweimonatige Untersuchungshaft, Aussetzung gegen Kaution. 1992 verurteilt zu 2 Jahren, 6 Monaten. Nach Revision 1994 Aussetzung der Strafe auf Bewährung.

Seit November 1945 arbeitete ich im Bezirk Dresden als Lehrerin und Schulleiterin. Ich absolvierte ein Fernstudium, wurde 1960 nach Berlin in das Ministerium für Volksbildung berufen und in der Abteilung Allgemeinbildung als Hauptreferentin eingesetzt. Die Arbeit war sehr interessant, weil in jener Zeit die 10-Klassenschule eingeführt und die dazu notwendigen Lehrpläne zusammen mit Lehrern und Wissenschaftlern ausgearbeitet und getestet werden mußten. Ich war völlig unerfahren und dankbar für die Hilfe, die ich von Genossen und Kollegen mit wohltuender Selbstverständlichkeit erhielt.

Ende 1963 fragte mich ein Kollege, der wieder heiraten wollte, ob ich meine Wohnung als KW (Konspirative Wohnung) zur Verfügung stellen wolle. Er habe bisher seine dafür nutzen lassen, könne das aber wegen der Kinder, die seine Frau in die Ehe bringe, nun nicht mehr tun. Meinem etwas verwunderten Gesicht mußte er wohl entnehmen, daß ich keine Ahnung hatte, wovon er sprach. Er erklärte mir also, daß es sich um die Bereitstellung eines Raumes für Zusammenkünfte handle und von wem mit welcher Absicht solche Treffen durchgeführt würden. Natürlich bat er mich um Verschwiegenheit. Nach einigem Überlegen stimmte ich zu. Meine Wohnung stand tagsüber leer, und wenn sie dazu genutzt werden konnte, konspirativ Informationen über den damals eskalierenden Kalten Krieg zu überbringen und zu beraten, war das gut. So begann meine Beziehung zur HVA. Zunächst hatte ich nur Verbindung zu einem Mitarbeiter. Er war zuständig für die Nutzung der Wohnung und teilte mir die Termine mit, damit ich nicht unverhofft störte. Es klappte alles recht gut.

Ich besuchte ab September 1964 einen Einjahreslehrgang und sollte danach eine außerplanmäßige Aspirantur bekommen. Kurz nach Beginn des Lehrgangs teilte mir mein Wohnungsnutzer mit, daß sein Vorgesetzter gern einmal mit mir sprechen würde. Das geschah bei einem schönen Essen im Hause der Deutsch-Sowjetischen Freundschaft und gipfelte im Vorschlag, im Auftrag der HVA im Ausland zu arbeiten.

Ich stimmte nach der eingeräumten Bedenkzeit zu. Dafür hatte ich zwei Gründe:

Bis Ende Januar 1945 besuchte ich eine Internatsschule, eine Lehrerbildungsanstalt, in der Nähe von Kattowitz. Wir waren bei Annäherung der Front nicht rechtzeitig evakuiert worden, und so standen wir am Straßenrand und hofften, von den zurückflutenden Soldaten mitgenommen zu werden. Am Tag zuvor zog ein nicht abreißender Zug von Menschen auf der nach Westen führenden Straße vor unserer Schule vorüber.

Während wir nun wartend an der Straße standen, kamen offensichtlich Nachzügler: Zwei Männer, trotz bitterer Kälte gekleidet in dünnem Häftlingsdrillich und barfuß in Holzschuhen, schleppten sich vorbei. Sie wurden von bewaffneten Uniformierten angetrieben. Später wurden wir von Soldaten aufgenommen und fuhren die gleiche Straße entlang. Es war grauenhaft, was wir dort sahen. Im Straßengraben lagen weggeworfene Decken, Gefäße, Unrat – und Tote. Ich konnte nicht erkennten, ob sie an einer Kugel oder vor Schwäche gestorben waren. Es hieß, das seien Häftlinge aus einem Auschwitzer Lager. Diese schrecklichen Bilder haben sich mir nachhaltig eingeprägt. Ich war 18 und hatte gesehen, was Krieg und Barbarei bedeuteten. Das wollte ich nie wieder erleben.

Der zweite Grund für meine Zusage war praktischer Natur. Ich war allein und hatte keine Kinder. Meine Angehörigen lebten im Ausland. Und neugierig auf eine neue Aufgabe an einem anderen Ort war ich schon.

Während des Lehrgangs wurde ich nach Westberlin geschickt. Es war wohl ein Test. Ich sollte eine Beobachtungsaufgabe lösen.

Bei der Rückkehr erkannte mich eine Bekannte, die am Bahnhof auf Besuch wartete. Sie rief laut meinen Namen. Das war ärgerlich, denn wie sollte ich erklären, daß ich in Westberlin gewesen war? Mir fiel etwas ein. Sie kam später nie darauf zurück. Ich war wohl überzeugend. Ich hatte aber gelernt, daß man auf solche unverhofften Begegnungen vorbereitet sein mußte.

Meine nächste Fahrt ging nach Wien. Dort sollte ich eine noch nicht aktive Quelle treffen. Ich reiste mit falschen Papieren über Nürnberg. Dort hatte ich umzusteigen. Der Aufenthalt reichte für einen Stadtrundgang. Das war wohl der Grund, weshalb ich im Zug einschlief und von der Grenzkontrolle geweckt wurde. Obgleich ich noch nicht ganz wach war, konnte ich die Fragen nach den Angaben im Paß ohne Stottern richtig beantworten. Das gab mir Selbstvertrauen.

Nach Beendigung des Lehrgangs ging es richtig los mit der Vorbereitung. Ich bekam Einzelunterricht – meist in meiner Wohnung. So lernte ich den Umgang mit einer Mikrokamera, Funken und Entschlüsseln von Mitteilungen, das Anlegen von Toten Briefkästen und vieles mehr. Ich trainierte Verhaltensweisen, um nicht enttarnt zu werden. Außerdem besuchte ich einen Schreibmaschinen-Kursus.

Ich sollte mit einer anderen Identität ausgestattet werden. Die verantwortlichen Genossen mußten also jemanden finden, der ungefähr so alt war wie ich und auch eine gewisse Ähnlichkeit mit mir hatte. Zudem mußte dieser Jemand in Westdeutschland oder in einem anderen westlichen Land gelebt haben und irgendwann von dort weggegangen sein.

Man fand eine Frau, die in England in einem Haushalt gearbeitet hatte, dort weggegangen war und versprochen hatte, für eine Nachfolgerin aus Deutschland zu sorgen. Mehr erfuhr ich nicht. Man schickte mich nach London, um meine Sprachkenntnisse zu vervollkommnen und die Verhältnisse kennenzulernen, in denen meine Namensgeberin gelebt hatte. Ich sollte auch die Familie besuchen, für die sie gearbeitet hatte. Als ihre Freundin hätte ich herzliche Grüße zu übermitteln.

Im Mai 1966 trat ich die Reise an. Die britischen Fährleute streikten. Die Passagiere mußten warten, bis wir mit einer Fähre anderer Nationalität übergesetzt werden konnten und erreichten London erst am Abend. Ich gewann meine ersten Erfahrungen über englische Sitten gleich nach der Ankunft auf dem Bahnhof. Um ein Quartier zu bekommen, wandte ich mich an das Tourismusbüro. Dort konnte man mir nur Vermittlungsbüros nennen, die aber erst am nächsten Morgen öffneten. Ich hätte auch in einem Bahnhofshotel übernachten können. Doch mir war in Berlin gesagt worden, mich auf Bahnhöfen nicht lange aufzuhalten, weil man dort mit Beobachtungen und häufigen Kontrollen rechnen müsse. Außerdem entsprachen die Preise in diesem Hotel der Summe, die mir für eine ganze Woche zur Verfügung stand. Ich wollte es bei einem Taxichauffeur versuchen.

Am Taxistand traf ich auf eine Gruppe von englischen Reisenden. Diese kamen gerade aus Deutschland und teilten mein Schicksal. Ein hilfsbereites Ehepaar nahm mich mit zu einem Hotel. Da kein Zimmer mehr frei war, mieteten sie mich in einem anderen Hause ein. Wie sich zeigte, ging ihre Liebe zum Rhein sogar soweit, daß sie den Taxifahrer im voraus bezahlt hatten.

Am nächsten Tag fand ich dann ein preiswertes Zimmer und meldete mich in einem Sprachinstitut an.

Sobald ich mich einigermaßen zurechtfand, wagte ich den angeordneten Besuch. Die Leute wohnten in Wimbledon in einer ansehnlichen Villa. Ich wurde von der Dame des Hauses mit großer Freude begrüßt, was mich einigermaßen überraschte. Sie zeigte mir das weiträumige Haus und rechnete, da sie mich für die von »meiner Freundin« avisierte Haushälterin hielt, fest mit meiner Zusage, für sie zu arbeiten. Ich mußte sie enttäuschen.

Nach sechs Wochen kehrte ich nach Berlin zurück. Dort berichtete ich ausführlich über meine Beobachtungen und Erfahrungen, die ich in London gemacht hatte.

Ich wurde dann noch zu einem kürzeren Aufenthalt nach Schweden geschickt und konnte dort meine Kenntnisse erweitern.

Im Sommer 1966 wurde mir mitgeteilt, daß man nun meine »Doppelgängerin« gefunden habe. Es handelte sich um eine Sonja Lüneburg, eine Westberlinerin, die aber in einer Nervenklinik in der DDR behandelt werde, weil ihre Familie hier lebte. Ich bin dieser Frau nie begegnet und kenne ihren Lebenslauf nur aus den Unterlagen.

Es begann mit einem Besuch in ihrer Westberliner Wohnung. Ich stellte mich bei der Hausmeisterin als Sonjas Freundin vor, die sie bei sich aufgenommen habe und nun ihre Angelegenheiten klären wolle. Daß Sonja in Ostberlin war, wußte offensichtlich niemand. Die Hausmeisterin war zwar sehr gesprächig, aber in angenehmer Weise mitfühlend. Sie erzählte mir von den Merkwürdigkeiten im Verhalten, zeigte mir Kritzeleien an den Küchenmöbeln, berichtete, daß Sonja von ihrem Freund, einem Franzosen, verlassen worden wäre und auch Schulden habe.

Ich sagte, daß ich eben deshalb gekommen sei, und ließ mir die Adresse des Gerichtsvollziehers geben. Der nannte mir die Zahlungsstelle. Ich ging mit etwas weichen Knien in das zuständige Amtsgericht. Mit Erleichterung registrierte ich, daß sich niemand dafür interessierte, wer zahlte. Wichtig war: es wurde gezahlt.

So befreite also die HVA Sonja von ihren Schulden.

Das nächste Problem war die Registrierung beim Einwohnermeldeamt. Es wurde beschlossen, »meine« Abmeldung aus Berlin (West) in Frankreich zu beantragen. Schließlich wußte jeder in ihrer Umgebung, daß sie mit einem Franzosen liiert war. Was lag also näher als die Legende, daß sie ihm nachgereist war?

Ich fuhr via Strasbourg nach Colmar, um von dort die Abmeldung anzufordern. In der Bahnhofstoilette in Strasbourg wollte ich die Papiere wechseln, doch ich bekam den Container, das geheime Versteck, nicht auf. Die Toilettenfrau wummerte nach einer Weile an die Tür, ich mußte meine Bemühungen beenden. Erst in Colmar im Hotel kam ich an Sonja

Lüneburgs Papiere. Gerade noch rechtzeitig: Die Polizei kam schon, um die Anmeldeformulare abzuholen. Die bis dahin benutzten Reisedokumente zerriß ich und verteilte die Schnipsel in Papierkörbe und Abfallbehälter des wunderschönen Colmar.

Mit dem Hoteleigner vereinbarte ich, meine Post an ihn adressieren zu dürfen. Ich wolle einige Zeit durchs Elsaß reisen, erklärte ich, könne aber nicht sagen, wann ich mich wo aufhalten würde.

Es klappte alles wie geplant.

Ich wurde Sonja Lüneburg.

Anfang 1967 ging ich in Frankfurt am Main auf Arbeitssuche. In meinen Papieren war ich Frisörmeisterin, davon hatte ich keinerlei Ahnung. Sollte ich nach dem Grund des Wechsels gefragt werden, mußte eine Allergie herhalten.

Ich meldete mich auf die Anzeige einer Versicherungsfirma, die eine Registraturkraft suchte. Ich wurde am 1. Februar eingestellt. Um die Aufgaben zu erfüllen, mußte man das Alphabet kennen und das Ordnungssystem begreifen. Das bereitete mir nun wirklich keine Schwierigkeiten. In kurzer Zeit hatte ich die Registratur in Ordnung gebracht. Das war notwendig, weil meine Vorgänger den Anforderungen offenkundig nicht gewachsen waren. Danach blieb mir Zeit, über die vorhandenen Akten einiges über Betriebsführung und Kundenbetreuung zu erfahren. Außerdem kümmerte ich mich ein wenig um das Betriebsklima.

Als die Bürovorsteherin eines Tages zu mir sagte: »Sonja, Sie wissen ja gar nicht, was Sie für eine Ausnahme sind«, traf es mich hart. Etwas Besonderes zu sein und aufzufallen, war für die vorgesehene Arbeit genau das Falsche. Kenntnisse und Fähigkeiten auf Dauer zu verbergen, schaffte ich offensichtlich nicht, also mußte ich den Weg über Legenden gehen bzw. eine Arbeit suchen, bei der etwas höhere Anforderungen gestellt wurden.

Ich blieb bei dieser Firma, ließ mich aber – auf Anordnung meiner wirklichen Arbeitgeber in Berlin – nach Hamburg versetzen. Auch dort wurde ich in der Registratur und im Schreibbüro eingesetzt. Zuletzt war ich stellvertretende Büroleiterin.

In Hamburg lebte ich mich schnell ein. Ich traf auf Menschen, die hilfsbereit und nicht neugierig waren.

Ich bekam Mitteilungen über Funk, mußte Berichte fotografieren und per Eisenbahn nach Berlin schicken. Ich suchte ein Versteck für ein Funkgerät, legte Tote Briefkästen an und absolvierte andere »Trainingseinheiten«. Vor allem aber sollte ich mich um ein Ehepaar kümmern. Die hatten sich bereit erklärt, für die Aufklärung der DDR zu arbeiten. Es schien aber, daß sie mit dieser Aufgabe nicht zurechtkamen. In den

Gesprächen mit ihnen erfuhr ich, was auch Berlin schon gemerkt hatte: Ihr Zugang zu Informationen aus der CDU war schlecht. Den eigentlichen Grund nannte mir allerdings die Frau unter vier Augen: Die Ehe war am Ende, und sie hatte ungeheure Angst, entdeckt zu werden. Ich schlug den Genossen in Berlin vor, die Arbeit mit den beiden zu beenden, was dann wohl auch geschah.

Für mich war die Begegnung insofern kaum gefährlich, weil ich als Berliner Instrukteur aufgetreten und meine Arbeit in Hamburg ohnehin beendet war. Ich hatte nämlich zwischenzeitlich den Auftrag bekommen, bei der Firma zu kündigen und den noch ausstehenden Urlaub zu nutzen, um zur Beratung nach Berlin zu kommen. Um meine unvermittelt eingereichte Kündigung zu begründen, ließ ich einen Lebenspartner auftauchen, der mit mir ins Ausland ziehen wolle, weil er dort Arbeit bekommen habe und dort nicht allein bleiben möchte. Daß bisher niemand von ihm wußte, hinge mit seiner erst kürzlich erfolgten Scheidung zusammen, erzählte ich.

Bei der Rückkehr nach Berlin wurde mir bewußt, wie sehr ich schon meine neue Identität angenommen hatte. Als ich bei der Sparkasse Geld abheben wollte, unterschrieb ich mit Lüneburg. Zum Glück merkte ich das, bevor ich das Formular über den Tresen schob.

In der Zentrale erfuhr ich, daß man mich als Mitarbeiterin eines Abgeordneten des Deutschen Bundestages einzuschleusen gedachte. Die Zeit für einen solchen Versuch sei günstig, hieß es. Erstmals hätten die Abgeordneten die Möglichkeit, Mitarbeiter einzustellen, die nicht sie, sondern das Parlament bezahlen würde.

Ich sollte eine Annonce im *Bonner Generalanzeiger* aufgeben und auf die Angebote warten. Über Hamburg fuhr ich in die Bundeshauptstadt. Mit dem Auto. Im zweiten Anlauf hatte ich nämlich die Fahrprüfung geschafft. Kurz hinter Köln fand ich auf der rechten Rheinseite in einem kleinen Ort eine Pension, in der ich mich einmietete. Bis Bonn war es nicht weit. Ich lieferte dort beim *Generalanzeiger* meine Annonce ab, erkundigte mich, wann man erfahrungsgemäß mit Antworten rechnen könne und versprach, nach der genannten Frist die eingegangenen Antworten abzuholen.

Die folgenden drei Tage nutzte ich zum Erkunden der Stadt und der Umgebung. Das half mir ein wenig über die Spannung hinweg. Zu meiner Freude konnte ich eine ganze Menge Antworten in Empfang nehmen. Ich öffnete sie nicht und flog damit noch am gleichen Tage von dem noch unausgebauten Bonner Flughafen nach Berlin.

Banken, Versicherungen, Produktionsfirmen hatten auf meine Offerte reagiert und zwei Bundestagsabgeordnete: ein im sozialpolitischen Bereich tätiger CDU-Abgeordneter und der FDP-Politiker William Borm, der auch Landesvorsitzender der Berliner FDP war. Die Wahl fiel auf ihn.

Ich wußte damals nicht, daß er selbst Beziehungen zu unserer Aufklärung hatte – und er ahnte nicht, daß ich dieser Institution angehörte.

Unterlagen, die ich voraussichtlich für ein Vorstellungsgespräch bei Borm brauchen könnte, waren bereits vorbereitet, so auch ein Abiturzeugnis, das helfen sollte, nicht »zu viel« Bildung zu zeigen. Außerdem wurde ein weiteres Treffen festgelegt für die konkrete Vorbereitung auf die eventuelle kommende Arbeit.

Ich kehrte zurück in die Pension und erbat einen Termin bei Borm. Ich suchte ihn in seinem Büro im »Langen Eugen« auf und fand einen sehr sympathischen, höflichen älteren Herrn vor, mit dem zusammenzuarbeiten ich mir sehr gut vorstellen konnte. Ihm schien es mit mir ähnlich zu gehen, denn als ich ihn auf mein Alter hinwies, nach meinen Papieren war ich bereits 45 Jahre (in Wirklichkeit 43), meinte er, daß er mich nicht einstellen würde, wenn ich jünger wäre.

Meine Arbeit bei William Borm begann am 1. Juli 1969. Es hatte also fast vier Jahre gedauert, ehe ich ausreichend vorbereitet war, eine wichtige Aufgabe zu übernehmen. Im Bundestag herrschte bei meinem Arbeitsbeginn Ruhe. Es war Wahlkampfzeit. Die meisten Büros standen leer, auch meinen Chef sah ich selten. Er hatte noch einen wissenschaftlichen Mitarbeiter, der mir half, mich mit den anderen meist jüngeren Personen bekanntzumachen, die für die FDP und auch für andere Abgeordnete arbeiteten.

Seit 1966 hatte eine Große Koalition aus Union und SPD regiert. Die FDP hoffte nicht nur auf Wiedereinzug in den Bundestag, sondern auch auf Regierungsbeteiligung.

Ein erheblicher Teil der Bundestagsabgeordneten und vor allem ihrer Assistenten rechneten zu den sogenannten 68ern oder ihren Sympathisanten. Die Diskussionen und Gespräche, die häufig in unserem Büro stattfanden, zumal es dort meistens Kaffee gab und Borm solche Runden auch während seiner Anwesenheit gern duldete, halfen mir, mich in die Partei einzuleben und festzustellen, wer das Sagen hatte, welche Gruppierungen es gab, welche Gegnerschaften existierten und so weiter. Die FDP erhielt 5,8 Prozent der Wählerstimmen. Noch am Wahltag wurde die Koalition mit der SPD beschlossen. Erstmalig in der Geschichte der Bundesrepublik wollten diese beiden Parteien zusammen regieren. Willy Brandt wurde Kanzler, Walter Scheel Außenminister und Vize-Kanzler. Für mich begann eine arbeitsreiche und außerordentlich interessante Zeit.

William Borm, der den Bundestag 1969 als Alterspräsident eröffnet hatte, wurde für die nächste Wahl nicht mehr nominiert. Ich wurde gebeten, in die Bundesgeschäftsstelle der Partei zu wechseln und dort im Büro des Generalsekretärs zu arbeiten. Später ging ich mit Martin Bangemann zurück in den Bundestag und dann in das Europäische Parlament nach Brüssel. Als er 1984 in der Kohl-Regierung Wirtschaftsminister wurde, nahm er mich als seine Sekretärin mit nach Bonn.

In den letzten Jahren hatte ich keine Helfer mehr in meiner direkten Nähe. Meine Berichte brachte ich allein auf den Weg. Die Kontakte mit der Zentrale wurden durch Instrukteure aufrechterhalten. Die Treffen mit ihnen bereiteten mir immer eine große Freude.

Mindestens einmal im Jahr traf ich mich mit den für mich verantwortlichen Genossen, meist in der DDR. Die Reise ging in der Regel über die Nordroute, also über Dänemark oder Schweden. Wenn ich die Gelegenheit für einen Besuch bei meiner Familie oder eine Reise zu meiner Mutter nutzen wollte, mußte ich dafür meinen Urlaub nehmen. Dann war es notwendig, die Zeit entsprechend abzudecken. Das bedeutete, in schnellem Tempo Kenntnisse über Land und Leute und entsprechende Fotos zu sammeln, um bei der Rückkehr etwas vorzeigen zu können und entsprechend informiert zu sein.

Die Treffen in der DDR hießen, zu Hause zu sein und die Wachsamkeit für einige Zeit vergessen zu dürfen. Aber es war auch Arbeit. Es wurde ausgewertet, kritisiert und auch gelobt, neue Schwerpunkte gesetzt, entsprechende Hilfen oder Vorgehensweisen diskutiert und ähnliches. Für den Rest der Zeit sorgten die Genossen meist für ein Quartier, in dem ich mich – oft zusammen mit meiner Mutter – ohne Gefahr der Entdeckung und bei liebevoller Betreuung erholen konnte. Meine Mutter und die übrigen Verwandten nahmen an, ich sei im Auswärtigen Dienst in Nordkorea (später in Japan). Sie wußten nicht, daß die meisten Briefe, die sie von mir bekamen, nicht von mir, sondern von einem meiner Betreuer geschrieben wurden, der wunderbar meinen Briefstil adaptiert hatte.

Weitaus stärker bedrückte mich die Tatsache, daß ich auch Informationen bei Freunden im Einsatzgebiet »abschöpfte«. Nicht mit Vorsatz, aber wenn ich von ihnen Relevantes hörte, habe ich es verwandt. Auch wenn ich überzeugt davon war, daß meine illegale Arbeit ihnen und ihrem Land genauso diente wie mir und dem meinen, hatte ich ein ungutes Gefühl. Es handelte sich mitunter eben doch um einen Vertrauensbruch: Sie hätten vielleicht geschwiegen, wenn sie gewußt hätten, wohin die Nachricht floß.

1984 feierte ich als Sonja meinen 60. Geburtstag. Das bedeutete für meine Berliner Genossen und für mich zu überlegen, wie mein Einsatz allmählich und unauffällig abzuschließen sei. Wir planten, daß vielleicht nach Beendigung meiner Arbeit in Bonn meine Liebe zu Österreich erwachen könne. Von dort dann wieder nach Hause zu kommen, war nicht mehr so schwierig.

Es kam jedoch anders. Im Juli 1985 hatte ich wieder ein Treffen in Berlin. Da mein Chef Bangemann im Urlaub war, konnte ich auch leicht weg. Für die Hinreise war wieder die Nordroute vorgesehen. Es klappte alles gut. Die Rückreise sollte jedoch über Südeuropa erfolgen. Nach ein paar schönen Tagen in Berlin und bei meiner Familie flog ich, ausgestattet mit einem fiktiven Ausweis, nach Athen. Nach einem kurzen Aufenthalt ging es weiter nach Rom. Dort sollte ich den benutzten Ausweis vernichten und als Lüneburg weiterreisen. Die Reisekosten waren mir in Berlin erstattet worden, ich hatte 5.000 DM in meiner Handtasche.

Am Flughafen in Rom nahm ich ein Taxi und ließ mich in ein schon früher genutztes Hotel bringen. Bei der Anmeldung stellte ich entsetzt fest, daß ich meine Handtasche im Auto vergessen hatte. Und das war auf und davon.

Für meine Weiterreise war das nicht so schlimm, denn meine Papiere und einiges Geld befanden sich im Koffer. Aber in der Handtasche waren noch meine falschen Papiere, die ich vernichten sollte! Was passierte, wenn der Taxifahrer zur Polizei ging und als ehrlicher Finder die Tasche ablieferte? Ich bezweifelte das. Er könnte ebenso gut ins Hotel zurückkehren. Nein, dachte ich, der nimmt das Geld und haut den Rest in die Mülltonne.

Trotzdem mußte ich meine Genossen informieren. Das tat ich nicht besonders gern. Wer gesteht schon eine unverzeihliche Dummheit?

In Bonn fand ich alles unverändert vor.

Kurz nach meiner Ankunft meldete sich einer unserer Kuriere telefonisch. Beim Treff teilte er mir mit, daß ich meine Wohnung »saubermachen« solle. Das hieß: alles beseitigen, was auf eine geheimdienstliche Tätigkeit hinweisen könne. Am nächsten Morgen sollte ich mit meinem Auto nach Köln fahren, es dort stehenlassen und mit der Bahn nach Lübeck reisen. Dort würde er auf mich warten. Wir vereinbarten einen Treffpunkt.

Am Samstag, dem 3. August 1985, trafen wir uns in Lübeck auf dem Platz beim Dom. Ein weiterer Mann kam hinzu. Er stellte sich vor und sagte, er sei der Schleuser. Er werde uns ohne Gefahr über die Grenze bringen.

Mit der Straßenbahn fuhren wir in eine bewaldete Gegend und spazierten auf ein Wasser zu. Am gegenüberliegenden Ufer begann DDR-Gebiet. Unser Schleuser hatte ein Boot im Schilf versteckt und wollte uns damit hinüberbringen. Inzwischen hatte sich der Himmel verdunkelt und ein kräftiges Gewitter mit reichlich Regen ging auf uns nieder. Ganz in der Nähe unseres Bootes hatte ein Angler sein Boot angehalten, eine Plane über sich gezogen und wartete nun auf das Ende des Unwetters.

Wir auch. »Völlig unauffällig« drängten wir uns in einem Hochwald ohne Unterholz zu dritt unter einen Schirm und warteten auf das Verschwinden des Anglers. Eine unmögliche Situation.

Nach schier unendlich langer Zeit verschwand der Angler. Wir stiegen in das Boot und überquerten das Wasser. Grenzsoldaten empfingen uns. Da wir klatschnaß waren, bekamen wir trockene Sachen. Das waren, natürlich, Uniformen. Ich wurde, wenn ich mich recht erinnere, zum Major.

Der Kleiderwechsel war auch deshalb notwendig, weil die Strecke, die wir noch zu fahren hatten, vom BGS eingesehen werden konnte und auch ständig beobachtet wurde. Am Ausgang des Geländes zog ich den Major wieder aus. Ein Auto erwartete uns bereits. Ein Genosse, mit dem ich sehr gerne zusammenarbeitete und der mir ein Freund war, holte mich ab. Von Theo erfuhr ich, was ich schon ahnte: Ich würde nicht wieder nach Bonn zurückkehren. Ich merkte, daß es ihm schwerfiel, mir das Ende meiner Arbeit mitzuteilen.

Unsere Fahrt nach Berlin wurde aber noch ganz heiter. Theo hatte eine Flasche Cognac im Auto, der verbesserte die Stimmung.

Zwei Gründe gab es, so informierten mich die Genossen, weshalb sie mich zurückziehen mußten: Auch wenn sie die Gefahr als gering einschätzen, drohte meine Enttarnung und damit eine Verhaftung. Das hätte, zweitens, das Verhältnis zwischen Bonn und Berlin verschlechtert. Das konnte man nicht gebrauchen. Kohl und Honecker hatten sich am 12. März in Moskau getroffen, es war wieder Bewegung in die Beziehungen gekommen. Die durften durch einen Spion am Bonner Kabinettstisch nicht belastet werden.

Die Rechnung ging auf.

Erst nach dem Untergang der DDR wurde meine wahre Identität entdeckt.

Rüstungswettlauf

Ulrich Steinmann, Jahrgang 1944. Tätig im Rüstungsbereich der Bundeswehr, davon 13 Jahre in der Rüstungsabteilung des Bundesverteidigungsministeriums. Zusammenarbeit mit der Militäraufklärung seit 1967. Ende April 1990 verhaftet. Anklage vor dem Oberlandesgericht Düsseldorf und Verurteilung zu 6 Jahren Haft, davon drei Jahre und sechs Monate abgesessen.

Ihr Vater verließ 1953 die DDR und wurde in der Bundesrepublik als politischer Flüchtling anerkannt. Sie haben sich 1967 verpflichtet, illegal für die DDR zu arbeiten. Wie kam es zu dieser gegensätzlichen Entwicklung?

Mein Vater war 1937 als Reichsbahn-Beamter der NSDAP beigetreten, weil er – nach der Weltwirtschaftskrise und dem Niedergang der Weimarer Republik – von den scheinbaren Erfolgen des Dritten Reiches überzeugt war. Nach 1945 hatte er in der sowjetischen Besatzungszone deshalb Schwierigkeiten in seiner beruflichen Entwicklung. In der Bundesrepublik gab es 1952 die sogenannte 131er Gesetzgebung, die allen ehemaligen Nazis, die von den Siegermächten von ihren Posten entfernt worden waren, die Rückkehr in ihre früheren Ämter eröffnete. Das war natürlich für viele in der DDR – so auch für meinen Vater – eine Einladung, sich in die Bundesrepublik abzusetzen. Meine Mutter folgte im Herbst 1955 mit uns Kindern im Rahmen der Familienzusammenführung legal.

Legale Ausreise? So etwas gab es?

Das gab es immer, das wird heute immer gern weggelassen! So kam ich also mit elf Jahren aus einem kleinen Dorf in Ostsachsen in den »goldenen Westen«, in die Großstadt Essen.

Was waren Ihre ersten Eindrücke?

Zunächst waren wir alle natürlich beeindruckt von Apfelsinen und Bananen, Schokolade und Kakao, den Autos und vielen anderen Dingen, die damals in der DDR nicht zu haben waren. Andererseits war ich relativ enttäuscht von der Schule, in die ich nach vier DDR-Schuljahren kam.

Das sollte man eigentlich nicht erwarten, wenn einer aus dem Dorf in die Großstadt kommt!

Richtig, aber es war wirklich ein drastischer Abstieg im Niveau: Während wir in der DDR schon moderne Lehrpläne und Fachlehrer hatten, ging es im Westen in der Volksschule immer noch zu wie zu Kaisers Zeiten. Ein Lehrer unterrichtete die Klasse vom ersten bis zum achten Schuljahr in allen Fächern. Die Lesestoffe schienen aus dem vorigen Jahrhundert zu sein. Auch vom Gesundheitswesen hatte ich einen ähnlichen Eindruck: In der DDR gab es in der Schule regelmäßige Vorsorgeuntersuchungen, und ich bekam orthopädisches Turnen verordnet, wozu ich in die Poliklinik im Dorf ging. In der Großstadt Essen gab es nichts Vergleichbares. So präsentierten sich für mich also frühzeitig nicht nur die Glanzseiten des Wirtschaftswunderlandes, sondern auch die Kehrseiten.

Sie waren dann später häufig in der DDR.

Da wir legal ausgereist waren, konnten wir auch per Aufenthaltsgenehmigung problemlos unsere Verwandten besuchen. Ich war regelmäßig mit meiner Mutter – später dann auch allein – bei den Großeltern oder meiner Tante in meinem Heimatdorf. So konnte ich über einen Zeitraum von mehr als zehn Jahren beide deutsche Nachkriegsstaaten aus eigener Anschauung erleben.

Das konnten die »normalen« DDR-Flüchtlinge nicht.

Genau. Die meisten Flüchtlinge hatten die Tür hinter sich zugeschlagen und pflegten im Westen ihr Feindbild von der DDR. Und das DDR-Bild der »normalen« Bundesbürger war durch die Propaganda des Kalten Krieges geprägt.

Mir selbst stand natürlich auch deutlich vor Augen, welches das reichere Land war und welches das ärmere, aber vieles in der DDR erschien mir als sehr viel fortschrittlicher. So entwickelte ich ein positives Interesse für die DDR und überhaupt für die Politik. Ich fand, daß in der Bundesrepublik vieles anders gemacht werden müßte, sah aber in der DDR trotz vieler Mängel den besseren Weg.

Sie wurden 1966 angesprochen, mit der DDR zusammenzuarbeiten. Wie kam das?

Ich hatte 1965 das Abitur gemacht und danach ein Ingenieurstudium in Aachen begonnen. Damals begannen die Universitäten, sich zu verändern. Das Leben wurde nicht mehr von den studentischen Korporationen und schlagenden Verbindungen dominiert, sondern linke Gruppierungen, besonders der Sozialistische Deutsche Studentenbund (SDS), begannen, sich zu regen und gegen den »Muff von tausend Jahren unter den Talaren« zu rebellieren. In der Bundesrepublik standen die Notstandsgesetze vor der Tür, und das weltpolitische Geschehen war durch den Vietnam-Krieg geprägt. Ich wollte meinem politischen Interesse nun Taten folgen lassen und wäre gern in den SDS eingetreten, wenn es den in Aachen gegeben hätte. Aber dort existierte allein der SPD-fromme Sozialdemokratische Hochschulbund (SHB), der nur sehr gemäßigt links einzuordnen war. Mangels Alternativen trat ich dort ein.

Nach dem zweiten Semester fuhr ich wieder einmal zu einem Kurzbesuch zu meiner Tante und wurde dort als Ingenieur-Student von einem DDR-Studenten zu einem Besuch der TU Dresden eingeladen. Mir war sofort klar, daß das kein rein privater Kontakt war, sondern daß politische Institutionen der DDR diesen Kontakt veranlaßt hatten.

Das hat Sie nicht geschreckt?

Nein. Zu diesem Zeitpunkt war mir bereits klar, daß diese SPD schon lange nichts mehr zu tun hatte mit der SPD August Bebels, und daß die Vorstellungen von einem »dritten Weg« zwischen Kapitalismus und dem Sozialismus in Osteuropa illusionär waren. Grundlegende Veränderung in der Bundesrepublik und die politische Zusammenarbeit mit der DDR – das gehörte für mich zusammen. Folglich kam ich mit meinem Ansprechpartner sehr schnell vom Fachlichen des Studiums auf das Allgemein-Politische, und ich ließ deutlich erkennen, daß ich – bei gewissen Vorbehalten – die DDR mit sehr positivem Interesse sah. Das Angebot, ihn in Kürze noch einmal in Berlin zu treffen, nahm ich gern an.

War Ihnen klar, daß das nach westdeutschen Gesetzen illegal war?

Ich wußte vom KPD-Verbot und von der Kriminalisierung politischer Kontakte zur DDR. Auf meinen Reisen als Schüler in die DDR hatte ich bereits mehrfach den Überwachungsstaat-West erlebt, der an der Grenze – ganz im Widerspruch zur scheinbaren Freizügigkeit – gewisse Personengruppen notierte. Mir war deshalb klar, daß unser Kontakt nur konspirativ möglich war.

Wie entwickelte sich die weitere Zusammenarbeit?

Zunächst ging ich nur von einer allgemein-politischen Zusammenarbeit aus. Ich wollte etwas tun, um den Sozialismus in der DDR zu unterstützen. Das Fernziel war: Der Sozialismus in der DDR sollte so attraktiv werden, daß er auch für den Westen Deutschlands als das unübersehbar bessere Gesellschaftsmodell erkennbar würde. Bei den weiteren Besuchen wurde mir allerdings eine völlig andere Art der Zusammenarbeit vorgeschlagen: Ich sollte mich bei der Bundeswehr bewerben und dort nachrichtendienstlich für die Nationale Volksarmee tätig werden.

Das entsprach ja überhaupt nicht Ihrer Lebensplanung!

Ich war ja froh gewesen, daß ich mich unter Ausbau einer akuten Magenerkrankung erfolgreich vor dem mir höchst unsympathischen Militärdienst hatte drücken können. Meine Interessen waren Städtebau, Verkehrswesen und besonders das Eisenbahnwesen. Aber die Bundeswehr war mir absolut zuwider.

Man überzeugte mich aber, daß das Beste, was ich in meiner Position für den Sozialismus und für die DDR tun könnte, wäre, mich in die »Höhle des Löwen« zu begeben. Diese Entscheidung fiel mir nicht leicht, aber nachdem ich mich dazu durchgerungen hatte, versuchte ich, diese Aufgabe erfolgreich zu erfüllen.

Sie haben sich gegenüber der Nationalen Volksarmee und der DDR zur Tätigkeit als Kundschafter verpflichtet. Wie war der weitere Weg zu dieser Tätigkeit?

Zunächst mußte ich mein Studium abschließen, und zwar möglichst gut. Daneben hatte ich mein politisches Erscheinungsbild so zu verändern, daß meine neuen beruflichen Ambitionen für meine Umwelt glaubwürdig erschienen. Ich war mit meinen bisherigen politischen Äußerungen kein ganz unbeschriebenes Blatt mehr, hatte mich aber glücklicherweise noch nicht zu sehr exponiert. Dabei half mir natürlich, daß sich in jener Zeit so mancher in seiner politischen und persönlichen Karriere von links unten nach rechts oben entwickelte. Opportunismus ist immer ein glaubwürdiges Motiv; das trägt einem zwar die stille Verachtung alter Freunde ein, aber damit steht man nicht allein.

Schließlich mußte ich auch ein paar handwerkliche Techniken erlernen: wie man Kontakt hält, wie man Nachrichten übermittelt und empfängt, wie man Material bei einem geheimen Treffen übergibt. Diese Techniken stehen in der üblichen Spionage-Literatur gern im Mittelpunkt des Interesses. Gefälschte Ausweisdokumente, Geheimtinte, Verschlüsselungstechnik, Spezialkameras ... Das sind Requisiten des Metiers, die Journalisten und interessierte Laien, Richter und Staatsanwälte gern für das Wesentliche halten. Viel wichtiger ist aber, daß man sich eine interessante berufliche Position erarbeitet, und daß man erkennt, was berichtenswert ist.

Wie kamen Sie in die Bundeswehrverwaltung?

Zunächst war es der Wunsch meiner Ansprechpartner von der NVA, daß ich mich nach Abschluß des Studiums für die Offizierslaufbahn bewerben sollte. Das versuchte ich auch. Hierbei störte aber, daß ich ein paar Jahre zuvor als gesundheitlich untauglich eingestuft worden war.

Von der Personalabteilung der Bundeswehr wurde mir deshalb empfohlen, mich beim Bundesamt für Wehrtechnik und Beschaffung als technischer Beamter zu bewerben. Das war rückblickend gesehen die beste Entscheidung, denn als Offizier hätte ich wahrscheinlich eine unglückliche Figur abgegeben.

So fing ich im Herbst 1970 die Ausbildung als Referendar der Fachrichtung »Waffen und Muntion« an und beendete diese Ausbildung als Regierungsbauassessor, einem etwas altertümlich klingenden Beamtentitel. Etwas mehr als ein Jahr arbeitete ich anschließend in einer Erprobungsstelle, dann schaffte ich den Wechsel in das Bundesamt für Wehrtechnik und Beschaffung in Koblenz. Während meine Einblicke in das Rüstungswesen der Bundeswehr bis dahin eher gering waren, eröffneten sich dann – ab 1974 – schon interessantere Perspektiven. Wirklich aufschlußreich wurde meine Tätigkeit aber erst, als es mir 1977 gelang, Referent für Waffen und Munition in der Rüstungsabteilung des Bundesverteidigungsministeriums zu werden.

Eine relativ schnelle Entwicklung.

Ja. Ich hatte ein gutes Staatsexamen abgelegt, was natürlich hilfreich war, aber es kam auch etwas Glück hinzu. Allerdings darf man nicht vergessen, daß in meiner Generation weder der Staatsdienst noch der in der Bundeswehr ein Traumziel war, schon gar nicht für jene, die sich den Arbeitsplatz aussuchen konnten. Ich war also eine Ausnahme. Und als »Einäugiger unter den Blinden« konnte ich mich in diesem Umfeld leicht profilieren.

Sie waren insgesamt 13 Jahre in der Rüstungsabteilung des Verteidigungsministeriums tätig. Was waren Ihre wichtigsten Erkenntnisse?

Nun, das meiste ist jetzt »Schnee von gestern« und interessiert allenfalls Experten. Aber damals war das im Rüstungswettlauf zwischen Ost und West – den nicht der Warschauer Pakt vom Zaune gebrochen hatte – durchaus wichtig. Das annähernde militärische Gleichgewicht war wesentlich für die Erhaltung des Friedens! Es gab mehrere Rüstungsprojekte, über deren Entstehen ich schon früh berichten konnte. Der NVA und damit dem Warschauer Pakt war es dadurch möglich, sich auf die künftige rüstungstechnische Bedrohung durch die NATO frühzeitig einzustellen und Gegenmaßnahmen einzuleiten.

Heute weiß ich – aber ahnte es schon damals –, daß es viele Informationsquellen wie mich gab, und daß dadurch der Warschauer Pakt und die Sowjetunion sehr gut über die Rüstungsanstrengungen der NATO und insbesondere der USA informiert waren.

Die Absicht des Westens, dem Osten einen ruinösen Rüstungswettlauf aufzuzwingen bzw. das militärische Gleichgewicht einseitig zu Gunsten des Westens zu verändern, war – besonders unter der Präsidentschaft von Ronald Reagan – deutlich erkennbar. Aber auch in den USA wuchsen die Bäume nicht in den Himmel: Viele der hochfliegenden Pläne waren finanziell nicht durchzuhalten. Die meisten Terminpläne waren völlig unrealistisch. Die ehrgeizigen »Star-Wars«-Pläne waren – schon rein technisch gesehen – absolut utopisch.

Gleichwohl blieben am Ende die USA und die NATO Sieger, der von ihnen initiierte und forcierte Rüstungswettlauf führte zum Erfolg über die Sowjetunion und ihre Verbündeten.

Nach meiner Einschätzung hätte die Sowjetunion die Hochrüstungspläne der 80er Jahre mit sehr viel mehr Gelassenheit beobachten und abwarten können, bis das ganze Kartenhaus in sich zusammengefallen wäre. Auch die starke Volkswirtschaft der USA hätte die überhöhten Rüstungsausgaben nicht lange verkraftet. Die USA wären früher oder später in eine Wirtschaftskrise geraten, und der Ostblock hätte in der Zwischenzeit im zivilen Bereich an Boden gewinnen können.

Genau das Gegenteil ist aber geschehen.

Ja, leider! Aber das hätte nicht sein müssen. Nach all den Erkenntnissen, die nicht nur ich, sondern viele der mir damals unbekannten Mitstreiter geliefert haben, hätte die Sowjetunion nicht vor der aggressiven Hochrüstung der USA zu kapitulieren brauchen. Daß es dennoch geschah, liegt nach meiner Einschätzung nicht an einem Mangel an Information! Da haben ganz andere Absichten der damaligen sowjetischen Führung den Ausschlag gegeben.

Sie haben mit dieser Betrachtung schon eine Art Bilanz gezogen. Können Sie vielleicht doch beispielhaft ein konkretes Rüstungsvorhaben ansprechen, das den Charakter des damaligen Wettrüstens illustriert?

Als ich ins Verteidigungsministerium kam, wurden gerade die Planungsvorstellungen für die »Gepanzerten Kampftruppen der 90er Jahre« erarbeitet. Der Kampfpanzer Leopard II war bereits in Entwicklung, und mit dem Planungsdokument sollten hauptsächlich die – ebenfalls gepanzerten – Begleitfahrzeuge begründet werden. Es wurde dabei argumentiert, daß das Nachfolgesystem des Schützenpanzers Marder »entflochten« werden müsse.

Bekanntlich ist der Marder kein reiner Schützenkampfwagen, er hat als Bewaffnung eine Maschinenkanone und eine Panzerabwehrlenkrakete vom Typ Milan. Der argumentative Kunstgriff der verantwortlichen Heeresplaner bestand darin, daß dieses Waffensystem damit überfrachtet sei und sein Nachfolgesystem in die drei Komponenten zerlegt werden müsse: in einen Schützen-Kampfwagen, einen Maschinenkanonen-Kampfwagen und einen Panzerabwehrlenkraketen-Kampfwagen. Mit dieser Argumentation wollte man die Anzahl der gepanzerten Kampffahrzeuge vervielfachen. Den Planern schwebten hochmobile gepanzerte Kampftruppen vor, die – für die Politik natürlich mit einer defensiven Begründung verbrämt – eine verstärkte Offensivfähigkeit des deutschen Heeres bewirkt hätten. Derartige Planungen korrespondierten selbstverständlich mit Rüstungsinitiativen wie »Air-Land-Battle 2000«, »Active Defense« und ähnlichen NATO-Planungen, die von den USA lanciert worden waren und eine höhere Angriffsfähigkeit zum Ziel hatten.

Um diese Rüstungspläne der Politik verkaufen zu können, waren zwei Schwierigkeiten zu überwinden:

Erstens brauchte man eine defensive Begründung für diese aggressive Verschärfung des Wettrüstens (denn nicht alle Parlamentarier waren bereit, den Kurs der Verschärfung des Ost-West-Konfliktes und des Wettrüstens mitzutragen). Hierfür erarbeitete man »Bedrohungsanalysen«, in denen man den Armeen der Staaten des Warschauer Paktes phantastische Kampfstärken andichtete. Die Devise war: »Der Osten hat vorgerüstet, wir müssen leider nachrüsten« – also eine Täuschung der Öffentlichkeit und des Parlaments.

Zum zweiten durfte der Bundestag – genauer gesagt: der Haushaltsausschuß – nicht zu früh erfahren, welche ungeheuren finanziellen Lasten damit für die Zukunft programmiert wurden. Also wurden die künftigen Waffensysteme in geradezu grotesker Weise billig gerechnet. Das Muster für diese geplante Täuschung des Parlaments hatte Jahre zuvor die Luftwaffe geliefert: Als die Beschaffungsvorlage für den Jagdbomber Tornado dem Parlament präsentiert wurde, argumentierte man mit einem Systempreis von 20 Millionen DM pro Waffensystem. Zu diesem Zeitpunkt lagen aber der Luftwaffe fundierte Gutachten vor, die den Systempreis mit 100 Millionen DM angaben.

Also genau jene Summe, die tatsächlich später auch bezahlt wurde.

Richtig. Aber dieses Gutachten wurde unter Verschluß gehalten, und dem Parlament wurde wider besseres Wissen ein Preis genannt, der lediglich ein Fünftel vom tatsächlichen betrug. Erst als der »point of no return« überschritten war, wurde die komplette Rechnung präsentiert.

Nach diesem Muster wollte nun auch das Heer seine Vorhaben durchsetzen. Als ein Preisbeispiel ist mir da der genannte Maschinenkanonen-

Kampfwagen in Erinnerung: Im dritten Entwurf der Planungsvorstellungen war er mit einem lächerlich geringen Preis von 400.000 DM in die Planung eingestellt worden. Dann gab es den Wechsel von Verteidigungsminister Georg Leber zu Hans Apel, der aus dem Finanzministerium kam. Apel ließ diese gar zu unverschämten Manipulationen überprüfen. Im vierten Entwurf der Planungsvorstellungen erschien dann ein Preis von vier Millionen.

Das war das Zehnfache der zunächst angegebenen Summe.

Dieser Preis war zwar nach Ansicht von Kollegen immer noch viel zu optimistisch, aber diesmal war doch wenigstens eine gar zu dreiste Täuschung des Parlaments verhindert worden. In vielen anderen Bereichen lief es jedoch nach genau diesem Schema weiter.

Das Beispiel illustriert, wie es um die angebliche »politische Kontrolle« der Bundeswehr durch den Minister und durch das Parlament aussieht – selbst wenn es hier mal funktionierte.

Man las von Journalisten oft die poetische Formulierung »Das Amt prägt den Minister«. Die prosaische Beamtenweisheit sagt »Die Minister kommen und gehen, die Ministerialbürokratie bleibt«. Tatsächlich wurde jeder Minister mehr oder weniger durch seinen Apparat manipuliert. Im Falle des Verteidigungsministers waren es aber weniger die Beamten (die natürlich auch oft und gern mit ihren Freunden in der Rüstungsindustrie kungelten), denn diese wurden schrittweise immer mehr durch Offiziere an die Seite gedrängt. Damit wurde die Idee einer zivilen Kontrolle der Armee – aus Erfahrungen mit Reichswehr in der Weimarer Republik ursprünglich ein wichtiges politisches Ziel – langsam zu Makulatur. Das Parlament – in allen Detailfragen vertreten durch den Verteidigungsausschuß – hatte nur wenige Möglichkeiten, die laufende Manipulation zu durchschauen und eine wirkliche politische Kontrolle auszuüben (sofern es das überhaupt wollte).

Gibt es in Deutschland einen »Militärisch-industriellen Komplex«, vor dem in den USA Präsident Eisenhower am Ende seiner Amtszeit in den 50er Jahren warnte?

Sicher nicht in dem Ausmaß und in der Art wie in den USA. Aber die Bundeswehr hat sich meines Erachtens – insbesondere unter dem Einfluß von Leuten wie General Klaus Naumann – immer mehr der politischen Kontrolle entzogen und letztlich der Politik selbst die Ziele vorgegeben. Die heute zu erlebende Militarisierung der Außenpolitik ist meines Erachtens das Resultat dieser Entwicklung.

Wie haben Sie die »Perestroika« in der Sowjetunion und später das Ende der DDR erlebt?

Ich muß eingestehen, daß ich – wie so viele in Ost und West – Gorbatschow und die mit seiner Person verbundenen Veränderungen zunächst sehr positiv eingeschätzt hatte. Reformen in der UdSSR und in der DDR schienen mir notwendig und begrüßenswert. Als in der DDR wenige tausend Bürger die Staatsmacht der DDR in die Defensive trieben, schien mir das wie ein Märchen von der Demokratie: Das Volk meldet sich zu Wort, und die Regierung gehorcht. Bald wurde mir aber klar, daß das alles nur eine inszenierte Komödie war. Ein paar Kirchenleute und gesellschaftliche Außenseiter durften vor den Medien der Welt »Volk« spielen und das einsammeln, was zwischen den Großmächten bereits verkauft worden war. (Die meisten der damaligen Akteure sind inzwischen wieder in der Versenkung verschwunden und haben wohl selbst erkannt, daß sie damals gar nicht die Handelnden waren, sondern unbewußt Marionetten in einem Spiel, das andere inszenierten.)

Nach der »Wende« vermutete ich, daß Gorbatschow, um den wirtschaftlichen und militärischen Druck von der Sowjetunion zu nehmen, seine »Satelliten« geopfert hatte. Auch das wäre noch akzeptabel gewesen, wenn dadurch der Sozialismus wenigstens in der Sowjetunion gesichert und die Gefahr eines Krieges beseitigt worden wäre – allerdings nur dann, wenn für die geopferten treuen Verbündeten einigermaßen faire Bedingungen ausgehandelt worden wären. Schließlich mußte ich aber erkennen, daß alles in einem totalen Desaster endete.

Gorbatschow hat gesagt, daß die Beseitigung des Kommunismus sein Lebensziel gewesen sei, welches er immer verfolgt habe.

Das hat er inzwischen gesagt, ja. Aber ich habe dazu meine eigene These: Politiker dieser Art sind um Schönfärberei nie verlegen. Selbst wenn sie offensichtlich gescheitert sind, sind sie nachher noch so großmäulig, das eigene Scheitern als einen großartigen Erfolg zu verkaufen. Ich denke, er ist ein Opportunist und Scharlatan, wie es viele in dieser Welt gibt. Was ich nur nicht erwartet hätte: Daß dieser Typus auch in der Sowjetunion und in den sozialistischen Staaten Osteuropas Karriere machen konnte. Inzwischen sind wir leider mehrfach eines Schlechteren belehrt worden.

Sie wurden Ende April 1990 verhaftet. Wie kam es dazu?

Ende März 1990 erhielt ich meinen letzten Funkspruch. Ich solle meine Arbeit einstellen und alles konspirative Material vernichten. Inzwischen weiß ich, daß am 16. März 1990 der damalige Verteidigungsminister der DDR, Admiral Theodor Hoffmann, einen entsprechenden Befehl gegeben hatte, womit die Aufklärungsarbeit aller Mitarbeiter der NVA beendet wurde.

Ein wichtiges Kapitel meines Lebens war zu Ende. Eine Wiedervereinigung unter kapitalistischen Bedingungen zeichnete sich ab. Das war nicht das Ziel von 20 Jahren engagierter Arbeit gewesen. Aber ich hatte wenigstens das gute Gefühl, einiges zur Verhütung eines großen militärischen Konfliktes beigetragen zu haben. Ich entschloß mich, aus dem Verteidigungsministerium auszuscheiden und mir eine meinen ursprünglichen Neigungen entsprechende Tätigkeit im Verkehrswesen zu suchen. Das schien durchaus realistisch, denn auch in der Bundeswehr wurde damals eine radikale Abrüstung angekündigt, und ein Abbau des militärischen sowie zivilen Personals schien sicher.

Dazu kam es aber nicht mehr: Ein Verräter, der meinen Namen kannte, hatte diesen und den einiger anderer gegen Geld an westdeutsche Geheimdienste verkauft. Diese Dienste, die jahrzehntelang wenig erfolgreich gearbeitet hatten, sahen nun ihre Chance, auch in ihrem Tätigkeitsbereich den Kalten Krieg nachträglich zu gewinnen. Mit schnellen Verhaftungen und gezielten Informationen an die Presse schufen sie Fakten, wodurch eine Politik des Ausgleichs verhindert werden sollte.

Was ja letztlich gelungen ist.

Es gab durchaus vernünftige konservative Politiker, denen sehr bewußt war, daß im Kalten Krieg alles spiegelbildlich gelaufen war, und die einen fairen Ausgleich akzeptiert hätten. Aber reaktionäre Kräfte – im Bündnis mit der SPD – haben eine Gleichbehandlung mit den Spionen des Westens verhindert.

In Ihrem Strafprozeß vor dem Düsseldorfer Oberlandesgericht wurden Sie zu sechs Jahren Haft verurteilt. Manche Kundschafter mußten dabei noch die bittere Erfahrung machen, daß sie von ihren ehemaligen Führungsoffizieren belastet wurden. Was waren Ihre Erfahrungen?

Ich habe nur gute Erfahrungen gemacht. Mein Führungsoffizier hat sich mutig und klug verhalten. Immerhin hatte ich mit ihm mehr als 20 Jahre auf der Basis gegenseitigen Vertrauens zusammengearbeitet. Die in langen Jahren gewachsene Freundschaft besteht auch heute noch. Im übrigen glaube ich, daß man einige negative Beispiele nicht überbewerten sollte. Die westdeutschen Geheimdienste haben alle Tricks angewandt, um die Beteiligten gegeneinander auszuspielen. Das ist ihnen – gemessen an den Resultaten – nur sehr begrenzt gelungen.

In der Berichterstattung über die Spionage-Prozesse wurde das Thema »Agentenlohn« gern in den Vordergrund gestellt.

Richtig. Damit wollte man der Öffentlichkeit suggerieren, daß wir alle nicht aus politischer Motivation, sondern aus niederen materiellen Beweggründen gehandelt hätten. Ich meine, da spiegelt sich die bürgerlich-kapitalistische Denkweise wider, die die eigene Spionage hauptsächlich mit viel Geld betreibt. Man konnte sich nicht vorstellen, daß das auf unserer Seite anders ablief.

Also ich für meine Person konnte es mir leisten, auf jegliche finanzielle Zuwendung zu verzichten. Und ich weiß, daß viele andere Mitstreiter, die so wie ich in ihrer Position gut verdienten, ebenfalls auf eine Entlohnung verzichtet haben.

Aber natürlich war nicht jeder in einer solchen Position. Wer nur einen kleinen Job hatte (dem er sich zudem vielleicht nur mit zweiter Priorität widmen konnte), der war natürlich auf Zuwendungen und Erstattung der erhöhten Ausgaben für das Doppelleben angewiesen.

Bei den allermeisten von uns war das Geld aber nicht das Motiv für unsere Tätigkeit. Das unterscheidet uns von den Spionen des Westens!

Was hatten Sie für einen Gesamteindruck von Ihrem Gerichtsverfahren?

Es lief alles sehr routiniert ab. Ich hatte mich bereits in der Untersuchungshaft zu meiner Tätigkeit bekannt, da war im Grundsatz nicht mehr viel zu verhandeln. Die Richter in diesen Sondergerichten – und es sind ja Sondergerichte, die die Spionageverfahren verhandeln – sind natürlich nicht nach dem Zufallsprinzip auf ihre Posten gekommen. Es sind erprobte Antikommunisten, die per Amtseid dem westdeutschen Staat verpflichtet sind und deshalb natürlich nicht unparteiisch sein können. Da hatte ich mir auch keine Illusionen gemacht.

Mein Anwalt hatte mir vor Prozeßbeginn gesagt, die Bundesanwaltschaft würde sieben Jahre Haft beantragen, das Gericht erfahrungsgemäß – um nicht als reiner Erfüllungsgehilfe der Bundesanwaltschaft dazustehen – ein Jahr darunter bleiben. Wenn ich mich höflich und korrekt verhalten würde, käme ich mit sechs Jahren davon. Genau so lief es ab. Überflüssig war nur, daß dafür sechs Verhandlungstage benötigt wurden. Das trieb die Gerichts- und die Anwaltskosten in die Höhe. Aber dieses Ritual mußte wohl sein, damit die Justiz ihre Unabhängigkeit und Objektivität zelebrieren konnte.

Wie haben Sie die Haftzeit überstanden?

Das Wichtigste war, daß meine Familie – die in meine Tätigkeit nicht eingebunden war, aber jetzt die Folgen mit zu tragen hatte – zu mir stand.

Von den kleinen »Knastbeamten« wurde ich mit Respekt behandelt, und bei den meisten Mithäftlingen genoß ich große Sympathie. Ich konnte vielen bei kleinen Alltagsproblemen helfen und Lebensschicksale kennenlernen, über die sich der Normalbürger keine Gedanken macht.

Sie schlagen sich jetzt mit einem kleinen Job durch bis zur Rente. Sie arbeiten mit in der Initiativgruppe »Kundschafter des Friedens fordern Recht« und sind Mitglied in der »Gesellschaft zur rechtlichen und humanitären Unterstützung e. V.«.
Wenn Sie heute vor der gleichen Situation wie damals stünden: Würden Sie sich – mit dem Wissen von heute – noch einmal so entscheiden?

Solche Fragen sind natürlich unsinnig, denn niemand hat die Fähigkeit, die Zeit zurückzudrehen.

Aber Sie müssen doch folgendes bedenken: Geschichte ist nicht determiniert, sie muß nicht zwangsläufig so verlaufen, wie sie es dann tut. Es stand damals keineswegs fest, daß der Sozialismus in Osteuropa beseitigt werden würde. In der Geschichte wirken zwar objektive Gesetzmäßigkeiten, aber gleichzeitig hängt der Verlauf manchmal auch von kleinen Dingen ab, die den Charakter von Zufällen haben. Ich vergleiche das mit der Wettervorhersage: Das Wetter entwickelt sich nach genau erforschten physikalischen Gesetzmäßigkeiten. Aber in bestimmten Situationen kann der Flügelschlag eines Vogels eine Turbulenz auslösen. Eine langfristige genaue Wettervorhersage ist deshalb nicht möglich, weil solche Zufälligkeiten nicht vorhergesehen werden können.

Ich will damit sagen: Unser Weg hätte auch zum Erfolg führen können. In der Situation nach dem schrecklichen Ende des zweiten Weltkrieges war es legitim und vernünftig, den Aufbau einer sozialistischen Alternative in Deutschland zu versuchen. Und trotz aller Probleme und aller Fehler, die in der DDR gemacht wurden – ich will mich da gar nicht in Besserwisserei verlieren –, hätte unser Weg auch erfolgreich verlaufen können. Die Welt stünde heute besser und friedlicher da.

Ich bin mit meinem Leben nicht unzufrieden. Ich habe Privilegien – die ich niemals angestrebt hatte – verloren. Ich lebe das unsichere Leben, wie es die meisten Menschen im Kapitalismus auch leben müssen. Aber ich habe mich für eine meiner Meinung nach gute Sache eingesetzt und dabei vieles erlebt und gesehen, das den meisten Menschen verborgen blieb.

Mir bleibt die Erkenntnis, daß die Geschichte nach wie vor offen ist, und wohin sie sich entwickeln wird, hängt von den Menschen ab, die sich darin engagieren.

Die erste NATO-Residentur

Hans-Joachim Bamler, Jahrgang 1925, und Marianne Bamler, Jahrgang 1935, waren seit 1963 bis zur Berentung Kundschafter/Mitarbeiter der HVA.
1964 Übersiedlung nach Frankreich, Leiter und Mitarbeiter der NATO-Residentur in Paris.
Nach ihrer Verhaftung 1966 wurden Hans-Joachim B. zu 18 Jahren, Marianne B. zu 12 Jahren Zuchthaus verurteilt. 1973 bzw. 1974 Austausch gegen Agenten westlicher Dienste und Rückkehr in die DDR.

Was kann einen Menschen bewegen, auf ein gesichertes, ruhiges Leben zu verzichten? Meine Frau und ich waren in guten Positionen, hatten eine gemütliche, neugestaltete 3-Zimmer-Wohnung, ein Auto vor der Tür und auch ein schönes, bebautes Wochenendgrundstück am Wasser. Was will der Mensch mehr?

Zu jener Zeit kam ein Mitarbeiter der HVA zu mir und versuchte, mich für einen Auslandseinsatz zu werben. Ohne Marianne hätte ich nie zugesagt. Doch nach wochenlangen Überlegungen und Gesprächen erklärten wir uns letztlich beide bereit, als Kundschafterehepaar nach Frankreich zu gehen.

Mit diesem Schritt gaben wir alles auf: materielle Sicherheit, gesicherte Zukunft, die Familie, alle Freunde.

Warum?

Ich entstamme einer großbürgerlichen Familie, mein Vater war Generalleutnant der Wehrmacht. Jahrelang war er in leitenden Positionen im »Amt Ausland/Abwehr« unter Admiral Canaris tätig. Einige meiner Onkel mütterlicherseits besaßen Rittergüter, auf denen ich oft meine Ferien verbrachte. Ich selbst war Leutnant in der Sturmgeschütz-Brigade der Panzergrenadier-Division »Großdeutschland«, einer Eliteeinheit der Wehrmacht, die an allen Brennpunkten eingesetzt wurde und daher hohe Verluste zu verzeichnen hatte.

Mein Vater und ich waren im Zweiten Weltkrieg an der Ostfront.

Als mein Vater 1944 in sowjetische Gefangenschaft geriet, wurde meine Mutter aufgrund eines Himmler-Befehls in Sippenhaft genommen und kam zuletzt ins KZ Dachau. Nach dem berüchtigten Todesmarsch bis nach Tirol starb sie kurz nach der Befreiung durch die Amerikaner.

Ich kam am 12. Mai 1945 in amerikanische Gefangenschaft und wurde im selben Jahr in die amerikanische Besatzungszone entlassen. Ich war ohne Hab und Gut, ohne Heimat und ohne Familie. Daß meine Mutter tot war, erfuhr ich wesentlich später. Bekannt war mir lediglich, daß mein Vater in Gefangenschaft und unser Zuhause in Zoppot bei Danzig von den Russen besetzt war. Ich besaß nur, was ich auf dem Leib trug. Damals schwor ich mir: Niemals wieder Faschismus, niemals wieder Krieg!

In Reutlingen in Württemberg studierte ich an der Textilingenieurschule und ging, nach der Rückkehr meines Vaters aus russischer Gefangenschaft, zu ihm in die DDR. Während eines Lehrgangs an der Schule des Ministeriums für Kultur in Leipzig lernte ich meine spätere Frau Marianne kennen. Wir heirateten 1960.

Marianne kam aus einer kleinbürgerlichen, apolitischen Familie. Erst in unserer Ehe beschäftigte sie sich mit mir intensiv mit politischen Problemen, wobei auch mein Vater einen gewissen Einfluß ausübte. Die Motive für den Schritt, mit mir als Kundschafter ins Ausland zu gehen, wurden hauptsächlich durch das enge Zusammengehörigkeitsgefühl in der jungen Ehe geprägt. Für uns beide stand fest, daß es Menschen geben mußte, die sich für die Bewahrung des Friedens engagierten. Die Lage war bedrohlich. Die BRD hatte ihre Armee im Geiste der alten Nazigeneralität aufgebaut und war der NATO beigetreten. Unter anderem sollte die »Ostzone« befreit werden. Das bedeutete Krieg – denn die DDR gehörte dem Warschauer Vertrag an. Wir wollten uns dafür einsetzen, diesen geplanten Wahnsinn zu verhindern. Das war für uns ausschlaggebend, den Weg als Kundschafter zu gehen und auch mögliche Schwierigkeiten in Kauf zu nehmen.

In Paris wohnten wir in einem Arbeiterbezirk und führten ein ganz normales, unauffälliges Leben. Wir besuchten die *Alliance française*, eine Französischschule für Ausländer, um unsere Sprachkenntnisse zu vertiefen. Dazu nahmen wir auch erfolgreich an Prüfungen teil. Unser Hauptaugenmerk jedoch galt – auch wenn wir auf uns allein gestellt waren – dem Auftrag der Zentrale in Berlin. Dem mußte alles untergeordnet werden. Gleichwohl hatten wir Entscheidungen selbständig zu treffen und auch umzusetzen.

Wir bildeten in Paris eine Residentur und waren der verlängerte Arm der Zentrale. Der Auftrag lautete, ins NATO-Hauptquartier – das sich damals noch an der Seine befand – einzudringen. Wir sollten die inneren Strukturen erkunden, Schwachstellen finden und sie für unsere Zwecke gezielt nutzen.

In unserer Residentur war Marianne zuständig für die technischen Arbeiten, insbesondere für das Chiffrieren, Dechiffrieren, Fotografieren und die Funkverbindung. Ich organisierte und führte die notwendigen Treffs durch und bereitete die Informationen zur Weiterleitung auf. Mit Hilfe der von uns geammelten Steinchen konnte die Zentrale ein Mosaik schaffen, das für ihre weiteren Entscheidungen bedeutend war.

Eines Tages wurden wir von Beamten der D.S.T. *(La Direction de la Surveillance du Territoire)* verhaftet und dem Staatssicherheitsgericht *(La Cour de Sûreté de l'Etat)* übergeben. Das war ein Militär- und Ausnahmegericht, welches von Präsident de Gaulle geschaffen worden war, um die O.A.S. – die Organisation der französischen Geheimarmee, die sich durch Gewalt der Unabhängigkeit Algeriens widersetzte – zu bekämpfen. Dieses Gericht, bestehend aus einem Berufsrichter, einem General, einem Oberstleutnant und einem Hauptmann, verurteilte uns wegen Spionage für eine ausländische Macht.

Marianne erhielt zwölf Jahre, ich 18 Jahre Zuchthaus.

Ich kam zunächst nach Fresnes, Marianne ins Pariser Frauengefängnis »La Petite-Roquette«. Das Gebäude war 1832 errichtet und seither nicht erneuert worden, die Zustände waren durchaus mittelalterlich. Im Hof und im Küchentrakt liefen offene Abwasserrinnen. Dort hatten sich ganze Kolonien von Ratten angesiedelt, die überall gegenwärtig waren. Die Zellen waren nicht beheizbar, fließendes Wasser gab es nur im zentralen Gang. Dort waren auch die Toiletten. In der Zelle stand nur ein Eimer, der jeden Morgen von der Insassin geleert werden mußte. Zum Waschen gab es eine Schüssel und einen Krug, der zweimal täglich gefüllt wurde. Im Winter hatte Eis die Waschschüssel überzogen. Im Sommer konnte man wegen der Ratten das Fenster nicht öffnen.

Wegen dieser menschenunwürdigen Bedingungen verstummten die Proteste in der Öffentlichkeit nicht. Auch der Schriftsteller und Philosoph Jean-Paul Sartre prangerte öffentlich die Mißstände an. Das zeigte Wirkung: Das Gebäude wurde abgerissen, die Häftlinge kamen in andere Haftanstalten. Drei Jahre mußte Marianne in diesem mittelalterlichen Gefängnis zubringen.

Die Bundesrepublik reklamierte für sich zu jener Zeit gemäß der geltenden Hallsteindoktrin, für alle Deutschen zuständig zu sein. Nicht daß wir es uns sonderlich gewünscht hätten, von der Bonner Vertretung Besuch zu erhalten. Aber schon deren Aufmerksamkeit hätte eventuell unsere gesamte Situation positiv beeinflussen können. Auf uns Inhaftierte schien sich der Alleinvertretungsanspruch jedoch nicht zu erstrecken.

Marianne, die mehr als dreieinhalb Jahre Einzelhaft zu ertragen hatte, hätte sich liebend gern über die schikanösen Haftbedingungen beschwert.

Vertreter der DDR wurden nicht vorgelassen: eben weil die Hallsteindoktrin existierte und Paris nicht die Beziehungen zu Bonn dadurch belasten wollte, daß es offizielle Vertreter eines nicht existenten Staates akzeptiert hätte.

Erst als am 9. Februar 1973 Frankreich die DDR völkerrechtlich anerkannte und wir eine Botschaft hatten, verbesserte sich unsere Lage erheblich. Kontakt zur Zentrale in Berlin war über verschlungene Kanäle immer vorhanden. Das heißt: Wir waren auch in französischen Haftanstalten für die Zentrale tätig. Die HVA bzw. die DDR bemühte sich intensiv um unsere Freilassung. Schließlich wurden wir ausgetauscht. Marianne hatte über sieben Jahre hinter Gittern zugebracht, ich mehr als acht.

Die Zentrale kümmerte sich sehr um unsere Wiedereingliederung in ein normales Leben. Die lange Isolationshaft hatte sich bei Marianne nachteilig auf die Psyche ausgewirkt, ihre Konzentrationsfähigkeit hatte darunter gelitten wie auch die Fähigkeit, mit Menschen zusammenzusein. *(Die Symptome beschreibt Gabriele Gast in ihrem Beitrag im Buch sehr präzise – d. Hrsg.)*

Als die DDR unterging, waren wir bereits pensioniert. Das neue Deutschland kürzte unsere Rente um die Jahre der Haft.

Die in die Versorgungskasse der HVA während der Haftzeit eingezahlten Beträge, die wir belegen können, wurden als nicht existent getilgt. Gegen diesen Akt der Willkür haben wir geklagt. Mein Verfahren fand in Erster Instanz statt, das von Marianne bisher noch nicht. Das Sozialgericht Neurupping gab mir im Jahre 2000 Recht. In der Urteilsbegründung konstatierte man: »Zur Überzeugung der Kammer gehörte der Kläger auch noch während seiner Haftzeit dem Sonderversorgungssystem MfS/AfNS an. Die versicherungspflichtige Tätigkeit des Klägers ist durch seine Haft in Frankreich nicht unterbrochen worden.«

Am 25. Juni 1997 hatte man meinen ehemaligen Abteilungsleiter als Zeugen vernommen und dessen Aussage akzeptiert, daß »von vornherein davon ausgegangen wurde, daß auch während einer Inhaftierung die Tätigkeit des Klägers nicht unterbrochen wird, sondern vielmehr in dem Fall sich nur der Einsatz und Wirkungsbereich ändert. Er *(der Zeuge – d. Hrsg.)* hat vorgetragen, daß bei einem im Ausland eingesetzten Agenten unter keinen Umständen davon auszugehen war, daß während der Haftzeit ein versicherungspflichtiges Arbeitsverhältnis und somit die Rechte und Pflichten unterbrochen werden. Entsprechend der Richtlinien und Dienstanweisungen der Hauptverwaltung Aufklärung haben alle Rechte und Pflichten aus dem bestehenden Dienstverhältnis auch während der Haftzeit weiterbestanden.

Bereits vor Antritt eines Einsatzes im Ausland sei der Aufgabenkreis für den Fall einer Inhaftierung im Ausland formuliert und festgelegt worden. Jeder Kundschafter sei bereits vor Antritt seiner Agententätigkeit beauftragt worden, auch während der Haft alle Einzelheiten seiner Umgebung im Gedächtnis zu behalten und bei seiner Rückkehr auszuwerten [...]

Insoweit ist die Kammer zu der Überzeugung gelangt, daß in dem besonderen Fall des Klägers dessen versicherungspflichtige Beschäftigung nicht unterbrochen worden ist.

Nach alledem war der Klage stattzugeben.«

Auch die Bundesbehörde für die Unterlagen des Staatssicherheitsdienstes der DDR bestätigte, daß regelmäßig während der gesamten Zugehörigkeit zur HVA unsere Beiträge an die Versorgungskasse abgeführt wurden. In einem Schreiben an das Landessozialgericht bezeugte die Gauck-Behörde, »daß durch Verhaftung der ›operative Auftrag‹ nicht beendet ist. Daraus könnte geschlossen werden, daß das Dienstverhältnis [...] während der Haftzeit weiterhin bestand.«

Trotzdem legte das Bundesverwaltungsamt gegen die Gerichtsentscheidung Widerspruch ein.

Im März 2008 schließlich hat das Landessozialgericht Berlin-Brandenburg das Urteil aus Neuruppin aufgehoben und ohne Revisionsmöglichkeit entschieden, daß die Zeit meiner Inhaftierung vom Juni 1966 bis September 1974 nicht als Beschäftigungsverhältnis beim MfS gelte und somit nicht in die Rentenberechnung einzubeziehen sei.

Alles in allem: Marianne und ich sind davon überzeugt, daß unsere Arbeit und die aller Kundschafter der HVA notwendig und richtig war. Nichts war umsonst.

Wir blicken mit Stolz auf unser Leben zurück.

NATO: mittendrin

Rainer Rupp, Jahrgang 1945, Zusammenarbeit mit der HVA seit 1968. Ab 1977 tätig als »Topas« im NATO-Hauptquartier in Brüssel. Im Juli 1993 verhaftet und 1994 vom Oberlandesgericht Düsseldorf zu 12 Jahren Haft verurteilt.
Nach sieben Jahren Haft im Juli 2000 entlassen.

In der Ausgabe Nr. 22 des Jahres 1995 schrieb das Nachrichtenmagazin *Der Spiegel* über »Topas«, er sei »der aktivste Agent aller Zeiten für die DDR« gewesen. Abgesehen davon erfährt man dort und in unzähligen anderen Abhandlungen von überwiegend bürgerlichen Medienvertretern nichts über die Beweggründe von »Topas«. Auch vor Gericht wurde versucht, die Motive für mein Handeln weitgehend auszublenden. Durch einen taktischen Zug meiner Verteidigung sah sich jedoch der Vierte Strafsenat des Oberlandesgerichtes (OLG) Düsseldorf gezwungen, unter Hinzuziehung von zwei Professoren der Psychologie als unabhängige Experten auf dieses Thema einzugehen.

Die beiden Experten bescheinigten dem Angeklagten in ihrem Gutachten nicht nur »große Belastbarkeit« und eine »weit überdurchschnittliche Intelligenz und Leistungsfähigkeit« mit »sachlogisch-folgerichtigen Denkabläufen«, sondern darüber hinaus eine »hohe soziale Intelligenz« mit einem »ausgesprochenen Sinn für Gerechtigkeit«. Folgt man den Ausführungen der Experten weiter, dann muß es dieser »Sinn für Gerechtigkeit« gewesen sein – verbunden mit den »sachlogisch-folgerichtigen Denkabläufen« –, der mich schon als Student auf den anti-imperialistischen Weg und dann ins sozialistische Lager führte. Wenn das auch so ausdrücklich nicht im Gutachten der Experten steht, so unterstreichen sie zumindest, daß »zum Verständnis der (mir) vorgeworfenen Vorgänge auch die damalige gesellschaftliche Situation berücksichtigt werden muß«.

Über diese Vorgänge – die 68er Jahre – heißt es im Gutachten der unabhängigen Experten: »Es war die Zeit heftiger politischer Unruhen und ideologischer Auseinandersetzungen, in denen kritische Schüler und Studenten sich in Aktionen der außerparlamentarischen Opposition gegen eine Elterngeneration zusammenfanden, die als reaktionär und immer noch vom Faschismus geprägt empfunden wurde. Hierfür dürfte Herr Rupp mit seinem kritischen gesellschaftspolitischen Interesse und seinen heftigen antiautoritären Tendenzen in seiner frühen Studentenzeit besonders anfällig gewesen sein. Vermutete neofaschistische Tendenzen in der bundesrepublikanischen Gesellschaft und vor allem die als imperialistisch angesehene Politik der USA brachten damals viele Studenten und auch Herrn Rupp dazu, sich in heftigen Diskussionen und Demonstrationen gegen die Autoritäten in Schule, Universität, Gesellschaft und Politik zu wenden. Unter vielen symbolisch bedeutsamen Themen der damaligen Zeit wurde das Engagement gegen den Krieg der USA in Vietnam zum Kristallisationspunkt für die humanistischen und sozialistischen Ideale großer Teile der Studentenschaft. [...] Unter diesen individuell wie kollektiv besonders disponierenden Umständen fand dann die Begegnung zwischen dem jungen, gegen Kapitalismus und ungerechte Autorität aufbegehrenden Studenten Rupp und dem deutlich älteren, in der politischen Haltung gefestigten und darüber hinaus ideologisch geschulten Werber *(der HVA – d. Hrsg.)* Kurt statt.«

Offenbar handelte es sich tatsächlich um eine besonders günstige Entsprechung, hält das Gutachten fest und begründet: »Vor den hier skizzierten Elementen des Motivationshintergrundes wird die Entscheidung des Herrn Rupp durchaus verständlich, sich rückhaltlos für die Arbeit zum Wohle des Sozialismus und gegen den Kapitalismus zu entscheiden und sich zu geheimdienstlicher Tätigkeit zu verpflichten. Wenn Herr Rupp damals im Unterschied zu vielen anderen Studenten, die den jeweils eingeschlagenen ideologischen Weg mit zunehmender Reife wieder verließen, sein Engagement ungebrochen und eher mit verfestigter Überzeugung fortführte, so war auch dies in seinen Charaktereigenschaften begründet.«

Daß meine »verfestigte Überzeugung« jedoch keine wohlwollende Umschreibung für ideologische Verblendung war, machten die Experten im nächsten Absatz deutlich: »Dabei hat der Proband *(Rainer Rupp – d. Hrsg.)* durchaus seine eigenständige und kritische Auffassung bewahrt und wie er – bestätigt durch seine Führungsoffiziere – mit Stolz feststellt, immer seine eigenen Auffassungen und Meinungen vertreten und sich nie wie eine Marionette verhalten. An bestimmten Erscheinungen und politischen Aktionen des sozialistischen Lagers übte er heftige Kritik, in Diskussionen war er ein hartnäckiger, schwer zu überzeugender Partner, zu Vorgehensweisen, die er nicht billigte, ließ er sich nicht zwingen. Er bestand auf einer eigenen Prüfung der politischen Situation, wollte sich sein persönliches Bild machen und seine Entscheidungen selber treffen. Zu Recht stellt er fest, es habe nicht seinem Naturell entsprochen, sich ans Gängelband nehmen zu lassen. Seine späteren Erfolge in der geheimdienstlichen Arbeit waren darüber hinaus mit erheblichem Stolz auf die eigene Leistung und dem befriedigenden Gefühl verbunden, an einer weltgeschichtlich wichtigen Stelle die politischen Geschicke entscheidend mitzubestimmen.«

Während die psychologischen Gutachter in ihren Argumenten relativ mild mit mir umgegangen waren, fiel die Beurteilung im Gutachten des vom Gericht bestellten Militärexperten des Verteidigungsministeriums um so schwerer gegen mich ins Gewicht. In diesem Gutachten hieß es, daß die »cosmic-top-secret« und »streng-geheimen« NATO-Dokumente und Informationen, die »Topas« in großer Fülle und Regelmäßigkeit über viele Jahre an den Auslandsnachrichtendienst der DDR geliefert hatte, derart brisant gewesen seien, daß sie im Ernstfall für die NATO den »GAU« *(den größten anzunehmenden Unfall – d. Hrsg.)* bedeutet hätten und somit »kriegsentscheidend« gewesen wären.

Das Gericht übernahm diese Formulierung und argumentierte dadurch, als ob es darum gegangen sei, in der Systemauseinandersetzung zwischen Ost und West einen Krieg zu *gewinnen.*

Genau das Gegenteil war der Fall. Es ging darum, einen Krieg zu *verhindern.*

Denn ein Krieg zwischen der NATO und dem Warschauer Vertrag hätte bei der damals wie heute immer noch geltenden NATO-Strategie des nuklearen Ersteinsatzes unweigerlich zu einem Atomkrieg geführt, bei dem es keine Gewinner, sondern nur Verlierer gegeben hätte.

Dennoch war von Anfang an klar, daß ich eine hohe Strafe zu erwarten hatte. In der Urteilsbegründung des OLG Düsseldorf hieß es zwar anerkennend, daß der Angeklagte Rupp bisher ein »arbeitsames und erfolgreiches Leben« geführt habe und »seine Vorgesetzten ihn als tüchtigen und wertvollen Mitarbeiter schätzten«. Auch wurde »dem Angeklagten ferner zugute gehalten, daß es ihm auch darum ging, zum Abbau von Vorurteilen und Besorgnissen des Warschauer Paktes die Absichten der NATO transparent zu machen und damit zum Frieden beizutragen. Die Erstellung von Charakteristiken *(von Mitarbeitern und anderen Personen – d. Hrsg.)* hat er stets abgelehnt und auch nicht des Geldes wegen für seine östlichen Auftraggeber gearbeitet«.

Aber an einer langen Haftstrafe ging kein Weg vorbei. Nachdem ursprünglich die Forderung nach lebenslanger Haft im Raum gestanden hatte, begnügte sich die Bundesanwaltschaft damit, nur 15 Jahre zu verlangen. Schließlich lautete das Urteil auf zwölf Jahre.

In der Strafhaft hatte ich das Pech, dem übereifrigen Direktor Hirschmann der Justizvollzugsanstalt in Saarbrücken in die Hände zu fallen. Nachdem ich während der fast eineinhalb Jahre dauernden Untersuchungshaft in verschiedenen bundesdeutschen Haftanstalten sowohl von der Bundesanwaltschaft als auch von den Staatsschutzbeamten des Bundeskriminalamtes »hart, aber fair« behandelt worden war, verfügte der Herr Direktor Hirschmann (übrigens SPD-Mitglied) bereits zum Tag meiner Ankunft in der heimatnahen JVA Saarbrücken eine lange Liste von »besonderen Sicherheitsmaßnahmen« (z. B. Arbeitsverbot, Kontakteinschränkung, der auf eineinhalb Stunden beschränkte Familienbesuch pro Monat durfte nur unter Beisein eines JVA-Beamten stattfinden usw. usf.).

Ich hatte das Gefühl, als ob ich durch Isolationshaft und Demütigungen gebrochen werden sollte.

Herr Hirschmann hatte sich jedoch in seiner Einschätzung verrechnet. Der Strafgefangene Rupp ließ sich auch unter massivem Druck nicht von seinen »eigenen Auffassungen und Meinungen abbringen«, und er verhielt sich auch hier nicht »wie eine Marionette«. Vielmehr fühlte ich mich durch die Verhaltensweise des Direktors erst recht herausgefordert und begann aus der Haft heraus meinen Widerstand gegen die vom JVA-Direktor verhängten »besonderen Sicherheitsmaßnahmen« zu organisieren. Offiziell waren diese von der JVA-Leitung mit einer angeblich »erhöhten Fluchtgefahr« gerechtfertigt worden, die auf Grund von Rupps »Uneinsichtigkeit in die Verwerflichkeit seiner Tat« gegeben gewesen sei. So schickte ich meine erste, von mir selbst verfaßte, juristische Beschwerde an das für Strafvollzugsangelegenheiten zuständige Gericht in Saarbrücken. Ein langwieriges Hin und Her vor Gericht begann. Auf Stellungnahmen der JVA folgten meine Gegenstellungnahmen. Nach über einem Jahr entschied schließlich das Saarländische Landgericht zur großen Überraschung aller Beteiligten, daß die Behandlung des Strafgefangenen Rupp in der JVA Saarbrücken »rechtswidrig« war. Die JVA legte Widerspruch beim Oberlandesgericht ein. Ohne Erfolg. So erhielt ich dann das »Privileg«, wie alle anderen in der JVA Saarbrücken auf viele Jahre einsitzenden Schwerkriminellen behandelt zu werden.

Obwohl ich mich sofort nach der Aufhebung der Kontakt- und Arbeitssperre um einen freien Arbeitsplatz in der Gefängnisbibliothek bewarb, wurde ich stattdessen als Kartoffelschäler in der Küche eingesetzt – so wie es das Strafvollzugsgesetz vorschreibt, daß der Gefangene »entsprechend seiner geistigen und körperlichen Fähigkeiten« zur Arbeit eingeteilt werden soll. Später erfuhr ich von einem mir freundlich gesinnten JVA-Küchenbeamten, daß meine Karriere als Kartoffelschäler auf eine persönliche Anordnung des JVA-Direktors zustande gekommen sei.

Nach fast einem Jahr und einigen Umwegen schaffte ich es trotz des Widerstands des Direktors doch noch in die Gefängnisbibliothek. Zugleich war ich von den Mitgefangenen zum Vorsitzenden der Gefangenenmitverantwortung gewählt worden. Die wichtigste Funktion des Vorsitzenden ist es, auf Mißstände im Gefängnis aufmerksam zu machen und gemeinsam mit der Gefängnisverwaltung an Verbesserungen zu arbeiten.

Vor dem Hintergrund des teils über hundert Jahre alten Gefängnisbaus in Saarbrücken wurde so das Spannungsfeld zwischen dem Direktor und mir zusätzlich erweitert.

Zugleich trat mir jedoch der weitaus größte Teil der JVA-Beamten mit Sympathie und Respekt gegenüber. Der Rest verhielt sich neutral. Kein einziger Beamter zeigte sich offen feindlich.

Dieses Bild läßt sich mit einigen Abstrichen auch auf meine Mitgefangenen übertragen. Außer einigen wenigen gefährlichen Ausnahmesituationen hatte ich in meiner gesamten Haftzeit keine Probleme. Vielmehr suchten Mitgefangenen bei mir immer wieder Hilfe und Rat. Auch meine Arbeit als Vorsitzender der Gefangenenmitverantwortung wurde offensichtlich geschätzt, da ich mit großer Mehrheit wieder gewählt wurde.

Nach langen Monaten und Jahren rückte schließlich die Zeit für Haftlockerungen heran – für erste eigene Schritte außerhalb der Mauern, ohne Handschellen und ohne Begleitung. Aber in Vorbereitung des Freigangs legte sich die JVA Saarbrücken unter Leitung von Direktor Hirschmann erneut quer. Auch diesmal half nur eine Klage vor Gericht, bei der ich Dank der Hilfe der »Gesellschaft für rechtliche und humanitäre Unterstützung e. V.« (GRH) anwaltlich unterstützt wurde.

Auch diesmal ging die Klage bis zum Saarländischen Oberlandesgericht, das am 30. Juni 1998 in einem ungewöhnlichen Schritt entschied, den Leiter der JVA Saarbrücken direkt zu »verpflichten, den Beschwerdeführer (Rupp) unter der Rechtsauffassung des Senats *(die der des Direktors Hirschmann diametral entgegenstand – d. Hrsg.)* erneut zu bescheiden«. Einen Monat später und auf den Tag genau fünf Jahre nach meiner Verhaftung konnte ich zum ersten Mal ohne Fesselung und ohne Bewachung für eine Stunde vor das Gefängnistor treten. Dort erwarteten mich meine Frau und unsere Kinder. Dieser Augenblick des Wiedersehens, dieses erhebende Gefühl, als ich meine Lieben in die Arme schloß, entzieht sich meiner Beschreibung.

Nun war der Weg für den offenen Vollzug frei. Nur eine Arbeit mußte noch gefunden werden. Durch meine vielen Veröffentlichungen aus der Haft heraus über die politischen und militärischen Entwicklungen, die u. a. im *Neuen Deutschland* und in der *jungen Welt* erschienen, und auf Grund des Zuspruchs von vielen Hunderten von Menschen, größtenteils aus der ehemaligen DDR, die mir jahrein, jahraus Briefe und Karten ins

Gefängnis geschickt hatten, war mein Name recht bekannt geworden. Da viele meiner Korrespondenten Mitglieder von PDS-Basisorganisationen waren, wurde mein Name auch in den Führungsgremien der Partei langsam zum Thema, wenn auch zu einem umstrittenen.

Der Enthusiasmus vieler GenossInnen der Basis, an meinem Schicksal teilzunehmen, wurde von der bürgerlichen Presse mit Häme vermerkt, was wiederum etlichen führenden PDS-Funktionären nicht in ihr politisches Konzept des »Ankommens« in dieser Gesellschaft paßte. So gab es z. B. auf meine Briefe über den Umgang der PDS-Führung mit dem sogenannten Stasi-Syndrom, die ich an Mitglieder des PDS-Bundesvorstandes geschickt hatte, unterschiedliche Reaktionen. Einige Spitzenfunktionäre, etwa der damalige PDS-Vorsitzende Lothar Bisky, haben bis heute nicht auf meine Post reagiert. Andere, zum Beispiel Gregor Gysi, beantworteten meinen Brief mit zwei unpersönlichen Sätzen, unterschrieben von seiner Sekretärin, mit dem Zusatz »nach Diktat verreist«. Wiederum andere, so Hans Modrow und weitere damalige PDS-Bundestagsabgeordnete, unterstrichen ihre Solidarität und besuchten mich – zum Leidwesen des Gefängnisdirektors – in der JVA Saarbrücken. Dabei ließen sie sich auch nicht durch die Tatsache verunsichern, daß mein ehemaliger Chef Markus Wolf mir kurz zuvor bereits einen Besuch abgestattet hatte. Schließlich schaute auch Gregor Gysi mal im Gefängnis vorbei, als er ohnehin zu politischen Gesprächen in Saarbrücken weilte.

Nachdem ich zum Jahreswechsel 1998/99 schließlich in den sogenannten Offenen Vollzug kam, wurde ich aus der JVA Saarbrücken in die JVA Saarlouis verlegt. Das Gefängnis lag direkt gegenüber der Klinik, in der ich im September 1945 geboren worden war und nur hundert Meter weg vom Humanistischen Gymnasium Saarlouis, wo ich als 10jähriger damit angefangen hatte, Latein, Griechisch und Französisch zu büffeln. Nun war ich unter seltsamen Umständen ganz in die Nähe dieser beiden für mein Leben wichtigen Plätze zurückgekehrt.

Um in den Genuß der Vorzüge des Freigangs zu kommen, fehlte noch ein Arbeitsplatz. Nur so kann man morgens aus dem Gefängnis heraus, um erst abends nach der Arbeit wieder hinter Gitter zurückzukehren. Da die PDS vor dem heraufziehenden NATO-Krieg gegen Jugoslawien meine Sachkompetenz nutzen wollte, bot mir die Partei zum Jahresbeginn 1999 eine Arbeit als sicherheitspolitischer Berater für die Fraktion der PDS im Bundestag an.

Im bürgerlichen Lager erhob sich daraufhin ein Sturm der Entrüstung. Bundestagspräsident Thierse gelobte in der *Tagesschau* sogar, von seinem »Hausrecht Gebrauch zu machen« und mich höchst persönlich rauszuwerfen, sollte ich den Bundestag betreten und diesen durch meiner Anwesenheit »entweihen«. Es verging kein Tag, an dem sich »anständige Bürger« nicht in den Medien über das unsittliche Angebot der PDS entrüsteten, wobei offensichtlich laut *Bild* am schwersten wog, daß ich dann sogar noch »mit Steuergeldern bezahlt« würde.

Scharen von Journalisten warteten vor der JVA, um mich beim Weg zur Arbeit abzufangen, was ihnen jedoch nicht gelang. Auch meiner Frau und meinen Kindern stellten sie an deren Wohnort nach. Zugleich führten die Spannungen auch innerhalb der PDS-Bundestagsfraktion zu Streitigkeiten über meine Einstellung. Ein Viertel der PDS-Bundestagsabgeordneten, die offensichtlich besonders große Sorgen hatten, möglichst schnell im bürgerlichen Lager anzukommen, hatte sich in einer Presseerklärung von mir und dem Beschluß der Fraktion bereits distanziert. Es war nur eine Frage der Zeit, bis es die Hälfte und mehr wären.

So verzichtete ich schließlich aus Rücksicht auf die innerlich zerrissene PDS auf den Arbeitsvertrag, den ich, vom PDS-Fraktionsvorsitzenden Gregor Gysi bereits unterzeichnet, in der Tasche trug.

Mit Hilfe des damaligen Geschäftsführers des Karl Dietz Verlages, Dr. Rainer Semmelmann, war es am 1. Mai 1998 dann soweit, daß ich tagsüber einer Lektoratsarbeit in einem Büro in Saarbrücken nachgehen konnte. Das Büro war mit modernen Kommunikationsmitteln und einem Zugang zum Internet ausgestattet, das für Recherchearbeiten und Informationsverbreitung unersetzlich ist. Meine Lektoratsarbeit ließ mir für solche Recherchen ausreichend Zeit. Am Abend, wenn ich um 20 Uhr wieder zurück im Gefängnis des Offenen Vollzugs in Saarlouis in meiner Zelle saß, machte ich mich wieder an die Arbeit, fertigte sicherheitspolitische Analysen an oder schrieb Artikel. An Wochenenden ging es dann für 36 Stunden nach Hause. Nach 15 Monaten war auch dieser Abschnitt vorbei. Am 27. Juli 2000, fast auf den Tag genau sieben Jahre nach meiner Verhaftung, wurde ich ohne Auflagen auf Bewährung entlassen.

Bereits nach Aufhebung der besonderen Sicherheitsmaßnahmen im Gefängnis Saarbrücken hatte ich mit dem Schreiben von Artikeln angefangen, trotz mancher damit verbundenen Warnungen und unkalkulierbaren Risiken in bezug auf die möglichen Auswirkungen auf meine Chancen zur vorzeitigen Entlassung. Die journalistische Arbeit habe ich seither beibehalten. Meine Aufgabe sehe ich auch weiterhin darin, insbesondere Tatsachen, Zusammenhänge und Hintergründe aufzudecken, welche die bürgerlichen Medien beschönigen oder ganz unter den Tisch fallen lassen. In gewissem Sinn sehe ich darin eine Fortsetzung meiner früheren Arbeit als Aufklärer – heute nur mit anderen Mitteln.

Noch in meiner Zelle eingesperrt, ging es mir Mitte der 90er Jahre insbesondere darum, die angeblich so hehren Motive der bewaffneten

NATO-Interventionen auf dem Balkan und ihre möglichen Folgen zu beleuchten, wobei mir mein Erfahrungswissen aus langjähriger Tätigkeit in der Politischen Abteilung im Herzen des NATO-Hauptquartiers in Brüssel zugute kam. Der Vorsitz in der »Gruppe zur Erstellung der laufenden nachrichtendienstlichen Lage« (CIG) im hochsensiblen Nervenzentrum der NATO (SITCEN bzw. Lagezentrum) war Teil meiner Arbeit. Außerdem hatte ich fast zwei Jahrzehnte im komplexen Prozeß der NATO-Verteidigungsplanung mitgearbeitet, die korrekter als NATO-Angriffsplanung bezeichnet werden müßte, insbesondere im Licht des NATO-Angriffskrieges gegen Jugoslawien und des »Neuen Strategischen Konzepts« zur weltweiten Intervention des atlantischen Bündnisses.

Sofort nach Aufhebung der besonderen Sicherheitsmaßnahmen in der JVA Saarbrücken hatte ich daher den Kontakt zu sogenannten »Meinungsmultiplikatoren« gesucht, indem ich auf deren sicherheitspolitische Veröffentlichungen reagierte. Auf diese Weise kam es zu interessanter Korrespondenz mit Personen wie Stefan Aust, dem Chefredakteur des *Spiegel*, und Theo Sommer von *Die Zeit*. Vorrangig ging es mir aber darum, Persönlichkeiten der Friedensbewegung auf die drohende Gefahr neuer Kriege hinzuweisen.

Unter Bezugnahme auf die im Bundestag anstehende Entscheidung zur Entsendung von Bundeswehrsoldaten nach Bosnien schrieb ich z. B. am 5. Juni 1995 an den Fraktionsführer von Bündnis 90/Die Grünen im Bundestag, Herrn Josef Fischer. Darin hob ich hervor, daß es von größter Bedeutung sei zu klären, »ob das verstärkte Engagement der NATO in Bosnien die UN-Mission fördern soll und kann, oder ob die NATO dort ihre eigene Agenda verfolgt«, um die UNO zu unterlaufen. Auch könne die Tatsache, daß nun allseits davon gesprochen würde, »die Demütigung der Großmächte« durch die Serben zu ahnden, die Gefahr in sich berge, daß die »humanitäre Mission der UNO auf der Strecke« bleibe. Daher stelle sich die Frage, »ob die militärische Eskalation der NATO der humanitären Hilfe oder vorrangig den eigenen Zielen und dem Prestige der nach dem Ende des Kalten Krieges in Europa in Frage gestellten nordatlantischen Militärorganisation dient«.

In anderen Briefen an führende Persönlichkeiten der Bündnisgrünen verwies ich auf die Vorgeschichte des NATO-Engagements in Ex-Jugoslawien, die ich seinerzeit hautnah als Mitarbeiter der politischen Abteilung der NATO in Brüssel miterlebt hatte. So erinnerte ich daran, daß »nach Auflösung des Warschauer Vertrags und dem Zusammenbruch der Sowjetunion man in der NATO geradezu verzweifelt nach neuen Aufgaben gesucht hatte. Dies reichte von *out-of-area*-Einsätzen bis hin zu Überlegungen, als internationale Kontroll- und Koordinierungsinstanz zur Unterbindung von Atomschmuggel zu fungieren. Für fast alles sah man sich damals *(Anfang der 90er Jahre – d. Hrsg.)* im NATO-Generalsekretariat als potentiell zuständig, solange es das Überleben der Organisation sicherte.«

Die »Organisation für Sicherheit und Zusammenarbeit in Europa« (OSZE) wurde nach Ende des Kalten Krieges von Washington als bedrohliche Konkurrenzorganisation zur NATO angesehen, und die »Atlantiker« in Brüssel taten alles, um die OSZE »wegzubeißen«, indem sie sie als ineffizient und für die europäische Sicherheit als eher hinderlich darstellten. Denn nur mit der NATO – so wurde argumentiert –, in der die USA die uneingeschränkte Führungsrolle hat, könnte die demokratische und marktwirtschaftliche Neuordnung Osteuropas für das Kapital abgesichert werden.

Dennoch zeigte sich die NATO anfangs stark angeschlagen, denn ihre Existenz wurde nach dem Ende des Kalten Krieges von vielen Menschen in Westeuropa in Frage gestellt. Daher bedurfte es aus Sicht Washingtons und der europäischen »Atlantiker« dringend einer Aufwertung des Bündnisses und einer »neuen Rolle« für die NATO.

Erst mit Beginn des von Deutschland mit geschürten Bürgerkriegs in Jugoslawien wurden in der NATO genauere Vorstellungen über deren »neue Rolle« entwickelt. So wurde damals hervorgehoben, daß in Anbetracht der vielen ethnischen Probleme und potentiellen Grenzkonflikte im osteuropäischen Machtvakuum nach dem Zusammenbruch der UdSSR die NATO die einzige Organisation sei, die auch die militärischen Fähigkeiten habe, im Osten den Frieden zu erhalten und, wenn nötig, auch mit Waffengewalt zu *schaffen*. Daher mußte dringend ein Exempel statuiert werden, um diesen Anspruch zu belegen und die »Glaubwürdigkeit« der NATO zu untermauern, an der es noch fehlte.

Kein Wunder, daß die Politstrategen in Washington und Brüssel regelrecht darauf drängten, »in Jugoslawien endlich die NATO ranzulassen«. Der deutsche NATO-Generalsekretär Manfred Wörner war damals sogar bereit, die NATO der UNO zu unterstellen, solange die Brüsseler Organisation nur ihren »Fuß in die Tür« bekam.

Der Gedanke einer Unterordnung der NATO unter die Vereinten Nationen paßte den Vorstellungen der USA über die Neue Weltordnung, die damals von US-Präsident Bush sr. bereits lautstark verkündet wurde, nicht ins Konzept. Aus der Sicht Washingtons war eine solche Unterordnung auf Dauer überhaupt nicht akzeptabel, da dies die Aktionsfreiheit der USA viel zu stark eingeengt hätte.

Damit jedoch die NATO mit breiter öffentlicher Zustimmung den ersten militärischen Schritt außerhalb ihres traditionellen Zuständigkeitsbereichs machen konnte, bedurfte es eines UN-Mandats, das man schließlich für Bosnien-Herzegowina auch bekam. Die anfängliche, durch die Unterordnung unter die UN aufgezwungene Unparteilichkeit der NATO im Bosnien-Konflikt war nur von kurzer Dauer. Im perfekten Zusammenspiel mit den großen Medien in den wichtigsten NATO-Ländern gelang es der NATO-Führung, sich gegen UNO, EU und OSZE durchzusetzen. Die stark emotionalisierte und betont anti-serbische Berichterstattung der westlichen Presse über den Kriegsverlauf in Bosnien schürte in der Öffentlichkeit der NATO-Länder eine starke Stimmung gegen die »viel zu lasche« UNO, die angeblich nicht einmal in der Lage war, vor ihren Augen Menschenrechtsverbrechen im großen Stil zu verhindern. Dies lieferte der NATO die Steilvorlage, um schließlich von der UNO das Mandat für militärische Aktionen zu erpressen.

Der Verteidigungsminister der Regierung Kohl machte sich seinerzeit als ideeller Wegbereiter für diese Politik völkerrechtswidriger Militärinterventionen und Präventivkriege besonders verdient. In einem Interview in der *Süddeutschen Zeitung* vom 3./4./5. Juni, 1995 verlangte Volker Rühe ganz im Sinne Washingtons, daß die NATO »nie wieder Subunternehmer der UNO« werden dürfte. Mit diesem Schritt habe »die deutsche Bundesregierung bereits bewiesen, daß sie voll hinter der von den USA verfolgten Umwandlung der NATO in ein weltweites Interventionsinstrument« stehe, schrieb ich damals in meinem Brief an Josef Fischer und warnte, daß es der US-geführten NATO hauptsächlich darum gehe, »sich außerhalb der UNO künftig uneingeschränkte militärische Handlungsfreiheiten zu sichern«. Dabei diene ihr Bekenntnis zu »friedensschaffenden und humanitären Einsätzen« lediglich als Türöffner für Interventionen und als Beruhigungsmittel für die eigene Öffentlichkeit.

Die Entwicklungen haben seither meine Befürchtungen nicht nur bestätigt, sondern leider noch weit übertroffen.

In Anbetracht der Tatsache, daß vier Jahre später der deutsche Außenminister Josef Fischer den NATO-Angriffskrieg gegen Jugoslawien mit ermöglicht hat, komme ich mir heute recht töricht vor, denselben Herrn und seine grünen Parteigenossen vor den möglichen Folgen eines großen Krieges in der Region gewarnt zu haben. Denn Jugoslawien hatte »schon immer einen festen Platz in den Kriegsszenarien der NATO«, schrieb ich. Insbesondere bei der WINTEX-Übung, welche die mit Abstand umfangreichste und bedeutendste Stabsübung der NATO war, die alle zwei Jahre stattfand. Während meiner Zeit bei der NATO hatte ich an allen WINTEX-Übungen teilgenommen, wobei ich über viele Jahre im rotierenden Verfahren als Vorsitzender der »Gruppe zur Erstellung der laufenden nachrichtendienstlichen Lage« (CIG) Dienst tat. Und in dieser

Funktion gehörte es auch zu meinen Aufgaben, dem NATO-Rat, dem höchsten Gremium der Allianz, im Vier-Stunden-Rhythmus die Kriegslage vorzutragen und auf Fragen zu antworten.

Alle WINTEX-Kriegsspiele, die stets zum Dritten Weltkrieg führten, haben immer mit einer »bürgerkriegsähnlichen Entwicklung in Jugoslawien« angefangen. In ihrem Standardszenario widersetzte sich die NATO den unterstellten Einmischungsversuchen der Sowjetunion, indem sie sich selbst in den Jugoslawien-Konflikt einmischte. »Nach allerlei internationalen Komplikationen und weiteren Konfrontationen kam es dann zur großen bewaffneten Auseinandersetzung zwischen Ost und West. Dabei bestand das eigentlichen Ziel von WINTEX darin, die politischen und militärischen Mechanismen zur Freigabe bzw. zum Einsatz von Atomwaffen einzuüben, damit im Ernstfall alle Prozeduren für den nuklearen Erstschlag glatt von der Hand gingen«, hieß es damals in meinen Briefen an die grünen »Friedensbewegten«.

Zwar mußte ich einräumen, daß eine derartige Ausweitung des Jugoslawienkonfliktes »heute nicht mehr vorstellbar« sei, aber zugleich erinnerte ich daran, daß »das derzeitige Vorgehen der NATO in Bosnien in den Details mich erschreckend an die WINTEX-Stabsübungen« erinnerte, bei denen USA und NATO »im Gefühl der technologischen Überlegenheit immer davon ausgegangen waren, dem Gegner im Osten die Initiative diktieren zu können, um je nach Bedarf die Eskalation herauf- oder herunterschrauben zu können. Weshalb zu den WINTEX-Übungen auch routinemäßig der Einsatz von Nuklearwaffen gegen Osteuropa gehörte.«

Während meiner letzten WINTEX-Übung Ende der 80er Jahre, setzte die NATO über 140 taktische Atomwaffen gegen den Osten ein, hauptsächlich auf die osteuropäischen Staaten, aber auch auf den ukrainischen und weißrussischen Teil der Sowjetunion. Auch die DDR blieb nicht unverschont. Sie wurde von drei Atomwaffen getroffen, eine davon wurde auf ein sowjetisches Aufmarschgebiet vor den Toren von Dresden abgefeuert. Die NATO setzte dabei zum ersten Mal Atomwaffen in zwei Wellen ein. Nach der ersten Welle wartete die NATO, ob der Warschauer Vertrag, insbesondere die Sowjetunion, das Handtuch werfen würde. Seltsamerweise ging man in den NATO-Szenarien nicht von einem nuklearen Gegenschlag der Sowjetunion aus.

Als die Sowjets nach zwei Tagen immer noch nicht aufgegeben hatten, entschloß sich die NATO-Führung zu einer zweiten Welle von Nuklearschlägen.

Meinen Brief an Herrn Fischer beendete ich, indem ich die Hoffnung ausdrückte, daß – wenn er auch meine Meinung sicherlich nicht teilte –

meine Ausführungen ihn zumindest nachdenklich stimmten. Was aber wäre geschehen, wenn es bei der NATO-Strategie zum Ersteinsatz von Atomwaffen tatsächlich zum Konflikt zwischen Ost und West gekommen wäre? Und wie würde das aussehen, wenn die Sowjets ihrerseits mit Atomwaffen zurückgeschlagen hätten, fragte ich mich damals immer wieder bei den WINTEX-Übungen.

Aber in der NATO wurden solche Fragen nie diskutiert. Am Ende der Übung wurde das Problem einfach dadurch gelöst, daß die Sowjets »vernünftig« wurden und die Kampfhandlungen einstellten. Allerdings muß ich eingestehen, daß es nie die Aufgabe von WINTEX-Übungen war, sich Gedanken über den Weltuntergang zu machen. Bei WINTEX ging es einzig und allein darum, ganz pragmatisch die Prozeduren der nuklearen Freigabemechanismen einzuüben, damit es im Ernstfall auch klappte. Der ganze Wahnsinn wurde dann mit der Strategie der flexiblen Abschreckung »wissenschaftlich« begründet.

Die Strategie der flexiblen Abschreckung basierte auf dem fugenlosen Übergang von der konventionellen zur nuklearen Kriegführung. Etliche Leser werden sich sicherlich noch daran erinnern, daß Anfang der 80er Jahre insbesondere US-Strategen allen Ernstes versucht haben, ihre NATO-Kollegen und die westliche Öffentlichkeit von der Führbarkeit und Gewinnbarkeit eines begrenzten Nuklearkrieges gegen die Sowjetunion zu überzeugen. Vorbedingung dazu waren jedoch präventive Enthauptungsschläge der politischen und militärischen Führung in den sowjetischen Kommando-, Kontroll- und Kommunikationszentren, so daß – dieses Bild wurde benutzt – »die Rote Armee wie ein Huhn mit abgeschlagenem Kopf ziellos über den Bauernhof rennt«.

Der jüngste Krieg des Serien-Aggressors USA gegen Irak beweist, daß dieses Konzept inzwischen für den Einsatz gegen Länder der Dritten Welt weiterentwickelt wurde und für den Kampf ohne Atomwaffen verfeinert worden ist. Allerdings beharren sowohl die USA als auch die NATO in ihrem »Neuen Strategischen Konzept« für künftige Aggressionskriege rund um die Welt ausdrücklich auf ihrem »Recht« des Ersteinsatzes von Nuklearwaffen.

Hier schließt sich der Kreis. Eingangs sprach ich von dem *Spiegel*-Artikel, in dem sich der Autor über meinen engagierten Einsatz für die DDR, des einzigen deutschen Staates, von dessen Boden nie ein Krieg ausgegangen ist, wunderte. In einem Brief am 30. Mai 1995 an *Spiegel*-Chefredakteur Stefan Aust machte ich klar, daß »die Triebkraft für mein Handeln in meiner begründeten Sorge um die Gefahr eines bewaffneten Konfliktes in Europa lag, da dieser schnell außer Kontrolle geraten wäre. Das hört sich heute vielleicht pathetisch an. Tatsache bleibt jedoch, daß das sogenannte Gleichgewicht des Schreckens zwischen NATO und WP zeitweise höchst instabil war. Dies gilt besonders für die frühen 80er Jahre. Aber selbst im Jahre 1989 bestand noch eine konkrete Gefahr.«

Weiter heißt es in dem Brief an Aust: »Anfang der 80er Jahre war die Ost-West-Atmosphäre bereits durch den sowjetischen Einmarsch in Afghanistan vergiftet. Damit nicht genug: Unter Ronald Reagan hatten die USA als Führungsmacht der NATO ihren Kreuzzug gegen das ›Reich des Bösen‹, die Sowjetunion, angetreten. Unter Reagan und seinen Mitstreitern aus dem erzkonservativen ›Committee on the Present Danger‹ (›Ausschuß zur allgegenwärtigen Gefahr‹), von denen die meisten mit Ronald Reagan in höchste Regierungsämter gelangt waren, verkam unter amerikanischem Druck das Wort ›Detente‹ (Ost-West-Entspannung) auch in der NATO in Brüssel zu einem Schimpfwort. Neue US-Initiativen drückten aggressive politische und militärische Strategien durch, die nicht nur im Warschauer Pakt massive Ängste schürten, sondern auch bei manchen westlichen Regierungen zu tiefen Verunsicherungen führten und nicht zuletzt den Grund für den massiven Widerstand einer rapide wachsenden europäischen Friedensbewegung lieferten. […] Zwar galt auch weiterhin in West und Ost die Prämisse, daß keine Seite den ›großen Krieg‹ bewußt wollte. Aber durch tiefsitzende Vorurteile, die ich auf beiden Seiten kennengelernt hatte, wuchs die Gefahr von Fehleinschätzungen. Insbesondere Anfang der 80er Jahre war Moskau durch den unverständlich aggressiven und undurchschaubaren Kurs der Reagan-Administration in Washington tief verunsichert, und die Gefahr einer möglichen Überreaktionen der Sowjetunion auf die ständigen Provokationen der USA war nicht mehr auszuschließen. Es gab Zeiten, in denen ich mir wie auf einer eingeölten, schiefen Ebene vorkam, in der unsere Welt scheinbar unaufhaltsam näher an den Abgrund glitt.

Erst Mitte der 80er Jahre kam es endlich zu einer nachhaltigen Entspannung.«

Ich schloß meinen Brief an Herrn Aust mit dem Satz, der aus meiner Sicht alles erklärt: »In der Aufgabe mitzuhelfen, einen Krieg zu verhindern, habe ich meine oberste moralische Pflicht gesehen.«

Auch in der Haft nicht allein

»Harry«, Jahrgang 1922, Schlosser, Neulehrer, Kreisschulrat, arbeitete seit 1966 mit der Militäraufklärung der NVA zusammen. Als Verbindungsmann zu einer wichtigen Quelle wurde er 1981 verhaftet. Seine Strafe von 28 Monaten mußte er nicht voll verbüßen – er wurde nach einem Jahr gegen Agenten westlicher Dienste ausgetauscht.

Meine Anwerbung für eine Mitarbeit in der Militärischen Aufklärung der NVA war relativ kurz. Ein erstes Gespräch mit zwei Offizieren der NVA fand im Gebäude meiner Arbeitsstelle statt. Es war sehr informativ, aber keinesfalls geheimnisvoll. Ich erhielt für meine Zustimmung Bedenkzeit. Eine Ablehnung hätte für mich keine negativen Folgen gehabt. Lediglich mein Gewissen hätte mir keine Ruhe gelassen.

Als Angehöriger des Jahrgangs 1922 gehörte ich vom Tage des Überfalls auf die Sowjetunion bis April 1945 zu Panzereinheiten der deutschen Wehrmacht, die an der Ostfront eingesetzt waren. Ich war Kraftfahrer, Kradmelder, Ladeschütze, Richtschütze, Panzerfahrer, Kommandant. Die jeweilige Qualifizierung erfolgte stets im Rahmen des Frontverbandes. Am 15. April 1945 wurde ich als Kommandant eines »Königstigers« bei Fischhausen in Ostpreußen verwundet. Über Pillau kam ich auf dem Seeweg in ein Lazarett nach Dänemark und somit in britische Gefangenschaft, die ich im Internierungsgebiet im Raum Schleswig-Holstein erlebte.

Im Januar 1946 wurde ich in Kiel aus britischem »Gewahrsam« entlassen und kehrte in meine Heimat zurück. Die Niederlausitz befand sich jetzt in der Sowjetischen Besatzungszone. Dort arbeitete ich zunächst als Reparaturschlosser im Braunkohlekraftwerk, dessen Wiederherstellung von der Roten Armee sofort nach der Einnahme dieses Gebietes veranlaßt worden war. Der Betrieb, nunmehr eine sowjetische Aktiengesellschaft (SAG), benötigte natürlich Facharbeiter. Als ausgebildeter Maschinenschlosser stand meiner Einstellung nichts im Wege. Doch auch die Schule verlangte neue Lehrkräfte. Ein alter Kommunist, mit dem ich in der gleichen Schicht arbeitete, überzeugte mich von einem Berufswechsel. Ich war aufgrund meiner Kriegserfahrungen zum entschiedenen Pazifisten geworden. Diese Haltung – dies nur nebenbei – vertrat ich auch später in der SED. Mit Sorge beobachtete ich deshalb die Remilitarisierung der Bundesrepublik.

Im Laufe meiner beruflichen und politischen Entwicklung begriff ich, daß die DDR gezwungen war, ihre Errungenschaften militärisch zu schützen. Dazu trugen auch die Ereignisse am 17. Juni 1953 bei.

Beim Aufbau der Kampfgruppen war ich bereit, meine militärischen Kenntnisse und Erfahrungen zur Verfügung zu stellen. In der für mich zuständigen SED-Kreisleitung arbeitete ein Genosse, der mich bereits seit meinem Fronteinsatz kannte. Er sorgte dafür, daß ich als Kommandeur einer Hundertschaft eingesetzt wurde.

In den Wochen nach dem 13. August 1961 stand ich mit unserer Kampfgruppeneinheit an der Staatsgrenze zu Westberlin.

Die Bereitschaft, für die Militärische Aufklärung der NVA zu arbeiten, schien bei dieser Entwicklung logisch.

Ich wurde zum Instrukteur ausgebildet, der zu Aufklärern im Operationsgebiet Verbindung hielt und diese anleitete. Verantwortlich für meine Ausbildung und für meinen Einsatz war mein Führungsoffizier. Das passierte auf dem Territorium der DDR. Das Leben in der Bundesrepublik lernte ich zunächst nur theoretisch kennen. Meinen künftigen Partner bekam ich erst kurz vor meinem Einsatz zu Gesicht. Wir trafen uns in einem entsprechenden »Treffsystem« unter der Kontrolle unseres Führungsoffiziers. Ich handelte mir gleich eine Kritik ein, da ich zu zeitig am Haupttreff erschienen war. Absolute Pünktlichkeit, Zuverlässigkeit und Detailtreue wurden als wesentlich verlangt.

Auf der Grundlage einheitlicher politischer Standpunkte und unbegrenzter Einsatzbereitschaft wurden wir drei – Führungsoffizier, Aufklärer und ich – ein festes Kollektiv. Wir sind bis heute Freunde.

Für mich brachte die neue nebenberufliche Tätigkeit natürlich zusätzliche Belastung, nicht nur physisch, sondern auch psychisch. Selbst in der Familie mußte alles geheim bleiben. Daß aber meine Ehefrau, auch Genossin, nicht eingeweiht wurde, war ein Fehler, der mir später Schwierigkeiten bereiten sollte.

Zum Zeitpunkt meiner Bereitschaftserklärung befand ich mich in einer Direktaspirantur. Das ließ mir viel Freiraum. Trotzdem war es zeitbelastend. Für meine Aspirantur standen mir nur zwei Jahre zur Verfügung. Ich wollte die Aufgaben der Aufklärung uneingeschränkt erfüllen, durfte aber auch in meiner beruflichen Arbeit keine Schwächen zeigen. Die Genossen betonten immer wieder, daß ich weder im Berufsleben noch im Einsatz negativ auffallen dürfe.

Nach der Aspirantur übernahm ich wieder eine leitende Funktion im Bildungswesen. War ich als Kundschafter unterwegs, mußte ich meine Abwesenheit nach oben und unten legendieren, denn nur die Leitungsspitze war über meine andere Arbeit grob informiert.

Jede operative Fahrt tarnte ich mit einem Dienstauftrag meiner zivilen Arbeitsstelle. Trotzdem konnten Pannen eintreten. Beispiel: Mein staatlicher Dienstauftrag beinhaltete eine Tätigkeit im Raum Karl-Marx-Stadt/Gera. Während meines fiktiven Aufenthalts tobte dort ein schweres Unwetter, der Verkehr kam zum Erliegen. Ich kehrte nachts aus dem Operationsgebiet zurück, mein Führungsoffizier versäumte mich darüber zu informieren – und ich verstand das Erstaunen meiner Kollegen nicht, das mich am Morgen auf der Arbeitsstelle umfing. Sie wollten Details, und ich geriet ins Schwitzen.

So leicht kam ich jedoch in einem anderen Falle nicht davon.

Nach einem Einsatz verspätete ich mich einige Minuten an der Grenzübergangsstelle Berlin-Friedrichstraße. Die Grenzoffiziere ließen mich als »Bundesbürger« nicht in die Hauptstadt der DDR einreisen. Keine Legende wurde anerkannt. Ich hatte aber meiner Ehefrau versprochen, sie nach Beendigung meiner Dienstreise von einer Festveranstaltung abzuholen. Nun mußte ich aber noch eine Nacht in Westberlin bleiben.

Wir waren damals fast dreißig Jahre verheiratet, die Ehe war harmonisch. Doch dies führte zur mittleren Krise. Erst die längst fällige Aufklärung durch die Genossen renkte unser Verhältnis wieder ein. Meine Frau akzeptierte meine »Nebentätigkeit« im Dienste der DDR. Das erleichterte meine Situation.

Unmittelbar nach meiner Rückkehr von einer Dienstreise in die Sowjetunion erhielt ich einen neuen Auftrag. Mein Vorgesetzter verweigerte meine Freistellung, woraufhin ich mich krank meldete. Ein befreundeter Genosse, allerdings uninformiert, wollte einen Krankenbesuch abstatten. Meine Frau wimmelte ihn geschickt ab.

Am Vorabend des 1. Mai war ich nach erfülltem Kundschafterauftrag wieder in Berlin und ging morgens zur Maidemonstration. Dort traf mich die erstaunte Ehefrau jenes Genossen, der nicht an mein Krankenlager vorgelassen worden war. Ich stimmte einen Lobgesang auf unser Gesundheitswesen an, das mich binnen Stunden vom »Totenlager« hatte auferstehen lassen.

Meine Fahrten ins Operationsgebiet absolvierte ich stets mit für den Einsatz angefertigten Dokumenten. Ich reiste als sogenannter Doppelgänger. Dazu mußte ich die Originalperson – wenn möglich – gründlich ermitteln. Die mir von der Zentrale zur Verfügung gestellten Daten reichten oft nicht aus, um den Lebenslauf der Originalperson so zu erarbeiten, daß er meiner Person angepaßt war.

In zwei Fällen konnte ich mit der Originalperson sprechen. Die eine hatte eine kleine Drogerie am Rande einer westdeutschen Großstadt. Ich kaufte dort ein. Das Gespräch kam leicht in Gang, da der Drogist früher in Leipzig gewohnt hatte und ich jenen Leipziger Stadtteil kannte. So konnten wir gut aus gemeinsamer Erinnerung plaudern.

Die andere Originalperson war ein Berliner. Er handelte mit Gebrauchtwagen. Ich suchte ihn auf, um angeblich einen Wagen zu kaufen. Vorher hatte ich bereits in seinem Wohngebiet recherchiert. Seine Frau führte ein Spielwarengeschäft; außerdem war er Eigentümer einer Gaststätte im selben Stadtbezirk. Da ich der gleichen Generation angehörte, konnte ich manches aus seiner Wehrmachtzeit erfahren. Bei der Plauderei verpaßte ich es leider, seine neue Wohnanschrift zu erfragen. Aber per Telefon holte ich als Mitarbeiter des Senats, Abteilung Steuern, mit verstellter Stimme die fehlende Auskunft nach.

Mitunter war das Telefon die einfachste Möglichkeit, Angaben zu einer Person zu erhalten. Es war erstaunlich, wie schnell Bundesbürger auf Anfragen einer Behörde Auskunft gaben. Auf dem Gebiet der Bundesrepublik habe ich diese Erfahrung oft genutzt.

Zuweilen trat ich auch als Versicherungsagent oder als Vertreter eines Meinungsforschungsinstitutes auf, wobei ich oft nicht wußte, wofür das Zentrum die Angaben brauchte, die ich eruierte.

Die Nutzung gefälschter Personaldokumente war vorwiegend zu meiner Absicherung bzw. zur Tarnung bei Kontrollen und im grenzüberschreitenden Verkehr erforderlich.

Dabei erfolgte die Kontrolle bei der Aus- und Einreise besonders gründlich und auffällig. Meine Papiere waren aber recht gut gefälscht, denn ich bin nur einmal aufgefallen. An der GÜSt Friedrichstraße wurde ich bei der Ausreise herausgeholt. Das Paßbild im gefälschten Dokument war seitenverkehrt – ein gefährlicher Fehler der Zentrale. Es kam noch ein zweiter Fehler dazu: Der junge Grenzer forderte mich sehr laut auf, ihm zu folgen. Mein Führungsoffizier löste mich beim Diensthabenden aus. Ich war sehr in Eile, in Tempelhof wartete bereits meine Maschine. Dort aber traf ich auf den Herrn, der hinter mir in der Schlange gestanden hatte und Zeuge des Vorgangs an der Friedrichstraße geworden war. Er tat allerdings völlig unbeteiligt und flog mit einer anderen Maschine. Ich war erleichtert. Ein andermal reiste ich per Bahn mit einem deutschen Paß als ein in Kanada lebender Deutscher von Berlin nach Hamburg. Dort hatte ich ein Konto, das auf diesen Namen lautete. Im Abteil saß eine ältere Dame. Ich las. Kurz vor der Paßkontrolle durch westdeutsche Beamte legte die Dame einen kanadischen Paß zurecht. Ich verließ sofort das Abteil und ließ mich nach ihr im Gang kontrollieren. Ein Gespräch über Kanada mit ihr wäre möglicherweise ins Auge gegangen.

Am Anfang meiner Kundschaftertätigkeit bekam ich manchmal Schwierigkeiten im westdeutschen Alltag. Ich hatte keine privaten Westkontakte. Westdeutsche Rundfunk- und Fernsehsendungen galten in unserer Familie als tabu. Westdeutsche Stars oder Lieblingssendungen waren mir unbekannt. Das erwies sich als Nachteil für meine Tätigkeit im Operationsgebiet, schließlich mußte ich mich auch mit Westdeutschen unterhalten können. Bald merkte ich auch, daß Übernachtungen in zu kleinen Pensionen ungeeignet waren. Diese Einrichtungen waren zwar preiswert, aber auch sehr familiär. Man kam in Gesprächen zu rasch in den privaten Bereich. Zudem enthielten der Wortschatz in Ost und West einige Besonderheiten. Es gab Begriffe, die waren im Westen völlig unüblich: Gütertaxi, Abschnittsbevollmächtigter, Perspektive, Broiler, Kinderkrippe, Poliklinik, Feierabendheim usw. Dagegen waren in Westdeutschland viele Amerikanismen in der Alltagssprache selbstverständlich. Ich mußte also aufpassen.

Bei Einsätzen im Operationsgebiet hatte ich auch bestimmte militärische Objekte zu beobachten und zu kontrollieren. Zum Beispiel sollte ich Raketenstellungen ausfindig machen, Veränderungen bei der Reserveflotte feststellen und eventuelle Verlegungen von Einheiten erkennen. Es war ein umfangreiches Programm – und das alles mit öffentlichen Verkehrsmitteln, ohne eigenen Pkw, zu Fuß und im dunklen Anzug. Ich besuchte Cafés, Restaurants, Kneipen und Tanzsäle. Überall traf man Soldaten in Zivil. In einer Bierbar traf ich auf Besatzungsmitglieder eines Schnellbootes, das zur Umrüstung in der Werft lag. Die »Lords« gaben mir bereitwillig Auskunft über eine vorgesehene Umrüstung des Bootes.

Das war aber fast ein Nebenprodukt. Mein Auftrag als Instrukteur bestand darin, den direkten persönlichen Kontakt zum Aufklärer im Operationsgebiet zu halten. Daneben gab es zu ihm auch Verbindungen über den Äther und den Postweg. Entscheidend war aber das direkte Zusammensein während der Treffs. Hier konnte ich Aufträge des Zentrums übermitteln, erläutern und begründen. Wir konnten die Aufgabe diskutieren und Lösungswege prüfen. Ich übernahm Ergebnisse der Arbeit des Kundschafters zur Weitergabe an das Zentrum und konnte diese dem Führungsoffizier erläutern und notfalls die Informationen ergänzen.

Aber auch persönliche Sorgen und Probleme wurden bei solchen Begegnungen erörtert. Das betraf die Gesundheit, seine Weiterbildung, politische und gesellschaftliche Aktivitäten, Freizeitgestaltung usw. Dadurch wurde ihm einerseits deutlich, daß er nicht allein war und wir Anteil an seinem Leben nahmen. Andererseits konnten auf diese Weise Leistungen gewürdigt und anerkannt werden.

Die Aufträge an den Kundschafter waren oft kompliziert, die Anforderungen hoch. Gemeinsam haben wir die Wege zu ihrer Lösung beraten und geprüft. Aber auch mit dem Führungsoffizier und den Genossen im Zentrum wurden die Aufträge und ihre Probleme, ihre Notwendigkeit und Realisierbarkeit diskutiert.

Mein Partner war sowohl im militärischen Bereich als auch in seinem beruflichen Verhalten diszipliniert. Privat lebte er bescheiden und sparsam. Er hatte sich eine politische, militärische und gesellschaftliche Stellung erarbeitet, die große Ergebnisse erwarten ließ. Er verfügte über entwicklungsfähige Beziehungen zu politischen Persönlichkeiten und zu Militärs. Er war geachtet und beliebt, ja in manchen Bereichen schon unentbehrlich. Plötzlich brach die Verbindung ab. Er wurde enttarnt und verhaftet. Die Ermittlungen und auch der Prozeß führten nicht zu meiner Aufdeckung. Seine Aussagen führten die Ermittler in eine falsche Richtung. Nach der Entlassung aus der Haft und seiner Rückkehr in die DDR übernahm er eine seinen Fähigkeiten entsprechende neue wichtige Funktion in seinem Beruf.

Ich erhielt einen neuen Auftrag der militärischen Aufklärung, der leider nicht erfolgreich endete. Ich sollte einen BRD-Bürger, einen Studenten, anleiten. Die Person war einigen Genossen der Aufklärung bereits bekannt. Er war besuchsweise in die DDR gekommen, hatte sich positiv geäußert und seine Absicht erklärt, uns im Kampf zur Sicherung des Friedens zu unterstützen.

Zunächst erhielt ich die Aufgabe, von ihm gemachte Angaben zu überprüfen. Das betraf den Wohnsitz, die Wohnung der Eltern, die Universität, die Studienrichtung, seine Studentenwohnung in Kiel, die Arbeitsstelle der Freundin usw. Seine Aussagen stimmten.

Daraufhin wurde ein erstes Treffen in der BRD vereinbart. Er kam pünktlich zum »Probetreff« des von mir ausgearbeiteten Treffsystems. Er hielt den »Sichttreff« ein, ging den vorgeschriebenen Weg zum »Haupttreff«, doch dann verlor ich ihn aus den Augen. Das beunruhigte mich nicht, da die folgenden Treffs planmäßig verliefen. Der Student war aufgeschlossen und aufmerksam, aber eigentlich zu ruhig. Er zeigte keine Spannung, die bei konspirativer Tätigkeit eigentlich unvermeidlich ist. Er nahm die Überprüfungsaufträge zur Beobachtung von drei militärischen Objekten entgegen, ließ sich ihre Lage genau beschreiben, und wir berieten die günstigsten Wege zu ihrer Erreichung.

Der darauf folgende Treff erfolgte in Travemünde. Er berichtete über seine Beobachtungen an den militärischen Objekten und übergab mir einen belichteten und nicht entwickelten Film in einer normalen Filmkapsel. Ich freute mich darüber, daß er die gestellte Aufgabe erfüllt hatte. Wir verabschiedeten uns im Lokal, und ich ging zum Bahnhof.

Als der Vorortzug im Lübecker Hauptbahnhof stand, stürzten junge Männer ins Abteil, die ich zunächst für Fußballfans hielt. Es waren aber

Beamte eines Mobilen Einsatzkommandos. Mir wurden die Arme hochgerissen und Handschellen angelegt. Die Filmkapsel, die ich weisungsgemäß in der Hosentasche trug, wurde sofort gefunden und von den Beamten als »Container« bezeichnet. Über Funk meldeten sie das Ergebnis ihres Einsatzes als »positiv«.

Im Polizeigebäude, zu dem ich gebracht wurde, war alles zum Verhör vorbereitet. Es war – obgleich Samstag – reichlich Personal da, das auf mich zu warten schien.

Im Verhör antwortete ich zunächst entsprechend meiner Legende. Die Fragen wurden aber immer spezieller. Beim behandelnden Arzt und den Medikamenten gegen meine Bronchitis, die Teil der Reiselegende waren, mußte ich die Segel streichen.

Ich gab mich als Bürger der DDR zu erkennen.

Nun erfolgten erkennungsdienstliche Maßnahmen. Im Gespräch wurde für mich erkennbar, daß mein Student offenkundig von der bundesdeutschen Abwehr gesteuert worden war. Der Leiter der Untersuchung, ein älterer Beamter kurz vor seiner Pensionierung, frohlockte, einen »großen Fisch« gefangen zu haben. Die anderen Beamten verhielten sich sachlich. Gegen Abend brachte man mir meinen Hut. Also hatten sie den weinroten Golf mit Westberliner Kennzeichen gefunden, mit dem ich ins Operationsgebiet eingereist war. In meiner Collegmappe, die ich bei der Festnahme bei mir hatte, waren die Autoschlüssel und der Adapter zur Sicherung der Räder gewesen.

Spät abends wurde ich nach Kiel überführt und am frühen Morgen in Begleitung von drei Beamten zum Bundesgerichtshof nach Karlsruhe überstellt. Ein Staatsanwalt forderte mich zum Verrat auf. Er verlangte Namen und Auftraggeber, meine Aufgaben und andere Verbindungen. Würde ich reden, könnte ich sofort gehen und in die DDR zurückreisen. Entrüstet lehnte ich ab.

Danach wurde ich einem Haftrichter vorgeführt. Erstaunlich war die starke Bewachung. Ansonsten wirkte der gemütliche Schwabe – im Unterschied zum Staatsanwalt – fast sympathisch.

Die Verhöre hatten wenig erbracht. Die Fotos mit dem Bericht über militärische Objekte, die Ermittlung des Eigentümers des Autos und der Originalperson meines Personalausweises sowie die gefälschten Dokumente reichten jedoch, um mich in die JVA Karlsruhe zu überstellen. Anderentags wurde ich in die JVA Bonn überstellt. Der mich begleitende Hauptkommissar vom BKA, Abteilung Staatsschutz, kritisierte meine Verschwiegenheit.

Der Knast in Bonn schien uralt, das Fenster meiner Zelle war doppelt vergittert und hatte eine Sichtblende. Ich ließ mir das Strafgesetzbuch,

Papier und Kugelschreiber geben, um an meine Frau einen Brief zu schreiben. Das Schreiben enthielt auch die Nachricht an die Zentrale über die Umstände meiner Verhaftung.

Mit dem Absenden wartete ich, bis sich mein Anwalt meldete. Er kam unmittelbar von einem Empfang in unserer Ständigen Vertretung, der aus Anlaß des Nationalfeiertages der DDR stattgefunden hatte. Der Anwalt las mein Schreiben – und zerriß es sofort. Meine Ausführungen, so klärte er mich auf, könnten von der Anklage als Geständnis ausgelegt werden.

Wenige Tage später besuchte mich ein Botschaftssekretär unserer Vertretung. Das Gespräch fand im Beisein von zwei Beamten des BKA statt.

Ein Schuldirektor, den ich aus meiner Arbeit als Kreisschulrat in der DDR gut kannte, identifizierte mich bei einem Verhör in der JVA Bonn. Er hatte nach einem Ärger mit der SED-Kreisleitung die DDR verlassen. Jetzt war er Direktor einer Mittelschule in einer westdeutschen Stadt. Dem Mann schien die Situation recht peinlich. Er sei nun Bürger der BRD und zu dieser Aussage verpflichtet, glaubte er sich entschuldigen zu müssen, und stellte allen Ernstes die mehr als peinliche Frage, ob er mich weiterhin duzen dürfe.

Die Ständige Vertretung erfüllte ihre Sorgepflicht vorbildlich. Während der U-Haft besuchte mich der Botschaftssekretär regelmäßig. Wir sprachen immer in einem gesonderten Raum unter Bewachung, später, als Strafgefangener, in einem großen Saal mit anderen Häftlingen zusammen. Es wurde uns aber stets ein gesonderter Platz zugewiesen.

Der Botschaftssekretär gewann den Eindruck, daß ich die Haft ganz gut bewältigte. Darum bat er mich, über meine Hafterfahrungen zu sprechen, um sie anderen inhaftierten Genossen übermitteln zu können. Ich hatte mir ein eigenes Tagesregime auferlegt und hielt es – außer durch Störungen der Anstalt – konsequent ein.

Ich erhielt regelmäßig Pakete, gemalte Grüße von Jungpionieren der Botschaftsschule, Blumen zu Feiertagen, persönliche Grüße meiner Ehefrau – mein Anwalt hatte sie bei ihrem Anwalt in Ostberlin getroffen –, die »Berliner Zeitung«, Geburtstagsgrüße zu meinem 60. Geburtstag über den *Berliner Rundfunk*, Besuche aus der Vertretung. Das alles zeigte mir: Die Heimat vergaß mich nicht und stärkte mir den Rücken.

Obwohl meine Ehefrau in unserer langjährigen Ehe sonst nicht besonders schreibfreudig war, erhielt ich in jeder Woche einen langen Brief von ihr. Auch die Beratung durch den Anwalt war hilfreich. Er beantragte meine Verlegung in den Norden der BRD. Damit fiel für ihn die lange Anreise von Bremen nach Bonn weg. Die JVA Kiel war zudem auch ein wenig moderner als jene in Bonn. Der Prozeß am Oberlandesgericht in Schleswig verlief sachlich. Als Zeugen waren die Originalperson meiner

Personaldokumente und der republikflüchtige Schuldirektor geladen. Außerdem marschierten alle Kriminalbeamten, die mich verhaftet und verhört hatten, auf. Von dem Schuldirektor hatte das Gericht sicher negative Aussagen zu meiner Person erwartet. Die Richter wurden aber enttäuscht, denn der Zeuge gab u. a. zu Protokoll, daß ich als Kreisschulrat bei Lehrern und Schuldirektoren beliebt gewesen sei.

Ich machte von meinem Recht der Aussageverweigerung »zur Sache« Gebrauch. Die Aussage zur Person hatte ich genau mit dem Anwalt abgesprochen. Im Urteil wurde die Schwere meines Verbrechens und die Gefahr für die Bundesrepublik Deutschland besonders betont.

Gemeinsam mit dem Anwalt behielten wir uns Einspruch gegen das Urteil vor. Bis zur Bestätigung des Urteils wurde dadurch die U-Haftzeit verlängert, was wesentliche Erleichterungen für mich brachte. Nach meiner Rückkehr aus Schleswig nach Kiel konnte ich in meiner Zelle im Rundfunk den Prozeßbericht hören. Die Gefährlichkeit meiner Spionagetätigkeit für die Sicherheit der Bundesrepublik wurde hervorgehoben, aber auch mein Asthmaleiden nicht verschwiegen.

Nachdem der Einspruch zum Urteil abgelehnt worden war, wurde ich als Strafgefangener in die JVA Neumünster verlegt. Hier entsprach noch vieles der Schilderung Falladas in seinem Roman »Wer einmal aus dem Blechnapf frißt«. Der Kammerbeamte glich dem dort beschriebenen Hausvater. Mit der Taschenlampe prüfte er, ob ich Filzläuse hätte. Ich verwahrte mich dagegen. Das Verhalten der Beamten entsprach ihrem Intelligenzgrad – je primitiver, desto forscher war ihr Auftreten. Die Etagenkalfaktoren waren oft kriminelle Republikflüchtige, die in der DDR eingesessen hatten und in der Bundesrepublik wieder straffällig geworden waren. Ich trug nun Anstaltskleidung. Ohne Bestechung hätte ich, wie andere auch, besonders ekelerregende Anstaltsunterwäsche tragen müssen. Bei der Essenausgabe konnte man manchmal mit einer Zigarette etwas nachhelfen. Tabakwaren und Kaffee waren die Hauptwährung im Hause. Unsere Botschaft wußte schon, warum sie mir als Nichtraucher Zigaretten ins Paket legte.

Im Knast herrschen offizielle Bestimmungen, aber auch ungeschriebene Regeln. Beide hieß es einzuhalten. Es gab Privilegien. Mein Zellennachbar war z. B. ein Reeder, der wegen irgendwelcher Geldgeschichten einsaß. Er arbeitet als »Einkaufkalli«, außerdem ging er jeden Mittwochabend zum »Rehabilitations-Stammtisch«, am Samstag ging er ins städtische Hallenbad, dort traf er sich mit seiner Ehefrau. Ich profitierte von ihm, indem ich von ihm alle Regionalzeitungen erhielt.

Ein Langzeithäftling, der wegen räuberischer Erpressung und bewaffnetem Raubüberfall einsaß, bereitete sich im Fernstudium auf sein Abitur vor. Als Spätaussiedler war er mit seinen Eltern aus der Sowjetunion in die Bundesrepublik gekommen, und als Feldjäger hatte er in der Bundeswehr gedient. Bei Übungen mit amerikanischen Einheiten gab er den »russischen Feind«, den man verhörte. Ihn ärgerte, wie er mir bei gemeinsamen Rundgängen erzählte, daß er aus der Bundeswehr ausgeschlossen worden war. Guten Kontakt hatte ich auch zum Bücherkalfaktor. Er lieh mir den großen Katalog aller westdeutschen Veröffentlichungen aus, danach konnte ich mir über meinen Anwalt pädagogische und schulpolitische Literatur bestellen.

Zweimal schickte man mir beim Umschluß Spitzel in die Zelle. Der eine bot seine Mitarbeit beim MfS an. Ich ließ sie abblitzen.

Ich versuchte, mich unter den Häftlingen angepaßt zu bewegen. Ich durfte mich nicht isolieren. Nach den Gründen der Haft anderer zu fragen war nicht üblich. Wer erzählen wollte, der erzählte ungefragt.

Die Genossen der NVA-Aufklärung – vor allem mein Führungsoffizier – und auch meine Arbeitsstelle unterstützten meine Ehefrau sehr. Das ging weit über das Übliche hinaus. Obwohl vor meiner Verhaftung niemand in der Familie etwas von meiner Kundschaftertätigkeit wußte, verhielt sie sich vorbildlich. Die Töchter, der Sohn und der Schwiegersohn schwiegen tapfer auch anderen Verwandten gegenüber. Es wurde erklärt, ich sei als Dozent in Kiew tätig.

Ohne Vorankündigung kam der Austausch recht plötzlich. Ich wurde zum Direktor der JVA gerufen, der mir das Begnadigungsschreiben des Bundespräsidenten vorlegte. Ich wurde zur Eile angetrieben. Hauptkommissar Kalossa und ein bornierter Herr aus Bonn halfen mir beim Packen. Einige Aufzeichnungen zur Haftzeit, z. B. die Auflistung aller Personen, die irgendwie mit meiner Festnahme, dem Prozeß oder der Haftzeit zu tun hatten, nahmen sie mir ab.

Mit zwei Pkw ging es von Neumünster nach Herleshausen. Auf der DDR-Seite erwarteten mich meine Genossen. Am nächsten Vormittag konnte ich auch meine Frau umarmen. Verglichen mit der Heimkehr aus dem Krieg war es doch ein ganz anderes Gefühl. Damals drückte mich das Gewissen, am Töten und Zerstören teilgenommen zu haben. Jetzt hatte ich mich mich für den Frieden und das militärische Gleichgewicht engagiert.

Geschadet habe ich nur mir selbst und meiner Frau, denn gesundheitlich erholte ich mich nie wieder. Ich wurde invalidisiert.

Mein Eisernes Kreuz, das EK I, welches ich 1944 an der Beresina erhalten hatte, war schon lange vernichtet.

Die militärischen und beruflichen Auszeichnungen der DDR werde ich aber stets in Ehren halten.

Die Schlacht ist noch zu gewinnen

Klaus von Raussendorff, Jahrgang 1936, war bis zum April 1990 Botschaftsrat im Auswärtigen Dienst der BRD, in den er 1961 als Aufklärer des Ministeriums für Staatssicherheit der DDR eintrat. Verhaftung im April 1990. Im Juni 1991 verurteilte ihn das Oberlandesgericht Düsseldorf zu 6 Jahren Haft.
Heute als Journalist und Herausgeber der Anti-Imperialistischen Korrespondenz *(www.aikor.de) tätig.*

Sie haben sich Mitte der 90er Jahre mit anderen DDR-Aufklärern gegen Ihre strafrechtliche Verfolgung gewehrt. Was haben Sie erreicht?

Am 25. März 1995 konstituierten wir uns anläßlich einer öffentlichen Anhörung durch Rechtsexperten der PDS-Bundestagsfraktion als Initiativgruppe, der wir den Namen gaben »Kundschafter des Friedens fordern Recht«. Allein dies war etwas Besonderes. Wo hatte es das je gegeben, daß ein Dutzend Aufklärer, einer davon noch in Haft, mit einem öffentlichen Appell gegen ihre Strafverfolgung auftraten und gemeinsam erklärten: »Wir haben der Sache des Friedens und des Sozialismus gedient«?

Haben die »Dienste« der kapitalistischen Bundesrepublik je auch nur einen ihrer gegen die DDR arbeitenden Agenten der Öffentlichkeit vorzeigen können?

Uns konnte man auf unserem Appell mit vollem Namen identifizieren. Man konnte von uns erfahren, in welchen Positionen wir früher in der BRD und für welchen Dienst in der DDR wir gearbeitet hatten. Und mit einem gewissen Trotz setzten wir unseren Namen das jeweils verhängte Strafmaß hinzu, das in mehreren Fällen zwölf Jahre Haft betrug.

Im August 1995 traten dann fünf DDR-Kundschafter in Bonn vor die Presse. Seither ist einer interessierten Öffentlichkeit bekannt, daß es eine kleine Gruppe ehemaliger DDR-Aufklärer gibt, die sich nicht verkroch, sondern gegen ihre strafrechtliche Verfolgung politisch auftrat. Die uns allen gemeinsame Motivation bestand objektiv darin, einen Beitrag zum Schutz des ersten sozialistischen Staates in Deutschland zu leisten und damit dem Frieden zu dienen. Wir haben, glaube ich, auch durch unsere Haltung nach der Niederlage zeigen können, daß die DDR-Auslandsaufklärung eine besondere moralische und politische Qualität hatte. Darin liegt aus meiner Sicht das wichtigste Ergebnis unserer politischen Arbeit.

Allerdings wurde Ihnen und Ihresgleichen nicht das Bundesverdienstkreuz für den patriotischen Einsatz verliehen. Sie kamen stattdessen vor Gericht.

Die strafrechtliche Abrechnung mit der Auslandsaufklärung der DDR ist eines der schändlichsten Kapitel der »Einheit«. Bis heute haben die dafür Verantwortlichen es nicht gewagt, eine vollständige und detaillierte kriminalstatistische Übersicht über den ganzen Umfang der Ermittlungen und Verurteilungen vorzulegen.

Noch weniger trauten sie sich, öffentlich zu dokumentieren, in welchem Umfang sie frühere westliche Agenten in der DDR per Gesetz rehabilitiert und entschädigt haben, und zwar für strafrechtliche Gegenmaßnahmen der DDR, die völlig rechtmäßig waren und der Staatenpraxis entsprachen.

Angeblich sollte diese Abrechnung der Wiederherstellung des Rechtsfriedens im vereinten Deutschland dienen. In Wirklichkeit trug die krasse Ungleichbehandlung ganz besonders dazu bei, ein Gefühl von zweierlei Recht aufkommen zu lassen.

Sie haben sich vergleichsweise spät als »Gruppe« begriffen und gemeinsam gehandelt. Warum?

Jeder von uns war zunächst, ganz auf sich allein gestellt, mit der neuen Lage konfrontiert. Erst als wir als Gruppe handlungsfähig waren, konnten wir etwas helfen, z. B. mit einer Kampagne »Freiheit für Rainer Rupp und die anderen inhaftierten DDR-Kundschafter«. Klaus Feske und das Solidaritätskomitee für die Opfer der politischen Strafverfolgung hatten es für uns übernommen, diese schließlich relativ erfolgreiche Kampagne zu initiieren.

Mit Unterstützung der »Gesellschaft für rechtliche und humanitäre Unterstützung e. V.« (GRH) und der »Gesellschaft zum Schutz von Bürgerrecht und Menschenwürde e. V.« (GBM) konnten wir Rainer Rupp durch einen Anwalt helfen, vor Gericht die Schikanen der Saarbrücker Gefängnisleitung gegen seine Person zu beenden.

Schließlich forderte neben einer Reihe angesehener Persönlichkeiten des öffentlichen Lebens der Schriftsteller Martin Walser in seiner berühmten Friedenspreisrede 1998 in Anwesenheit von Bundespräsident Herzog von diesem: Geben Sie Rainer Rupp frei! So souverän wollte dann allerdings das Staatsoberhaupt der neuen BRD, der das Verschlingen der

DDR schwer im Magen lag, doch nicht sein. Aber Genossen in der PDS verschafften Rainer Rupp vernünftige Arbeitsbedingungen im offenen Vollzug. Das war auch ein Erfolg, zu dem unser Wirken wohl einen kleinen Anstoß in Kreisen der Mitglieder und Sympathisanten der PDS gegeben hat.

Aber man muß mit aller Deutlichkeit sagen, daß die Solidarität, die sich um die Person von Rainer Rupp entwickelte und auch unsere Gruppe erst richtig bekannt machte, in erster Linie der Tatsache zu verdanken war, daß Rainer wie kein anderer von uns – noch aus der Haft heraus – als Publizist in mehreren linken Zeitungen den Kampf für Frieden und Gerechtigkeit fortsetzte. Dabei nützte ihm natürlich auch seine Aufklärungstätigkeit bei der NATO. Viele Genossen, Freunde und Sympathisanten wurden auf unsere Gruppe aufmerksam und halfen uns im Rahmen ihrer begrenzten Möglichkeiten.

Für Rupp galt das gleiche wie für Sie: Sie gingen von konspirativer Aufklärungstätigkeit für die DDR zu offener politischer Arbeit im vereinten Deutschland über. Gab es Umstellungsprobleme?

Das war natürlich nicht leicht. Die DDR-Auslandsaufklärung arbeitete mit Einzelkämpfern. Es gab keine »Agentennetze«. Selbstverständlich kannte früher keiner irgendeinen anderen als DDR-Kundschafter. Und unsere individuellen Partner und Freunde im Ministerium für Staatssicherheit waren nach der Rückwärtswende in den Kapitalismus selbst alle ins soziale Nichts abgestürzt, viele wurden strafrechtlich verfolgt.

Sie bewiesen ihre Verantwortung als Genossen und Offiziere uns gegenüber vor allem dadurch, daß sie sämtliche schriftlichen Unterlagen der Auslandsaufklärung durch den Reißwolf drehten. Leider, wie sich später herausstellte, gelangte die CIA in den Besitz einer kompletten Liste aller Quellen der DDR-Auslandsaufklärung.

Wir erfuhren erst durch Presseberichte über Prozesse von anderen verfolgten Kollegen, und erst, als wir aus den Knästen herausgekommen waren, konnten wir miteinander Kontakt aufnehmen. Die meisten zogen es allerdings aus verständlichen Gründen vor, sich nicht unserer öffentlich auftretenden Gruppe anzuschließen. Die 1995 gebildete Initiativgruppe war daher ein sehr kleiner Kreis. Wir verzichteten bewußt auf Vereinsstatus und förmliche Strukturen. Für diese informelle, aber politisch handlungsfähige Gruppe habe ich von ihrem Entstehen an bis Oktober 1998, also dreieinhalb Jahre lang, die Funktion eines Koordinators wahrgenommen.

Was formulierten Sie als Aufgabe?

Wir hatten drei Ziele: Einstellung der Verfahren, Freilassung der Inhaftierten, Rehabilitierung aller Verfolgten durch Aufhebung der Urteile. Keines dieser in unserem Appell formulierten Ziele haben wir erreichen können. Aber das bleibt: Wir sind nicht zu Kreuze gekrochen. Wir haben Flagge gezeigt, indem wir uns zu unserem Handeln öffentlich bekannten.

Wie konnten Sie erwarten, mit Ihren Forderungen nach Einstellung der Strafverfolgung Verständnis zu finden?

Für uns bestand in der Tat kein Anlaß, einer blauäugigen Gerichtsromantik zu verfallen. Es war bekannt, daß Justizminister Klaus Kinkel, ein früherer Geheimdienstchef der BRD, Richter und Staatsanwälte öffentlich beauftragt hatte, den ersten sozialistischen Staat auf deutschem Boden zu »delegitimieren«. Auch das Bundesverfassungsgericht leistete dazu seinen Beitrag. Der Spionage-Beschluß des BVerfG vom 15. Mai 1995 bestätigte die uneingeschränkte strafrechtliche Verfolgung der ehemaligen DDR-Aufklärer.

In dieser Lage war es für uns ein Glücksfall, daß Helmut Ridder, seit Jahrzehnten die herausragende Figur fortschrittlicher Staatslehre und Rechtswissenschaft, sich veranlaßt sah, diesen Spionage-Beschluß des Bundesverfassungsgerichts einer sezierenden Analyse zu unterziehen. Ridder kennzeichnet in seiner Studie »Die deutsch-deutsche Spionage im Okular der westdeutschen Deutschland-Jurisprudenz« die Rolle des Verfassungsgerichts als eine »funktionelle Anomalie« im Rahmen eines parlamentarischen Regierungssystems. Den Entscheidungen des höchsten Gerichts werde »fallübergreifende Verbindlichkeit« beigemessen. Damit werde es »effektiv zum außerparlamentarischen Gesetzgeber«, der sich weder einer demokratischen Wahl zu stellen hat noch von anderen Staatsorganen korrigiert werden kann. Eine solche »Suprakonstitutionalität« stehe im Widerspruch zum behaupteten demokratischen Legitimationsprinzip. Ferner analysiert Ridder, wie die Rechtsprechung des Bundesverfassungsgerichts zur sogenannten Deutschland-Frage mit Winkelzügen, aber kontinuierlich den Alleinvertretungsanspruch der BRD von den Zeiten des kalten Krieges bis in das vereinte Deutschland hinein begleitet. Auch die »Beitritts«legende führte er ad absurdum.

Für uns war die Studie eine Art Gutachten zur Begründung unserer Forderungen. Ridder argumentiert so: Spionage der BRD gegen die DDR und der DDR gegen die BRD haben mit der Herstellung der Einheit Deutschlands aufgehört. Von einer gegenseitigen Bedrohung der Sicherheit kann seither keine Rede mehr sein. Im »vereinten Deutschland« gibt es keinen »strafrechtlich bewehrten Staatsschutz der BRD gegen Spionage einer ›fremden Macht‹ DDR«. Damit sei »Strafbarkeit und Verfolgbarkeit wegen Spionage für die DDR zu Ende gegangen«.

Die fortgesetzte strafrechtliche Verfolgung ehemaliger DDR-Spionage durch die Bundesrepublik ist deshalb »nicht mehr völkerrechtskonforme Bekämpfung einer ihre Sicherheit gefährdenden fremden Macht, sondern nur noch ein … untauglicher Versuch, (der untergegangenen DDR) rückwirkend die Qualität als Staat und Völkerrechtssubjekt ab ovo abzuerkennen«.

Die Meinung Ridders ist trotz ihrer Überzeugungskraft eine Minderheitsmeinung geblieben. Aber die krasse Ungleichbehandlung der DDR-Spionage mußte doch auffallen.

So war es in der Tat. Der Prozeß gegen Markus Wolf, den früheren Chef der DDR-Auslandsaufklärung, sei nichts als Rache gewesen, meinten selbst ehemalige Geheimdienstchefs in den USA und in Frankreich. Ich habe bei Gesprächen mit politischen Freunden im Ausland festgestellt, daß sie sich keine Vorstellung davon machen konnten, wie in Deutschland, das sich doch angeblich so friedlich und freudig wiedervereinigt hatte, eine alles Maß überschreitende Diskriminierung praktiziert wurde. Mir kam manchmal der Verdacht, daß man in alten bürgerlichen Demokratien im würdelosen Verhalten der Bonner Sieger ein typisch deutsches Phänomen sehen könnte. Stammte nicht von Churchill das böse Wort, die Deutschen habe man entweder an der Gurgel oder zu seinen Füßen? Großmut ist in den sogenannten besseren Kreisen Deutschlands eine seltene Eigenschaft.

Haben Sie das Ziel der Rehabilitierung ad acta gelegt?

Vom Standpunkt des gesellschaftlichen Fortschritts betrachtet, waren und sind alle rehabilitiert, die aufrichtig und entschlossen für den ersten sozialistischen Staat auf deutschem Boden gearbeitet und gekämpft haben – so auch die Kundschafter der DDR. Inzwischen sollte diese Einsicht jedem Zeitgenossen dämmern, den die Sorge vor den drohenden Kriegen des 21. Jahrhunderts umtreibt. Das Märchen, die NATO habe den Frieden in Europa *gegen* die kommunistische Bedrohung gesichert, taugt heute nur noch für Kriegspropaganda. Mit dieser NATO unter Führung der USA hat eine deutsche Regierung seit der letzten Wahl 1998 bereits in drei Jahren drei Kriege geführt – in Jugoslawien, in Mazedonien und in Afghanistan.

Vor allem die junge Generation kann sich heute anhand einfachster Geschichtskenntnisse davon überzeugen, daß die vielgescholtene DDR in der Gemeinschaft der sozialistischen Staaten in Europa vierzig Jahre ein Faktor zur Verhinderung von Krieg in Europa war, und daß weltweit die kommunistische und Arbeiterbewegung und die nationalen Befreiungsbewegungen der imperialistischen Aggression und Ausbeutung Zügel anlegten. Vietnam war das herausragende Beispiel.

Aber gerade weil die historische Erinnerung an den realen Sozialismus in Europa dazu inspiriert, nach einem antimilitaristischen, sozialistischen Ausweg aus der gesellschaftlichen Krise des Kapitalismus zu suchen, werden es sich die Machthaber unseres Landes nach meiner Meinung nicht leisten können, die ehemaligen DDR-Kundschafter zu rehabilitieren. Es sollte zu denken geben, daß selbst Forderungen nach einer Amnestie bei der Mehrheit der Politiker auf eisige Ablehnung stoßen. Eine Amnestie würde die Rechtmäßigkeit der Urteile formal nochmals bestätigen. Eigentlich wäre eine Amnestie eine Gelegenheit für die herrschende Klasse, sich als souveräner Sieger zu bestätigen. Für uns dagegen käme eine Amnestie psychologisch einer zweiten unrechtmäßigen Verurteilung gleich. Aber da diese Sieger gerade alles andere als souverän sind, da, wie es so treffend heißt, nicht »Gnade vor Recht« ergehen kann, weil ihre Urteile blankes Unrecht sind, halte ich eine Amnestie für sehr unwahrscheinlich. Gleichwohl würde ich es lebhaft begrüßen, wenn durch eine Amnestie, soweit möglich, die sozialen Folgen der Urteile aufgehoben würden, unter denen viele immer noch zu leiden haben. Insoweit fortdauernde Belastungen tatsächlich beseitigt würden, wären Bemühungen um eine Amnestie, z. B. von Seiten der PDS, durchaus zu befürworten.

Wer fordert, die ehemaligen DDR-Kundschafter zu rehabilitieren (nicht zu amnestieren), d. h. die gegen sie ergangenen Urteile durch Gesetz aufzuheben und sie, soweit möglich, rückwirkend zu entschädigen, sollte sich darüber im klaren sein, daß er damit nichts weniger fordert als eine tiefgreifende demokratische, antimilitaristische, antimonopolistische Veränderung des Staates Bundesrepublik Deutschland. In diesem von Illusionen freien Sinne einer generellen Forderung nach demokratischem Wandel bleibt unsere Forderung nach Rehabilitierung natürlich auf der Tagesordnung.

Sie sagten an anderer Stelle, daß Sie keines Ihrer drei formulierten Ziele erreicht hätten. Hat sich damit nicht die Aufgabe der Kundschaftergruppe als besondere politische Formation erschöpft?

Ja, dieser Meinung bin ich. Im Oktober 1998 schlossen sich einige ehemalige Kundschafter der »Gesellschaft für rechtliche und humanitäre Unterstützung e. V.« (GRH) an. In der AG Aufklärer der GRH arbeiten wir nun zusammen mit früheren hauptamtlichen Mitarbeitern von MfS und militärischer Aufklärung der DDR – Seite an Seite mit allen anderen politisch verfolgten Funktionsträgern der DDR.

Daß wir uns als ehemalige Kundschafter zunächst eigenständig organisierten, hatte einen besonderen Grund. Wir waren die ersten, deren sich die westdeutsche Justiz annahm. Unsere Spionageprozesse waren gewissermaßen die Einstiegsdroge für den von Herrn Kinkel verordneten Rauschzustand der umfassenden »Delegitimierung« der DDR. Die Nation taumelte in die »Einheit« der prinzipiellen Ungleichbehandlung des anderen deutschen Staates und seiner ehemaligen Bürger.

Daß zuerst mit den DDR-Spionen abgerechnet wurde, fiel zunächst kaum als diskriminierend auf. Spionage wurde doch schon immer bestraft. Mancher wurde zwar stutzig, daß die Regierung Modrow rechtmäßig verurteilte westliche Spione in der DDR ohne Gegenleistung freiließ, während der Generalbundesanwalt der BRD im Frühjahr 1990 den ersten ihm durch Verrat aus den Reihen des MfS frei Haus gelieferten DDR-Kundschafter in Düsseldorf anklagte. Allem Gerede von einer Amnestie »für teilungsbedingte Delikte« zum Trotz!

Der Entwurf der Regierung Kohl/Genscher für ein Amnestiegesetz, das den Kern der Sache völlig verfehlte, und die Verhinderung selbst dieses halbherzigen Gesetzes durch die SPD im Bundesrat erscheint rückblickend wie ein wenig ernst gemeintes, vielleicht sogar abgekartetes politisches Spielchen.

Mochte es auch noch so sehr dem gesunden Menschenverstand einleuchten, daß man die DDR-Aufklärer nicht einfach weiter so aburteilen konnte, als hätte es die angeblich friedliche Vereinigung nicht gegeben: Weder der letzte Premierminister der DDR, de Maizière, noch sonst jemand, der dazu auf politischer Bühne in der Lage gewesen wäre, hatte in der lügenschwangeren Atmosphäre der Vereinnahmung der DDR Verstand und Charakter genug, um juristisch stringent den Wegfall der Strafbarkeit der DDR-Spionage zu vertreten, Verantwortung für die ehemaligen DDR-Kundschafter zu übernehmen oder Solidarität mit den Verfolgten zu organisieren. Und ganze Fallgruppen von Verfolgten aus der DDR wie Richter und Staatsanwälte, Sportler etc. wähnten sich noch allzu lange vor Verfolgung sicher, während es uns bereits an den Kragen ging.

So waren wir trotz moralischer und praktischer Hilfe vieler ehemaliger DDR-Bürger in der Vertretung unserer rechtspolitischen Position weitgehend auf uns selbst gestellt. Das aber änderte sich nach drei Jahren. Damit war auch der Zeitpunkt gekommen, sich nicht länger in einer Kundschaftergruppe abzusondern, vielmehr mit allen verfolgten ehemaligen Funktionsträgern der DDR gemeinsam weiter politisch zu arbeiten. Hinzu kam ja auch, daß unsere beiden ersten Forderungen (nach Einstellung der Prozesse und Freilassung der Inhaftierten) durch Zeitablauf allmählich gegenstandslos wurden. Andere ehemalige Kundschafter wollten diesen Schritt in die GRH nicht mitgehen und gaben sich eine eigenständige Struktur als Verein.

Im zweiten Weltkrieg haben bürgerliche Antifaschisten neben Kommunisten wie Richard Sorge oder Ruth Werner für den sowjetischen Geheimdienst gearbeitet. Sehen Sie historische Parallelen?

Richard Sorge und viele andere haben mit ihrem Leben bezahlt. Für uns hingegen existierte bereits, wenn auch unter großen Schwierigkeiten, ein deutsches sozialistisches Heimatland, das uns in einer gefährlichen Lage wirksam helfen konnte. Und auch der mächtigere bürgerliche deutsche Staat, nach dessen Recht wir uns strafbar machten, war durch die veränderte Weltlage gezwungen, auf exzessive Praktiken gegenüber enttarnten DDR-Spionen zu verzichten. Mit anderen Worten: Unser persönliches Risiko war im Vergleich zu den großen Vorbildern der Vergangenheit erheblich geringer. Wir standen eben auf den Schultern jener Generation, die den Sozialismus inzwischen in einem ganzen System von Staaten erkämpft hatten.

Aber leider gibt es noch einen anderen, weit gravierenderen Unterschied. Die frühere Generation der Kundschafter leistete einen Beitrag zu einem großen Sieg – zum Sieg über den Hitler-Faschismus, zum Sieg für eine sozialistische Entwicklung in mehreren Staaten Europas und Asiens. Damit öffnete sich eine reale Perspektive der Befreiung aus kolonialer, halbkolonialer und neokolonialer Abhängigkeit und schließlich für den Weltsozialismus.

Wir dagegen erlitten eine Niederlage.

Der Dramatiker Peter Hacks hat 1989 in der DDR ein Stück mit dem Titel »Jona« herausgebracht. Im Gewande einer altorientalischen Fabel spiegelt es den Opportunismus wider, der seit dem XX. Parteitag der KPdSU die Hauptgefahr in der kommunistischen Weltbewegung und damit in der DDR darstellte und schließlich bei den sowjetischen Vertretern dieser Tendenz und ihren deutschen Anhängern zum Weg in die fatalistisch hingenommene Niederlage führte. Peter Hacks schrieb mir hierzu: »Die Semiramis (die Königin des zu verteidigenden fortschrittlichen Staates) erhält meinen Tadel dafür, daß sie ihrem Obergeneral befiehlt, die Schlacht gegen die Barbaren zu verlieren.«

Ich muß gestehen, daß ich früher nicht die geringste Ahnung von den opportunistischen Tendenzen hatte, die unter Chruschtschow und seinen Nachfolgern um sich griffen. Entsprechend schockiert war ich, als Peter Hacks – in dichterischer Zuspitzung – wie folgt fortfuhr: »Wie ich verstehe, haben Sie als Diplomat für den Minister Genscher und als Spion für den General Wolf gearbeitet. Von Genscher hatten Sie den Auftrag, uns die Schlacht verlieren zu machen. Von Wolf, ohne es zu wissen, hatten Sie denselben Auftrag. Ich versuche zu sagen: Markus Wolf ist Semiramis. Die Strafverfolgung von Wolf ist deswegen Staatsschlaubergerei, weil er von dem, was da verfolgt wird, das Gegenteil tat, und weil die Verfolger das genau wissen. Sollte derlei ›an der Politik das Geistreiche‹ genannt werden? Mir, der ich, wie Sie, gegen die Barbaren zu siegen hoffte, haben beide Regierungen in Eintracht Schaden zugefügt.

Man soll Politik nicht moralisch nehmen. Aber mich dünkt, sie haben uns nicht wenig veräppelt. Nun ja, die Schlacht läßt sich noch gewinnen.«

Ich fühle mich berechtigt, diese Zeilen von 1996 bekanntzumachen, weil nun auch der gemeinsame Kampf der Aufklärer gegen ihre Strafverfolgung schon fast Geschichte ist.

Wie Peter Hacks glaube auch ich, daß sich die Schlacht noch gewinnen läßt. Deshalb halte ich die Erforschung der wahren Ursachen unserer Niederlage und die Überwindung des Opportunismus für eine der wichtigsten Aufgaben.

Es gibt in der öffentlichen Meinung eine Gleichsetzung zwischen Ost-Spionen und West-Spionen. Folgen Sie dieser?

Nein. Zunächst: Wann immer man aber über die Aufklärung und die Aufklärer der DDR spricht, sollte man die Hauptsache nicht vergessen: den Staat DDR, in dem zum ersten Mal in Deutschland nicht Grundbesitzer und Konzernchefs das Sagen hatten, sondern Menschen, die gegen Faschismus und Kapitalismus gekämpft hatten und für Frieden und Völkerverständigung eintraten. Dieser Staat ist aus meiner Sicht der eigentliche kollektive Held unserer persönlichen Geschichte als Kundschafter des Friedens.

Es kann nicht genug betont werden, daß die Auslandsaufklärung dieses sozialistischen Staates, die Hauptverwaltung Aufklärung (HVA), eine von westlichen Diensten völlig verschiedene Vorstellung von Menschenführung hatte und diese auch praktizierte.

Zu meinem Kurier, der ein Vierteljahrhundert die Verbindung zu mir aufrecht erhielt, hatte ich ein Verhältnis wie zu einem Bruder. Mein Führungsoffizier und der Leiter der HVA, Markus Wolf, begegneten mir wie einem Genossen und Freund.

Nachdem ich eine ganze Reihe von früheren Kundschafterkollegen kennengelernt hatte, mußte ich zu meiner Überraschung feststellen, daß in dieser Personengruppe eine große Vielfalt von Weltanschauungen und Charakteren vertreten war. Die weltanschaulichen Motivationen für die

Kundschaftertätigkeit variierten von »kommunistisch«, über »national-patriotisch«, »pazifistisch«, »sozialdemokratisch«, »anti-imperialistisch« bis zu einer Haltung, die man als moralische Verachtung für bundesrepublikanische Verhältnisse bezeichnen kann.

Auch wenn in wenigen Einzelfällen ein Schuß Abenteurertum oder Geld in die Motivation einfloß, blieb doch für alle ehemaligen Kundschafter der DDR insgesamt gültig, daß sie objektiv, wie wir sagten, »der Sache des Friedens und des Sozialismus gedient« haben. Selbst in manchen Gerichtsurteilen wird die politische, friedensorientierte Motivation ausdrücklich anerkannt.

Die besondere menschliche Qualität der DDR-Aufklärung läßt sich auch daran erkennen, daß die persönlichen Freundschaften zwischen Kundschaftern einerseits und Führungsoffizieren und Kurieren andererseits nicht nur in meinem Fall den Turbulenzen unserer gemeinsamen Niederlage standgehalten haben. Als man sich nach dem Debakel wiedersah, ging es nicht um Alte-Kameraden-Romantik. Da sprachen Menschen zueinander, die auf der Grundlage gemeinsamer politischer Überzeugungen, durch jahrelange Zusammenarbeit wie auch im Widerstand gegen die Verfolgung persönliche Freunde geworden waren.

Selbstverständlich hat auch die DDR wie andere Staaten geheime Informationen einfach gekauft oder »unter falscher Flagge« erworben. Aber das war nicht das Typische. Der letzte Chef der HVA, Werner Großmann, schildert in seinen Erinnerungen, wie man mit Menschen zusammenarbeitete, die aus unterschiedlichen Motiven bereit waren, der DDR im Interesse des Friedens Informationen zukommen zu lassen. Immer war es das Bestreben der Zentrale, die Zusammenarbeit – soweit irgend möglich – auf eine tragfähige Grundlage sozialistischer oder humanistisch-fortschrittlicher Überzeugungen zu stellen und weiterzuentwickeln.

Wie wurden Sie DDR-Kundschafters?

Ich sehe mein Leben von vielen glücklichen Umständen begünstigt. Das größte Glück war, daß ich als junger Mensch in einer tiefen, durch die Verhältnisse in Westdeutschland bedingten persönlichen Krise die Möglichkeit hatte, mich zur dialektisch-materialistischen Weltanschauung durchzuringen. Ich stamme aus einer kleinbürgerlichen Familie mit adeligem Namen und fand diesen Weg aus eigenem Antrieb. Niemand in meinem Umfeld hätte mir Mentor in Sachen Sozialismus und Arbeiterbewegung sein können. Die KPD war seit August 1956 verboten. Kommunisten mußten wieder in die Gefängnisse, in denen sie schon unter den Nazis gesessen hatten.

In Hamburg habe ich an einer der letzten öffentlichen Veranstaltungen der Kommunistischen Partei für Studenten teilgenommen. Ich hatte nach dem Abitur 1955 mit dem Studium der Geschichte, Germanistik und Theaterwissenschaft begonnen. Was mir mein Vater von seiner kleinen Rente zum Studium geben konnte, reichte nicht; ich mußte nebenher Geld verdienen – erst in einem Handelskontor in Hamburg, später kurz auch mal in einer Gießerei in meiner Heimat im Ruhrgebiet. Am Siemens-Martin-Ofen lernte ich zum ersten Mal Arbeiter kennen, die starken Eindruck auf mich machten.

Als Berufsziel schwebte mir vage eine Tätigkeit vor, die mit Schreiben zu tun hatte. Der Schülertraum vom Diplomatenleben war wieder verblaßt. Dann ging ich an die Freie Universität Berlin. Erstens, weil ich dort ein Stipendium bekam, quasi als Belohnung dafür, daß ich mich als Student in die Frontstadt traute. Zweitens, weil ich dieses Stipendium für Kalte-Krieger-Nachwuchs zweckentfremden wollte: Ich wollte mich – auf der Suche nach meinem Weg im geteilten Deutschland – dem Arbeiter-und-Bauern-Staat mit durchaus sympathischen Gefühlen nähern. Und drittens, um das in ganz Europa berühmte, doch in Westdeutschland angefeindete Theater des Bertolt Brecht (der leider kurz vorher gestorben war) in Ost-Berlin erleben zu können.

Was reizte Sie an der DDR? Das Wirtschaftswunder fand doch angeblich woanders statt?

Meine Neugier auf die DDR hatte konkrete Gründe. Diejenigen, die mir politisch am wenigsten sympathisch waren, zogen am gehässigsten über die DDR her. So etwas macht neugierig.

Ferner: Mein Jahrgang 1936 sollte als erster zu der neuen westdeutschen Armee eingezogen werden. Zwar verzögerte sich die Sache, ich blieb als »weißer Jahrgang« von eigener militärischer Praxis verschont. Doch die Remilitarisierung der BRD und ihre Eingliederung in den bedrohlichen NATO-Pakt bedeuteten einen tiefen Einschnitt in allen Lebensbereichen.

Schon das Verbotsurteil gegen die KPD hatte ich durchaus persönlich genommen. Noch ehe ich wußte, was Kommunisten wollen, fühlte ich mich in meiner Suche nach Wahrheit durch das Verbotsurteil persönlich brüskiert. Ich erfuhr davon, als ich mich gerade in Frankreich befand. Dort lernte ich bei einem kostenlosen Ferienaufenthalt als Betreuer in einem Jugendlager unter den Kollegen einige französische Kommunisten kennen. Sie waren die ersten, die mich bewußt über die deutsche Arbeiterbewegung aufklärten. Am meisten aber beeindruckte mich, daß Franzosen – trotz des tiefen Risses, der damals wegen des

Befreiungskrieges Algeriens durch die ganze Nation ging – zivilisiert miteinander umgingen und zusammenarbeiteten. Es hätte keinen besseren Anschauungsunterricht geben können, daß diese »wehrhafte« BRD-Demokratie mit ihrem staatlich verordneten Antikommunismus, der bis heute anhält, selbst als bürgerliche Demokratie unterentwickelt ist.

Um diese Zeit besuchte Walter Ulbricht Peking. In einem Gespräch mit Mao Tse-tung am 23. September 1956 erklärte er mit Bezug auf Bundeskanzler Adenauer: »Die Losung der Freiheit hat er weggeworfen und hat sie uns geschenkt. Durch das Verbot der KPD hat er auf die Freiheit verzichtet. Was hat er noch?«

Ulbricht schloß die etwas zu optimistische Erwartung an: »Die westdeutsche Jugend wird zu uns kommen, wenn sie zum Militärdienst eingezogen wird.«

Auf mich traf dies zu. Aber viele dürften es nicht gewesen sein.

Ich hatte reichlich Grund, mir die DDR erst einmal selber anzuschauen und mich nicht einfach auf die in Westdeutschland grassierende stumpfe Feindseligkeit gegen den »Osten« festlegen zu lassen. Ein erstes Aha-Erlebnis in Berlin mit weitreichenden Konsequenzen für meinen weiteren Lebenskurs war für mich die Erkenntnis, daß ich als der Intellektuelle, der ich gerne werden wollte, nichts Rechtes würde zuwege bringen können, wenn es mir an Verständnis und Parteinahme für den gesellschaftlichen Fortschritt fehle.

Diese Einsicht bezog ich aus der bekannten Schrift von Bertolt Brecht über »Die fünf Schwierigkeiten beim Schreiben der Wahrheit«. Die Wirkung dieser Schrift auf mich als Jüngling von 21 Jahren ist ein Beispiel für die oft angezweifelte Macht von Büchern über Menschen.

Sodann wollte ich als Anti-Militarist selbstverständlich wissen, warum und wie die Weltkriege entstanden waren. Ich belegte an der Freien Universität ein Seminar über den »Ausbruch« des ersten Weltkrieges. Diese Veranstaltung bescherte mir nun die bekannte bürgerliche Allerweltsweisheit, daß »Europa« auf »verhängnisvolle Weise« in den Krieg »hineingeschlittert« sei.

Das ganze Frontstadtklima in dieser akademischen Veranstaltung machte mir endgültig klar, daß ich auf meiner Seite des Eisernen Vorhangs wohl kaum je wirkliche Antworten auf meine Fragen finden noch ein Examen bestehen, geschweige denn danach eine Beschäftigung finden würde. Das ganze Sommersemester 1957 über habe ich die Freie Universität nicht ein einziges Mal mehr betreten.

Statt dessen ging ich in die Karl-Marx-Buchhandlung in der damals noch nach Stalin benannten Allee und versorgte mich mit Literatur aus der DDR. In Lenins Schrift über den Imperialismus fand ich bald, daß

Monopolkapitalismus mit Rüstung, Militarismus und Aggression unauflöslich verbunden ist, daß der Imperialismus ein parasitärer und vor allem sterbender Kapitalismus sei. Ich verstand, daß die Gesellschaftsform, in der ich lebte, nicht nur diese oder jene Fehler hatte, sondern der Fehler selber war, der überwunden werden mußte, um eine gerechtere, sozialistische Gesellschaft zu schaffen.

Mein christlicher Glaube war mir geräuschlos abhanden gekommen. Ein unauslöschlicher Zorn auf die Unmenschlichkeit der bürgerlichen Gesellschaft hatte mich ergriffen. Dieser Zorn ist nie gewichen. Beim imperialistischen Angriff auf Jugoslawien, auf Afghanistan oder den Irak ist dieser Zorn wieder virulent geworden. Ich reagiere noch immer wie damals. Ich setze diesen Zorn, der auch irgendwie mit Angst verbunden ist, in organisiertes politisches Handeln um.

Wie kam es dann zu der Verbindung mit dem Ministerium für Staatssicherheit?

Ich wollte mein Studium an der Humboldt-Universität in Ostberlin fortsetzen. Dort wurde ich aber nur von einem subalternen Funktionär in einer fast leeren Amtsstube empfangen und schnell wieder mit dem Hinweis hinauskomplimentiert, daß dies unmöglich sei. Dafür solle ich »meiner« Regierung danken.

Der zweite Anlauf war erfolgreich. Ein bekannter Ostberliner Lyriker, den ich auf einer Veranstaltung der evangelischen Studentengemeinde in Westberlin kennengelernt hatte, verschaffte mir ein Entree beim FDJ-Sekretär der Humboldt-Universität. Nachdem ich auf einem Fragebogen als früheren Beruf des Vaters »Prokurist bei der Firma Krupp« angegeben hatte, nahm an unserer zweiten Begegnung ein weiterer junger Mann teil. Den habe ich danach nicht wieder gesehen. (Ich vermute, er gehörte wegen meines Hinweises auf die Firma Krupp zu einer für Wirtschaftsspionage zuständigen Einheit des MfS.)

Der FDJ-Sekretär stellte mir einige gezielte Fragen zu Goerdeler und zum Widerstand vom 20. Juni 1944. Als er sich vergewissert hatte, daß ich vom kommunistischen Widerstand gegen Faschismus und Imperialismus weitaus mehr hielt als von dem erzkonservativen Goerdeler, der den Krieg gegen die Sowjetunion an der Seite der Westalliierten fortsetzen wollte, kam er zur Sache: Wenn ich glaubte, ich sei Kommunist, dann müsse ich doch wohl wissen, wo mein Platz sei, um für »unsere Sache« zu kämpfen. Und mit ausladender Geste wies er durch das riesige Fenster seines eindrucksvollen Büros in Richtung Westberlin.

Noch nie hatte mir ein Vorschlag so unmittelbar eingeleuchtet wie dieser.

Die dritte Begegnung fand dann schon mit Mitarbeitern des MfS statt, die, wie ich später vermuten konnte, meine Zukunft bereits im westdeutschen Auswärtigen Dienst sahen. Hatte ich doch gegenüber dem FDJ-Sekretär beiläufig erwähnt, daß ich als Schüler daran gedacht hätte, Diplomat zu werden.

Aber so schnell schießen die Preußen nicht, gerade wenn es Kommunisten sind. Es folgten eine Reihe von Treffen mit »Willy«, einem mir sehr sympathischen älteren Genossen. Er hatte im antifaschistischen Widerstand gekämpft und wurde von einem jüngeren Mann, einem Juristen, begleitet. Sein Name ist mir entfallen.

Wir trafen uns irgendwo auf der Straße und gingen spazieren. Zum ersten Mal in meinem Leben war ich mit Menschen zusammen, mit denen ich offen reden konnte. Alles, was mich politisch und persönlich bewegte, kam zur Sprache. Ich spürte eine starke Übereinstimmung in allem Wichtigen. In der Erinnerung scheint mir, daß wir viel und laut gelacht haben, weil wir uns meist über den Klassengegner lustig machten.

Im September 1957 führten mich beide in ein nobles Restaurant, bestellten feierlich Cognac und legten wortlos einen Vertrag über Zusammenarbeit mit dem Ministerium für Staatssicherheit auf den Tisch.

»Warum kommt ihr damit erst jetzt?« fragte ich.

Kurz zuvor war ich doch in Frankreich im Sommerlager gewesen – da hätte ich doch schon einige interessante Informationen mitbringen können. Doch im nächsten Augenblick erschien eine Filmszene vor meinem geistigen Auge: Ein Geheimagent brach des Nachts in ein stockfinsteres Büro ein, wahrscheinlich in einem Ministerium, tastete sich mit der Taschenlampe zum Panzerschrank, machte einige Drehungen an der Zahlenkombination, öffnete die schwere Tür und griff nach Geheimdokumenten ... Für derart kaltblütige Streiche schien mir mein Nervenkostüm nicht geschaffen.

Später sollte sich zeigen, daß ich der undramatischen, beinahe banalen Wirklichkeit der konspirativen Dokumentenfotografie, des Empfangs verschlüsselter Mitteilungen über Radio, der geheimen Treffs etc. nervlich durchaus gewachsen war. Dazu brauchte man keine besonderen Fähigkeiten.

Doch es befiel mich blitzartig noch ein zweiter Gedanke, und darin spiegelte sich tatsächlich die ganze psychologische Schwierigkeit des Agentendaseins: Würde ich je wirkliche Freunde haben? Würde ich eine Frau finden? Erwartete mich nicht ein Leben in Isolierung und innerster Einsamkeit?

Der nüchterne Jurist wollte mir ein Dasein als Junggeselle schmackhaft machen. Als ich dankend ablehnte, meinte er, daß man Verstand und

Realitätssinn eines Mädchens aus bürgerlichem Hause nicht unterschätzen solle. Nun, ich war über vier Jahrzehnte mit einer promovierten Biologin verheiratet, sie verstarb. Wir haben drei Kinder und sechs Enkelkinder.

An meinen beiden Berufen war meine Frau in unterschiedlicher Weise beteiligt. Den Aufgaben einer Diplomatenfrau, die im Ausland durchaus einer beruflichen Tätigkeit gleichkommen, auch wenn der Staat dafür nicht bezahlt, ist sie, ich möchte sagen, in vorbildlicher Weise nachgekommen. Ihr eigenes Berufsleben wurde immer wieder durch die im Auswärtigen Dienst üblichen Ortswechsel unterbrochen. Sie hat aber nie auf ein eigenes Berufsleben verzichtet. Sie hat die Familie in der schweren Zeit meiner Haft als Heilpraktikerin über Wasser gehalten.

Von meiner Kundschaftertätigkeit hat sie gewußt und daran den für sie relevanten Anteil wahrgenommen.

Freunde habe ich heute wie niemals zuvor. Das empfinde ich als eine gewisse Entschädigung für die Jahre der inneren Isolierung. Aber auch aus meinem früheren Leben habe ich noch Freunde. Von ihnen muß ich einen nennen, der sich mir als wahrer Freund in der Not erwiesen hat.

Eines Tages erfuhr ich in der Haft von meiner Frau, daß Bernd Hamm, Professor für Soziologie an der Universität Trier, mich fragen lasse, ob ich bereit sei, für ihn zu arbeiten. Wir kannten uns aus gemeinsamer Tätigkeit bei der UNESCO in Paris, wo ich zuletzt stellvertretender Leiter der Ständigen Vertretung der BRD war. Ich traute meinen Ohren nicht. Der Strafgefangene sollte bei einem Professor an einer Universität arbeiten?

Ich stellte die dafür notwendigen Anträge, obgleich ich zweifelte, daß ihnen stattgegeben würde. Neun Monate später, nach insgesamt zwei Jahren und acht Monaten in einer Zelle, konnte ich den offenen Vollzug in der Haftanstalt Wittlich tagsüber verlassen, um an der Universität Trier zu arbeiten. Es war der 2. Dezember 1993.

Ich konnte die Tätigkeit nach meiner Entlassung im April 1994 fortsetzen und hatte zuletzt eine Anstellung als wissenschaftlicher Mitarbeiter für ein Forschungsprojekt, bis ich 1999 in Rente ging.

Am 4. April 1961, keine vier Jahre nach Ihrer Unterschrift unter den Arbeitsvertrag mit dem Ministerium für Staatssicherheit, traten Sie als Attaché in den Auswärtigen Dienst ein. Einer Ihrer früheren Kollegen war Hans-Otto Bräutigam. Hatten Sie auch später mit ihm Kontakt?

Ja, das war ein wenig kurios. Bräutigam war inzwischen Justizminister im Land Brandenburg geworden. Auf meine Bitte hielt er an der Universität Trier einen Vortrag über die Probleme der deutschen Einheit.

Mittags speiste ich mit einem amtierenden Justizminister in einem piekfeinen Restaurant und abends verschwand ich als »Knacki« wieder in meiner »Hütte«.

Die außergewöhnlichen Umstände meiner »Resozialisierung«, an der die Universität Trier wie übrigens auch die Haftanstalt Wittlich einen im Sinne des Strafvollzugsgesetzes geradezu vorbildlichen Anteil nahmen, lassen mich als ausgesprochenen Glückspilz erscheinen. Sie werfen aber auch ein bezeichnendes Licht auf die Fragwürdigkeit der justitiellen »Delegitimierung« der DDR-Spionage.

Haben Sie noch Kontakt zu Ihren ehemaligen Kollegen im Auswärtigen Dienst?

Mit einem bin ich heute noch freundschaftlich verbunden, weil er wie ich die militaristische Außenpolitik der jetzigen Bundesregierung verurteilt und gelegentlich bei Demonstrationen der Friedensbewegung zu sehen ist. Damit ist er wohl eher Ausnahme denn Regel. Man muß wissen, daß die jungen deutschen Diplomaten jahrgangsweise rekrutiert werden. In der 16. »Crew«, wie das marinemäßig im AA heißt, waren wir damals 29 Attachés. Darunter, wie sich später herausstellte, noch einer, dessen erste Loyalität der DDR galt. Statistisch hieß das: Sieben Prozent des Bonner Diplomatennachwuchses vom Jahrgang 1961 arbeitete für das MfS.

Die Wahrheit aber ist: Zwar ist die HVA vorher und nachher an verschiedenen Stellen ins Auswärtige Amt eingedrungen. Doch im höheren Dienst waren wir beide meines Wissens die ersten und auch die letzten.

Diese 16. Crew feierte 2001 den 40. Jahrestag ihres Diensteintritts. Da stellte sich die Frage, ob »ihre Spione« auch dazugehörten. Wir entschieden unabhängig voneinander, der Veranstaltung fernzubleiben. Ich wünschte der Zusammenkunft per Fax einen angenehmen Verlauf und schrieb, ich glaubte, »in meiner Einbeziehung in das Wiedersehen (die einige erwogen hatten) eine gewisse Souveränität der Veranstalter, einen Ausdruck jener politischen Zivilisiertheit erkennen zu können, die darin besteht, unversöhnliche Standpunkte, die es nun einmal in der Politik gibt, nicht bis zur Leugnung von historischen und biographischen Fakten zu treiben«. Denn, so fuhr ich fort, »ich gehöre nun einmal zu jenen, die 1961 in den Auswärtigen Dienst der BRD eintraten. Deutschland existierte damals in zwei Staaten. Die BRD verfolgte das Ziel, den ersten sozialistischen Staat auf deutschem Boden schnellstens wieder abzuschaffen.

Ich dachte und fühlte als Deutscher und entschied mich deshalb für den Staat, der infolge der Katastrophe des Hitlerfaschismus tiefgreifende gesellschaftspolitische Konsequenzen gezogen hatte. Darin sah ich auch eine der realen Garantien dafür, daß von deutschem Boden niemals mehr Krieg ausgehen würde. Unter diesen Voraussetzungen trat ich als geheimdienstlicher Agent der DDR in den diplomatischen Dienst der BRD ein.

Doch nicht nur meine Spionagetätigkeit für die DDR, auch meine Tätigkeit im Dienst der BRD ist eine Tatsache, die nicht ungeschehen zu machen ist. In all diesen Fakten spiegelt sich eine Vergangenheit, die fortwirkt und mit der unser Land wird leben müssen. Warum sollten, so sagte ich mir, meine ehemaligen Kollegen, von denen ich natürlich nichts anderes als eine entschiedene Verurteilung meiner früheren Spionagetätigkeit erwarte, nicht in der Lage sein, mit historischen Gegebenheiten trotzdem objektiv und gelassen umzugehen?«

Aus allem, was Sie bisher antworteten, ist erkennbar, daß Sie zu dem, was Sie taten, stehen. Dennoch die Frage: Würden Sie es noch einmal tun? Wie stehen Sie heute zu Ihrer Vergangenheit?

In meinem Urteil vom 20. Juni 1991 heißt es: »Reue hat der Angeklagte im Zusammenhang mit seinen geständigen Angaben nicht erkennen lassen. Er vertritt auch heute noch – rückblickend – die Auffassung, es habe zu dem von ihm damals gewählten Weg, insbesondere zu seinen sozialistischen Idealen keine Alternative gegeben [...]

Die politisch-ideologische Motivation des Angeklagten, die ihn während der gesamten Dauer seiner nachrichtendienstlichen Tätigkeit begleitete, begründet keine mildere Beurteilung.«

Ich habe keinen Grund, mir im nachhinein einen anderen Verlauf meines Lebens zu wünschen. Wenigstens brauche ich mir nicht wie viele Menschen dieses Landes den diffamierend gemeinten Vorwurf gefallen zu lassen, ich hätte mit der SED *gekungelt.* Ich war Mitglied dieser Partei, Offizier des Ministeriums für Staatssicherheit, und habe dem ersten sozialistischen Staat auf deutschem Boden aus voller Überzeugung gedient.

Der Vorsitzende des Gerichts, dessen faire Verhandlungsführung ich anerkenne, stellte mir die von der Logik der Strafjustiz wohl zwingende, wenn auch in meinem Falle unsinnige Frage, ob ich noch einmal genauso handeln würde. Damals sagte ich nur, die Frage stelle sich nicht mehr.

Heute, ohne den Zwang zur Rücksichtnahme auf das prozessuale Klima, würde ich erklären: »Sehr verehrter Herr Vorsitzender, bedenken Sie bitte, daß mein Leben – über das ich mich nicht zu beklagen habe – doch wohl einen ganz anderen Verlauf genommen hätte, daß ich vielleicht Lehrer oder Journalist geworden wäre, um mich in einer politischen Organisation der Arbeiterbewegung legal zu betätigen, wenn nicht bereits 1956 die Herrschenden dieses Landes wieder einmal geglaubt hätten, auf die Mittel der politischen Justiz nicht verzichten zu können und eben diese

Organisationen zerschlagen oder in den Untergrund verbannt hätten.«

Und ich würde ferner sagen: »Es wird sich auch künftig nicht verhindern lassen, daß Menschen rebellieren, die durch Marktwirtschaft und politische Repression um ihr Menschenrecht gebracht werden. An der Notwendigkeit, die auf der kapitalistischen Produktionsweise beruhenden Verhältnisse zu überwinden, ist nicht zu rütteln. Es wird aber einen großen Unterschied ausmachen, ob dieser Umbruch mehr oder minder friedlich und zivilisiert vor sich geht, oder ob das Leben für allzu viele zeitweilig unerträglich wird.«

Als Genosse fühlte ich mich seit meiner Verpflichtung. Daß ich sieben Jahre später, 1964, in die Partei aufgenommen wurde, war nicht von mir beantragt. Es war die Bestätigung und Anerkennung dessen, was ich inzwischen getan hatte. Ich empfand dies als eine Ehre. Es war der symbolische Ausdruck dafür, daß ich dazugehörte. Wie auch die mir im Laufe der 33 Jahre verliehenen Auszeichnungen und die Anfang der 70er Jahre erfolgte Attestierung als Offizier des Ministeriums für Staatssicherheit.

Was ist für Sie Sinn des Lebens?

Ich kenne als Orientierung im Leben nichts Besseres als die dialektisch-materialistische Weltanschauung. In dem Maße, wie ich mich in sie hineinstudiere, mich darin weiterbilde, sie an der Wirklichkeit und mich an ihr überprüfe, ist diese Philosophie mein Polarstern. Manches läßt sich vom Marxismus-Leninismus sagen: der tauglichste Begriffsapparat, die Realität widerzuspiegeln. Das sicherste Kriterium, Freund und Feind zu unterscheiden. Der breiteste Zugang zur kulturellen Schatzkammer der Menschheit. Der zuverlässigste Grund, Menschen zu lieben.

All das und vieles mehr ist es, was mir zu einem – trotz aller Wechselfälle – glücklichen Leben verholfen hat. Früher hätte ich gezögert, mich Kommunist zu nennen, weil mir diese Bezeichnung nur den herausragenden Gestalten und Führern der Arbeiterbewegung zu gebühren schien. Unter den heutigen Umständen sehe ich eine politische Notwendigkeit, mich als Kommunist zu bekennen.

Der Schwerpunkt meiner politischen Aktivitäten ist heute die »Anti-Imperialistische Korrespondenz«, ein aus Anlaß der NATO-Aggression gegen Jugoslawien entstandener, nicht-kommerzieller Informationsdienst, den ich nach Aktualität und Bedarf Leuten der Antikriegs- und Solidaritätsbewegung per eMail anbiete.

Die »Kunst« des Dechiffrierens

Heinz H. Werner, Jahrgang 1944, tätig in der Bundesmarine (1962-1969), Bundeswehr (1969-1974), Auswärtiges Amt (1974-1990) mit Auslandseinsätzen u. a. bei der NATO in Brüssel als Funker und Chiffreur. Zusammenarbeit mit der Verwaltung Aufklärung der NVA von 1968 bis 1990. Verhaftung im April 1990, im Oktober 1991 vom Oberlandesgericht Düsseldorf zu 9 Jahren Haft verurteilt. Haftzeit von April 1990 bis November 1995.

Ende der 50er Jahre besuchte ich wiederholt meine Tante Alice in Bernburg an der Saale. Das Leben in der DDR faszinierte mich. Ich nahm gemeinsam mit meiner Cousine mit großer Begeisterung an Veranstaltungen der FDJ teil. Das Miteinander der Jugend bei Sport, Spiel und politischen Veranstaltungen machte mich neugierig. Selbst als Halbwüchsiger merkte ich, daß in der DDR eine andere Wertegesellschaft existierte als dort, wo ich zu Hause war.

Der erste Schritt und die Verpflichtung

Ich hörte wieder mal meinen Lieblingssender, den Soldatensender 935. Dort tat man zwar so, als läge er auf dem Territorium der Bundesrepublik, doch man mußte schon mit dem Klammersack gepudert sein, um das zu glauben. Ich wollte Kontakt zum Sender aufnehmen und grüßte als Hörer meine Cousine in Bernburg. Es kam, wie ich erhofft hatte: Ich wurde zu einem Jugendtreffen nach Ostberlin eingeladen und kam dort auf meinen Wunsch hin mit dem Militärischen Nachrichtendienst der NVA ins Gespräch. Meine erste Begegnung mit meinem späteren Führungsoffizier Roland fand im Januar 1969 im »Sporthotel« in Ostberlin statt. Ich unterschrieb eine Verpflichtungserklärung und erhielt den Decknamen »Günter«. Später wurde daraus »Cherry«.

Aus meiner Tätigkeit bei der Bundesmarine

In jener Zeit war ich bei der Bundesmarine, woran ich gern zurückdenke. Ich war nacheinander Bordfunker und Chiffreur auf dem Schulschiff »Deutschland«, auf dem Zerstörer »Bayern«, auf der Fregatte »Emden«, der Schulfregatte »Graf Spee« und im 7. Schnellbootgeschwader. Danach wurde ich zur Marinefernmeldegruppe 22 nach

Cuxhaven als Wachleiter versetzt. Dort war ich für das Funk-, Fernschreib- und Chiffrierwesen zuständig. Noch im Jahr 1969 wurde ich nach Nürnberg in die Verteilervermittlung der Bundeswehr versetzt, wo ich bis 1974 für Berlin Informationen aus dem »Tagesgeschäft« lieferte.

Meine Freunde in Berlin äußerten sodann ihren Herzenswunsch. Sie wollten ELCROTEL, das Schlüsselgerät, welches im gesamten NATO-Bereich und bei den Obersten Bundesbehörden zum Chiffrieren und Dechiffrieren verwandt wurde.

Es gelang mir, ein Exemplar aus dem gesicherten Tresorraum der Dienststelle in einem Werkzeugkoffer zum Treff auf einen Parkplatz in der Nähe von Nürnberg zu bringen. Fast wäre schon dort die Operation zu Ende gewesen: Ein Polizeiwagen rollte langsam an uns vorbei – erst rutschte uns das Herz in die Hosen und dann der Wagen des Kuriers rückwärts in den Straßengraben. Doch alles ging gut: Das Gerät landete wohlbehalten in der Zentrale in Strausberg, wo es große Freude auslöste. Die Spezialisten der NVA waren in der Lage, das Gerät auseinanderzunehmen und alles zu entschlüsseln. Nach einer Woche brachte ich es auf dem gleichen Weg unbemerkt an seinen angestammten Platz im Tresor zurück. Die kurzzeitige Abwesenheit war nicht aufgefallen.

Danach lieferte ich alle mir zugänglichen Tages-, Wochen- und Monatsschlüssel nach Berlin. Damit war es fortan dem Warschauer Pakt möglich, den verschlüsselten Funk- und Fernschreibverkehr der NATO und aller gesamten Bundesbehörden mit zu lesen.

1974 schied ich als Zeitsoldat aus der Bundeswehr aus.

Aufklärung beim Auswärtigen Amt und bei der NATO

Aus der Bundeswehr bewarb ich mich beim Auswärtigen Amt in Bonn. Um die Sicherheitsüberprüfungen erfolgreich zu bestehen, wurde ich zwei Jahre »konserviert«, das heißt meine Kontakte nach Berlin wurden drastisch eingeschränkt.

Ich wurde dann reaktiviert, als ich in den Auslandsvertretungen der BRD in Paris, London und Wien zum Einsatz kam. Außer dem üblichen Tagesgeschäft konnte ich wichtige Informationen über laufende Abrüstungsgespräche beschaffen. Außerdem begleitete ich Außenminister Hans-Dietrich Genscher als Chiffreur und Funker bei offiziellen Reisen nach Warschau, Kairo, Tel Aviv, Bagdad, Damaskus und in die Golfstaaten Kuwait und Arabische Emirate. 1980 wurde ich an die Botschaft in Österreich versetzt. Allerdings war ich dort nicht nur für die diplomatische Vertretung zuständig, sondern hatte auch Aufgaben für die BRD-Delegation bei der Internationalen Atomenergiebehörde (IAEO) und bei den Verhandlungen zwischen NATO und Warschauer Pakt zu erledigen. Die

Gespräche über Truppenreduzierungen (Kürzel MBFR, d. h. *Mutual Balanced Forces Reductions*) zwischen 19 Teilnehmerstaaten liefen bereits seit 1973. (Sie sollten am 2. Februar 1989 ergebnislos zu Ende gehen.)

Ich war für alle drei Vertretungen zuständig, so daß Ostberlin immer auf dem laufenden war.

Nach vier Jahren an der Donau ging es wieder zurück an den deutschen Rhein. Ich begleitete nach 1984 verschiedene Delegationen des Auswärtigen Amtes nach Süd- und Mittelamerika. Die Staatsreisen verliefen aus nachrichtendienstlicher Sicht außerordentlich »erfolgreich«.

Nach einem Intermezzo an der Botschaft in Ankara kam ich schließlich in die Höhle des Löwen: in die NATO-Zentrale in Brüssel. Dort nahm ich an den regelmäßigen Sitzungen des NATO-Militär- und Haushaltsausschusses teil. Ich gewann erhellende Einblicke bei Überprüfungen der Streitkräfteverpflichtung der NATO-Länder und bei sogannten Bündnisschwächen. Vor allem aber erhielt ich detaillierte Kenntnis von Planungen und Übungen der NATO-Staaten.

Verraten und abgestraft

Der Oberst Eberhard Lehmann (auch bekannt unter dem Verfassungsschutz-Decknamen »Glasschüssel«) lief zum früheren Feind über und verriet mich. Freunde in Ostberlin vergaßen mich, mancher belastete mich im Prozeß vor dem Oberlandesgericht in Düsseldorf als Zeuge.

Ich wurde für meine mehr als zwanzigjährige Tätigkeit für den Frieden und für den Sozialismus zu neun Jahren Haft verurteilt. Dazu kamen noch 180.000 DM Verfallstrafe, 24.000 DM Gerichtskosten, 23.000 DM Steuerforderungen des Finanzamtes, 55.000 DM Rechtsanwaltskosten und der Verlust des Arbeitsplatzes. Ich verlor die Zusatzversorgung VBL und bekam gesundheitliche und familiäre Probleme wie auch mancher meiner Kameraden, die an den Pranger gestellt worden waren.

Eberhard Lehmann wurde, wie es hieß, vom Verfassungsschutz fürstlich für seinen Verrat entlohnt. Die von ihm ans Messer gelieferten Kundschafter erhielten zusammen mehr als ein halbes Jahrhundert Haft …

Bin ich verbittert? War alles umsonst? Nein. Ich weiß, was ich getan habe und wozu es wichtig war. Es gibt nicht nur den Verrat, sondern auch die objektive Tatsache, daß es Frieden gab.

Ich war mir bewußt, daß ich – wäre ich vor 1989 enttarnt worden – mit einer hohen Strafe bedacht worden wäre. Nach dem Untergang der DDR ist das nicht gerechtfertigt, es handelte sich um billige Rache und mithin um Siegerjustiz. Deshalb kämpfe ich mit anderen in der »Initiativgruppe Kundschafter des Friedens fordern Recht e. V.« für tatsächliches Recht. Und für Gerechtigkeit.

Ein langer Weg zur DDR …

Doris (1949 in Bayern) und George Pumphrey (* 1946 in Washington D.C.) arbeiteten mit der HVA seit 1983 zusammen. Sie leisteten Aufklärungsarbeit in der internationalen Friedensbewegung (1983-1987) und als Mitarbeiter in der Bundestagsfraktion der Partei* DieGrünen *(1987-1990).*
1998 Verurteilung zu 7 Monaten Gefängnis, ausgesetzt auf Bewährung für drei Jahre.

Am frühen Morgen des 25. August 1994 standen mehrere Staatsschützer des Bundeskriminalamtes an unserer Wohnungstür und teilten uns mit: »Sie stehen unter Verdacht der geheimdienstlichen Agententätigkeit.« Während der Jahre, in denen wir mit dem Risiko einer Verhaftung lebten, hatten wir natürlich öfters überlegt, wie es werden würde, wenn *sie* kämen. Und nun waren wir ruhig und selbstsicher. Unsere Verabredung lautete: Keinerlei Aussage zur Sache, wir bestimmen selbst, wann und was wir sagen.

Sie durchsuchten die Wohnung. Bei unserer Vernehmung beim Staatsschutz in Meckenheim zeigte der Beamte, der George verhören sollte, keinen allzu großen Eifer. Vielleicht machte er sich Gedanken über den Sinn einer strafrechtlichen Verfolgung von Geheimdiensttätigkeit für ein Land, das nicht mehr existierte. »Mein« strammer Kriminaloberkommissar hingegen hatte wohl seine Karriere im Blick. Er versuchte mich schließlich mit Einschüchterungen zur Aussage zu bewegen. Als ihn seine Drohung mit Gefängnis nicht weiterbrachte, legte er sein Pistolenhalfter samt Pistole auf den Schreibtisch. Die Geste wirkte aufgesetzt und völlig deplaziert. Er machte sie auch beim Verhör unseres Führungssoffiziers während dessen Ermittlungsverfahrens.

Schließlich gaben die Staatsschützer etwas frustriert ihre Bemühungen auf. Wie immer in heiklen Situationen waren wir gut aufeinander abgestimmt. Es war ja auch nicht das erste Mal in unserem politischen Leben, daß wir mit der Polizei zu tun hatten.

Statt in Vietnam in Nürnberg stationiert

George wurde 1946 in der Hauptstadt der USA geboren. Er wuchs als ältestes von drei Kindern in Silver Spring, Maryland auf. Sein Vater war Landarbeiter, seine Mutter Lehrerin. Auf ihrem Universitätsdiplom stand, sie sei befugt, »farbige Kinder« zu unterrichten. Als kleiner Junge hörte er von einem Lynchmord an einem Schwarzen und seine Mutter erklärte ihm, daß es Weiße gibt, die Schwarze nicht mögen. Da beschloß er, niemals jemanden zu verachten, nur weil er eine andere Hautfarbe hat.

Georges Mutter, eine starke und mutige Frau, war sehr engagiert in der Kirche, die in der schwarzen Gemeinde immer auch eine wichtige soziale und politische Rolle spielte. Sich gegenseitig zu helfen, vor keiner Arbeit zurückzuschrecken, unabhängig zu denken, für seine Meinung einzustehen und bereit zu sein, dafür auch Konsequenzen zu tragen – das waren Werte, die George vor allem von seiner Mutter vermittelt bekam.

Der Widerspruch zwischen dem Anspruch der USA und der Realität, wie sie sich Afroamerikanern bot, lehrte George frühzeitig, kritisch zu sein gegenüber der etablierten Ordnung und alles zu hinterfragen. Seine Mutter unterstützte ihn darin.

George begann seine Schulzeit in der Segregation. Mit 13 Jahren wurde er Mitglied der NAACP (*National Association for the Advancement of Colored People*), der größten Bürgerrechtsorganisation. 1964 nahm er als Delegierter der Jugendliga am Nationalkongreß der NAACP teil. Während des Kongresses erfuhren die Teilnehmer, daß Chaney, Goodman und Schwerner – zwei Weiße und ein Schwarzer – bei ihrem Einsatz im Bürgerrechtskampf in Mississippi verschwunden waren. Sie wurden später ermordet aufgefunden.

Nach der Schule studierte George Sport und Dramaturgie, arbeitete als Schauspieler und Theatertechniker an Bühnen in Maryland oder Kalifornien. 1968 wurde er von der US-Army eingezogen.

In jenem Jahr wurde Martin Luther King ermordet, die Ghettos brannten. Der Kampf gegen den Vietnam-Krieg brachte immer größere Menschenmengen auf die Straße.

Bei seinem Einberufungsverhör erklärte George, er werde nicht gegen die Vietnamesen kämpfen. Man kommandierte ihn in die BRD nach Nürnberg. Wie in vielen anderen US-Kasernen herrschte auch dort offener Rassismus. George organisierte den Widerstand gegen Krieg und Rassismus. Dabei lernten wir uns kennen.

Kampf gegen Krieg und Rassismus in der US Army

Ich wurde im Geburtsjahr der beiden deutschen Republiken geboren und wuchs als letztes von vier Kindern in Fürth auf. Mein Vater war Pfarrer, der religiöses Getue, das Zur-Schau-Stellen eines moralischen Sendungsbewußtseins und Heuchelei haßte. Mit zwölf begann ich mich für den Kampf der Schwarzen in den USA zu interessieren. Im Gymnasium hatte ich viele Auseinandersetzungen mit Lehrern, die vom Faschismus geprägt waren. Über den faschistischen Krieg und die Massenmorde sprachen diese Lehrer nicht. Der Lateinlehrer erzählte »Judenwitze«, die er »ja eigentlich nicht mehr erzählen dürfte«. Aus Protest hängte ich mir den Davidstern an meine Halskette.

Wenn Demonstrationen während der Schulzeit stattfanden, schrieb mein Vater dem Direktor, seine Tochter könne leider nicht in die Schule kommen, sie müsse demonstrieren – gegen die Notstandsgesetze oder den Krieg in Vietnam. Als Demonstranten wurden wir angepöbelt: »Geht doch rüber!« Ich begann zu überlegen: Was ist dieses »Drüben«, diese »Ostzone«, über die sich der Haß der Politiker und Medien ergoß und wohin uns jene, die gegen uns waren, schicken wollten?

Nach dem Abitur 1969 begann ich das Studium der Politischen Wissenschaften und Soziologie in Erlangen. Ich trat dem Sozialistischen Deutschen Studentenbund (SDS) bei und engagierte mich im Black-Panther-Solidaritätskomitee. Im Herbst 1969 organisierten wir ein *Teach-in* an der Uni in Erlangen und Nürnberg zum Kampf der Black Panther in den USA. Ein hochrangiger Vertreter der Black Panther Party sollte dazu in die BRD kommen. Wir verteilten Flugblätter in Englisch, um US-Soldaten über die Veranstaltung zu informieren. Ich gab George ein Flugblatt, und er gab mir ein mehrseitiges Pamphlet, das er gegen den Rassismus in der Army verfaßt hatte. So begegneten wir uns.

Es war eine Zeit voller Auseinandersetzungen. Der antirassistische Kampf und der Widerstand gegen den Vietnamkrieg wurden auch innerhalb der US-Army immer heftiger. Wir produzierten Flugblätter und besorgten die *Black Panther Zeitung* für die Soldaten und halfen Deserteuren nach Schweden zu entkommen. George organisierte auf dem Militärgelände Protestveranstaltungen gegen den Krieg, gegen Rassismus und für die Bürgerrechte der Soldaten. Das ging nur eine Zeit lang gut. Er wurde vorzeitig als »unerwünscht« aus der US Army entlassen und mußte von einem Tag auf den anderen in die USA zurückkehren.

Ich erhielt ein Schreiben des für die Army in unserer Region zuständigen US-Generals, in dem er mitteilte, daß mir jeglicher Zutritt zu US-Einrichtungen fortan verboten sei. Kurz danach wurde mein Touristenvisum vom US-Konsulat für ungültig erklärt. Also beantragten George und ich ein Heiratsvisum. Dazu gehörte auch ein ärztliches Gutachten durch den Konsulatsarzt. Der »entdeckte« eine Lungenkrankheit und beorderte mich in ein bestimmtes Labor in München zur weiteren Untersuchung. Ich ging stattdessen zu einem Lungenspezialisten der Uni-Klinik Erlangen und konfrontierte das US-Konsulat mit dem Ergebnis. Schließlich erhielt ich das Visum und flog im August 1970 in die USA.

Von »Berlin« nach Montreal geflohen

Der Rassismus gegen Schwarze bestimmte jede Facette des gesellschaftlichen Lebens in den USA. Viele, die sich damals aktiv gegen den Rassismus engagierten, lebten unter ständiger physischer Bedrohung und auch Lebensgefahr. 1968 begann das FBI sein geheimes Programm zur Vernichtung der Black Panther Party, in dessen Folge die Black Panther auf allen Ebenen infiltriert, interne Auseinandersetzungen und Streitigkeiten mit anderen linken Organisationen geschürt, juristische Verfolgungen unter vorgeschobenen Beschuldigungen zur jahrelangen Inhaftierung Hunderter von Black Panthern führten und innerhalb von nur vier Jahren mehr als 30 Black Panther von Polizisten und FBI-Agenten erschossen wurden.

Wir lebten in »Berlin«, dem Ghetto der Washingtoner Vorstadt Rockville, benannt nach dem Besitzer aller Wohnblocks. Zusammen mit den Black Panthern von Washington organisierten wir die Ghettobewohner, um sich gegen den Rassismus und die soziale Ungerechtigkeit des Stadtrates und des Hausbesitzers sowie gegen die rassistische Polizei zu wehren. Die Tatsache, daß ich eine weiße Frau war, privilegierte mich gegenüber der Polizei. Bei jeder Auseinandersetzung war zu sehen, daß sie sich mir gegenüber zurückhaltender verhielten. Sie wußten, daß bei Übergriffen auf Weiße der Protest in der Öffentlichkeit größer sein würde.

George wurde unter allerlei Vorwänden mehrmals verhaftet. Einmal, als er gefesselt im Polizeiauto saß, hielt ein Polizist den Revolver an seine Stirn und erklärte: »Nigger, das nächste Mal erschieße ich dich.«

Im Sommer 1971 wollten wir in die BRD fliegen, damit meine Eltern George endlich kennenlernen könnten. Beim Zwischenaufenthalt in London eröffnete uns ein britischer Beamter, der bundesdeutsche Innenminister Hans-Dietrich Genscher betrachte George als Sicherheitsrisiko und habe Einreiseverbot erteilt, er rate uns deshalb, gleich in die USA zurückzufliegen. Wir glaubten an eine Verwechslung.

Als wir gegen Mitternacht in Frankfurt am Main landeten, kamen schwer bewaffnete Grenzpolizisten in die Maschine. George wurde abgeführt. Die Grenzpolizisten inszenierten einen Zwischenfall: Sie »fanden« eine Pistole, die George mit sich geführt haben sollte – eine Behauptung, die sie später zurücknehmen mußten. Ich wurde einer Leibesvisitation unterzogen und nach draußen gebracht. Am nächsten Morgen wurde George nach London und von dort in die USA abgeschoben. Vor meinem Rückflug in die USA legte ich Beschwerde ein. In dem langwierigen Verfahren, das Frankfurter Rechtsanwälte für uns führten, erfuhren wir den Grund des Einreiseverbots: Dem Verfassungsschutz lägen Informationen vor, George wolle seine Agitationstätigkeit als Black Panther unter den amerikanischen Truppen wieder aufnehmen, wodurch die Einsatzbereitschaft der in der BRD stationierten US-Streitkräfte beeinträchtigt werde. Seiner Einreise hätten darum die Sicherheit des Staates und die Belange der BRD in ihren Beziehungen zu den USA entgegengestanden.

In die »gravierendsten Informationen« hatten unsere Rechtsanwälte zwar Einsicht, da sie aber geheim waren, durften sie nicht in das Verfahren eingebracht werden: Der Verfassungsschutz verdächtigte George und mich, Verbindungsleute zu sein zwischen der RAF, den Black Panthern in den USA und deren Vertretern im algerischen Exil. Wie sie sich das zusammenphantasiert hatten, bleibt ihr Geheimnis. Zwei Jahre später, als wir schon in Paris lebten, erklärte ein Richter das Einreiseverbot für rechtswidrig. Er hielt für nicht erwiesen, daß George bei seinem kurzen Familien-Besuch in der BRD eine Gefahr für den Staat hätte werden können.

Nach unserer Rückkehr in die USA wurden die staatlichen Repressionsmaßnahmen gegen uns intensiviert. Was wir jedoch zu spät merkten: Ein Freund, der einige Zeit bei uns wohnte, war in Wirklichkeit ein agent provocateur. Im Winter 1971/72 brachte er George in eine Situation, der er sich nur durch die Entwaffnung von vier weißen Polizisten entziehen konnte. Wir mußten aus den USA fliehen. In Montreal fand uns das FBI, der Polizeispitzel kannte die Adresse. Die kanadische Polizei verhaftete George. Ein linker Rechtsanwalt erreichte nach zwei Monaten, daß George nicht in die USA abgeschoben wurde und das Gefängnis verlassen konnte. Er half uns, in Montreal unterzutauchen, da die USA nun eine Auslieferung anstrebten und die Polizei George erneut verhaften würde. Wir mußten heimlich aus Kanada verschwinden.

Freunde planten für uns, den Weg zu gehen, den schon andere politische Flüchtlinge gegangen waren: Die Besatzung eines chilenischen Frachtschiffes würde uns verstecken und ins Chile der Unidad Popular bringen, wo wir politisches Asyl beantragen könnten. Doch der Fluchtplan scheiterte im letzten Augenblick.

Henri Curiel – Freund und politischer Lehrer

Wir haben oft darüber nachgedacht, was wohl nach erfolgreicher Flucht geschehen wäre. Hätten wir den faschistischen Putsch überlebt, ohne verhaftet zu werden, wäre für uns, wie für viele andere, der Versuch, in einer Botschaft Schutz zu suchen, die einzige Chance gewesen. Von der Bundesrepublik durften wir keine Solidarität erwarten. Vielleicht wären wir in die DDR-Botschaft geflohen. Unser Weg in die DDR wäre etwas anders verlaufen, über Santiago und nicht über Paris.

Schließlich gelang es uns im April 1972 mit Hilfe des Rechtsanwalts und seiner Verbindung zu einer französischen Organisation, Paris zu erreichen. Diese Organisation, die im Untergrund agierte, half uns, in Paris Fuß zu fassen. Ihr Leiter, Henri Curiel, wurde unser Freund und politischer Lehrer. Als Sohn eines reichen jüdischen Bankiers in Ägypten konnte er den Widerspruch zwischen seinem Leben im Wohlstand und dem der armen Mehrheit der Bevölkerung nicht ertragen und schloß sich der internationalen kommunistischen Bewegung an. Nachdem er in Ägypten Gefängnis und Lager hinter sich gebracht hatte, war er ausgebürgert und des Landes verwiesen worden; er landete schließlich in Paris.

Nach unserer Legalisierung in Frankreich wurden wir selbst aktiv in der Organisation, der Solidarité. Sie war aus der französischen Untergrundbewegung entstanden, die konkrete Solidarität mit der algerischen Befreiungsbewegung organisiert hatte. Viele, die an dieser geheimen Front des Kampfes teilgenommen hatten, konnten auf ihre Erfahrungen in der französischen Résistance gegen die deutsche Besatzung zurückgreifen. Die Solidarité unterstützte Befreiungsbewegungen in Asien, Afrika und Lateinamerika und teilte mit ihnen ihre eigenen praktischen Erfahrungen, die wichtig waren, wenn man gezwungen ist, im Untergrund zu kämpfen. Sie organisierte alles, von der medizinischen Hilfe bis zur Produktion oder Fälschung von Pässen.

Henri hatte aus verschiedenen Gründen Schwierigkeiten mit einigen kommunistischen Parteien, aber er wandte sich nie gegen sie. Er sagte uns, egal in welchen Zusammenhängen wir kämpfen, die kommunistischen Parteien und die sozialistischen Länder seien unsere Verbündeten. Natürlich könne man vieles in den sozialistischen Ländern kritisieren, aber wir sollten nie vergessen: Der Sozialismus dort wird auch nur von Menschen gemacht, mit all ihren Schwächen und Fehlern, unter sehr schweren internationalen Bedingungen und umgeben von Ländern, die alles daran setzen, die sozialistische Staatengemeinschaft zu beseitigen.

Neben der Arbeit für Solidarité galt Henris Hauptengagement dem Dialog zwischen Israelis und Palästinensern. 1976 startete eine große französische Zeitschrift eine Hetzkampagne gegen ihn. Im Mai 1978 wurde er in Paris in einer offensichtlichen Geheimdienstaktion erschossen. Seine unmittelbar bevorstehende Reise in den Nahen Osten, um Arafat zu treffen, sollte wohl verhindert werden. Wir brauchten lange, um mit diesem Verlust fertig zu werden.

George hatte durch Mitglieder der Solidarité Arbeit in einer Möbelkooperative gefunden. Dort waren nicht nur Franzosen tätig, sondern auch Portugiesen, Spanier, Afrikaner, Jugoslawen, Araber und Lateinamerikaner. Es wurde viel über Politik diskutiert. Neben seiner Tätigkeit als Betriebsrat der CGT organisierte George unter den Arbeitern Solidaritätsaktionen mit Befreiungsbewegungen in anderen Ländern.

Wir waren Teil des weltweiten Befreiungskampfes. Neben Niederlagen, wie dem faschistischen Putsch in Chile am 11. September 1973, gab es wichtige Siege: 1974 siegte die antifaschistische Nelkenrevolution in Portugal, und 1975 besiegte das kleine Vietnam die mächtigen USA. Es waren unsere Niederlagen und unsere Siege. Wir hatten inzwischen Radio Moskau und Radio Berlin International entdeckt und bekamen von dort Informationen über die progressiven Kämpfe weltweit, Nachrichten, die die westlichen Medien meist verschwiegen.

Ich hatte zunächst Arbeit in einem Buchladen. Der Besitzer, Jean Berthet, war als Sohn eines reichen französischen Kolonialisten in Saigon geboren. Als Kurier der gaullistischen Résistance war er in Paris verhaftet worden. Das KZ Buchenwald hatte er als Kommunist verlassen. Später wechselte ich zur Informationsabteilung des ökumenischen Hilfswerkes Cimade, das Flüchtlingen und Immigranten bei ihrer Legalisierung in Frankreich half und Projekte in den Ländern des Trikont unterstützte.

1976 wurden vier Freunde in Paris verhaftet. Fünf schwarze Amerikaner hatten 1972 ein Flugzeug nach Algerien entführt, um aus den USA zu flüchten. Es war eine Zeit, in der kaum eine Woche ohne Flugzeugentführung aus den USA verging. Ihre war bereits die 44. in jenem Jahr, und es war erst Juli. Die fünf lebten – nachdem die Black Panther sich in Algerien aufgelöst hatten – bis zu ihrer Verhaftung (einer konnte entkommen) im Untergrund in Paris. Die USA verlangten die Auslieferung unserer Freunde.

Wir organisierten ein Solidaritätskomitee, das unterschiedliche Menschen zusammenbrachte: Sozialisten, Kommunisten, Gaullisten, Pfarrer und Künstler. Die Auslieferung wurde verhindert. Ein internationales Abkommen sah vor, dass im Falle einer Nichtauslieferung von Flugzeugentführern diese in Drittstaaten strafrechtlich verfolgt werden müssen. Dieser Prozeß von 1978 fand große Aufmerksamkeit. Viele bekannte Persönlichkeiten stiegen in den Zeugenstand, um ihre Solidarität mit den Angeklagten zu erweisen. Die international bekannten Filmschauspieler Simone Signoret und Yves Montand kamen in den Gerichtssaal, nachdem der Richter die Sitzung bereits eröffnet hatte. Der Richter unterbrach. Simone und Yves machten die Runde, schüttelten dem Richter und allen Geschworenen die Hand, umarmten demonstrativ die Angeklagten, setzten sich in die erste Reihe und verfolgten die Gerichtsverhandlung.

Die Verteidigung plädierte dafür, die Tat vor dem rassistischen Hintergrund der USA zu sehen. Die Geschworenen folgten dem, und die Strafen waren milde.

Ende der 70er Jahre begann der Kampf gegen die Aufstellung der US-Atomraketen Pershing II und Cruise. Wir publizierten ein regelmäßiges

Informationsbulletin über den Friedenskampf. Durch diese Arbeit und die internationalen Friedenskonferenzen knüpften wir Kontakte zu Menschen aus der Friedensbewegung vieler Länder. Für mich als Deutsche war in jenen Jahren die Lektüre über den Krieg, den die deutschen Faschisten gegen die Welt geführt hatten, sehr wichtig geworden. Erst jetzt erfuhr ich, daß die UdSSR die Hauptlast bei der Befreiung vom Faschismus getragen hatte. Nahezu unbekannt geblieben war mir der deutsche Widerstand, solange ich in der BRD gelebt hatte. Eine ganz neue Welt des antifaschistischen Widerstandes eröffnete sich mir. Ich konnte mich zum ersten Mal mit der Geschichte des Volkes identifizieren, aus dem ich kam. George und ich wurden neugierig auf die DDR, in der der Antifaschismus eine so große Rolle spielte.

Durch unsere mannigfaltigen Kontakte zu Befreiungsbewegungen erfuhren wir von der großen Solidarität, die diese von der Sowjetunion, aber auch von der DDR erhielten. In den großen Kämpfen der damaligen Zeit, im Kampf um die Befreiung von kolonialer Unterdrückung, gegen den Vietnamkrieg, gegen die Apartheid in Afrika wie gegen den Rassismus in den USA, immer befand sich die BRD auf der Seite der Ausbeuter, der Rassisten und Aggressoren, die DDR aber befand sich auf der Seite der kämpfenden Völker und progressiven Bewegungen. So war z.B. der ANC von der DDR als legitimer Repräsentant anerkannt, als Regierung und Medien der BRD Nelson Mandela und seine Mitkämpfer noch als Terroristen bezeichneten.

Politische Arbeit bei den Grünen

Wir beschlossen, in die DDR zu gehen und stellten an der DDR-Botschaft in Paris einen Antrag auf Übersiedlung. Im Frühjahr 1983 flog ich nach Berlin zu einem Gespräch. George konnte nicht mitkommen, er sollte erst 1986, als er die französische Staatsbürgerschaft erhalten hatte, dazu in der Lage sein. Bei meinem Besuch in Berlin wurde mir gesagt, unserer Übersiedlung stehe nichts im Wege, doch es gebe für uns auch eine andere Möglichkeit der Verbundenheit mit der DDR. George und ich sollten uns Zeit nehmen für die Entscheidung im Westen zu bleiben und für die DDR tätig zu werden. Wir zögerten aber nicht.

Mit unseren neuen Genossen in Berlin überlegten wir, wie und wohin wir uns orientieren sollten. Unser Einsatz für die DDR sollte nicht in Frankreich sein. Unseren Berliner Genossen lag sehr daran, daß wir in die Bundesrepublik ziehen.

Unsere politische Vergangenheit war ja nicht gerade die beste Voraussetzung für diese Arbeit, denn sie hatte uns ins Visier der Polizei und Geheimdienste im Westen gebracht. Durch den *Freedom of Information*

Act in den USA hatte George Einsicht in seine Akten beim CIA, FBI und US-Militärgeheimdienst erhalten. Es wurde deutlich, wie sehr wir unter Beobachtung gestanden hatten und wie gut deren Zusammenarbeit mit den entsprechenden bundesdeutschen Behörden war. Wir mußten davon ausgehen, daß unser politisches Engagement in Frankreich auch bei den französischen Diensten nicht unbemerkt geblieben war.

In den 80er Jahren entwickelte sich der Friedenskampf als Antwort auf den NATO-Doppelbeschluß. Die Regierung der Bundesrepublik und die anderen NATO-Staaten redeten vom Frieden und rüsteten auf. Jede neue Abrüstungsinitiative des Warschauer Vertrages wurde von der NATO abgeschmettert. Die DDR stand in ihrer Außen- und Friedenspolitik auf Seiten der Friedensbewegung.

In den ersten Jahren unserer Zusammenarbeit halfen wir der DDR Aufklärung, Gruppen, Tendenzen und Entwicklungen in der nichtkommunistischen westeuropäischen Friedensbewegung besser einzuschätzen. Es wurde deutlich, daß auch viele nichtkommunistische Friedenskräfte trotz all ihrer Kritik an den sozialistischen Staaten durchaus Gemeinsamkeiten mit deren Friedenspolitik sahen.

Die enge Zusammenarbeit mit unserem Führungsoffizier Rolf Keßler beruhte auf großem politischem und persönlichem Vertrauen. Bei langen Gesprächen kamen wir überein, uns langfristig auf die Partei »Die Grünen« zu orientieren. Unsere politische Vergangenheit stand dem auch nicht im Wege, denn die Grünen waren zu jener Zeit noch ein Sammelbecken für viele Linke.

1987 gelang uns schließlich der Schritt von Paris direkt nach Bonn in die Grüne Bundestagsfraktion. Die Auseinandersetzungen um die künftige Linie der Grünen, zwischen den Linken, den »Fundis«, die auf starke Opposition setzten, und den »Realos«, die mit Regierungsbeteiligung liebäugelten, wurden immer heftiger. Natürlich waren die „Realos" für die DDR-Aufklärung wichtiger. Deren Anpassungskurs an die herrschende Politik rückte Grüne Regierungsbeteiligung in den Bereich des Möglichen. Unsere Sympathie galt den Linken, unsere Aufmerksamkeit den Realos. Die Arroganz und die Herrschsüchtigkeit eines Josef »Joschka« Fischer und der Opportunismus seiner Gefolgschaft waren nur schwer zu ertragen. Daß in der Folge ein Grüner als Außenminister den ersten Aggressionskrieg der Bundesrepublik mitzuverantworten hatte, lag in der Logik von Fischers Haltung, die damals schon deutlich war.

Friedenskampf braucht differenzierende Sicht

Für die HVA erarbeiteten wir Analysen über Positionen, Tendenzen und die Entwicklung des internen Kräfteverhältnisses bei den Grünen.

Die DDR-Regierung hatte zu den Grünen ein sehr distanziertes Verhältnis. Durch unsere Diskussionen mit Rolf wußten wir aber auch, daß die DDR-Aufklärung die Grünen differenzierter sah. Uns lag sehr daran, daß die DDR besser verstehen konnte, mit welchen Entwicklungen sie in der Friedensfrage und in der Deutschlandpolitik der Grünen rechnen mußte. Die DDR hatte ein legitimes Interesse, die politischen Kräfteverhältnisse in der BRD – und was uns betraf, bei den Grünen – genau zu kennen.

Der Zusammenbruch der DDR und des sozialistischen Lagers hatte eine Schwächung der linken und progressiven Kräfte zur Folge. Die Konterrevolution siegte in Deutschland und begann ihren Rachefeldzug. Die DDR solle mit juristischen Verfahren gegen ihre Hoheitsträger delegitimiert werden, forderte der damalige BRD-Justizminister Klaus Kinkel. Und während in der DDR rechtmäßig verurteilte BRD-Agenten rehabilitiert wurden, begann die Jagd auf DDR-Aufklärer.

Im Juli 1996 wurden wir angeklagt. Die Rechtsanwälte Jürgen Strahl und Frank Osterloh vertraten uns nicht nur vor Gericht, sie standen auch politisch hinter uns. Wir beschlossen, in die Offensive zu gehen und die politische Motivation für unsere Zusammenarbeit mit der HVA darzulegen. Vor Gericht erklärten wir zur Diffamierungskampagne gegen die DDR u. a.: »Eine Normalisierung der Beziehungen zwischen der BRD und der DDR war von besonderer Bedeutung für die Erhaltung des Friedens in Europa. Darum pflegten alle Parteien ihre inoffiziellen Kontakte zur DDR. Es gibt genügend Politiker aller Parteien, die über Jahre hinweg eine andere Einstellung zur DDR hatten, die auf unterschiedlichen, aber doch diskreten Wegen Gespräche mit Vertretern der DDR, darunter auch der Staatssicherheit führten, weil sie dies im Sinne einer Verbesserung der Beziehungen zwischen der BRD und der DDR für richtig hielten, die die Kompliziertheit und die Vielschichtigkeit der Verbindungen von DDR und BRD lebten, aber heute nichts mehr davon wissen wollen. Es erstaunt schon, wie sie zu jeder noch so primitiven Diffamierungskampagne, jene Zeit betreffend, heute schweigen können.«

Von der Politik des Kalten Krieges und dem Revanchismus der Bundesrepublik, vom großen Unrecht in ihrer 40jährigen Geschichte wurde erfolgreich abgelenkt. Zynischerweise hieß es, man wolle gegen das »DDR-Unrechtsregime« nicht noch einmal so inkonsequent vorgehen wie gegen das Nazi-Regime. Tatsächlich ist dies aber die Fortsetzung der damaligen Politik, die die alten Nazis schonte, SS-Kriegsverbrechern Opferrenten zugestand, bewährten Faschisten neue Karrieren verschaffte und Kommunisten, Antifaschisten und KZ-Häftlinge wieder ins Gefängnis brachte und 11.000 Berufsverbotsverfahren gegen Linke einleitete.

Der Schwur der Häftlinge des KZ Buchenwald »Nie wieder Faschismus! Nie wieder Krieg!« bestimmte auch das Bewußtsein vieler in der alten Bundesrepublik. Doch aus »Nie wieder Faschismus, nie wieder Krieg!« wurde 1999 »Nie wieder Auschwitz« als Vorwand für Deutschlands Beteiligung am Krieg der NATO gegen Jugoslawien – vorgetragen von Joseph Fischer. Vergessen werden soll, daß nicht Auschwitz der Grund für den Krieg der Alliierten gegen Nazideutschland war, sondern der Krieg Nazideutschlands gegen andere Länder.

Die Reduzierung der faschistischen Verbrechen auf den Völkermord an Juden – eine Selektierung der Opfer – dient heute der Rechtfertigung neuer Aggressionskriege ebenso wie der Unterstützung der völker- und menschenrechtswidrigen Politik Israels.

»Nie wieder Faschismus, nie wieder Krieg!« – der Schwur der Überlebenden von Buchenwald – er wurde von der DDR gelebt. Dafür trat sie ein, dafür und für ihre antiimperialistische Solidarität wurde sie international geschätzt.

Viele, die sich für die DDR eingesetzt hatten, wurden gefragt: Hat sich der Einsatz gelohnt? Die Frage ist unhistorisch. Wissen wir, ob sich unser Einsatz heute lohnt, im Kampf gegen den Terror des Kapitals und des Imperialismus? Nie hätte es Fortschritte gegeben, denn – wußten die Millionen von Menschen, die im Lauf der Menschheitsgeschichte für Gerechtigkeit und Frieden kämpften, ob sich ihr Einsatz auch lohnt?

Erst wenn die Erkenntnis wieder zum Durchbruch kommt, daß es eine Alternative zum Kapitalismus, zu seiner Barbarei, seinem Unrecht, seinen Kriegen, seinen Lügen und seiner Heuchelei gibt, werden die DDR und das damalige sozialistische System den historischen Platz finden, der ihr, der ihm gebührt. Die Pariser Kommune währte nur 100 Tage. Und doch war sie nicht umsonst. Sie wurde schließlich Inspiration und ein wichtiger Lehrmeister im weiteren Kampf für den Sozialismus.

Wie der berühmte französische Politiker Jean Jaurès schrieb: »Aus der Vergangenheit übernehmen wir das Feuer, nicht die Asche.«

Ein Brief an die Familie und an die Freunde

Alfred Spuhler, Jahrgang 1940, seit 1968 Mitarbeiter des Bundesnachrichtendienstes, zuerst in der Abteilung II (»Technische Aufklärung«), später in der Abteilung I (»Operative Aufklärung«) im Sachgebiet »Militärische Aufklärung des Warschauer Paktes, Jugoslawiens und Albaniens«. Von 1972 bis 1988 Zusammenarbeit mit der HVA. Verhaftung im November 1989. Vom Bayerischen Obersten Landesgericht im November 1991 zu 10 Jahren Haft verurteilt.

Mai 1991

Meine Lieben,

der Zeitpunkt ist gekommen, um mein Versprechen einzulösen, Euch über meine Beweggründe, die mich letztlich ins Gefängnis brachten, zu informieren.

Ich möchte nicht sofort in den Sachverhalt einsteigen und zum besseren Verständnis erst einige allgemeine Gedanken zum Problem »menschlicher Verhaltensweisen« darlegen. Daran anschließend, gewissermaßen als Überleitung zum Hauptthema, werde ich meine letzte truppendienstliche Tätigkeit in der FernspähKp 300 beschreiben, denn in dieser Kompanie wurde mir erstmals umfassend militärisches und militärpolitisches Wissen über NATO und WP *(Warschauer Pakt – d. Hrsg.)* vermittelt und damit der Grundstein für mein späteres Denken und Handeln als »friedlicher Revolutionär«, wie ich mich verstehe, gelegt.

1. Allgemeine Gedanken zum Problem »menschlicher Verhaltensweisen«

Die Erreichung eines echten, umfassenden und weltweiten Friedens hängt weitgehend davon ab, daß viele Menschen sich ständig darum bemühen. Unglücklicherweise scheint nur ein geringer Teil der menschlichen Rasse die Fähigkeit zu besitzen, zielstrebig dafür einzutreten. Die Verwirklichung eines echten Friedens erfordert eine revolutionäre Änderung des menschlichen Denkens und Verhaltens, und zwar so drastisch, daß die menschliche Natur ihr fast automatisch Widerstand entgegensetzt. Dieses Problem ist von Arnold Toynbee, einem Historiker, so formuliert worden: »Wir werden mit uns selbst einen harten Kampf führen müssen, um uns selbst vor uns selbst zu retten.«

Jahrhundertelang haben die Menschen in ihren Zusammenschlüssen wie Familie, Stamm, Dorfgemeinschaft, Stadt oder Staat ihre wahren oder angenommenen Interessen mit Hilfe von Gewalt oder der Drohung damit behauptet oder verteidigt. Höhepunkte dieser primitiven Auseinandersetzung in unserem Jahrhundert waren die zwei größten Kriege der Geschichte. Danach erfolgte wiederum der Aufbau von Streitkräften, die umfangreicher und gefährlicher ausgerüstet sind als jemals zuvor in der Weltgeschichte.

Wenn man nachforscht, warum sich der Mensch so schwer tut, diese primitive Denk- und Verhaltensweise, Probleme mit Gewalt lösen zu müssen, abzulegen, stößt man auf einige entscheidende Faktoren. Unter anderem sind es die professionellen Militärs – ich gehörte leider auch dazu, wenngleich meine Beweggründe hierfür nicht kriegerischer Natur waren. Sie besitzen in vielen Staaten der Welt sogar genügend Einfluß, um ihre Regierungen zu zwingen, der Abrüstung Widerstand entgegenzusetzen.

Der typische Berufssoldat ist nicht deshalb gegen die Abrüstung, weil er etwa weniger menschlich oder zivilisiert als der Durchschnittszivilist ist. Er tut es, weil seine Ausbildung und Umgebung ihn unwiderruflich dahin gebracht haben, annehmen zu müssen, daß sein Beruf unentbehrlich sei. Wir hören und lesen es doch fast täglich.

Ein weiterer wesentlicher Faktor ist die Rüstungsindustrie, welche aus den Rüstungsverträgen riesige Gewinne erzielt und deshalb einer Abrüstung erheblichen Widerstand entgegensetzt. Dabei werden dann soziale Argumente in den Vordergrund gestellt, und es wird mit Massenarbeitslosigkeit gedroht, als ob eine Umstellung auf zivile Produktionen fast unmöglich wäre. Selbst die Berufsdiplomaten hätten in einer friedlichen Welt kein Arbeitsfeld mehr, zumindest in bezug auf ihre Hauptaufgabe, sich mit »Machtpolitik« zu beschäftigen, d. h. im Interesse ihres Landes Allianzen zu schmieden, zu versuchen, Gegenbündnisse zu unterminieren oder mit der Anwendung von Gewalt verhüllt oder offen zu drohen oder sie herauszufordern. Dazu ein Beispiel aus jüngster Zeit *(1991 – d. Hrsg.)*: Es wurde öffentlich bekannt, daß eine amerikanische Botschafterin vor Ausbruch des Golfkrieges in geheimen Gesprächen mit Saddam Hussein diesem zu verstehen gab, die USA würden sich in eine irakisch-kuwaitische Auseinandersetzung nicht einmischen. Das war doch für den irakischen Präsidenten geradezu eine Einladung zur Annexion Kuwaits! Die Botschafterin wurde daraufhin von ihrem Posten abberufen.

Löste man sie nur wegen ihrer diplomatischen Unfähigkeit ab? Oder hatte sie ihren Auftrag erfüllt?

Zusätzliche und sehr ernste Faktoren sind nach wie vor die gegenseitige Furcht, das Mißtrauen und die daraus resultierenden gegenseitigen Beschuldigungen, welche die Ost-West-Atmosphäre so sehr vergifteten. Dieses Denken war in Millionen von Menschen in Ost und West so tief verwurzelt, daß es selbst nach Beendigung des Kalten Krieges noch unterschwellig vorhanden ist.

Es hat wenig Sinn, die Schuld, die doch von beiden Seiten gemeinsam getragen werden muß, anteilig verteilen zu wollen. Großmut und aufrichtiger Wille zum Frieden sind gefragt und viele Menschen, die diese Tugenden gewaltlos unterstützen, denn nur in einer friedlichen Welt wird es den Menschen möglich sein, auch zu einer gerechteren Gesellschaftsordnung zu finden.

2. Zu meiner letzten truppendienstlichen Tätigkeit

Bereits während meiner Ausbildung zum Fernspäher bekam ich ein umfassendes Wissen in bezug auf Stärke, Ausrüstung und Gliederung der eigenen und der gegnerischen Streitkräfte vermittelt. Besonderer Schwerpunkt war das militärische Großgerät der WP-Streitkräfte. Später übernahm ich noch zusätzlich die Aufgabe eines S2-Bearbeiters. Dieses zusätzliche Aufgabengebiet erforderte eine weiterführende intensive Ausbildung beim Stab des III. Korps sowie die Absolvierung eines entsprechenden Lehrgangs bei der Schule für Nachrichtenwesen der Bundeswehr in Bad Ems. Damit erlangte ich zusätzliches Wissen über Stärke und Ausrüstung der NATO- und WP-Streitkräfte sowie über wichtige militärpolitische Zusammenhänge in Ost und West.

Mit dem bis dahin erworbenen militärischen und militärpolitischen Wissen und angesichts des ständig wachsenden Risikos einer Weltkatastrophe stand ich 1968 vor der Entscheidung, entweder meinen Dienst als Soldat nach Auslauf meiner zwölfjährigen Verpflichtungszeit zu kündigen und in das Zivilleben zu wechseln – oder einen Antrag auf Übernahme als Berufssoldat zu stellen.

Damit war ich an einer für meinen weiteren Lebensweg entscheidenden Weggabelung angelangt.

Ich wählte einen Weg, der auch meiner jungen Familie eine gewisse Sicherheit für die Zukunft bieten sollte. Ich entschied mich, Berufssoldat zu werden – allerdings unter der Voraussetzung, daß meine gleichzeitige Bewerbung beim BND erfolgreich verliefe und mir die Möglichkeit geboten würde, die Laufbahn eines Offiziers des militärfachlichen Dienstes einzuschlagen.

Erste Erkenntnisse über den BND erhielt ich als S2-Bearbeiter bei der Fernspähkp 300 und über meine in diesem Zusammenhang bestehenden Kontakte zum MAD *(Militärischer Abschirmdienst – d. Hrsg.)*, wobei ich über die Arbeitsweise des Dienstes zunächst nur nebulöse Vorstellungen hatte.

Meiner Bewerbung folgte eine lange Wartezeit. Nach einigen Monaten wurde ich zu einem Vorstellungsgespräch nach München gerufen. Man befand mich für würdig, Mitarbeiter des Dienstes zu werden, und am 1. Oktober 1968 trat ich meinen Dienst beim BND in Pullach an.

Zu jener Zeit befand ich mich, ohne auch nur die geringste Ahnung davon zu haben, in der Anfangsphase einer Entwicklung, die mich 1972 zu einem Revolutionär für den Frieden und eine gerechtere Gesellschaftsordnung werden lassen sollte.

3. Meine Tätigkeit beim BND und mein Einstieg in die revolutionäre Phase

Ausgestattet mit guten militärischen Kenntnissen und einer breiten Palette von Einsatzmöglichkeiten bot man mir eine Tätigkeit im Bereich der Abt. II an, die meinen Ambitionen hinsichtlich planerischer, organisatorischer und steuernder Aufgaben gerecht wurde. Die Zeit bis 1971 bestand aus einem ständigen Lernprozeß auf dem Gebiet der FmElo-Aufklärung *(Fernmelde- und elektronische Aufklärung – d. Hrsg.)* und der Ausbildung zum Offizier des militärfachlichen Dienstes. Ich besuchte zu diesem Zweck Schulungslehrgänge bei der Nachrichtenschule der Bundeswehr in Bad Ems und der Heeres-Offiziersschule in Hannover.

Ich stellte in jenen Jahren sehr viele Überlegungen an und kam zu der ernüchternden Erkenntnis, daß die von westlicher Seite ständig geschürte Angst vor der militärischen Überlegenheit des Warschauer Pakts wohl eine glatte Lüge sei. Eher schien das Gegenteil der Fall.

Es bestand seit Beginn des Rüstungswettlaufes eine technologische Überlegenheit des westlichen Bündnisses, die sich von Jahr zu Jahr vergrößerte. Alleine dieser Technologievorsprung sicherte der NATO insgesamt eine Überlegenheit, selbst wenn in einzelnen Bereichen der Gegner – etwa bei den Panzern – vorn lag.

Immerhin: NATO und Warschauer Pakt waren sich einig, daß bei der atomaren Bewaffnung ein Patt bestünde, woraus beide Seiten den richtigen Schluß zogen, daß es bei einer atomaren Auseinandersetzung keinen Sieger und keinen Besiegten geben würde. Diese Einsicht reichte jedoch nicht so weit, dem Rüstungswahnsinn auf konventionellem Gebiet ein Ende zu bereiten. Es sei denn, man hoffte auf diese Weise die Gegenseite zu Tode rüsten zu können.

Die militärische Überlegenheit der westlichen Länder bezog sich nicht nur auf die Technologie. Die tatsächliche militärische Kampfkraft und

Stärke werden auch von anderen Faktoren bestimmt, die dem militärischen Laien weitgehend unbekannt sind. Dazu gehören beispielsweise die militärische Führung und die Ausbildung. Die Ausbildung der Unteroffiziere und Offiziere der NATO hatte nach meinem Eindruck einen qualitativ höheren Stand. Dies betraf insbesondere bei den Offizieren die Führungsfähigkeiten im Bereich der taktischen und taktisch-operativen Führungsebene. Nicht anders sah der Ost-West-Vergleich bei der Ausbildung der Unteroffiziere und Mannschaften aus.

Ein weiterer wichtiger militärischer Faktor war die »Wehrpsychologische Lage« der Truppe, die sich aus vielen Einzelfaktoren zusammensetzte und deren Einschätzung Aussagen zur Kampfbereitschaft und somit auch insgesamt zur allgemeinen Kampfkraft der jeweiligen Truppe zuließen. Dabei gab es unterschiedliche Bewertungen zu den Einheiten und Verbänden der einzelnen östlichen Länder. Aber auch auf diesem Gebiet war bei einem Ost-West-Vergleich der WP deutlich unterlegen. Das größte Problem hatten die sowjetischen Streitkräfte. Es gab Sprachprobleme bei den Mannschaften, da ein nicht unerheblicher Prozentsatz der Rekruten die russische Sprache nicht beherrschte. Mündliche oder schriftliche Befehle an diese Soldaten mußten erst in die jeweilige Sprache übersetzt werden.

Hackordnungen und deren negative Auswirkungen, wie es sie bei den Soldaten der UdSSR-Streitkräfte und in einigen anderen WP-Streitkräften gab, kannte man bei den NATO-Streitkräften nicht.

Ein Ost-West-Vergleich hinsichtlich Betreuung, Verpflegung und Unterbringung etc. der Streitkräfte dürfte sich erübrigen, nachdem viele Einzelheiten dazu inzwischen offenkundig wurden.

Ohne noch auf einen die wirtschaftliche Stärke betreffenden Ost-West-Vergleich einzugehen, stand für mich fest, daß es dem Westen nicht um die Herstellung des militärischen Gleichgewichtes ging, sondern darum, wie es ein führender US-Repräsentant einmal als Ziel im Hinblick auf die »Kommunisten« formuliert hatte: »Wir werden sie an die Wand rüsten, bis sie quietschen.«

Eine solche Haltung war deprimierend und für mich unerträglich. Das war ungerecht und undemokratisch. Wenn Frieden gesichert werden sollte, mußte Gleichheit hergestellt werden. Ich entschloß mich, im Rahmen meiner Möglichkeiten mitzuhelfen, eine friedenserhaltende Balance herzustellen. Das empfand ich geradezu als moralische Verpflichtung.

Zudem hoffte ich darauf, dabei nicht allein zu sein. Ich konnte mir vorstellen, daß es auch noch andere Menschen gab, die die Katastrophe eines neuen Krieges abwenden wollten.

In meiner Erinnerung hatten sich Ereignisse aus den Kriegsjahren 1943/44 unauslöschlich eingebrannt. Meine Eltern verloren ihr gesamtes Hab und Gut bei den Bombenangriffen auf München. Ich sehe meine Eltern, den Bruder und mich fassungslos vor unserem brennenden Wohnhaus stehen. Weniges nur hatten wir retten können. Einige Bombennächte später kamen wir eben noch so aus dem Luftschutzkeller. Das Sirenengeheul, die Todesschreie, die hilflose Hysterie der Opfer, das Donnern der Feuerstürme, die durch die Straßen fegten – all das hatte und habe ich noch immer im Ohr. Das durfte sich nie wiederholen.

Die USA, mächtigster Partner der westlichen Allianz und deren unbestrittene Führungsmacht, waren der eigentliche Initiator dieses aberwitzigen Rüstungswettlaufs. Noch nie in ihrer Geschichte, sah man von den vergleichsweise kleinen Sezessionskriegen ab, hatte es auf ihrem Territorium Kriege in der Dimension des 1. und des 2. Weltkrieges gegeben.

Mir wurde sehr schnell bewußt, welche Kräfte ein besonderes Interesse daran hatten, die Angst der Bevölkerung vor einer angeblichen östlichen militärischen Überlegenheit zu schüren und den Menschen ständig eine östliche Angriffsgefahr einzureden, um ihre Zustimmung zur Hochrüstung zu bekommen. Die Rüstungsindustrie verfügte über eine bestens funktionierenden Lobby – in den Parteien, in den Parlamenten, in den Medien.

Auch diese Erkenntnis ließ mich handeln.

4. Mein politischer Gesinnungswandel

Die Eigendynamik der kapitalistischen Gesellschaftsordnung und die damit verbundenen fast ungebremsten Freiheiten, besonders im wirtschaftlichen Bereich, bescherten den Menschen in den Nachkriegsjahren zunächst einen stetig wachsenden Lebensstandard. Welch große Gefahr diese Eigendynamik allerdings in sich barg, stellte sich bereits in den 50er Jahren heraus. Dem öffentlichen Druck und den Forderungen der Gewerkschaften gehorchend, wurde aus der »freien Marktwirtschaft« die »soziale Marktwirtschaft«. D. h., der Staat griff dort ein, wo er wirtschaftliche und soziale Unmoral feststellte. Dies führte in den folgenden Jahrzehnten zu einer Reihe von Gesetzen und Verordnungen, die eine Hilfestellung für die Arbeitnehmerschaft bedeuteten.

Ungeachtet dieser staatlichen Regeln fanden jedoch die rücksichtslosen Praktikanten dieser Marktwirtschaft immer wieder Möglichkeiten, um skrupellos ihre Gier nach immer mehr Besitz und damit Macht zu befriedigen. Daß Menschen dabei niedergewalzt und ins soziale Abseits gedrängt wurden, störte nicht. Nach dem Motto: »Die Besten schaffen es, und wer es nicht schafft, ist selbst schuld« entstand eine Ellbogengesellschaft, die vor fast nichts zurückschreckte, wenn es darum ging, Eigenvorteile und möglichst hohe Gewinne für sich selbst zu schaufeln. Die Reichen wurden immer reicher und die Armen immer ärmer.

Die Macht in den kapitalistischen Staaten konzentrierte sich auf die wirklich Mächtigen: die Großunternehmer, Wirtschaftskonzerne, Banken und Versicherungen etc. Diese Wirtschaftsgiganten nahmen mehr und mehr Einfluß auf das gesamte wirtschafts- und sozialpolitische Gefüge; sie entwickelten sich zu staatstragenden Gebilden und wuchsen schließlich zu den eigentlichen »Machern« der Politik heran. Die Rüstungsindustrie, unterstützt von einer ausgesuchten Lobby und einer »Politik der Angst«, stellte sich als einer der gewinnträchtigsten Bereiche der Wirtschaft dar.

Durch die Einbindung einer stetig wachsenden Anzahl von Politikern in die sehr gut bezahlten Verantwortungsbereiche (Aufsichtsräte) der Wirtschaftsgiganten soll der Eindruck eines harmonischen Zusammenspiels der wirtschaftlichen und politischen Kräfte des Staates dargestellt werden. In Wirklichkeit werden diese ausgesuchten und meist auf sehr einflußreichen Ebenen tätigen Politiker zu Marionetten des Großkapitals und damit Instrumente zur Durchsetzung bestimmter Wirtschaftsinteressen. Aus diesem scheinbar notwendigen Zusammenspiel der Kräfte wurde ein zerstörerisches Gegeneinander von Markt, Macht und Moral, eines der wahren Spiegelbilder der kapitalistischen Gesellschaft, und im Bereich der Rüstungsindustrie wurde es zum todbringenden Spiel.

Das konnte und wollte ich nicht mehr mitverantworten.

Ich begann mit sozialistischem Gedankengut zu sympathiesieren und las Marx und Engels. Die Frage des »Privateigentums« allgemein und insbesondere an den Produktionsmitteln war für mich kein strittiges Thema. Allerdings hatte ich Schwierigkeiten mit der sozialistischen Planwirtschaft und der unverkennbar relativen Unfreiheit der Menschen in den sozialistischen Ländern.

Ich suchte deshalb das persönliche Gespräch mit Kennern dieser Philosophie, um mir Klarheit darüber zu verschaffen. Hierzu setzte ich mich mit der Bezirksleitung der DKP in München in Verbindung und bat um ein vertrauliches Gespräch mit einem kompetenten Funktionär. So einfach das klingt, so schwierig gestaltete sich die Realisierung dieser Idee. Ich hatte mit erheblichen Gewissenskonflikten zu kämpfen.

Dieser Schritt, mit Vertretern der DKP Kontakt aufzunehmen, bedeutete einen ersten gravierenden Regelverstoß gegen mein Pflichtgefühl als Soldat und Angehöriger des BND. Mit meiner Frau konnte ich darüber nicht sprechen. Sie hätte dafür kein Verständnis gehabt, denn die Sicherheit der Familie ging ihr über alles, und in meinem Vorhaben hätte sie sofort eine Gefahr erkannt. Meinen Bruder wollte ich ebenfalls nicht mit diesem Problem belasten. Somit traf ich diesen Entschluß alleine. Ich wollte unbedingt Klarheit über mich selbst erlangen, auf welcher Seite ich mit meiner Gesinnung denn nun wirklich sand.

Ich traf mich mit zwei Funktionären der DKP in einem Café in München. Aus verständlichen Gründen verhielten sie sich zunächst reserviert. Die anfängliche Zurückhaltung lockerte sich jedoch sehr rasch, und schon zu einem nächsten Treff, Wochen später, saß nur noch ein Mann am Tisch, ein Wirtschaftsfunktionär. Nach etwa sechs Gesprächsrunden, bei denen wir alle mich interessierenden Themen des sozialistischen Gesellschaftssystems diskutiert hatten, stand für mich fest, daß meine politische und meine geographische Heimat fortan getrennt waren.

Nach alledem, was ich nun wußte, hatte ich berechtigte Hoffnung, daß sich aus dem sozialistischen Gesellschaftssystem heraus eine gerechte Gesellschaftsordnung entwickeln würde. Dafür und für die Herstellung des militärischen Gleichgewichts wollte ich mich fortan engagieren.

Eine Zusammenarbeit mit der DKP kam für mich nicht in Frage. Die Gründe lagen auf der Hand, ob als Angehöriger des BND oder als ehemaliger – ich spielte durchaus kurzzeitig mit dem Gedanken, den Dienst zu quittieren – wäre ich nicht nur eine Belastung der Partei gewesen, sondern aus deren Sicht vielleicht auch ein Sicherheitsrisiko.

Außerdem konnte ich für den Frieden mehr erreichen, wenn ich möglichst effizient tätig war. Dies hieß für mich zwingend: Beim BND bleiben und mit der Hauptverwaltung Aufklärung des Ministeriums für Staatssicherheit der DDR kooperieren.

Ich stand vor der schwersten Entscheidung meines Lebens. Auf der einen Seite war meine Verpflichtung, die ich als Soldat und BND-Angehöriger eingegangen bin, sowie die Sorge um meine Familie. Andererseits könnte ich mich für eine Idee engagieren, die ich als richtig erkannt hatte.

Viele Tage schob ich die Entscheidung vor mir her und wog immer wieder beide Seiten ab. Dann stand mein Entschluß fest. Die moralische Verpflichtung, für den Frieden und eine gerechtere Gesellschaftsordnung aktiv einzutreten, war schließlich so stark, daß ich alle abschlägigen Argumente unterordnete. Ich wollte nur dann noch von dieser Entscheidung zurücktreten, wenn ich beim ersten Gespräch mit Vertretern der HVA feststellen müßte, daß ich in entscheidenden militärpolitischen und ideologischen Fragen bisher von falschen Voraussetzungen ausgegangen sei.

Ich weihte meinen Bruder in meine Pläne ein und war mir sicher, daß er mich verstehen würde. Wir hatten schon immer ein ausgezeichnetes Verhältnis, mir war längst seine kritische Einstellung zu unserem Staat und der kapitalistischen Gesellschaftsordnung bekannt.

Um den Jahreswechsel 1971/72 traf ich in Berlin mit Vertretern der HVA zusammen. Ich lernte Oberst Harry Schütt und Oberstleutnant Reckling kennen. Ich gewann einen guten Eindruck und war mir sicher, eine richtige Entscheidung gefällt zu haben.

Nach einem ausführlichen Gespräch mit meinem Bruder signalisierte ich der HVA, daß ich zur Zusammenarbeit bereit sei.

Dies war mein freier Entschluß.

Und ich wollte ausschließlich auf der Basis der Überzeugung und gleicher Interessen zusammenarbeiten. Eine Bezahlung kam für mich nicht in Frage, ein solches Angebot hatte ich auch abgelehnt. Einzig im Fall meiner Enttarnung sollte die Zentrale Sorge tragen, daß meine Familie unterstützt würde. Und über die »Betriebskosten« mußte nicht groß geredet werden: Wie jedes ordentliche Unternehmen bot die HVA an, »betriebsbedingte« Ausgaben zu übernehmen. Das war in Ordnung.

Später forderte ich noch, daß von mir enttarnten Quellen kein physischer oder psychischer Schaden zugefügt werden dürfe – dieser Bitte wurde entsprochen.

Zu meiner Kundschaftertätigkeit sollte es nicht gehören, das Privatleben von Personen des BND oder anderer Behörden, zu denen ich Kontakt hatte, auszuforschen oder Dossiers anzulegen und zu übermitteln. Ich habe persönliche Freundschaften zu Arbeitskollegen und -kolleginnen niemals für meine nachrichtendienstlichen Zwecke mißbraucht.

Meine Interessen lagen auf einem anderen Feld.

Etwa ein halbes Jahr nach meiner Kontaktaufnahme mit der HVA lernte ich meinen Verbindungsmann (Instrukteur) zu Oberstleutnant Reckling kennen. Günter Böttger war Major der HVA. Er erwies sich für meinen Bruder und für mich als Glückstreffer. Die Zusammenarbeit mit Böttger gestaltete sich nicht nur fachlich sehr gut, sie basierte auf gegenseitigem Vertrauen, woraus sich schon nach kurzer Zeit eine tiefe und ehrliche Freundschaft entwickelte.

Meine Lieben, obwohl ich nun eigentlich am Ende der zugesagten Ausführungen bin, wäre es für euch sicherlich unbefriedigend, wenn ich nicht einige wichtige Ereignisse und Begegnungen während meiner nachrichtendienstlichen Arbeit im Verlaufe der folgenden Jahre darstellen und meine Ausführungen mit einem kritischen Rückblick aus heutiger Sicht abschließen würde.

5. Bedeutende Ereignisse und Begegnungen

Mitte der 70er Jahre wurde in der DDR nach meiner Kenntnis der Versuch unternommen, den volkseigenen Betrieben und Produktionsgenossenschaften mehr wirtschaftliche Eigenständigkeit einzuräumen. Der Versuch mißlang, glaube ich, weil es eine einseitige Föderalisierungsmaßnahme war, die ohne gleichzeitige Lockerung der zentralen Planwirtschaftsauflagen nicht greifen konnte. Hinzu kamen Probleme, die sich aus den Verpflichtungen durch die Einbindung der DDR in den RGW ergaben.

Mein Bruder und ich diskutierten diese Angelegenheit ausführlich mit Böttger. Unsere Meinung war, daß dies ein erster richtiger Schritt zu marktorientierter sozialistischer Wirtschaftsform gewesen wäre, wenn entsprechend qualifizierte und progressive Politiker im Politbüro diese Maßnahme mit geeigneten reformerischen Beschlüssen unterstützt hätten.

Anfang der 80er Jahre wurde ich zu einem ersten Gespräch zu Generaloberst Markus Wolf nach Dresden eingeladen. Ich freute mich sehr auf dieses Kennenlernen. Generaloberst Wolf nahm sich sehr viel Zeit, und ich nutzte diese Möglichkeit, mit ihm über alle mich bewegenden Probleme, einschließlich des weiteren wirtschaftlichen und politischen Weges der DDR, zu sprechen.

Es war eine sehr offene Diskussion, bei der auch Schütt, Böttger und Schlegel zugegen waren. General Wolf machte kein Hehl aus seiner persönlichen Reformfreudigkeit auf politischem und wirtschaftlichem Gebiet, wobei er hinzufügte, daß militärpolitische Maßnahmen in Richtung auf eine Beendigung des Kalten Krieges ein entscheidender Gradmesser für eine positive Entwicklung sein könnten. Dieses Gespräch gab mir sehr viel Hoffnung. Ich vertraute auf die Persönlichkeit von Markus Wolf und seinen Einfluß, wußte aber damals nicht, daß selbst er an der Mauer des Politbüros abprallen würde.

Als dann Mitte der 80er Jahre KPdSU-Generalsekreär Michail Gorbatschow Perestroika und Glasnost proklamierte, war ich fast sicher, daß nun endlich auch in der DDR die Entwicklung zu einem demokratischen Sozialismus möglich sein würde.

Generaloberst Markus Wolf sei, wie ich hörte, als möglicher Außenminister der DDR im Gespräch. Das waren Informationen, wie sie für mich besser nicht sein konnten. Doch schon nach kurzer Zeit mußten wir diese Hoffnung begraben. General Wolf, inzwischen als Leiter der HVA von seinem Dienstposten zurückgetreten, fiel in Ungnade. Wie ich später erfuhr, wurde er sogar mit nachrichtendienstlichen Mitteln überwacht.

1986 übermittelte Günter Böttger meinem Bruder und mir eine Einladung zu einem Treffen mit Generaloberst Werner Großmann in Budapest. Wir freuten uns auf diese erste Begegnung mit dem neuen Leiter der HVA.

Nach dem persönlichen Kennenlernen und einer kulturhistorischen Erforschung der ungarischen Hauptstadt kam es bei einem gemeinsamen Abendessen zur von mir erbetenen Diskussion über die Auswirkungen der sowjetischen Reformpolitik auf die DDR. In Anwesenheit von Generalmajor Schütt, Oberstleutnant Böttger und Oberstleutnant Schlegel bedeutete Generaloberst Großmann meinem Bruder und mir, daß er voll hinter diesen Reformbestrebungen stehe und sie unterstütze. Die Frage sei eben nur, wie Perestroika und Glasnost in der DDR am sinnvollsten angepackt und in die Tat umgesetzt werden sollten. Die in der Sowjetunion aufgezeigte Vorgehensweise könne nicht unbedingt Maßstab für alle anderen WP-Länder sein, denn jedes Land habe seine eigenen, besonderen Probleme, welche bei diesem Umgestaltungsprozeß berücksichtigt werden müßten. So werde auch die DDR ihre eigene Prioritätenfolge für eine Reform im Sinne von Perestroika und Glasnost festlegen und entsprechend danach verfahren.

Das war eine eindeutige und klare Aussage, welche mich wiederum in meiner Hoffnung bestärkte, daß erste Reformbestrebungen in der DDR sicherlich bald greifen würden.

Im September 1987 besuchte SED-Generalsekretär Honecker die Bundesrepublik, Bundeskanzler Kohl empfing ihn mit allen Ehren. Der Generalsekretär machte Andeutungen über eine Normalisierung an der Grenze. War das etwa der erhoffte Silberstreif am Horizont? Nein. Was ich sah, war leider nur eine Fata Morgana.

In den folgenden zwei Jahren überschlugen sich die Ereignisse förmlich. Das Volk nahm das Zepter in die Hand und forderte die längst überfälligen Reformen ein. Bis zum 9. November 1989 hatte ich noch eine, wenn auch geringe Hoffnung, daß die DDR es vielleicht doch noch schaffen könnte, ihren eigenen reformierten sozialistischen Weg zu finden. Danach glaubte auch ich nicht mehr daran.

Der 29. November 1989 war schließlich mein schwärzester Tag. Ich wurde verhaftet.

Ein knappes Jahr später, am 3. Oktober 1990, gab es die DDR nicht mehr. Ohnmächtiger Zorn, tiefe Enttäuschung und Resignation beherrschten mich noch lange.

6. Kritischer Rückblick

Die von mir erhobene Behauptung, daß das militärische Gleichgewicht zum Nachteil des WP erheblich gestört war, ist in den 80er Jahren von kompetenten Personen bestätigt worden. Dazu gehörten General Bastian und Admiral Schmähling. Beide mußten nach entsprechenden Äußerungen ihren Dienst bei der Bundeswehr quittieren.

Der bayerische Ministerpräsident Franz Josef Strauß sah es ähnlich. Am 25. Juli 1983 äußerte er sich in einem Gespräch mit Schalck-Golodkowski zu aktuellen Fragen der Kampfkraft der WP-Staaten. Schalck notierte: »Was die Lage in Europa anbetrifft, gibt es im Pentagon und bei hohen NATO-Generalen die aus seiner Sicht völlig irrsinnigen Vorstellungen, daß die Sowjetunion einen konventionellen Krieg, der völlig auf die Panzerwaffe gestützt wäre, beginnen könnte. Er (Strauß) glaubt nicht daran, daß die Sowjetunion einen solchen Schritt unternehmen würde, weil ein konventioneller Krieg durch die Sowjetunion nicht zu gewinnen wäre.« Dann berichtete Strauß über Informationen des israelischen Geheimdienstes, wonach bei der Auseinandersetzung mit Syrien der sowjetische Kampfpanzer T-72 aus sechs bis sieben Kilometer Entfernung durch moderne Abwehrwaffen in Schach gehalten worden sei. »Alle Einschätzungen, die ihm (Strauß) zugänglich sind, weisen aus, daß die Kampfwerte dieses in der Masse jetzt in den Armeen des WP eingeführten Panzertyps dem in der NATO, besonders dem in der BRD eingeführten Panzertyp Leopard II, weit unterlegen sind.« *(Aus: »Die Schalck-Connection«, stern 51/1990 – d. Hrsg.)*

Einen weiteren Beweis, was technologische Überlegenheit bewirken konnte, lieferte Israel schon vor vielen Jahren. Wenn es um einen zahlenmäßigen Vergleich der Armeen Israels und seiner potentiellen arabischen Feinde ginge, wäre der jüdische Staat seinen Gegnern hoffnungslos unterlegen. Dennoch gewann Israel alle Kriege im Nahen Osten, denn neben der technologischen Überlegenheit sind Israels Streitkräfte hochmotiviert, bestens ausgebildet und kampfbereit.

US-Präsident Reagan bezeichnete die Sowjetunion und die übrigen Länder des WP als »Reich des Bösen«. Bereits im September 1959 hat die Sowjetunion unter Chruschtschow in einem Antrag an die UNO auf eine allgemeine und vollständige Abrüstung gedrängt. Mir ist nicht bekannt, daß die westliche Großmacht zu diesem Zeitpunkt ähnliche Anträge der UNO vorlegte.

Meinem eigenen Grundsatz folgend, Schuld nicht anteilig verteilen zu wollen, wo sie doch von beiden Seiten getragen werden sollte, verzichte ich deshalb auf weitere Beispiele aus der Geschichte; ich käme sonst in Versuchung, die Frage, wo denn nun das »Reich des Bösen« wirklich sei, erneut aufgreifen zu müssen. Es steht jedenfalls fest, daß es ein sowjetischer Präsident war, der den entscheidenden und mutigen Schritt unternahm, den Kalten Krieg endgültig zu beenden. Präsident Gorbatschow hat damit gleichzeitig die Friedensliebe der östlichen Großmacht, welche von westlicher Seite immer in Abrede gestellt wurde, unter Beweis gestellt. Ich denke, durch meine und meines Bruders aktive Zusammenarbeit mit der HVA haben wir zu dieser Friedensinitiative beigetragen. Wir haben damit mehr erreicht, als wir zu hoffen wagten.

Ich komme nochmals auf mein Gespräch mit General Wolf Anfang der 80er Jahre zurück. Er sagte, daß militärpolitische Maßnahmen in Richtung auf eine Beendigung des Kalten Krieges ein entscheidender Gradmesser für eine positive Entwicklung hinsichtlich notwendiger innerer Reformen in den WP-Ländern seien. Er hat recht behalten.

Durch das Nachlassen des Rüstungsdruckes konnte die Sowjetunion und der gesamte WP aufatmen und ohne die ständige Angst im Nacken sich ihren inneren Reformen zuwenden.

Die DDR hat diese Chance nach meinem Eindruck nicht genutzt. Die politische Führung der DDR wollte oder konnte einfach nicht erkennen, daß gutes sozialistisches Gedankengut viel zu lange schon mit Füßen getreten wurde. Ziel der Reformen war es ja nicht, eine kapitalistische Gesellschaftsordnung einzuführen. Das ist auch heute nicht die Absicht der östlichen Länder. Wenn ein Vaclav Havel sagt, er bedauere, daß der Sozialismus zum Knüppel verkommen ist, oder er anläßlich der Verleihung des »Karlspreises« in seiner Dankesrede zum Ausdruck brachte, er hoffe, daß sich die östlichen Länder einem bewährten System annähern – dann ist das doch keine Laudatio auf den Kapitalismus. Nichts anderes wollten die Bürgerrechtsbewegungen Neues Forum, Bündnis 90 etc. mit ihren Demonstrationen zum Ausdruck bringen.

Jens Reich, ehemaliger DDR Bürger, Arzt, Molekularbiologe und Mitglied des Neuen Forum wurde in einer Talk-Show, bei der auch Außenminister Genscher zugegen war, gefragt, welche Gefühle ihn nach der Wende bewegten. Er antwortete: »Ich hätte mir sehr gut vorstellen können, daß es neben dem großen Bruder BRD die kleine DDR gebe, die ihren eigenen Weg gefunden hätte.«

Valentin Falin, von 1971 bis 1978 sowjetischer Botschafter in Bonn, heute *(1991 – d. Hrsg.)* zu den einflußreichsten Beratern des Staatspräsidenten Michail Gorbatschow gehörend, wurde im Dezember 1990 mit der Frage konfrontiert, noch immer bestehe Unklarheit darüber, ob die Sowjetunion künftig nach den Prinzipien der Marktwirtschaft oder denen des Sozialismus wirtschaften wolle. Er antwortete: »Ich meine, der Markt existierte schon, bevor der Sozialismus entstand, bevor der Kapitalismus die Welt eroberte, bevor im Mittelalter der Feudalismus das Antlitz unserer Welt prägte; ich meine, solange sich die Menschheit erinnert, hat es Marktwirtschaft gegeben, wenn auch in den verschiedenen Formen. Ich glaube, die Marktwirtschaft des Sozialismus sollte eine andere sein als die in den kapitalistischen Ländern, nur müssen wir anerkennen, daß die Prinzipien und Gesetzmäßigkeiten dabei die gleichen sind. Der Markt ist die einzige existierende Methode, ein Äquivalent zwischen Leistung und ihren Ergebnissen herbeizuführen. So gesehen ist der Sozialismus mit der Marktwirtschaft völlig vereinbar.«

Dem *Münchener Stadtanzeiger* vom 16. Mai 1991 habe ich entnommen: 84.000 Münchener leben an der Armutsgrenze, 8.000 sind obdachlos, 14.000 suchen eine Sozialwohnung, die Kriminalität nimmt ständig zu.

Dazu wurde dem Münchener Sozialreferent Hans Stützle (CSU) die Frage gestellt: »Ist Münchens Marsch in die Zwei-Drittel-Gesellschaft noch aufzuhalten?« Er antwortete darauf: »Ich bin der Überzeugung, daß wir in Wirklichkeit schon mittendrin sind. Man kann nur noch darüber streiten, ob es zwei Drittel oder drei Viertel sind. Schwer zu sagen, wo die graue Zone beginnt. Ein großer Teil der Bevölkerung lebt wirklich im Elend, und zwar nicht nur in materieller Hinsicht, sondern damit auch in der Unfreiheit, das eigene Leben zu gestalten.«

Das sind die immer deutlicher werdenden Folgen der gefährlichen Eigendynamik der kapitalistischen Wirtschaftsweise, wie ich sie in meinen Ausführungen bereits angesprochen habe.

Wenn man nun im Gegenzug dazu und zu Recht auf die bisherigen Ergebnisse sozialistischer Wirtschaftsweise verweist und auf abscheuliche Verletzungen der Menschenrechte und der Menschenwürde hinweist, wie sie im Bereich der inneren Sicherheit der DDR jetzt in vollem Umfang offenkundig werden, dann kann ich nur beschämt den Kopf senken, denn dafür gibt es keine Entschuldigung. Ich kann mir nur die Worte eines Vaclav Havel zu eigen machen und sie wiederholen: Ich bedauere, daß der Sozialismus zum Knüppel verkam. Genau an dieser Stelle plagen mich Selbstvorwürfe. Ich habe diese negativen Auswüchse ja gesehen, wenn auch nicht im vollem Umfang. Aber ich habe sie zu lange zähneknirschend hingenommen und zu lange diesbezüglich Konzessionen an mein eigenes moralisches Wertempfinden gemacht – in der Hoffnung auf baldige Reformen und damit auf ein Verschwinden dieses üblen Auswuchses.

Die HVA kann dafür nicht verantwortlich gemacht werden. Trotzdem müssen wir uns heute diese Schläge ins Gesicht gefallen lassen, denn auch wir, die Angeklagten, hätten aktiv, spätestens 1986, Protest und Druck auf die politische Führungsspitze der DDR ausüben müssen. Es hätte geeignete Möglichkeiten gegeben.

Ich entschuldige mich bei allen Menschen, denen Unrecht geschehen ist. Ich hoffe, sie erkennen auch, daß unser Kampf, für den Frieden und eine gerechtere sozialistische Gesellschaftsordnung auch ein Kampf für sie, die Betroffenen, war.

In diesem Zusammenhang soll nicht unerwähnt bleiben, daß es neben den Bürgerrechtsgruppen und den Blockparteien in der ehemaligen DDR der letzten sozialistischen Regierung unter Genossen Hans Modrow zu danken ist, daß sich der Vereinigungsprozeß zwischen DDR und BRD auf friedliche Weise vollzog. Ein bisher einzigartiger Vorgang, der es verdient, in der Geschichtsschreibung festgehalten zu werden.

Damit bin ich am Ende meiner Ausführungen angelangt und möchte nur noch einen Wunsch abschließend zum Ausdruck bringen: Ich hoffe, der Sowjetunion und den anderen östlichen Staaten gelingt das, was der ehemaligen DDR versagt blieb: aufzuzeigen und zu beweisen, daß es eine gerechte sozialistische Gesellschaftsordnung geben kann, gerechter als bisher praktiziert und gleichzeitig auch gerechter als die westliche kapitalistische Ordnung.

Meine Lieben, durch meine Inhaftierung wurdet Ihr in einen diese Angelegenheiten begleitenden Strudel von Unannehmlichkeiten hineingezogen. Sorgen und Probleme entstanden. Peinlichkeiten im privaten und beruflichen Umfeld mußtet Ihr meinetwegen ertragen.

Das alles tut mir aufrichtig leid, und ich wünsche mir so sehr, Ihr könnt meine Handlungsweise verstehen und mir deshalb auch verzeihen.

Ich hab Euch sehr lieb

Euer Fred

Peter und Florian – das Top-Team

Ludwig Spuhler (»Florian«), 1928-2005, Technischer Angestellter am Max-Planck-Institut in München-Garching. Von 1972 bis 1988 Tätigkeit für die HVA als »Logistik-Chef« seines Bruders Alfred Spuhler (»Peter«), Quelle der HVA im BND.
Verhaftung im November 1989. Das Bayerische Oberste Landesgericht verurteilte ihn im November 1991 zu 5 Jahren und 6 Monaten Haft.

Ich war »Florian«, der Bruder des in der Presse oft zitierten Topspions »Peter« des Markus Wolf, der als Innenquelle im BND fast zwei Jahrzehnte für die HVA arbeitete. »Peter« war als Angehöriger der Bundeswehr zum Bundesnachrichtendienst versetzt worden. In jener Zeit wurde er aber mit Problemen konfrontiert, die bei näherer Betrachtung dem Grundgesetz der Bundesrepublik nicht unmittelbar entsprachen. Sein erster Gesprächspartner war ich. Wir kamen gemeinsam zur Überzeugung, daß das System, insbesondere in der Bundeswehr und in den Geheimdiensten, auf den Resten und Strukturen des ehemaligen Nazistaates aufgebaut war.

Um sich weiter zu informieren, suchte mein Bruder Kontakt zu örtlichen DKP-Vertretern. Die Genossen dort hielten ihn eher für einen *agent provocateur*, wenn nicht gar für einen Spitzel. Vorsichtshalber verwiesen sie ihn an Stellen in der DDR. Im Frühjahr 1972 nahm er Kontakt mit Vertretern der HVA auf.

Im September 1972 fand eine erste Begegnung mit dem Zuständigen der HVA für die Bundeswehr, General Fruck, in einer Villa in Wandlitz statt. Teilnehmer an diesem Gespräch waren unter anderem die Herren Schütt, Reckling und Böttger. Wir lernten sie als Vertreter eines antifaschistischen Staates kennen, was unsere Auffassung bestätigte, den richtigen Schritt getan zu haben.

Die eigentliche Arbeit als Kundschafter des Friedens begann am 7. Oktober 1972 in Salzburg am Treffpunkt Fischmarkt. Dieser Termin hatte als Jahrestag der DDR auch einen symbolischen Wert für uns. Nach Kontaktaufnahme mit dem Instrukteur am Fischmarkt und nach Übergabe von Material in Form von Minox-Filmen fand anschließend ein erstes Zusammentreffen mit meinem Bruder im Café »Winkler« auf dem

Mönchsberg statt. Es diente der Abklärung der Arbeitsbedingungen und der weiteren Zusammenarbeit zwischen uns und dem Instrukteur. Der Funke sprang über. Es kam zu einer unkomplizierten und effektiven Zusammenarbeit, die 17 Jahre währen sollte, echtes Teamwork mit Aufgabenteilung. Jeder konnte sich 100prozentig auf den Partner verlassen. In dieser Zeit fiel kein vereinbarter Treff aus, das Material wurde sicher und zeitgerecht weitergeleitet, der Gegner fand keine Angriffspunkte.

Unsere Forderung, daß unsere Mitarbeit nur einem kleinen ausgewählten Kreis bekannt werden sollte, wurde von der HVA akzeptiert. Dort war der nachmalige General Schütt als Leiter für diesen Vorgang eingesetzt. Als Vertreter fungierte in den Jahren zwischen 1972 bis 1977 der inzwischen verstorbene Oberstleutnant Reckling als zuständiger Referatsleiter. Als Instrukteur und Kurier arbeitete der Offizier im besonderen Einsatz (OibE) Böttger.

Zwischen uns Brüdern gab es ebenfalls eine klare Arbeitsteilung: Mein Bruder war der Hauptakteur im BND, ich besorgte als »technischer Direktor« die Weiterleitung an die Zentrale und organisierte die ständigen Verbindungen über A3-Funk und Treffs. Schon nach kurzer Zeit mußten wir feststellen, daß es zu einer »Informationsschwemme« kam, die alle bisherigen Erfahrungen übertraf. Die Zentrale in Berlin war der Meinung, daß die Materialentnahme aus einer Geheimdienstzentrale besonders brisant sei und deshalb nur dosiert erfolgen sollte. Aufgrund unserer Ortskenntnisse und der Einschätzung der Verhältnisse in der Zentrale Pullach sahen wir es ein wenig anders. Wir überzeugten die Skeptiker in der HVA. Ursprünglich war man davon ausgegangen, daß fünf bis sechs Filme je Treff übergeben würden – wir kamen rasch auf 30 bis 35. Aber selbst diese Menge reichte nich aus. Erst als uns eine Super-8-Kamera zur Verfügung gestellt wurde, konnten wir effektiver arbeiten.

Ich war in jener Zeit auch Betriebsratsvorsitzender und Mitglied des Gesamtbetriebsrates und Gesamtbetriebsausschusses der Max-Planck-Gesellschaft und oft auf Dienstreise im gesamten Bundesgebiet unterwegs. Aus zeitlichen Gründen war ich kaum in der Lage, das gesamte Material zu verarbeiten. So kam es schon mal vor, daß es beim Treff in offener Form übergeben werden mußte.

Es wurde dringend erforderlich, daß mein Bruder stärker selektierte, um den Materialfluß zu reduzieren. Hilfreich war, daß die Zentrale später nur noch die wichtigsten Dinge anforderte.

Ich mußte in Ermangelung anderer Möglichkeiten im Institut und in der Wohnung, ohne daß die Ehefrau davon Kenntnis hatte, das Material verarbeiten. Die Lage entspannte sich ein wenig, als unsere Mutter starb und deren Wohnung genutzt werden konnte.

Die erste Unterbrechung erfolgte 1974 nach der Festnahme von Günter Guillaume. Die Zwangspause dauerte etwa drei Monate, und während dieser Zeit funktionierte das »Notrufsystem«. Der nächste Einschnitt kam 1976. Die Aktion »Anmeldung« des Bundesamtes für Verfassungsschutz (Rasterfahndung) machte einen Abzug des Instrukteurs aus Österreich in die DDR erforderlich. Da die bisher so erfolgreiche Zusammenarbeit nicht durch neue Mitarbeiter gefährdet werden sollte, wurde an dem bewährten Prinzip »never change a winner team« festgehalten.

Nach einer Pause von rund zwei Monaten setzten wir die Arbeit erfolgreich mit anderen Methoden fort. Insbesondere kamen neue Verbindungswege ins Spiel. Wir nutzten rollende Tote Briefkästen (TBK). 1985 trafen wir uns mit dem Chef der HVA, Markus Wolf. Zwei Jahre später sahen wir seinen Nachfolger Werner Großmann. Wir wollen nicht leugnen, daß die beiden uns durchaus imponierten und diese Begegnungen uns motivierten. Wir unterhielten uns über die große Politik und über persönliche Probleme und Fragen, die unsere Arbeit betrafen. Im übrigen sahen wir es so, als ob sich der Vorsitzende eines gutgeführten Konzerns mal bei einem erfolgreichen Mitarbeiter zu einer Visite sehen ließ.

1974 war unser Wochenendhaus am Thiersee in Österreich fertiggestellt. Es sollte unser Headquarter werden. Von nun an hatten wir die Möglichkeit, Material und nachrichtendienstliche Hilfsmittel dort zu deponieren. Die Gefahr der Entdeckung bei der Verarbeitung war etwas geringer geworden. Der Transport des Materials erfolgte am Wochenende über die Grenze. Wir entwickelten ein gutes Verhältnis zu den österreichischen Grenzern und Zöllnern, was all die Jahre gehalten hat.

Als mit einer Großfahndung entlang der deutsch-österreichischen Grenze nach den Mördern von Arbeitgeberpräsident Schleyer gesucht wurde, gerieten wir in eine brenzlige Situation. Ausgerechnet an jenem Wochenende sollte ein Tausch stattfinden. Um den Kontrollen auszuweichen, brachten wir mit dem Motorrad in einem Tankrucksack das Material ungehindert über die Grenze. Der Bungalow erwies sich auch als hervorragender Treffort, um ungestört diskutieren zu können. Gleichzeitig diente er zur Legendenabsicherung für »Florian«, wenn er Treffs in Österreich oder im benachbarten Ausland wahrnehmen mußte.

Im November 1988 nahm ein aus dem MfS entlassener Mitarbeiter Kontakt zum Verfassungsschutz in Westberlin auf. Als Lebensversicherung hatte er Kopien aus der Fotostelle mitgehen lassen, darunter auch welche aus dem Vorgang »Peter«. Leider auch eine, bei der auf dem Deckblatt die Herkunft ziemlich deutlich zu erkennen war. Die Spionageabwehr des Ministeriums funktionierte aber. So konnten wir rechtzeitig gewarnt werden. Wir stellten umgehend die Arbeit ein und vernichteten, wie für einen solchen Fall verabredet, sämtliche nachrichtendienstlichen Geräte: Container, Schnellgeber, Fotoausrüstung und weitere Hilfsmittel.

Beim letzen Treff Ende November 1988 zwischen mir und dem Instrukteur wurde die Verbindung offiziell gekappt.

Als es bis Mai 1989 keinerlei Hinweise auf eine Bearbeitung durch BfV oder BND gab, entschlossen wir uns zu einem weiteren Treffen in Wien. Daran nahmen wir, der Instrukteur und der verantwortliche Leiter der Abteilung IX, General Harry Schütt, teil. Schütt ließ uns wissen, daß es bis dato keine Erkenntnisse gäbe, daß die Gegenseite einen Verdacht gegen die Gebrüder Spuhler hege.

Erste Anzeichen einer gegnerischen Observation gab es dann im Juni 1989. Bei der Fahrt zur Arbeit entdeckte ich auf der Zufahrtstraße zum Institut einen zwar unauffällig geparkten, aber mit zwei Antennen ausgestatteten, überlangen PKW. Dieses Fahrzeug sah ich an mehreren Tagen zur selben Zeit und am selben Ort stehen. Mir war dieses Fahrzeug suspekt, deshalb nahm ich es näher in Augenschein.

Nach der Inspektion verschwand es und wurde nie wieder gesehen. Stattdessen bemerkte ich, daß ich auf dem Weg von meiner Wohnung und zurück einen Schatten hatte. Damit stand für mich definitiv fest, daß es eine gezielte Überwachung war. Es begann ein Wechselbad der Gefühle. Auf der einen Seite machte sich nun eine gewisse Unsicherheit breit, zugleich betrachteten wir es als Herausforderung, auch diese Aufgabe in den Griff zu bekommen.

Das hieß also, aktiv zu agieren. Ich steuerte bestimmte Punkte an, wobei eindeutig eine Verfolgung ausgemacht werden konnte. Durch meine ausgezeichnete Ortskenntnis war es nicht schwer, die Verfolger hatten eigentlich keine Chance, sich zu verbergen. Ich hörte auch, daß der Postbote aufgefordert worden sei, Nachricht zu geben, falls ich Post aus der DDR bekäme.

Damit war der letzte Zweifel ausgeräumt.

Nach einem normalen Urlaub besuchte ich erstmals wieder unser Wochenendhaus in Thiersee. Dort herrschte leichte Aufregung. Der Nachbar berichtete mir, daß in einem freistehenden Wochenendhaus in der Nachbarschaft sich etliche Menschen eingemietet hatten, die sich recht eigenartig benehmen. In der kleinen Siedlung fiel jeder Fremde ohnehin sofort auf. Zur Erklärung der beachtlichen und per Funk gesteuerten Videotechnik hieß es, das geschähe zu Forschungszwecken.

Von einem mir bekannten österreichischen Zöllner hatte ich erfahren, daß die Gang nachts unkontrolliert mit drei großen Mercedes eingereist war. Dem diensthabenden Zöllner, der sie kontrollieren wollte, wurde ein Schreiben vorgelegt mit dem Hinweis, daß sie die Landesgrenze ohne Kontrolle passieren könnten und notfalls bei einer Behörde in Innsbruck Rücksprache genommen werden sollte.

Verließ ich das Wochenendhaus, folgte mit unübersehbar ein Observant. Da meine Abfahrt zu unvorhersehbaren Zeiten erfolgte, verstärkte sich der Verdacht, daß mein Fahrzeug mit einem Sender ausgestattet worden war. Mein Bruder hingegen wähnte sich unbeobachtet.

In jener Zeit bestand noch ein lockerer telefonischer Kontakt zum Instrukteur der HVA. Kurzfristig wurde ein Treff in Athen vereinbart, um sich über das weitere Vorgehen abzustimmen. Ich ging fälschlicherweise davon aus, daß eine Beobachtung bis ins Ausland nicht erfolgen würde. Am zweiten Tag meines Aufenthaltes in Athen mußte ich allerdings erkennen, daß ich einem Irrtum unterlegen war.

Zum Glück stellte aber auf der Gegenseite der Instrukteur rechtzeitig meine Beobachtung fest und brach daraufhin die Anlaufphase zum Treff ab.

Dadurch konnte später zwar kein Beweis durch die Observation für ein Zusammentreffen erbracht werden, aber für uns blieb das Problem, daß wir uns nicht mit der Zentrale abstimmen konnten.

Anfang November 1989 berieten »Florian« und »Peter« über ihr weiteres Vorgehen und beschlossen, das Umfeld des Wochenendhauses einmal genau unter die Lupe zu nehmen. Dabei entdeckten wir außerhalb des Grundstückes in Nähe des Zaunes ein Gerät, welches später als Bewegungsmelder identifiziert wurde. Wir überlegten, ob wir die österreichische Polizei einschalten oder dieses Geräte dem Sicherheitsdienst des BND übergeben sollten.

Wir entschieden uns für die letztere Variante, die aber dort keine große Überraschung auslöste, was auch verständlich war, da der Dienst ja selbst der Auftraggeber war und sich hier natürlich keine Blöße geben wollte. Die Zeiten der Observation waren zum Teil sehr bedrückend.

Zum anderen aber entbehrten sie auch, vor allem im nachhinein betrachtet, nicht einer gewissen Komik. Das Unvermögen der Beschatter entlockte »Florian« oft nur ein leichtes Schmunzeln. Vielleicht sollten sich die Leute überlegen, ob sie ihre Observationserfahrungen nicht besser einem zivilen Sicherheitsdienst anböten, als Nachtwächter schienen sie sicher besser geeignet.

Am 28. November 1989 früh um 7 Uhr ertönte das im Unterbewußtsein oft erwartete Klingeln an der Wohnungstür, und die Herren mit den bekannten Ausweisen erklärten mich für vorläufig festgenommen.

Unmittelbar am Reaktor

Dr. Harald Gottfried, Jahrgang 1935. Übersiedlung in die BRD im Auftrag der HVA im Jahre 1955. Tätig als Entwicklungsingenieur im Kernforschungszentrum Karlsruhe.
1968 Inhaftierung und 1969 Verurteilung zu zwei Jahren Haft. Noch im gleichen Jahr gegen Agenten westlicher Dienste ausgetauscht.

Ich gehörte zu jenen jungen Kundschaftern aus den Anfangsjahren des MfS, die zwar hochmotiviert, aber in allen Fragen des Geheimdienstes und der illegalen Tätigkeit unerfahren und wenig geschult waren. Schlechte Voraussetzungen, um einen Kundschafter-Auftrag zu übernehmen.

Schlecht war bei mir auch noch ein anderes Moment: Als ich 12 war, wurde mein Vater verhaftet und 1947 in Waldheim zu 10 Jahren Haft wegen Agitation und Propaganda gegen den Kommunismus verurteilt. Er saß diese Zeit in Bautzen ab. Sein Schicksal belastete mich sehr.

Hilfreich hingegen für meine politische Motivation war meine eigene Biographie: 1935 in Netzheim bei Bromberg geboren, was in Polen lag, erlebte ich den Einmarsch deutscher Truppen und die Freude des »Heim ins Reich« der Auslandsdeutschen. Mein Vater war an der »Germanisierung« der eroberten Ostgebiete als Lehrer und Schulrat in Lemberg (Lwow) beteiligt. In den Sommerferien 1942 besuchte ich dort meinen Vater und wurde Augenzeuge, als Juden des Ortes zusammengetrieben und »auf der Flucht« erschossen wurden. In einem Bunkerloch am Rande der Stadt wurden ihre Leichen verscharrt. Ich war erschüttert und fragte mich, wie man so grausam sein konnte?

1945 flüchteten wir vor der Roten Armee nach Sachsen und erlebten, wie Chemnitz und Limbach durch alliierte Kampfflugzeuge bombardiert wurden.

Dann folgten die Verurteilung meines Vaters und die Versetzung meiner Mutter an die Dorfschule nach Urnshausen, einem kleinen Dorf in der Rhön. Nach der Schule arbeitete ich auf einem Bauernhof als Knecht.

Im Dorf lebten aber auch ein alter Kommunist und mein Klassenlehrer Helmut Pernič, ein Neulehrer. Frühzeitig erkannten beide meine Fähigkeiten beim Organisieren und lenkten meine Begeisterung über den Sport in andere Kanäle: Ich sollte eine Jugendgruppe der FDJ im Dorf bilden.

Wir errichteten ein Jugendheim und zusammen mit sowjetischen Soldaten einen neuen Sportplatz. Alles, was wir gestalteten, gehörte uns. Ich war begeistert von der neuen Zeit und der neuen Ordnung, die uns Jugendlichen Vertrauen schenkte. Als ich 17 war, bat ich um Aufnahme in die SED.

Ich fühlte mich auch herausgefordert zu beweisen, daß ich alles aus eigener Überzeugung machte und damit den Makel tilgen wollte, den mein Vater auf die Familie geworfen hatte. In Bad Liebenstein machte ich 1953 das Abitur, danach begann ich am Pädagogischen Institut Dresden Geschichte und Geographie zu studieren.

Als 1954 auch noch meine Mutter und mit ihr meine beiden Schwestern in den Westen gingen, wurde mir in Dresden die Gretchenfrage gestellt. Sie lautete aber kurioserweise: »Willst du in unserem Auftrag als Kundschafter der DDR deinen Angehörigen in die BRD folgen?«

Ich empfand diese Frage als großen Vertrauensbeweis und sagte, ohne die Konsequenzen zu bedenken, umgehend »ja«.

Ich war damals 20 Jahre jung.

Es war ein schwerer Anfang im Westen. Bis dato hatte ich temperamentvoll meine politische Meinung vertreten und andere überzeugen wollen, jetzt mußte ich lernen zu schweigen und mit meiner Meinung hinterm Berg zu halten. Nach einem gravierenden Fehler im Flüchtlingslager schwor ich mir absolute Zurückhaltung. Das bedeutete letztlich, keinen mehr an sich heranzulassen und allen zu mißtrauen. Ich hatte fortan nur noch Bekannte, aber keine Freunde mehr.

Zunächst hatte ich nur einen einzigen Auftrag – mich in der BRD einzuleben, ohne besonders aufzufallen. Es gelang mir ziemlich schnell. So arbeitete ich in Karlsruhe, meinem neuen Wohnort, in verschiedenen Betrieben als Hilfsarbeiter und bereitete mich auf die Prüfung zum West-Abitur vor, denn mein DDR-Abitur wurde nicht anerkannt.

Ich war in der DDR Fachlehrer für Geschichte und Geographie gewesen und schrieb mich an der Universität Heidelberg ein, um diese Fachrichtung fortzusetzen. Da setzte die »lenkende Hand« meiner Führungsoffiziere ein. Sie machten mir auf einem der Treffen in Ostberlin, die alle sechs Monate erfolgten, deutlich, daß ich als Lehrer in der BRD für die Aufklärung nicht sonderlich effektiv sei. Ich solle besser in Karlsruhe an der Technischen Hochschule studieren.

Die Genossen werden sich dabei schon etwas gedacht haben, dachte ich, und schrieb mich dort ein. So wurde ich Diplomingenieur für Elektrotechnik mit der Spezialisierung Nachrichtentechnik.

Es war eine Entscheidung für die Zukunft. In der westlichen Fachsprache heißt das »Perspektivagent«.

Erinnern wir uns: Im April 1957 hatten 18 namhafte Atomwissenschaftler und Physiker gegen die Pläne der Bonner Regierung protestiert, die Bundeswehr mit taktischen Atomwaffen auszurüsten. Diese »Göttinger Erklärung« – unterzeichnet von Nobelpreisträgern wie Werner Heisenberg, Max von Laue, Max Born und Carl Friedrich von Weizsäcker – warnte vor den Gefahren der Nuklearwaffen. Gleichwohl konnte man nicht davon ausgehen, daß solche Appelle zur Abkehr von der Atompolitik der NATO führten. Und die Gegenseite, also die Warschauer Vertrags-Staaten, hatten ein existentielles Interesse daran zu erfahren, was in den Kulissen tatsächlich gespielt, also geforscht wurde.

Glück und Zufall spielen immer eine gewisse Rolle im Spionagegeschäft. In diesem Falle: In Karlsruhe wurde das größte westdeutsche Kernforschungszentrum mit europäischer Beteiligung aufgebaut. Schon frühzeitig belegte ich als Student im Nebenfach Vorlesungen zur Reaktorphysik und -technik.

Als der erste deutsche, von Siemens gebaute Forschungsreaktor erprobt wurde, bewarb ich mich dort – und wurde am 1. April 1963 eingestellt. Ich kam, auch dies ein Glücksumstand, gleich an die interessanteste Stelle des Kernreaktors – in die Sicherheitsgruppe, die für die Überwachung und Kontrolle zuständig war.

Meine Genossen in Ostberlin waren erstaunt, wie glatt alles ging, und ich war glücklich, sie jetzt mit Mengen von Berichten beliefern zu können. Mit dieser Arbeitsstelle konnte ich mein Interesse nicht nur für den Kernreaktor, sondern ebenfalls für die Vorhaben in den benachbarten Instituten und Forschungsabteilungen legitimieren. In der Bibliothek des Forschungszentrums standen mir zudem nationale und internationale Berichte zur Verfügung, die ich dann zu Hause in einem umgebauten Toilettenraum fotografieren konnte.

Gerade in jenen Jahren gaben diese Berichte nicht nur einen Überblick über den Stand der westlichen Atomforschung und einer möglicher Produktion von Kernwaffen. Sie halfen uns, Geld für eigene Forschungen auf diesem Gebiet zu sparen. Einmal erhielt ich von meinem Residenten dafür den Dank aus der Sowjetunion.

Erneut wurde von meinen Führungsoffizieren an der Perspektive gearbeitet. Ich sollte mich auf meinem Fachgebiet weiter qualifizieren.

Als eine Stelle im Labor für Elektronik und Meßtechnik frei wurde, bekam ich sie auf Empfehlung meines bisherigen Chefs. Der Mensch auf diesem Platz war für die Entwicklung von Geräten der Kernforschung und die Wartung der Geräte des gesamten Forschungszentrums zuständig.

Ich war fortan auch verantwortlich für die Entwicklung der Digitaltechnik und die Wartung von Vielkanalanalysatoren für das gesamte Gelände und erhielt dadurch überall Zutritt, ohne Mißtrauen zu erregen.

Zu jener Zeit begann die Mikroelektronik ihren Einzug in die Technik. Ich zog dieses Fachgebiet sofort an mich und führte die Mikroelektronik in das Kernforschungszentrum ein. Bauelemente, Beschreibungen und Erprobungsberichte vervollständigten jetzt meinen »Lieferumfang« nach Ostberlin – ich war in meiner besten »Arbeitsphase« angekommen.

Ich war ziemlich bekannt. Nicht nur beruflich, sondern auch als aktiver Fußballer der Abteilung Reaktorbetrieb und als werbender Judoka des Karlsruher Judoclubs. So wurde ich mit den meisten Stimmen als Neubewerber in den Betriebsrat gewählt und in den geschäftsführenden Ausschuß berufen.

Nun hatte ich auch Zugang zu personellen und grundsätzlichen Entwicklungen des Kernforschungszentrums.

Zwei weitere interessante Möglichkeiten wurden aber nach sorgfältiger Prüfung durch die Zentrale verworfen. Einmal der Einstieg in der Raketenerprobungsstelle der Bundeswehr in Meppen infolge meiner Mikroelektronik-Kenntnisse und zum anderen der Vorschlag aus dem Betriebsrat, in eine geplante wissenschaftliche Gewerkschaftsgruppe als Vertreter des Kernforschungszentrums ehrenamtlich in die zentrale Leitung der Gewerkschaft ÖTV zu gehen.

Stattdessen kam Order aus Berlin, daß ich promovieren sollte, um in der wissenschaftlichen Hierarchie aufsteigen zu können. Doch dazu sollte es nicht mehr kommen. Meine »Perspektive« wurde von einem CIA-Doppelagenten beendet.

Am 20. September 1968 wurde ich verhaftet.

Nach dreizehn Monaten erfolgte mein Austausch.

An der Humboldt-Universität zu Berlin promovierte ich zum Dr. phil. und später zum Dr. sc. phil. 1974 heiratete ich; mit meiner Frau Monika habe ich drei Söhne.

Bis zur Wende war ich Direktor für wissenschaftlichen Gerätebau der Humboldt-Universität und außerordentlicher Dozent. 1993 wurde ich in den Vorruhestand versetzt. Ich versuchte mich als Selbständiger auf dem Gebiet der Computertechnik, gegenwärtig bin ich als Honorardozent an einer großen Bildungseinrichtung tätig.

Januskópfige Atomforschung

Dr. Johannes Koppe, Jahrgang 1932, Kundschafter für die HVA seit Anfang der 50er Jahre in der BRD, war fast zwei Jahrzehnte mit kernenergetischen Planungsaufgaben bei den Hamburgischen Electricitäts-Werken (HEW) befaßt, ehe er aufgrund des Verrates von Stiller 1979 in die DDR zurückkehren mußte.
In der DDR war Koppe in einer Berliner Dienststelle des Kernkraftwerkes Greifswald tätig, in der Sicherheitsfragen bearbeitet wurden.

In den Westmedien hieß es, nachdem Koppes Kundschaftertätigkeit publik wurde: »Was Günter Guillaume auf dem politischen, Ursel Lorenzen auf dem militärischen, das war Johannes Koppe auf dem technisch-wissenschaftlichen Sektor.«

In den frühen 80er Jahren wurde in der DDR mit ihm das nachfolgende Interview geführt, das aber damals unter Verschluß blieb, um die Beziehungen zur BRD nicht zu belasten, wie es hieß. Es war die Zeit des sogenannten NATO-Doppelbeschlusses.

Was haben Sie vor Ihrer Übersiedlung in die DDR beruflich getan?

Ich bin seit Januar 1979 wieder in der DDR, nachdem ich zuvor mehr als 26 Jahre in Hamburg gelebt habe. In Hamburg habe ich auch studiert. Seit 1961 war ich Mitarbeiter der Hamburgischen Electricitäts-Werke und während dieser Zeit nahezu ausschließlich mit Planungsaufgaben auf dem Sektor Kernenergie und dem dazugehörigen breiten Umfeld befaßt.

Hatten Sie während Ihrer beruflichen Tätigkeit in Hamburg Einblick in die Nuklearpolitik der Bundesrepublik? In welchem Umfang?

Ja, schon frühzeitig. Ich möchte mich hier vorsichtig ausdrücken, aber soviel kann ich sagen, daß mir in einigen Teilbereichen zahlreiche der gewünschten Informationen zur Verfügung standen.

Die Kernenergetik ist eine hochkomplexe Wissenschaft, die selbst für einen Fachmann in ihrer Breite kaum zu überblicken ist. Aber können Sie uns über einige dieser Teilbereiche Auskunft geben?

Als die Atomforschung in der BRD im großen Umfange aufgenommen wurde – das war im Anschluß an die erste Genfer Konferenz *(1955 – d. Hrsg.)* –, da wurde neben einem speziellen Atomministerium auch die Deutsche Atomkommission geschaffen. Diese Institution mit ihren zahlreichen Fachkommissionen und Fachausschüssen lenkte die Atomforschung in der BRD und war zuständig für die Verteilung der Gelder.

Die vertraulichen Protokolle aller Sitzungen standen mir zur Verfügung, und zwar ausnahmslos. Desgleichen ein Teil der anfallenden Geschäftskorrespondenz. Schon damals ist mir der bivalente Charakter der westdeutschen Atomforschung bewußt geworden. Das heißt, das Ergebnis der Arbeiten konnte sowohl friedlichen Zwecken dienen wie auch die militärische Nutzung zum Ziel haben. Der Weg dorthin unterscheidet sich nur in Details, manchmal nur in der Formulierung.

Die BRD-Atomkommission war zweifelsohne ein interessantes Gremium. Können Sie uns noch weitere Teilgebiete nennen?

In der Kernenergetik nimmt die Wiederaufarbeitung verbrauchter Kernbrennstoffe einen zentralen Platz ein. In diesen Anlagen wird das für militärische Zwecke unentbehrliche Plutonium in größeren Mengen gewonnen. Bereits 1958/59 wurde von mehreren westeuropäischen Staaten die EUROCHEMIC mit Sitz in Paris gegründet. Eine Versuchsanlage entstand im belgischen Mol. Die mit dieser Wiederaufarbeitungsanlage gewonnenen Erkenntnisse beeinflußten ganz erheblich die weitere Entwicklung in Westeuropa.

Auch hier standen mir streng vertrauliche Dokumente des Managements zur Verfügung wie auch die umfangreichen Forschungsergebnisse der belgischen Versuchsanlage.

Sahen Sie auch hier den Januskopf der Atomtechnik?

Ja, unbedingt. Ich sah ihn z. B. in der strikten Geheimhaltung der technischen Arbeitsabläufe. Das war ein Vorgang, den man nicht allein mit dem Schutz der Geschäftsinteressen von konkurrierenden Unternehmen begründen konnte.

Eine für die Öffentlichkeit fehlende Transparenz war trotz gegenteiliger Verlautbarungen auch bei bestimmten Produktionsbereichen der DWK *(Deutsche Gesellschaft zur chemischen Wiederaufarbeitung bestrahlter Kernbrennstoffe – d. Hrsg.)* zu erkennen. Externe Fachleute hatten schon bald die entsprechenden Lücken in dem umfangreichen Sicherheitsbericht erkannt, der für das Genehmigungsverfahren erstellt werden muß. Bislang konnten die Bürger den Bau der Wiederaufarbeitungsanlage Gorleben verhindern.

Verfügten Sie auch hier über Einblicke?

Das ergab sich ganz automatisch, denn das Unternehmen, in dem ich bis 1979 tätig war, ist Teilhaber der DWK, meines Wissens mit einer Einlage in Höhe von 10 Millionen DM.

Ich komme noch einmal auf die Nuklearpolitik der BRD zurück. Sie erwähnten eingangs die Deutsche Atomkommission, die ja in dieser Form heute nicht mehr existiert. Hatten Sie auch zu anderen richtungsweisenden Gremien Verbindung?

Es gab eine ganze Anzahl derartiger Verbindungen: Ich denke an das Deutsche Atomforum (DAtF) in Bonn, wo ich in zwei Arbeitskreisen tätig war. Aufgabe des Atomforums war es, die Interessen von Politik und Wirtschaft optimal zu verknüpfen, zu propagieren, um dann die gewünschte Akzeptanz bei einer bestimmten Zielgruppe zu erreichen. Die Hamburgischen Electricitäts-Werke (HEW) sind Mitglied des DAtF. Eng verbunden mit der Arbeit des DAtF sind die Aktivitäten der Kerntechnischen Gesellschaft.

In der Nuklearpolitik der BRD spielt die Vereinigung Deutscher Elektrizitätswerke (VDEW) eine ganz hervorragende Rolle. In dieser Dachorganisation fließen die Erkenntnisse und Erfahrungen zusammen, welche die einzelnen Betreiber von Kernkraftwerken mit ihren Anlagen sammeln. Die Auswertung der Informationen erfolgt in zahlreichen Ausschüssen. Die Protokolle und Analysen hatten vielfach einen hohen Vertraulichkeitsgrad und standen zur Gänze nur wenigen Mitgliedern zur Verfügung. Die HEW gehörten dazu. Organisatorische Gegebenheiten erlaubten mir lückenlose Einsicht.

Eine Einsichtnahme, die Ihnen auch Kenntnisse vermittelte zu Problemen, die außerhalb des eigenen Tätigkeitsfeldes lagen?

Das ist richtig, zumal ja in meiner Struktureinheit alle Informationen zusammenliefen, die für die Geschäftspolitik unseres Hauses von Bedeutung waren. Hilfreich war für mich an dieser Stelle eine günstige personelle bzw. organisatorische Konstellation.

Wir können an dieser Stelle natürlich nicht die ganze Breite Ihres Informationsspektrums darlegen und dürfen es wohl auch nicht. Aber pauschal sollten Sie uns doch einige Bereiche nennen, über die Sie im Zusammenhang mit Ihrer Arbeit Kenntnisse erlangten.

Ich werde mich auf jene Bereiche beschränken, die der Einschätzung der vorliegenden Thematik dienen können. Naturgemäß besaß ich die besten Informationen über technische und kommerzielle Details von

Kernkraftwerken bzw. Kernenergieanlagen. Das gilt für jeden Hersteller, für jeden Betreiber, also praktisch für jede Anlage, die in der BRD betrieben wird. Das gilt auch für bestimmte Kernkraftwerke außerhalb der BRD. Es war ferner möglich, über interessante Reaktorvarianten von EURATOM vertrauliche Unterlagen zu erhalten. Beispielsweise lagen mir umfangreiche Forschungsergebnisse des britischen – besser: OECD-Dragon-Projektes vor, ein Hochtemperaturreaktor mit großen Zukunftschancen. Vor allem durch persönliche Kontakte hatte ich gute Einblicke in bestimmte Bereiche des Brennstoff-Kreislaufes. Hinsichtlich der Brennstoffbeschaffung bzw. -verarbeitung gilt das besonders für die Preisbildung, z. B. im Kontext mit Verhandlungen mit der UdSSR.

Aber auch die technische Seite des Brennstoffkreislaufes kam nicht zu kurz. Um hier ein Beispiel zu nennen, lag mir das vollständige Projekt eines sogenannten Zwischenlagers vor. Die Verbindung zur DWK erwähnte ich bereits.

Gute Beziehungen gab es zu diversen Forschungszentren der BRD. So sind die HEW von Anbeginn Gesellschafter der GKSS *(Gesellschaft für Kernenergieverwertung in Schiffbau und Schiffahrt – d. Hrsg.)* – diese Gesellschaft hatte den Atomfrachter »Otto Hahn« entwickelt – mit den daraus resultierenden informellen Möglichkeiten. Ich habe die HEW mehrfach auf Gesellschafterversammlungen der GKSS vertreten.

Abgesehen von den üblichen Kontakten zu Behörden und Politikern der Parteien, gab es für mich aufschlußreiche Phasen der Zusammenarbeit mit weniger populären Gremien der BRD, z. B. mit der Schule für psychologische Verteidigung der Bundeswehr.

Sind in der BRD die Bedingungen bzw. die Voraussetzungen vorhanden, eigene Kernwaffen herzustellen?

Diese Frage kann man mit »Ja« beantworten.

Welche Voraussetzungen sehen Sie als gegeben an?

Die Entwicklung und Herstellung von Kernwaffen erfordert neben der politischen Willensbildung, zu der ich keinen Zugang hatte, mindestens drei wissenschaftlich-technische Voraussetzungen: Da ist erstens die Personalfrage. Es werden Nuklearwissenschaftler und -techniker benötigt, welche die notwendigen Grundkenntnisse zur Entwicklung von Kernwaffen besitzen, die über Kenntnisse hinsichtlich der Herstellung und des Umganges mit Spaltstoffen verfügen wie auch über die Entwicklung und Anfertigung der wesentlichsten Kernwaffenkomponenten.

Die zweite Voraussetzung besteht im Vorhandensein von spaltbarem Material, das zur Herstellung der kritischen Massen – also des Explosivstoffes – erforderlich ist. Und als dritte Voraussetzung sind technische und industrielle Kapazitäten notwendig, in denen die Verarbeitung der Spaltstoffe erfolgt und wo die einzelnen Kernwaffenkomponenten hergestellt bzw. komplettiert werden können.

Diese drei Voraussetzungen für den Kernwaffenbau sind in der Bundesrepublik bereits geschaffen worden.

Wurden bei der Erfüllung der drei genannten Voraussetzungen bereits militärische Aspekte berücksichtigt?

Diese Frage kann man nicht mit einem eindeutigen »Ja« oder »Nein« beantworten. Die Grenzfläche zwischen ziviler und militärischer Kernforschung ist sehr schmal. Viele kerntechnische Forschungs- und Entwicklungsergebnisse sowie Versuche und Tests mit Spaltstoffen, Komponenten und Werkstoffen für die friedliche Anwendung der Kernenergie können unmittelbar für die Entwicklung und Produktion von Kernwaffen genutzt werden.

Können Sie zu den von Ihnen genannten personellen Voraussetzungen zur Herstellung von Kernwaffen nähere Angaben machen?

Auf der Basis offizieller Zahlen kann man einschätzen, daß in den acht staatlichen Großforschungszentren der BRD, in der Industrie und an den Hochschulen rund 20.000 Fachleute mit geeigneter Qualifikation tätig sind.

An welchen Aufgaben arbeiten diese Fachleute, und inwieweit haben ihre Arbeiten einen Bezug zur Kernwaffenproblematik?

Das ist ein weites Feld. Die Anzahl der Aufgaben ist natürlich immens groß, und man kann nie mit letzter Sicherheit sagen, wer schließlich der Nutzer der erarbeiteten Forschungsergebnisse sein wird. Ich sagte ja bereits, daß der Grat zwischen ziviler und militärischer Nuklearforschung sehr schmal ist.

Aber es gibt doch Beispiele, wo diese Bivalenz besonders sichtbar wird.

Die gibt es. So besitzen z. B. verschiedene Kernforschungszentren Anlagen für sogenannte »kritische Experimente«. Diese können im Rahmen der zivilen Forschung die erforderlichen Kenntnisse für militärische nukleare Sprengstoffe vermitteln. Das gilt besonders für die Kernforschungszentren Karlsruhe und Jülich.

Ein weiteres Beispiel für die militärische Komponente der zivilen Forschung lieferte die GKSS. Ein Gegenstand der Arbeiten dieses staatlichen Forschungszentrums ist die Entwicklung nuklearer Antriebe für kommerzielle Schiffe. Bereits Ende der 60er Jahre wurden dort mehrere Projekte für nukleare U-Boot-Antriebe fertiggestellt.

Um noch ein drittes Beispiel zu nennen: Die Kernforschungszentren Karlsruhe und Jülich, das Institut für Plasmaphysik und zwei Unternehmen der Industrie ...

Um welche handelt es sich dabei?

Ich denke hier an URANIT und MBB. Diese Institutionen sind intensiv mit der Entwicklung von zwei neuen Anreicherungsverfahren befaßt, die im Vergleich zu den herkömmlichen Anlagen eine sehr viel höhere Trennleistung erreichen. Entsprechend gering ist der Platzbedarf, was den illegalen Bau derartiger Anlagen enorm erleichtert. Sie sind auch schneller realisierbar. Entgegen der in der BRD üblichen Informationspolitik sind die Bedarfsträger für angereicherte Brennstoffe, also die Kernkraftwerksbetreiber, über diese Entwicklungen nicht informiert worden.

Man kann also mit Fug und Recht sagen, daß hinsichtlich einer militärischen Nutzung die BRD Gewehr bei Fuß steht und Fachleute jedes Genres zur Verfügung stehen.

Das ist richtig, und das gilt nicht nur für die von mir eben erwähnten staatlichen Forschungszentren Karlsruhe, Jülich und in Geesthacht. Das trifft ebenso zu für das Hahn-Meitner-Institut in Berlin, für das Deutsche Elektronen-Synchrotron in Hamburg, für die Gesellschaft für Schwerionenforschung in Darmstadt und die Gesellschaft für Strahlen- und Umweltforschung in Neuherberg. Diese Zentren führen neben der nuklearen Grundlagenforschung anwendungsorientierte kerntechnische Entwicklungen durch.

Und zu diesen staatlichen Forschungseinrichtungen tritt nun noch ein sehr bedeutendes industrielles Kernforschungs- und Entwicklungspotential hinzu. Nahezu 80 Prozent dieses Potentials sind bei den führenden Konzernen der Elektroindustrie, der Eisen- und Stahlindustrie, des Maschinenbaus, der Chemie, der Luft- und Raumfahrt und ganz besonders auch bei der Elektrizitätswirtschaft konzentriert.

Dieser private Forschungsbereich ist natürlich der öffentlichen Kontrolle und Einsichtnahme weniger ausgesetzt.

Schon aus Konkurrenzgründen nicht. Unter diesem Deckmantel lassen sich auch Einrichtungen betreiben, die im Falle einer Nuklearbewaffnung eine ganz erhebliche Rolle spielen können. Ich denke besonders an bestimmte Großversuchsanlagen. Zusammen mit der Max-

Planck-Gesellschaft und der Fraunhofer-Gesellschaft werden in ihnen militärische Forschungen für die Bundeswehr durchgeführt. Offiziell laufen diese unter der Zielstellung »Nukleare Sicherheit« oder »Schutz gegen äußere Einwirkungen«.

Auch das sollten Sie uns näher erläutern.

Ich will Ihnen zwei Beispiele von Versuchsreihen nennen, deren technologische Notwendigkeit von zahlreichen Fachleuten und auch von den Kernkraftwerksbetreibern in Frage gestellt wird.

So laufen in Meppen zusammen mit der Bundeswehr Versuche zur waffentechnischen Durchdringung starker Betonstrukturen. Nach offizieller Lesart dienen diese Versuche dem Schutz von Reaktorgebäuden gegen Flugzeugabstürze.

Wogegen ja per se nichts einzuwenden wäre.

Das ist richtig. Nur stimmt die Tatsache bedenklich, daß beispielsweise so große Kernkraftwerke wie Würgassen oder Brunsbüttel nur wenig Schutz gegen derartige Ereignisse besitzen und eine entsprechende Nachrüstung auch gar nicht vorgesehen ist.

Auch das zweite Beispiel liegt in dieser Richtung. Bislang galten die Druckgefäße der Kernkraftwerke als völlig berstsicher. Es gab keine Vorkommnisse, die für das Gegenteil sprachen. Dennoch hat man in der BRD mit hohem finanziellen und technischen Aufwand begonnen, die allseitige Integrität von Druckbehältern verschiedenster Größe und unterschiedlicher Materialien zu untersuchen. Erkenntnisse hinsichtlich der Stabilität bestimmter Kernwaffenkomponenten würden die gleichen Versuche erfordern.

Die BRD besitzt also neben den personellen Voraussetzungen für den Kernwaffenbau auch die technischen Anlagen zur Durchführung von Versuchen.

Lassen Sie mich in diesem Zusammenhang noch auf das umfangreiche Wissenschaftspotential an dreißig westdeutschen Universitäten und Hochschulen hinweisen. Die Hochschulinstitute besitzen modernste Versuchs- und Experimentieranlagen. Dazu gehören neben zahlreichen Unterrichtsreaktoren auch Forschungsreaktoren bis zu einer Leistung von 4.000 kW sowie etwa 35 Beschleunigeranlagen unterschiedlicher Typen.

Zur Herstellung von Kernwaffen benötigt man spaltbares Material, also Uran oder Plutonium. Sie nannten dies als zweite Voraussetzung. Besitzt die BRD diese Materialien und wenn ja, in welchem Umfange? Können Sie auch hierzu Auskünfte geben?

Hier ist die Situation ähnlich unproblematisch wie auf dem Personalsektor. Mittelfristig ist genügend Kernbrennstoff vorhanden. Angedeutete Verknappungen entsprechen geschäftspolitischen Erwägungen. Die internen Berichte der Uranfirmen sehen anders aus. Ich denke hier an »Rio Tinto Z.« und »Exxon«. Die BRD verfügt auf ihrem Territorium über etwa 10.000 Tonnen Natur-Uran, die sicher nachgewiesen sind. Weitere Vorkommen in der Größenordnung von 20.000 Tonnen werden vermutet. Im Ausland haben westdeutsche Unternehmen Anteilsrechte an etwa 50.000 Tonnen Natururan erworben.

Welche Länder sind das?

Meines Wissens handelt es sich um Kanada, die USA sowie die Republiken Niger und Gabun.

Ich glaube mich zu erinnern, daß die BRD auch im Urangeschäft mit Australien steht.

Nicht nur mit Australien. Soweit ich weiß, beteiligen sich BRD-Gesellschaften an etwa 75 Projekten zum Abbau oder der Erschließung von Kernbrennstoffvorkommen in 25 Ländern. Hierzu sind mit rund 40 renommierten Bergbaufirmen Kooperationsverträge geschlossen worden.

Dieses breite internationale Engagement der Privatwirtschaft sollte wegen seiner geringen Durchsichtigkeit unsere größte Aufmerksamkeit erfahren.

Ja, zumal auch unter dem Gesichtspunkt, daß von den BRD-Gesellschaften im Ausland eine Reihe von Tochtergesellschaften gegründet wurden, die nur soweit der Aufsicht bzw. der Kontrolle durch die Bundesregierung unterliegen, wie dies die Muttergesellschaften opportun finden.

Ist etwas über den Umfang der bisher mit dem Ausland getätigten Geschäfte bekannt?

Ich habe die mehr oder weniger offiziellen Zahlen darüber bis zu meiner Übersiedlung in die DDR verfolgt. Bis 1978 hat die BRD etwa 26.000 Tonnen Urankonzentrat, 4.000 Tonnen Uran mit einer Anreicherung bis zu 10 Prozent und 8 Tonnen Uran mit einer Anreicherung zwischen 10 und 28 Prozent importiert. Hinzu kamen vier Tonnen höchstangereichertes Material sowie vier Tonnen spaltbares Plutonium.

Diese Mengen sind nicht unerheblich angesichts des Energiegehaltes, der in diesen Brennstoffen steckt. Ein Teil dieser Importe wird übrigens als Bundesreserve eingelagert. Aus dem gleichen Grund werden die Uranerze im eigenen Land noch nicht abgebaut.

Der Weg des Urans vom Abbau bis zur Endlagerung der Spaltprodukte ist lang. Viele technische Einrichtungen werden durchlaufen. Es stellt sich für mich die Frage, ob eine effiziente Kontrolle oder Überwachung des Spaltstoffflusses an den verschiedenen Plätzen überhaupt noch möglich ist?

Das ist in der Tat ein Problem. Man wird die Aufrichtigkeit des Kernwaffenverzichtes der BRD daran zu messen haben, inwieweit die internationalen Bestimmungen und Beschränkungen eingehalten werden. Ich möchte nicht die Behauptung aufstellen, daß die Regierung der BRD einen Plan hat, Kernwaffen herzustellen. Unter dieser CDU/CSU/FDP-Regierung werden jedoch Tendenzen zunehmend wirksam, durch Einbeziehung anderer Länder in die eigene Nuklearpolitik die internationalen Festlegungen zu unterlaufen. Ich meine vor allem Südafrika, Israel, Brasilien und Pakistan.

Auf dieses Thema sollten wir noch zurückkommen. Ich denke, hier zeichnen sich Parallelen zur OTRAG (Deutsche Raketentest-Einrichtung in Afrika – d. Hrsg.) ab, wo man sich auch regierungsseitig zurückzog und sagte, es handle sich um eine Privatsache. Doch zurück zu den Spaltstoffen.

Wir hatten festgestellt, daß der BRD Spaltstoffe in ausreichender Menge zur Verfügung stehen. Die BRD besitzt auch für alle Verfahrensschritte die notwendigen Anlagen bzw. ein sofort realisierbares Knowhow. Das ist wichtig, denn so wie das Uran in der Natur vorkommt, läßt es sich weder in Kernreaktoren noch auf dem Sektor Kernwaffen verwenden. Es enthält überdies das spaltbare Uran-235 nur zu 0,7 Prozent. Kernwaffen verlangen, soweit sie auf Uranbasis arbeiten, ein hochangereichertes Material, mindestens jedoch eine Anreicherung von 20 Prozent Uran-235. Angereicherten Brennstoff – wenn auch nicht in dieser Höhe – benötigen übrigens auch die kommerziellen Kernkraftwerke.

Für Kernwaffen eignet sich doch auch Plutonium?

Das ist richtig. Ich komme darauf noch zurück, denn dort liegen andere Verfahren vor.

Die Anreicherung ist also ein sehr wichtiger Schritt, und die BRD hat seit Aufnahme der kerntechnischen Tätigkeit das Ziel verfolgt, in den Besitz eigener Urananreicherungsanlagen zu kommen, um vom Ausland unabhängig und lizenzfrei zu sein. Zusammen mit der Industrie und den Kernforschungszentren sind zwei Verfahren entwickelt worden, die sich bereits in Betrieb befinden:

Da ist erstens die Ultrazentrifuge. Eine Versuchsanlage mit 2.000 Zentrifugen arbeitet in Almelo/Holland. Eine Großanlage inklusive Montagewerk für die Zentrifugen entsteht in Gronau.

Das zweite Verfahren arbeitet mit Trenndüsen und fand seinen ersten großtechnischen Einsatz im südafrikanischen Valindaba. Bei dieser Anlage war es von Anfang klar, daß sie militärischen Zwecken dienen würde. Für kommerzielle Zwecke gab es in dieser Hemisphäre keinen Abnehmer.

Und hinzu kommen dann noch, neben den bereits erwähnten Verfahren, zwei weitere, die in der Lage sind, die Anreicherung noch effektiver und bei geringstem Raumbedarf zu bewerkstelligen?

Die kommen hinzu. Es handelt sich dabei um ein Fusionsverfahren und um die sogenannte Plasmarotations-Zentrifuge. Es würde aber zu weit führen, hier näher darauf einzugehen. Nur soviel möchte ich dazu bemerken, daß die Trennarbeit, für die man in Oak Ridge noch eine überbaute Fläche von etwa einem Quadratkilometer benötigte, nun in einem normalen Wohnhaus durchgeführt werden kann.

Und alle Verfahren sind für militärische Zwecke geeignet?

Durchaus.

Und ihre Technologie wird demzufolge geheimgehalten?

Die Vermutung ist nicht von der Hand zu weisen. Die publizierten Arbeiten entziehen sich jedenfalls der öffentlichen Nachprüfung. Man muß schon gute Verbindungen haben, wollte man eine zerlegte Zentrifuge am Einsatzort in Augenschein nehmen.

Für die Herstellung von Kernwaffen wird heute Plutonium dem Uran vorgezogen. Welches sind die Beweggründe?

Die sind eher banal. Einmal ist Plutonium billiger, und zum anderen ist es leichter zu beschaffen. Maßgeblich ist besonders der zweite Aspekt.

Wie gewinnt man Plutonium? In der Natur kommt es nicht vor?

Das ist richtig. Plutonium ist ein künstliches Element. Es entsteht z. B. in den Brennelementen der Leistungsreaktoren, die etwa zwei bis drei Prozent spaltbares Uran-235 enthalten. Der große Rest besteht aus nicht spaltbarem Uran-238. Bei der Spaltung freiwerdende Neutronen werden von dem Uran-238 eingefangen, worauf sich dieses Element in einem kernphysikalischen Prozeß in das wiederum spaltbare Plutonium-239 umwandelt. In sogenannten Wiederaufarbeitungsanlagen kann das Plutonium dann aus den verbrauchten Brennelementen der Leistungsreaktoren extrahiert werden. Für militärische Zwecke relevante Plutoniummengen können jedoch bereits in geeigneten Laboranlagen, den sogenannten *Heißen Zellen*, extrahiert werden.

Ich erinnere mich, daß man früher zur Herstellung von Plutonium eigene Plutoniumreaktoren betrieben hatte. Ich denke hier an Calder Hall in Großbritannien.

Ja, richtig: Calder Hall! In Amerika ist oder war es Hallam. Interessanterweise ist es im Westen immer wieder bestritten worden, daß man selbst aus abgebrannten Brennelementen waffenfähiges Plutonium extrahieren könne.

Was heißt waffenfähig?

Ich will Ihnen das erläutern. Plutonium besitzt eine ganze Reihe von Isotopen. Sie haben die gleichen chemischen Eigenschaften und unterscheiden sich nur in ihrer Masse geringfügig. Nur zwei von ihnen spielen bei der Kernspaltung eine Rolle. Und je länger die Brennelemente im Reaktor verweilen, um so höher wird der Anteil der nichtspaltbaren Isotope, um so geringer die Waffenfähigkeit. Bei abgebrannten Brennelementen ist diese bislang in Frage gestellt.

Läßt sich das auch beweisen?

Ich denke ja. Mir lag das Protokoll eines Expertengesprächs im Bundesministerium für Wissenschaft und Technik vor. Dort hatte sich der Geschäftsführer der ALKEM zu diesem Thema geäußert. Die ALKEM ist das führende BRD-Unternehmen auf dem Gebiet der Plutoniumbrennstoffe. Der Geschäftsführer ist Dr. Stoll. Er ist einer der profiliertesten Experten auf dem Sektor der Plutoniumverarbeitung. Stoll sagte, daß es nach notwendigen Vorarbeiten nur Tage dauern würde, um aus abgebrannten Brennelementen eine Nuklearwaffe herstellen zu können, und daß man hierfür keineswegs eine komplette Wiederaufarbeitungsanlage benötige.

Nun, das ist eine Aussage. Ich möchte nicht daran zweifeln, aber ist das schon ein Beweis?

Ja. Ich kenne die Arbeit von Herrn Stoll schon seit Jahren, und seine wissenschaftliche Integrität steht in der BRD außer Frage.

Es gibt noch eine Aussage in dieser Richtung. Sie stammt von Gilinsky, einem der fünf ranghöchsten Beamten der amerikanischen Genehmigungsbehörde für Nuklearanlagen. Gilinsky geht davon aus, daß man unter bestimmten Umständen – ich möchte hier nicht näher darauf eingehen: Es handelt sich um frischen Brennstoff aus Uran/Plutoniummischoxiden – eine solche Waffe schon in Stunden herstellen könne. Und was besonders wichtig ist: Die Details dazu sind der BRD bekannt.

Die BRD verfügt also über Spaltstoffe und über die erforderlichen Einrichtungen für jede gewünschte Verwendung. Wir sollten aber noch ein Wort zu den Wiederaufarbeitungsanlagen sagen, die ja in jüngster Zeit – ich denke hier an Gorleben – eine ungeheure Popularität erlangt haben. Waren diese Auseinandersetzungen eigentlich berechtigt, ich meine »technisch gesehen«?

Ja und nein! Ich sagte schon, daß das Unternehmen, in dem ich tätig war, an Gorleben beteiligt ist. Jetzt allerdings stehen andere Standorte zur Diskussion. Ich verfügte über zahlreiche Informationen, die mich zu bestimmten Schlußfolgerungen berechtigten: So zweifele ich nicht an der technischen Machbarkeit dieser Anlage und auch nicht an ihrer Sicherheit. Ich zweifele aber daran, ob es möglich sein wird, eine unkontrollierte Abzweigung von spaltbarem Material zu verhindern. Proteste vor diesem Hintergrund erfolgten meines Erachtens zu Recht. Schon die kleine Versuchsanlage in Karlsruhe rechnete mit Differenzen bei der Plutoniumausbringung von mindestens 10 bis 30 Prozent. Die Spezifik der Anlage und Modalitäten der Überwachung lassen keine Aussagen zu, inwieweit ein Schwund auf natürlichen oder gewollten Ursachen beruht.

Ein Schwund, der bei einer Großanlage erhebliche Dimensionen annehmen kann. Kann man etwas zu den Größenverhältnissen sagen?

In der Karlsruher Wiederaufarbeitungsanlage können jährlich etwa 400 kg Plutonium extrahiert werden. Bei der geplanten großen Wiederaufarbeitungsanlage werden es 15.000 kg sein. Der Schwund bewegt sich dann hier bereits im Tonnenbereich.

Normalerweise sollte das gewonnene Plutonium wieder als Spaltstoff für Kernreaktoren verwendet werden. Wie aber sähe seine Bedeutung aus, wenn man es unter militärischen Gesichtspunkten betrachtet?

Militärisch gesehen, ließen sich aus 15.000 Kilogramm Plutonium der großen Wiederaufarbeitungsanlage 2.400 Kernspaltungswaffen zu je 20.000 Tonnen TNT Sprengkraft herstellen.

Dies entspräche der Sprengkraft von 2.400 Hiroshima-Bomben?

Das ist richtig, und das macht auch das Unbehagen weiter Kreise der BRD-Bevölkerung verständlich, wenn man dort derartige Anlagen ablehnt.

Hoffen wir, daß es bei der friedlichen Nutzung bleibt.
Als dritte Voraussetzung für den Kernwaffenbau nannten Sie eingangs, daß neben dem Wissenschaftspotential und dem Vorhandensein von Spaltstoffen auch ein gleichwertiges industrielles Potential zur Umsetzung der Kenntnisse

erforderlich sei. Ich gehe davon aus, daß dieses vorhanden ist und keiner besonderen Beweisführung bedarf.

Man kann davon ausgehen, daß die vorhandenen industriellen Kapazitäten und der hohe Stand bei der Herstellung von Nuklearkomponenten und -anlagen, bei den Hochtemperatur-Werkstoffen und Edelstahllegierungen die BRD befähigen, die notwendigen Kernwaffenkomponenten zu produzieren. Das wird dadurch begünstigt, daß ein großer Teil der Kapazitäten und Technologien, die gegenwärtig für die Produktion kommerzieller Nukleartechnik eingesetzt werden, ohne wesentliche Veränderung auch für die Herstellung von Kernwaffen genutzt werden können. Hinzu kommt der hohe Stand bei der konventionellen Waffentechnik.

Die BRD besitzt somit alle Voraussetzungen, die für den eigenständigen Bau von Nuklearwaffen notwendig sind. Durch die angedeuteten vielfältigen engen Kooperationsbeziehungen zu nuklearen Schwellenländern, besonders zu jenen, die den Atomsperrvertrag nicht unterzeichnet haben oder jenen, deren gesamter Kernbrennstoffkreislauf nicht den Sicherheitskontrollen der IAEA (Internationale Atomenergie-Behörde – d. Hrsg.) unterliegt, besteht für die BRD zudem die Möglichkeit, bestimmte militärische Entwicklungen gemeinsam mit diesen Ländern auf deren Territorium durchzuführen. Sie haben einige dieser Länder bereist und diverse Gespräche führen können. Welche Erkenntnisse haben Sie gewonnen?

Mir ging es bei meinen Reisen im wesentlichen darum, die personelle Beteiligung westdeutscher Unternehmen nachzuweisen. Daraus ergibt sich dann alles Weitere. Der Umfang des Engagements der BRD-Konzerne, z. B. in Südafrika, Namibia, Pakistan, Brasilien oder Argentinien ist jedenfalls so auffällig, daß sich eine Aufzählung der einzelnen Aktivitäten erübrigt. Es lohnt sich allerdings darüber nachzudenken, welchen militärischen Stand diese Länder mit alleiniger oder überwiegender Hilfe der BRD bereits erreicht haben.

Südafrika soll ja bereits eine nukleare Explosion ausgelöst haben. Das stellt den Bezug zu unserem Thema wohl am sinnfälligsten dar.

Die nukleare Explosion fand 1979 in der Atmosphäre statt und wurde nach langem Zögern im Oktober 1980 zugegeben, nachdem die unglaubwürdigen Dementis keine andere Wahl mehr ließen. Diese Kernwaffe arbeitete auf der Grundlage von Uran, das in der Republik Südafrika selbst angereichert wurde.

Die wichtigsten Komponenten der Anreicherungsanlage sind von westdeutschen Konzernen geliefert worden. Die gültigen BRD-Ausfuhrverbote wurden umgangen, indem die Lieferer sensitive Komponenten als Ausrüstung für nichtnukleare Industrievorhaben deklarierten bzw. ihre Geschäfte über ausländische Firmen tätigten. *(Nach dem Ende der Apartheid-Diktatur verbot die neue Regierung jegliche Atomwaffenforschung und rüstete ab – d. Hrsg.)*

Können Sie uns etwas über diese Lieferfirmen sagen?

Die wichtigsten Komponenten wurden von Siemens/KWU geliefert. Weiter beteiligt waren MBB, Linde, Steigerwald, die Metallgesellschaft und die Steag. Auf Grund der engen Zusammenarbeit gilt es als sicher, daß die in der Republik Südafrika gewonnen Erkenntnisse den BRD-Firmen zur Verfügung stehen. Die praktische Erprobung von Kernwaffen durch die Republik Südafrika enthebt somit die BRD von der Notwendigkeit eigener Initiativen auf diesem Gebiet.

Ein derartiger Rücklauf von bestimmten Erkenntnissen kann demnach auch von den anderen Partnerstaaten erwartet werden. Wie sieht es mit Südamerika aus?

Argentinien gilt als Schwellenland Nnummer eins in Südamerika. Alle Nuklearanlagen stehen unter Leitung argentinischer Militärs. Das Land lehnte den Beitritt zum »Vertrag über die Freihaltung Südamerikas von Kernwaffen« strikt ab.

Abgesehen von der Lieferung von Kernkraftwerken und Anlagen, die den gesamten Brennstoffkreislauf abdecken, bietet die BRD umfangreiche Aufbauunterstützung für leistungsfähige Anlagen der Elektronik und BMSR-Technik. Damit wird die Lieferung sensitiver Nukleartechnik dokumentiert. Ich verrate kein Geheimnis, wenn ich darauf hinweise, daß schon heute Zünder für Kernsprengkörper entwickelt werden.

Auch Brasilien hat den Sperrvertrag nicht unterzeichnet und den Lateinamerikavertrag nur unter dem Vorbehalt, Kernsprengsätze für friedliche Zwecke zünden zu dürfen. Die BRD ist mit einem Regierungsabkommen und mit 70 Einzelvereinbarungen auf dem Nuklearsektor in Brasilien engagiert. Damit werden alle Bereiche der Kerntechnik abgedeckt, inklusive Anreicherungs- und Wiederaufarbeitungsanlagen. Westdeutsche und US-amerikanische Experten sind schon seit geraumer Zeit zu der Einschätzung gelangt, daß neben dem zivilen Nuklearprogramm militärische Forschungen und Entwicklungen durchgeführt werden. Ursächlich für diese Einschätzungen sind die strengste Geheimhaltung *aller* Entwicklungsarbeiten sowie deren Kontrolle durch das Militär.

Aber es hat doch Sicherheitsabkommen mit Brasilien gegeben?

Ein solches Abkommen gibt es. Es wurde zwischen Brasilien und der

International Atomic Energy Agency (IAEA) und der BRD abgeschlossen. Formal entspricht es den Anforderungen des Sperrvertrages. Aber es hat Lücken.

Eben diese Lücken dürften hier interessieren.

Die wesentlichste Lücke ist, daß dieses Abkommen nur den BRD-Teil der Lieferungen umfaßt, nicht aber die Nachbauten und den hier besonders wichtigen Brennstoffkreislauf. Auch das dort in den Forschungsreaktoren erzeugte Plutonium unterliegt ausschließlich der Verfügungsgewalt der Regierung.

Bliebe also noch Pakistan.

Ich möchte trotzdem noch ein Wort zu Brasilien sagen. Hier sind nämlich in seltener Deutlichkeit die Interessen zweier imperialistischer Staaten, der USA und der Bundesrepublik, zusammengestoßen. Teils aus strategischen Gründen, teils aus Gründen der Konkurrenz versuchen die USA mit allen Mitteln, ihren Einfluß in Brasilien zu verstärken und die BRD wirtschaftlich zu eliminieren.

Also eine gesetzmäßige Entwicklung, die uns nicht überraschen kann!

Ja, das Beispiel ist überaus aufschlußreich.

Aber nun zu Pakistan. Dort ist eine Hochleistungszentrifugen-Anlage bei Rawalpindi fertiggestellt worden. Die Geschäfte wurden über westdeutsche Adressen abgewickelt. Nach sicheren Informationen sind ehemalige hohe westdeutsche Militärs über Scheinfirmen an der Lieferung der Zentrifugen beteiligt gewesen oder sind es noch. Das Zentrifugenprojekt, für das es kaum eine zivile Anwendung gibt, untersteht direkt dem pakistanischen Präsidenten General Muhammed Zia ul-Haq und damit dem Militär.

Ein ungeheures Netzwerk, das sich da auftut.
Wie schätzen Sie heute das Ergebnis Ihrer Tätigkeit in der BRD ein?
Welche Schlußfolgerungen ziehen Sie?

Natürlich hoffe ich, daß die übermittelten Informationen der DDR-Wirtschaft und -Technik den gewünschten Nutzen bringen werden, vorausgesetzt, daß man die Erkenntnisse auch umsetzt.

Zum anderen brachte meine Tätigkeit eine Vielzahl scheinbar unbedeutender Informationen oder Detailkenntnisse, die aber, Mosaiksteinchen gleich, dabei helfen, das Gesamtbild einer anstehenden Problematik zu vervollkommnen.

Ich denke hierbei nicht zuletzt an die Friedenspolitik der DDR.

Asriel und Aurikel – Primeln wachsen auch im Geheimen

Egon Streffer (1946-1989) war Mitarbeiter im Planungsstab des Bundesministeriums für Verteidigung von 1969 bis 1989. Seit 1968 arbeitete er mit der Verwaltung Aufklärung der NVA zusammen.
Dieter Popp, Jahrgang 1938, war Resident der Verwaltung Aufklärung der NVA zur Führung der Quelle Egon Streffer.
Er wurde im Dezember 1991 zu 6 Jahre Haft und 70.000 DM Verfallsgeld verurteilt. Er war von Mai 1990 bis Mai 1994 hinter Gittern.

Auf der Anklagebank saß ich 1991 gemeinsam mit meinem Führungsoffizier, der bereits dem Bundeswehrverband angehörte. Wir waren der geheimdienstlichen Agententätigkeit für eine fremde Macht angeklagt. Welcher fremden Macht? Die Bundesrepublik reklamierte doch seit Anbeginn, für alle Deutschen zu sprechen, die DDR hat sie völkerrechtlich nie anerkannt, sie behandelte bis zum Untergang der DDR ihre Staatsbürger wie Bundesbürger. Man konnte in jeder BRD-Botschaft seinen DDR-Paß gegen einen westdeutschen tauschen.

Entgegen der jahrelangen Lesart war die DDR nun doch nicht nur existent, sondern sogar »eine fremde Macht«. Schau an.

In meiner Gefängniszelle durfte ich mir die Bilder von der feierlichen Übergabe oder Übernahme der NVA in Berlin-Strausberg ansehen. Die Generale beider Seiten prosteten sich zu, und ich durfte zuschauen. Ein erhebendes Gefühl. Mein Prozeß war nicht ohne Komik. Nach dem Plädoyer des Bundesanwaltes – er forderte neun Jahre Haft – gratulierten ihm die Richter und der Verteidiger sehr herzlich zu seinem Geburtstag. Oder: Bei der Aufzählung der von mir angeblich beschafften geheimen Pläne soll auch die Vorbereitungsakte zur Karnevalsfeier 1985 des Verteidigungsministeriums gewesen sein. Das Urteil gegen mich wurde am 23. Dezember 1991 gesprochen. Zwischendurch gab es, mal diskret, mal etwas lauter, die besten Wünsche zum bevorstehenden Fest der Liebe.

Warum wurde ich Aufklärer für die Nationale Volksarmee?

1938 kam ich in Berlin zur Welt. Meine Mutter stammte aus einer jüdischen Familie, der Vater war Kommunist und arbeitete illegal für die

Rote Armee. 1944 wurden wir ausgebombt und in die Heimatstadt meines Vaters, nach Fürstenberg an der Havel, evakuiert. Vor den Toren der Stadt lag das Frauen-KZ Ravensbrück. Ich erinnere mich, wie die Frauen in Fünferreihen durch die Stadt marschierten. Die Gesichter der Fürstenberger habe ich nicht vergessen. Sie sahen die Häftlinge so überheblich an, als wären es ihre eigenen Gefangenen.

1945 wurde ich vor Kriegsende braun und nach Kriegsende noch einmal rot eingeschult. 1946, mein Vater war inzwischen aus der Kriegsgefangenschaft zurückgekehrt, zogen wir nach Neustrelitz. Hier wurde er Mitbegründer der SED. Dann erlebten wir die Säuberungswellen durch Stalin bzw. durch Berija, die sich erst gegen die Sozialdemokraten (wir versteckten wochenlang eine SPD-Genossin, die das KZ überlebt hatte) und dann gegen viele Altkommunisten richteten. Auch mein Vater wurde inhaftiert. Nach seiner Entlassung gingen wir 1950 nach Berlin zurück. In den Westteil der Stadt.

Später wurde ich ein 68er. Ich war für politische Reformen in der Bundesrepublik und hatte schon 1956 nicht verstanden, daß man die KPD verboten hatte. Der Antikommunismus des Kalten Krieges war mir zuwider. 1968 bekam ich Kontakt zu DDR-Vertretern. Die Gespräche überzeugten mich. Um zu verhindern, daß aus dem Kalten Krieg ein heißer wurde, entschloß ich mich, Aufklärer für die NVA zu werden. Es gelang in relativ kurzer Zeit, in das »Hauptobjekt«, das Bundesministerium für Verteidigung in Bonn, einzudringen. Wir gelangten sogar bis in den Planungsstab – mit Hilfe von Egon Streffer.

Er hatte sich – ausgestattet mit einer Referenz seines früheren Kompaniechefs aus der Bundeswehr – beim Verteidigungsministerium beworben. Er konnte auch den Abschluß einer Handelsschule und einer Großhandelskaufmannslehre vorweisen. Wir waren gleichsam überrascht und erfreut, als er nach relativ kurzer Zeit beim Planungsstab angestellt wurde. Der Planungsstab war unmittelbar dem Minister nachgeordnet. Obwohl in keiner Spitzenposition plaziert, bekam Egon Zugriff auf Dokumente mit dem Geheimhaltungsgrad »Streng Geheim«, »NATO-Secret« und »US-Top-Secret«. Er hatte Zugang zu fast allen relevanten geheimen Materialien. Während Egon die Informationen und das Material beschaffte, bestand meine Aufgabe als »Resident« – wie mich auch freundlicherweise die mich verhaftenden BKA-Beamten nannten – darin, die Vorauswahl zu treffen, Einschätzungen von Krisensituationen zu liefern, Material zu kopieren sowie die Verbindung nach Berlin zu halten. Generalbundesanwalt Alexander von Stahl erklärte gegenüber dem *Spiegel*, daß Egon und ich lange Zeit die Spitzenquellen des Militärischen Nachrichtendienstes der NVA gewesen seien.

In den etwa zwanzig Jahren unserer gemeinsamen Tätigkeit unter den Decknamen »Asriel« und »Aurikel« haben wir Dokumente und Unterlagen beschafft zu militärischen Planungen und Aktionen, die zwischen 1970 und 1990 für den Weltfrieden eine ernste Bedrohung darstellten.

Egon Streffer erlag am 22. August 1989 im Urlaub einem Herzinfarkt, was den kalten Krieger Friedrich W. Schlomann in seinem Buch *Die Maulwürfe* nicht davon abhielt, ihn an AIDS sterben zu lassen.

Unsere Arbeit unterschied sich, was die Technik betrifft, nicht von der anderer Geheimdienste. Üblich waren A3-Funk – Zahlenreihen, die in Fünferblöcken im Radio über Kurzwelle gesendet und dann dechiffriert wurden –, Zweitpapiere, also Personalausweise bzw. Ausweisdoubletten tatsächlich existierender Personen, und sehr viel Aufwand für die Sicherheit. Angstgefühle, vor allem wegen einer Enttarnung, hatte ich selten. Wußte ich doch um die geringe Aufklärungsquote der Bundesanwaltschaft und um unsere Sicherheitsstandards.

Wir haben unsere Aufgaben in Bonn erfolgreich gelöst. In meinem Urteil des Oberlandesgerichts Düsseldorf wurde alles pedantisch aufgelistet. Unter den genannten Posten würde ich die nachfolgenden nennen wollen, die für die Friedenssicherung relevant waren:

– Positionen in den KSZE- und MBFR-Verhandlungen,
– Unterlagen zu SALT II,
– Analysen zu Tagungen des Warschauer Vertrages,
– Informationen zu Rüstungskontrolle und Rüstungsproblemen,
– INF-Studien (Abrüstung der Mittelstreckenraketen) und
– SDI-Studien (Krieg der Sterne).

Der Vorsitzende Richter Wagner des OLG Düsseldorf schrieb in mein Urteil: »Es kann zu seinen Gunsten angenommen werden, daß er von der durch seinen Lebensweg beeinflußten Vorstellung bestimmt war, für Entspannung zwischen den Blöcken arbeiten zu können.«

Aus meiner Erfahrung kann ich bestätigen, daß viele Informationen eher auf dem Schreibtisch der Minister der DDR lagen als auf dem Schreibtisch des Ministeriums, wo die Dokumente angefertigt wurden. Wie das möglich war? Ganz einfach: Auf dem Weg nach Osten fehlten die Amtsschimmel, es gab ein gut funktionierendes Verbindungswesen.

Am 14. Mai 1990 morgens um 7 Uhr klingelten drei freundliche junge Männer an meiner Wohnungstür. »Eine Drückerkolonne, und das schon so früh am Morgen«, dachte ich verärgert. Zu meiner Überraschung stellten sie sich jedoch als BKA-Beamte vor. Sie hielten mir einen Durchsuchungsbefehl vor die Nase, der schon zwei Monate alt war, und nahmen mich fest.

Erst viel später erfuhr ich, daß mich und andere Kundschafter der Überläufer Eberhard Lehmann aus Berlin-Karlshorst gegen ein Kopfgeld von 300.000 DM verraten hatte. Wie es weiter heißt, bezieht er vom Verfassungsschutz lebenslang eine monatliche Zuwendung von 1.500 Euro.

Nach meiner Verhaftung wurde ich zum Bundeskriminalamt nach Meckenheim bei Bonn gebracht und einem ersten Verhör unterzogen. Dort durfte ich einen Rechtsanwalt meiner Wahl hinzuziehen. Von Anfang an stand für mich fest, nichts zur Sache auszusagen. Verwundert hat mich, daß es offenbar nicht interessierte, *wie* das Material das Verteidigungsministerium verlassen hatte. Im Urteil stand dann, daß mein Freund Egon Streffer alles unter seinem Hemd herausgeschmuggelt haben soll. Tatsächlich hat er das meiste auf dem Rücksitz seines Autos, zwischen den Seiten des *Stern* oder des *Spiegel* eingelegt, herausgebracht.

Nach dem ersten Verhör ging es zum Polizeipräsidium, wo ich die Nacht auf einem Betonbett mit einer Decke verbrachte. Am nächsten Tag wurde ich dem Ermittlungsrichter Detter beim Bundesgerichtshof in Karlsruhe vorgeführt. Es folgten fünf Monate Untersuchungshaft in Einzelzellen in Koblenz und ein Jahr in Köln. Das Strafrecht gestattet allenfalls eine sechsmonatige Untersuchungshaft. Geständige Mörder werden deswegen nach sechs Monaten aus der Haft entlassen, wenn keine Anklage erhoben wurde. Der Generalbundesanwalt ließ es zu, daß meine Untersuchungshaft anderthalb Jahr betrug. Nach dem Urteil wurde ich zur Strafhaft nach Hagen verbracht. Von Hagen ging es nach Remscheid, und nach dreieinhalb Jahren im geschlossenen Vollzug war ich im letzten halben Jahr im offenen Vollzug in Remscheid.

Der Militärische Nachrichtendienst der NVA vernichtete mit Einwilligung des Ministers Rainer Eppelmann (CDU) alle Dokumente und Unterlagen. Im Verfahren führte man Zeugen vor, denen man offenkundig Straffreiheit zugesichert hatte, wenn sie mich belasteten. Einige dieser Zeugen hatten mich nie gesehen und nie etwas mit mir zu tun gehabt. Entsprechend abenteuerlich waren auch ihre Aussagen.

Die stärksten Eindrücke waren für mich jene, als ich ihnen Auge in Auge gegenüberstand. Unter den Anschwärzern waren auch Freunde, denen ich einst vertraut und die ich als Mitkämpfer geschätzt und geliebt hatte. Das tat sehr weh …

Nach einmonatiger Verhandlung wurde ich zu sechs Jahren Haft verurteilt, wovon ich vier Jahre in sechs verschiedenen Haftanstalten absitzen mußte. Danach wurden zwei Jahre auf drei Jahre Bewährung ausgesetzt. Am 14. Mai 1997 war die Frist endlich abgelaufen. Außerdem wurden mir vier Jahre die bürgerlichen Ehrenrechte entzogen, ich durfte also kein aktives und kein passives Wahlrecht ausüben. Hinzu kamen 70.000 DM Verfallstrafe, die ich für angeblich 20 Jahre lang erhaltenen Agentenlohn zahlen sollte. Damit sollte ich meinen Lebensstandard »erheblich verbessert« haben.

Und schließlich wurden 20.000 DM Verfahrenskosten gefordert.

Nach dem Urteil legte ich Revision ein, die von fünf Bundesrichtern verworfen wurde. Meine Beschwerde beim Bundesverfassungsgericht (BVerfG) wurde nach dreijähriger Bearbeitungs- und Beratungszeit abgewiesen. Danach beschwerte ich mich bei der Europäischen Menschenrechtskommission, die meinen Vortrag zum Europäischen Menschenrechts-Gerichtshof weiterleitete. Die Beschwerde wurde mit dem Argument letztinstanzlich abgelehnt, daß die Bundesrepublik Deutschland in ihren Entscheidungen in der Frage der deutsch-deutschen Spionage autonom sei, also national entscheiden dürfe.

Eine weitere Beschwerde ging an die UNO-Menschenrechts-Kommission in Genf. Mit Erstaunen mußte ich zur Kenntnis nehmen, daß sie mit der Begründung abgelehnte wurde, die BRD sei erst im September 1993 dem Protokoll für Bürgerrechte der UNO-Menschenrechts-Kommission beigetreten, in Kraft getreten war sie erst im November 1993. Da meine Verhaftung im Mai 1990 erfolgt war, bedauerte die Kommission, nicht tätig werden zu können.

Wie der Völkerrechtler Prof. Ridder in seiner juristischen Analyse ausführte, hätten wir nicht bestraft werden dürfen, schon weil nach der Vereinigung jegliche Rechtsgrundlage fehlte (»Die deutsch-deutsche Spionage im Okular der westdeutschen Deutschland-Jurisprudenz«). Völkerrechtlich war die Vereinigung nach Prof. Ridder kein Beitritt, sondern eine Fusion zweier völkerrechtlich gleichberechtigter Staaten. Und daß sie das waren, erkennt man allein aus der Tatsache, daß die DDR gleichberechtigt Mitglied der UNO und bei der KSZE war. Außerdem wurden im 2+4-Vertrag die nunmehr vereinigten zwei deutschen Staaten »Vereinigtes Deutschland« genannt. Also sind zu Gunsten eines neuen deutschen Staates sowohl die DDR als auch die BRD untergegangen und die Rechtsgüter gegenseitig entfallen.

Der zweite wesentliche Punkt ist die Ungleichbehandlung der DDR- und der BRD-Spione. Der Bundesgerichtshof hat die Spione in gute und in schlechte eingeteilt. *Schlecht* definiert der Psychoanalytiker C. G. Jung so: »Wer also eine Antwort haben will auf das Problem des Bösen, der bedarf in erster Linie einer gründlichen Selbsterkenntnis, d. h. einer bestmöglichen Erkenntnis seiner Ganzheit.«

Es ist im Inland nicht allen und im Ausland nur wenigen zu vermitteln, daß die BND-Agenten und die DDR-Bürger, die für den Westen gearbeitet haben, rehabilitiert und entschädigt wurden, und die Mitarbeiter der DDR-Nachrichtendienste bestraft werden. Das ist weder konform mit dem Grundgesetz noch mit dem Völkerrecht.

Daß die Entschädigung nach dem 1. SED-Unrechtsbereinigungsgesetz geregelt wird, entbehrt nicht einer gewissen Komik, gilt doch die Entschädigungszeit von 1945 bis 1989, also auch für eine Zeit, als es noch gar keine SED gab. Diese konstituierte sich bekanntlich erst im April 1946. Außerdem gilt die Entschädigung auch für Mitarbeiter der *Organisation Gehlen*, die als Filiale der CIA erst 1955 von der BRD als Bundesbehörde von den Amerikanern übernommen worden war.

Für mich als abgestraften Kundschafter stellt sich die Frage: Warum wurde im Einigungsvertrag nicht geregelt, daß nach Wegfall der Rechtsgüter und Entfall der Rechtsgrundlagen die Mitarbeiter der Nachrichtendienste der DDR straffrei blieben?

Das Bundesverfassungsgericht hat in seinem Beschluß vom 15. Mai 1995 hierzu nach dreijähriger Beratungszeit festgestellt: »Eine allgemeine Regel des Völkerrechts als Bestandteil des Bundesrechts (Art. 25 GG), nach der die strafrechtliche Ahndung nachrichtendienstlicher Tätigkeit ausgeschlossen ist, die im Auftrag und vom Territorium eines Staates aus begangen wurde, der danach dem ausgespähten Staat friedlich und einvernehmlich beigetreten ist, kann nicht festgestellt werden.«

Unbenommen von der tatsächlichen Zahl der Verurteilungen wurden Tatsachen geschaffen, die dem BVerfG nur die Möglichkeit ließen, Urteile abzusegnen. Drei von acht Verfassungsrichtern sahen in ihrem Minderheitenvotum die Amnestierung einer ausgewählten Tätergruppe und monierten, daß mit der Abstrafung der anderen Tätergruppe, also der Alt-Bundesbürger, die Chance durch Offenbarung des aus der früheren Tätigkeit erworbenen Wissens verschüttet werde.

Ist eine soziale Abstrafung mit dem Grundgesetz vereinbar? Die Klassenjustiz zeigt sich hier sehr kreativ. Mir und anderen wurden die Rentenanwartschaften gepfändet, d. h. bei Fälligkeit wird nur der pfändungsfreie Anteil ausgezahlt. Gehälter, Konten und Häuser wurden gepfändet oder mit Hypotheken belastet, und der Gerichtsvollzieher wird zum ständigen Besucher. Außer den hohen Gerichtskosten wurden bei den meisten Kundschaftern auch sogenannte Verfallstrafen verhängt. Das sei der angeblich erhaltene Agentenlohn, der »zurückgefordert« wird. Bei der Berechnung der Verfallstrafen entwickelten die Gerichte sehr viel Phantasie. Aus der Haft entlassene Kundschafter müssen oft von der Sozialhilfe leben oder einfachste Arbeiten annehmen.

Aber auch dort geht es noch weiter. Ein Kundschafter erhielt nach Aufnahme einer Tätigkeit die Aufforderung des Sozialamtes, etwa 5.000 DM

Sozialhilfe zurückzuzahlen, weil er seine Bedürftigkeit durch eine Straftat selbst verschuldet habe und damit zur Rückzahlung verpflichtet sei.

Beruflich bin ich seit meiner Haftentlassung 1994 »freigesetzt«. Meine Brötchengeber heißen Arbeits- und Sozialamt. Seit 2003 bekomme ich Altersrente, die vom Bundesgerichtshof gepfändet wird. Da werde ich bis zu meinem Lebensende ein Fall fürs Sozialamt bleiben. Das hält mich aber nicht davon ab und wird mich auch künftig nicht davon abhalten, über das Beitrittsunrecht der BRD-Justiz, das den Kundschaftern nach der Vereinigung beschert wurde, von Neubrandenburg bis Osnabrück und von Hamburg bis Nürnberg mit Informationsveranstaltungen aufzuklären. Damit wir und das neu geschaffene Unrecht nicht vergessen werden.

Im Herbst 1996 fand im »Haus der Geschichte« in Bonn eine Podiumsdiskussion zum Thema »Siegerjustiz?« statt. Auf dem Podium saßen neben anderen auch Hans Modrow, Lothar de Maizière, Rainer Eppelmann und zwei Moderatoren vom *Deutschlandfunk* und vom *Rheinischen Merkur*. Gekommen waren auch rund dreihundert Zuhörer. Ich fragte Herrn Eppelmann: »Was haben Sie nach meiner Verhaftung 1990 getan? Als Minister für Verteidigung und Abrüstung hatten Sie doch eine Fürsorgepflicht für mich übernommen?«

»Ich kann mich nicht erinnern!«

Daraufhin lachte das Auditorium. Plötzlich hatte Herr Eppelmann Terminprobleme und verließ das Podium.

Die zweite Veranstaltung fand am 13. Mai 1997 in den Räumen des Deutschen Industrie- und Handelstages in Bonn statt. Eingeladen hatte die Rechtspolitische Vereinigung zum Thema »Spionage«. Es referierte der inzwischen verstorbene Dr. Klaus Wagner, Vorsitzender Richter a. D. am Oberlandesgericht Düsseldorf. In vierzehnjähriger Tätigkeit hat er einhundert Fälle wegen Spionage verhandelt und über 500 Jahre Haft verhängt. Er begann seinen Beitrag mit der Bemerkung: »Die Spionage interessiert heute eigentlich niemanden mehr.«

Ich lernte in den verschiedenen JVA andere Kundschafter kennen. Wir beschlossen bereits in der Haft, gemeinsam gegen das uns widerfahrene Unrecht zu kämpfen. Realisieren konnten wir das durch die Gründung der *Initiativgruppe Kundschafter des Friedens fordern Recht* im März 1995 im Berliner Abgeordnetenhaus. Inzwischen besteht die Initiativgruppe über 13 Jahre, sie ist fast ein Jahrzehnt als Verein eingetragen. Der *WDR* und die *Bild am Sonntag* nannten uns »Gewerkschaft der Spione«. Damit können wir leben.

Vom BfV zur HVA

Klaus Kuron, Jahrgang 1936, Sachbearbeiter (Beschaffung) für die Arbeit mit Doppelagenten in der Referatsgruppe »Spionageabwehr DDR« des Bundesamtes für Verfassungschutz in Köln.
Ab 1982 Zusammenarbeit mit der HVA. 1990 Festnahme, im Februar 1992 vom Oberlandesgericht Düsseldorf zu 12 Jahren Haft und zur Zahlung von 692.000 DM Verfallsgeld verurteilt.
1998 Entlassung aus der Haft.

Der langjährige Chef der Hauptverwaltung Aufklärung, Markus Wolf, hat Sie in seinen 1997 erschienen Memoiren »Spionagechef im geheimen Krieg« als einen seiner Top-Spione neben Günter Guillaume und Gabriele Gast ausführlich beschrieben. Waren Sie wirklich so erfolgreich?

Was Spionagechefs aller Couleur heute von sich geben, sollte man mit der nötigen Vorsicht genießen. Solche Chefs führen persönlich keine Spione oder Inoffizielle Mitarbeiter. Dafür haben sie speziell ausgebildetes Personal. Ich kenne keinen Geheimdienstchef, der seine eigene Arbeit als ineffektiv oder nicht erfolgreich bezeichnet. Sicherlich waren die von mir gelieferten Informationen in dem einen oder anderen Fall von besonderer Bedeutung, aber ein »Top-Spion« war ich nicht. Mit diesem Begriff wird, glaube ich, zu großzügig umgegangen.

Der ehemalige BfV-Präsident nannte Ihren Fall »die größte Spionageaffäre der Nachkriegszeit«.

Das ist zwar schmeichelhaft, aber schwer übertrieben. Man hat meinen Fall nachträglich aufgebauscht, um die Unfähigkeit und Erfolglosigkeit des Verfassungsschutzes zu vertuschen. Der Kuron soll daran Schuld gewesen sein, daß ganz Deutschland über die Kölner Schlapphüte lachte.

Mein Chef, Hansjoachim Tiedge, setzte sich 1985 nach Ostberlin ab und schrieb dort eine Doktorarbeit über das BfV. Er wußte als Regierungsdirektor weit mehr als ich. Ihn haben sie nicht gekriegt, er ist in Moskau, und weil ich mich gestellt habe, machte man mich zum Staatsfeind Nummer eins. Dabei habe ich nur meine eigene Tätigkeit torpediert, indem ich DDR-Spione begünstigte, statt sie zu verhaften, und Verräter in den Reihen der HVA und dem Bereich Aufklärung der NVA als Doppelagenten ins Leere laufen ließ. Das übliche Spiel der Geheimdienste – man füttert sogenannte Countermen mit echten, aber belanglosen Informationen und sorgt dafür, daß sie keinen Schaden anrichten.

Einer Ihrer Countermen war der Cottbuser Kreisschulrat und Inoffizielle Mitarbeiter der HVA, Horst Garau. Er war Ihr Freund und endete, nachdem Mielkes Spionage-Abwehr ihn verhaftete, 1988 in Bautzen angeblich durch Selbstmord. Fühlen Sie sich an Garaus Tod mitschuldig?

Ich hatte zu Beginn meiner Tätigkeit für die HVA zur Bedingung gemacht, daß keiner ihrer Selbstanbieter oder von mir umgedrehte Leute verhaftet werden sollen – aus prinzipiellen Erwägungen und um mich nicht zu gefährden. Als Tiedge floh, sah das MfS keine Gefahr für mich. Garau wurde von einem Gericht der DDR zu lebenslänglicher Haft verurteilt. Ich mochte Horst Garau, doch er war für das Spionagegeschäft aus vielerlei Gründen nicht besonders geeignet. Er hatte sich aus Angst vor Verhaftung in der BRD, aus materiellen Gründen und aus Verärgerung über seine angespannte berufliche Situation in der DDR dem BfV offenbart.

Sein Tod schmerzt mich, doch schuldig fühle ich mich nicht. Bei meiner Verurteilung hielt man mir zugute, daß ich mich in Ostberlin für eine Freilassung der Eheleute Garau eingesetzt habe. Letzten Endes weiß jeder, der sich mit einem Geheimdienst einläßt, um die Gefahren dieses Gewerbes.

Wenn bei uns die Akten des Verfassungsschutzes ähnlich wie die Stasi-Akten offengelegt würden, gäbe es auch böse Überraschungen?

Wo man erschrecken würde, das ist, daß es Denunziantentum hier genauso gibt. Je nach Standort bezeichnet man ein solches Handeln als patriotische Pflicht. Mancher würde sich wundern, wer ihn angeschwärzt oder schlecht über ihn geredet hat. Da wurde viel schmutzige Wäsche gewaschen. Es gibt auch Denunziationen, wenn jemand seinen Mieter los werden will oder ein Mann seine Frau.

Hübscher Stoff für Kantinengespräche – oder schweigen Profis untereinander eisern?

Es wurde viel erzählt, zum Beispiel in der Kantine oder bei den morgendlichen Kaffeerunden. Die nachrichtendienstliche Grundregel der Abschottung wurde ständig verletzt. Die kleinen Mitarbeiter waren noch die verschwiegensten. Ganz oben wurde ständig renommiert. Wenn sich unsere Chefs mit denen der Landesämter zum Beispiel anläßlich der »Kieler Woche« trafen, war das besonders schlimm. Wenn die einen getrunken hatten und beweisen wollten, wer der Größte ist.

Wer waren die effizienteren Aufklärer in West- und Ostdeutschland: der Bundesnachrichtendienst oder die DDR-Dienste?

Wir kennen heute ja nur die Effizienz der östlichen Geheimdienste. Die Hauptverwaltung Aufklärung im Ministerium für Staatssicherheit und der militärische Nachrichtendienst der Nationalen Volksarmee der DDR waren nachweislich sehr effektiv. Das beweisen ja die enttarnten IM und die sichergestellten Akten, Karteien und Dateien. Wie bedeutsam auch immer die Informationen und Erkenntnisse waren, sie haben letzten Endes nicht den Zusammenbruch der DDR verhindert.

Viele Vorfälle erfuhren Sie erst nach der Wende von den Überläufern. Zu DDR-Zeiten gelang es dem Verfassungsschutz jedoch kaum, Stasi-Leute auf die andere Seite zu ziehen. Warum nicht? Die Versuchung, harte Mark verdienen zu können, lockte doch.

Das meinen Sie. Das war aber nicht so. Die Stasi-Leute, die ich kennen gelernt habe, standen fest zu ihrem System.

Systemfest heißt hier: wirklich sozialistisch überzeugt sein?

Ja, diese Leute waren einfach überzeugt, obwohl sie ein ziemlich realistisches Bild von der DDR hatten. Die standen fest. Auch heute zeigt sich das. Die wenigsten HVA-Leute liefen nach der »Wende« über – die meisten schweigen.

Genauso schweigen ja auch die meisten IM, bis sie enttarnt werden. Wie bewerten Sie die Akten der Stasi über ihre Inoffiziellen Mitarbeiter?

Na ja, ich gehe davon aus, daß solche Akten auch geschönt wurden, um bestimmten Fällen eine größere Bedeutung zu geben, wie im Westen auch. Wenn ein Hauptamtlicher mal eine gute Quelle halbwegs angeworben hat, dann stellt er seine Quelle in den Berichten doch meist besser dar als sie war. Wer schreibt denn schon, daß er keinen richtigen Kontakt zu der wichtigen Quelle aufnehmen konnte? Das tut doch keiner.

Warum haben Sie sich Ende 1981 als Maulwurf der DDR-Staatssicherheit in Ihrer Abteilung Spionageabwehr im Kölner Bundesamt für Verfassungsschutz angeboten? Ging es Ihnen nur ums Geld?

Das ist sehr komplex. Es war ein Bündel von Motiven und nicht ein bestimmter Fall oder eine plötzliche Eingebung, sondern ein über Jahre gehender Prozeß, mich schließlich so zu entscheiden.

Ich will es mal so zusammenfassen: Es war eine tiefgreifende Verärgerung über die verfehlte Sozial- und Familienpolitik in der BRD, die mich ins gesellschaftliche Abseits gerückt hatte. Kinder als Armutsrisiko, das ist bis heute nicht überwunden. Die Umverteilung der Vermögenswerte von unten nach oben scheint in der BRD systemimmanent zu sein. In der Sozialpolitik der DDR habe ich durchaus eine positive Alternative gesehen. Ich glaube, in dieser Hinsicht ging es in der DDR gerechter zu.

Ich habe mich natürlich auch immer wieder über inkompetente Vorgesetzte und politische Spitzenbeamte im BfV geärgert – insbesondere solche mit ausgeprägter »rechter« Gesinnung. Die Gründe, mich gegen die BRD und für die DDR zu entscheiden, waren für mich stichhaltig und sind heute auch nachvollziehbar.

Was das Geld angeht, so sollten Sie berücksichtigen, welche Risiken ich eingegangen bin, die ich heute in vollem Umfang auch zu tragen habe. Ich mußte mich mit meiner Familie existentiell absichern. So ist es zu einer Vereinbarung mit dem damaligen HVA-Chef Markus Wolf gekommen. Im übrigen halte ich es für unfair, bei sogenannten Ostspionen in den Motiven herumzuwuseln und sie in Frage zu stellen, ohne auch die Motivlage der Westspione einmal zu analysieren.

Sie haben im Prozeß gesagt, daß Sie sich aus einer Mischung von Finanznöten und Karriere-Enttäuschung zur Spionage für das MfS entschlossen haben. Damals gab es zwei Staaten, zwei Vaterländer. Haben Sie Ihr Vaterland verraten?

Nein, so habe ich das nicht gesehen. Vaterland Bundesrepublik, dazu war ich doch viel zu sehr in diesem deutschen Kram drin. Ich habe ja nie – wollen mal sagen – die DDR als Feind gesehen.

Ich habe die politische Zielsetzung – Wandel durch Annäherung – für richtig gehalten. Am Ende dieser Entwicklung hätte ohnehin nur ein Deutschland gestanden. Natürlich nicht in dem Sinne, daß die BRD die DDR einfach schluckt und dann alle diejenigen in Ost und West, die sich für den Fortbestand und eine günstige Entwicklung in der DDR eingesetzt haben, kriminalisiert und diffamiert.

Es hat Ihnen Spaß gemacht?

Natürlich. Schon vom Fachlichen her. Ist doch klar. Das haben auch meine Kontaktleute drüben erkannt. Wissen Sie, vom Professionellen her lagen wir da ja auf einer Wellenlänge. Man mußte die Fälle nur kurz ansprechen, und dann wußte man, was man zu tun hatte. Das war schön, das hatte eben seinen Reiz. Das hört sich jetzt vielleicht schlimm an, weil ja immer Menschen in die Fälle verwickelt waren, aber wenn man plötzlich vieles frei gestalten konnte, einfach sagen konnte, das mache ich jetzt so oder so – da liegt schon eine große Verführung drin.

Spionage hatte also für Sie etwas Spielerisches?

Ganz klar, das muß ich zugeben. Deshalb wollte ich ja auch überhaupt zum Verfassungsschutz, und deshalb habe ich dort auch zunächst den Job gemacht, Doppelagenten zu führen. Das Handwerkliche daran hat schon eine Faszination. Vor allem dann, wenn man es perfekt machen will, und ich glaube, ich war gar nicht schlecht.

Welche Voraussetzungen braucht denn ein erfolgreicher Spion?

Er muß ein ganz normaler Mensch sein, keine übertriebenen Selbstdarstellungsambitionen haben. Er muß schweigen können, auch über Erfolge. Denn Nachrichtendienst-Erfolge sind solche, über die man nie sprechen sollte. Eigentlich – ja, vor allem normal sein, das ist es.

Das Klischee des schillernden Top-Spions ist also grundfalsch?

Ja, man darf sich von der scheinbaren Glitzerwelt nicht faszinieren lassen. Mich hat das nie beeindruckt. Sicher, ab und an muß man in teuren Hotels einkehren. Mich hat das nie interessiert. Ich habe immer lieber in kleinen Pensionen übernachtet.

Sie sehen auch nicht aus wie ein Spielertyp, eher wie ein kleiner …

… Bürokrat.

Ich suchte ein freundliches Wort für Biedermann.

Ich bin kein Spielertyp. Spielertypen, die zocken und wetten, gehen in Casinos. So etwas mache ich nicht, das interessiert mich nicht. Aber Kombinieren und Denksportaufgaben, das Umgehen mit den und Beherrschen der technischen Finessen aus dem nachrichtendienstlichen Bereich hat mir schon immer Spaß gemacht. Schon beim Bundesgrenzschutz habe ich in den 50er Jahren verschiedene Chiffriertechniken verinnerlicht und im Funkwesen reichliche Erfahrungen gesammelt.

Das war also der besondere Reiz, das Spiel auf beiden Seiten zu spielen?

Ja, dieses Gefühl: »Alles im Griff«. Vergessen Sie aber nicht, ich habe nie ein Doppelspiel getrieben, ich habe seit 1982 ausschließlich die Interessen der DDR verfolgt.

Und das Treffen mit Markus Wolf war für den Doppelspion dann die Krönung des Spiels?

Ach, das würde ich so nicht sagen. Na gut, eine Person der Zeitgeschichte, zumal wenn sich so zahlreiche Legenden um sie ranken, lernt man schon gerne kennen, aber daß ich vor Hochachtung erstarrt wäre, so war das nun auch wieder nicht. Wir haben uns normal in einer freundschaftlichen Atmosphäre unterhalten.

Sie haben ja auch mit Herrn Wolf über Ihre Bezahlung verhandelt. Redet man da auch über Altersversorgung?

Ja, natürlich. Ich hatte meine Wünsche dazu, wie Sie wahrscheinlich wissen, vorher schriftlich fixiert. Markus Wolf offerierte mir ein großzügiges Angebot, das ich ohne Abstriche akzeptierte.

Ist das eigentlich jetzt in irgendeiner Weise rechtlich verbindlich?

Ach, wissen Sie, die Rechtsnachfolge DDR ist ein leidiges Thema. Mir ging das damals ja gar nicht um einen maximalen Gewinn. Ich hätte möglicherweise das Doppelte und Dreifache bekommen können. Ich wollte mein Gehalt haben, und das ist mir zugebilligt worden. Und dann wollte ich mir eine Altersversorgung aufbauen. Das Gehalt war so berechnet nach der Gehaltstabelle eines Obersten, der sich im operativen Einsatz befindet, und dann nachher auch die Pensionsberechnung, 15 Jahre Dienstzeit, 60 Prozent. Wolf hatte sich das auf einen Zettel aufschreiben lassen. Das war ein richtiger Pensionsanspruch.

Spielen mit Pensionsanspruch – hoch gespielt und hoch verloren.

Nun gut, ich muß das wohl so hinnehmen. Hätte es die Vereinigung nicht gegeben, hätte ich nicht verloren.

Sie waren acht Jahre in einer Gefängniszelle, dennoch jetzt das Gefühl, einmal das große Spiel gespielt zu haben?

Niemand läßt sich gerne in einen Käfig sperren. Das ist unmenschlich und verstößt in hohem Maß gegen die Menschenwürde. Aber wenn ich das armselige Leben mancher Leute sehe, die den ganzen Tag mehr oder weniger nur einen Aktenschrank anstarren – dagegen habe ich fünf Leben geführt.

Wie kommt es, daß Ihnen in den acht Jahren Ihrer Agententätigkeit niemand auf die Schliche gekommen ist?

Ich selbst hatte zu keinem Zeitpunkt die Befürchtung, vom Sicherheitsreferat des BfV enttarnt zu werden. Das Risiko minimierte sich auf zwei Bereiche: daß durch Kommissar Zufall die Entdeckung erfolgte oder durch Verräter im Ministerium für Staatssicherheit.

Haben Sie als Ehemann und Familienvater kein Risiko gesehen und nicht auch Verantwortung für die Familie gehabt?

Ich habe alles, was in meiner Macht stand, getan, um die Verbindung in die DDR sicher zu machen und auch eine materielle Absicherung der Familie vorgesehen.

Kommen wir noch einmal zu Ihrer Situation im Verfassungsschutz. Als Doppelagent im Amt müssen Sie doch jeden Tag rasende Angst gehabt haben aufzufliegen.

Nein, überhaupt nicht. Vor wem denn? Vor unserem Laden hatte ich keine Angst. Die einzige Gefahr wäre ein Verräter von drüben gewesen.

Haben sSie ich bei Treffen mit Stasi-Leuten ängstlich umgeschaut, ob Ihnen jemand folgt?

Das war doch keine neue Situation für mich. Auch als ich nur für den Verfassungsschutz gearbeitet habe, hab ich immer geschaut, ob ich verfolgt werde. Das war längst in Fleisch und Blut übergegangen.

Ihre Frau wußte von Ihrer Doppeltätigkeit. Sie wurde sogar mit Ihnen durch die Grüne Grenze nahe Magdeburg in die DDR geschleust, um mit Markus Wolf in einer Jagdhütte zu speisen.

Das ist richtig. Ich mußte sie einweihen, um unser Vertrauensverhältnis nicht zu untergraben. Doch aktiv hat sie mich nie unterstützt. Weil in Langley bei der CIA Stasiakten aufgetaucht sind mit den Namen von mir und meiner Frau, wollte man ihr auch den Prozeß machen, nachdem ein Ermittlungsverfahren schon 1992 eingestellt worden war und obwohl die angeführten Eintragungen von vornherein als unrichtig zu bewerten waren. Wer die unrichtigen Angaben in den sogenannten Rosenholzunterlagen manipuliert hat, ist mir nicht bekannt. Es können nur entweder der ehemalige Aktenführer in der HVA oder Mitarbeiter, die jetzt mit den Akten umgehen, gewesen sein. Die schwerwiegenden Vorwürfe schnurrten mit einem Mal zu einem Nichts zusammen, als meine Frau über ihren Anwalt erklären ließ, sie wolle die Vorwürfe vor Gericht in einer Hauptverhandlung geklärt wissen. Das Verfahren wurde daraufhin wegen geringer Schuld ohne Auflagen eingestellt.

Wie stehen Ihre Kinder zu Ihnen, nachdem sie erfuhren, daß ihr Vater ein Landesverräter ist?

Sie halten zu mir. Verstehen können sie es nur schwer.

Warum sind Sie nicht auf Anraten Ihres Führungsoffiziers nach Moskau geflohen, als klar war, daß Karl Christoph Großmann Sie verraten wird?

Ich habe auch deshalb für die DDR gearbeitet, weil ich wollte, daß beide deutsche Staaten zumindest im Aktionsbereich Nachrichtendienst voneinander wissen, damit das Gleichgewicht der Kräfte gewahrt bleibt. Für das KGB habe ich nie bewußt gearbeitet und wollte es auch nicht. Rußland war für mich Ausland, die DDR ein Teil Deutschlands. Ich glaube auch nicht, daß mein Chef Tiedge in Moskau heimisch geworden ist. Er behauptet es. Er hat keine Alternative.

Wie stehen Sie heute zur Arbeit der Geheimdienste?

Ich halte und hielt sie für überflüssig. Reine Geldverschwendung. Die DDR mußte immerhin einen Teil ihres technisch-wissenschaftlichen Knowhows aus dem Westen importieren. Da Devisen knapp waren, tat sie es durch Spionage. Heute treiben westliche Geheimdienste mehr denn je untereinander Industrie- und Wirtschaftsspionage. Alles andere steht doch in der Zeitung oder in Internet-Computerdateien. Im Zeitalter von Spionagesatelliten läßt sich aus dem All jede strategische Bewegung von der Größe einer Briefmarke erkennen. Der Spion der alten Schule ist tot. Aber es wird immer noch so getan, als ob das Geheimste der Bundesrepublik auf den Tischen des BfV gestapelt wäre. Im Grunde ist der Verfassungsschutz nichts als ein aufgeblasener, riesige Summen verschlingender Bürokratenbetrieb mit dem Charme eines Katasteramtes, in dem nur fünf Prozent der Mitarbeiter im Außendienst tätig sind. Der Rest klammert sich gelangweilt und frustriert an seine Schreibtische, hat die innere Kündigung längst abgegeben, hat Alkoholprobleme und wartet ergeben auf die nächste Beförderung.

Wie bewerteten Sie die Entscheidung des Bundesverfassungsgerichts, Mitarbeiter des MfS-Spionageapparates, sofern sie Bürger der DDR und nicht auf dem Boden der BRD aktiv waren, vom Vorwurf des Landesverrates freizusprechen, indes Bundesbürger, die vor der Wiedervereinigung als Informanten der HVA tätig waren, weiter strafrechtlich zu verfolgen?

Der Beschluß hätte der Anfang der Beendigung des Kalten Krieges sein können. Die Entscheidung, nur jene Mitarbeiter der HVA freizusprechen, die ihren Schreibtisch in Ostberlin nie verließen, und nicht auch jene, die im Westeinsatz ihren Hals riskierten, halte ich für ungerecht. Statt des Grundsatzes der Gleichbehandlung folgten die Richter der Maxime des geringsten politischen Widerstands.

Daß sie vier Jahre für dieses Urteil brauchten, hat eine besondere Qualität. In der Zwischenzeit wurde in Sachen Landesverrat und Spionage eifrig verfolgt und mit erheblichem Kostenaufwand verurteilt. Da waren bewußt Fakten geschaffen worden.

Daß Bundesbürger Gnade vor den Verfassungsrichtern finden würden, hatte ich nicht erwartet. Die Lösung dieses Problems wäre Sache der Politik gewesen. Dort hat man sich bekanntlich verweigert.

The winner takes it all. Der Sieg der »BRD-Demokratie« über die »DDR-Diktatur« bot dem Bundesverfassungsschutz (BfV) endlich Gelegenheit, mit der HVA-Aufklärung abzurechnen. Den Auslandsagentenkrieg hatten Wolfs Mannen eindeutig für sich entschieden, auch wenn Mielkes Schnüffler im eigenen Land ihn gründlich verspielten.

Es ist ein einmaliger Fall in der Geschichte, daß zwei gegnerische Geheimdienste staatlich vereinigt werden und sämtliches Wissen des einen in die Obhut des anderen übergeht. Nach der geltenden Haager Kriegskonvention dürfen Spione kapitulierender Länder nicht anders behandelt werden als gewöhnliche Kriegsgefangene.

Insofern ist die Ungleichbehandlung von HVA-Mitarbeitern und der von ihnen geführten Westagenten, gleich welcher Staatszugehörigkeit, ein Affront gegen das Völkerrecht. Aber Juristen können bekanntlich auch falsche Entscheidungen immer gut begründen. Seit Beginn meiner Tätigkeit für die HVA, 1982, fühlte ich mich nur der DDR verpflichtet und wäre im Falle einer Enttarnung dorthin übergesiedelt. De facto war ich vor der Wiedervereinigung Staatsbürger der DDR, geboren im Ruhrgebiet.

Warum haben Sie sich im Herbst 1990 freiwillig dem Verfassungsschutz offenbart?

Ich habe mich ausschließlich aus familiären Gründen so verhalten, in der Hoffnung auf faire Behandlung, weil Strafmilderung bis Straffreiheit von Seiten des Bundesjustizministers Engelhard, des Bundesinnenministers Schäuble und des Generalbundesanwalts von Stahl versprochen war – eine öffentliche Zusage, die nicht eingehalten wurde. Darüber hinaus hatte ich einen fairen Prozeß erwartet, wie ihn andere Angeklagte in nicht-politischen Verfahren auch bekommen.

Hatten Sie 1992 einen fairen Prozeß vorm Düsseldorfer Strafsenat?

Nein. Was erwarten Sie von einem politischen Strafsenat beim OLG Düsseldorf, einem Quasi-Sondergericht? Dort wollte man endlich nach Jahren des Mangels an zu verurteilenden Spionen ein Exempel statuieren. Obwohl mir kein einziger Fall eines Landesverrats nachgewiesen werden konnte – dieser Tatbestand ist übrigens im StGB genau definiert –, wurde ich wegen Landesverrats verurteilt. Die Herren Richter kumulierten die angeblich verratenen Dienstgeheimnisse, bis nach ihrer Meinung eine neue Qualität, nämlich Landesverrat, entstanden sei, frei nach dem Motto: eine Vielzahl von Taschendiebstählen führt irgendwann zum Tatbestand des bewaffneten Banküberfalls.

Eine Prüfung der einzelnen BfV-Akten durch das Gericht wurde durch den Bundesminister des Innern verhindert, weil angeblich die Sicherheit des Staates dadurch gefährdet würde. Das ist natürlich ein Schmarren, der überwiegende Nonsens in den Akten hätte höchstens auf Grund der Lächerlichkeit den Bestand des BfV gefährdet. So konnte ein vom Gericht bestellter Gutachter aus dem Landesamt für Verfassungsschutz Bayern das Blaue vom Himmel fabulieren, ohne seine Aussagen je belegen zu müssen. Meine Funktion beim BfV wurde mit dem gesamten Referat, in dem ich nur einer von mehreren Sachbearbeitern war, gleichgesetzt. Es sollte der Eindruck vermittelt werden, ich hätte über jeden Vorgang innerhalb der B-Gruppe des BfV Bescheid gewußt und alles verraten. Jeder mit der Struktur des Verfassungsschutzes Vertraute weiß, daß das praktisch unmöglich war.

Der ganze Prozeß ist nach Gutsherrenart vom Vorsitzenden Richter Dr. Wagner durchgezogen worden. Meinen beiden HVA-Führungsoffizieren, die immerhin Mitbeschuldigte waren, wurde die Wurst vor die Nase gehängt, das heißt, ihnen wurde die Einstellung des Verfahrens versprochen, wenn sie mich nur ausreichend belasteten. Wie ich in der Hauptverhandlung unschwer erkennen konnte, waren sie gesprungen, und wie! Sie haben den Sack zugemacht.

Haben Sie auch dem Mann vergeben, der Sie als ehemaliger Operativchef der Abteilung Gegenspionage der HVA 1990 an den Verfassungsschutz für Geld verriet, Karl-Christoph Großmann?

Ich bin kein Pfarrer, der Sünden vergibt. Vergessen kann ich das nicht, aber irgendwann sollte Ruhe eintreten. Wie ich hörte, ist er in Berlin ein ziemlich einsamer Mann, verachtet von seinen ehemaligen Kollegen in der HVA.

Sogar der Richter Dr. Wagner hat eingeräumt, daß Sie als Verfassungsschützer im Referat Spionageabwehr von Berufs wegen gefährdet waren, ein Illoyaler zu werden, da Sie ständig mit Verrat und Verrätern zu tun hatten.

Das hat eine erhebliche Bedeutung, jeder Psychologe könnte das bestätigen. Verrat gehört nun mal zum Geheimdienstgeschäft. Die ständigen Decknamen und Scheinidentitäten bei der Anwerbung und Führung von DDR-Agenten und die Verschwiegenheit gegenüber Freunden und Familie verleiten dazu, die Realität als Spiel zu betrachten und führen zu berufsbedingter Schizophrenie und tiefem Mißtrauen. Wer sich ständig damit beschäftigt, andere dazu zu bewegen, ihre Loyalität gegenüber dem Staat, seinem Arbeitgeber, seiner Partei etc. aufzukündigen, wird eines Tages prüfen, ob die selben guten Gründe auch bei sich selbst ein Grund für den Bruch der Loyalität zum eigenen Dienstherrn sein können. Ich kann jedem nur dringend empfehlen, sich aus solchem doppelbödigen Handeln herauszuhalten.

Wieso verlangte der deutsche Staat von Ihnen jene Summe, die die DDR Ihnen als Agentenlohn in Form eines Monatsgehalts von 4.000 DM acht Jahre lang zahlte, und weshalb sollen Sie eine Million DM an das BfV zahlen?

Ich bekam von der DDR kein Geld für einzelne Informationen, sondern erhielt quasi ein Gehalt nach Dienstvertrag, mit Pensionsabsprache, alles ordentlich geregelt. Nach der Wiedervereinigung erhielt ich deshalb eine aus meiner Sicht und dem Urteil von Steuerrechtsexperten rechtswidrige Nachversteuerungsforderung vom Finanzamt in Höhe von 300.000 DM plus Zinsen.

Das BfV verlangt eine Million DM von mir als Schadensersatz, wofür auch immer, laut Urteil soll ich mehr als 700.000 DM an Verfallgeld und Prozeßkosten an den Justizfiskus zahlen. Ich habe kein Geld, und das weiß man auch. Man will mich und meine Frau bis ans Lebensende asozialisieren und finanziell ruinieren.

Hat sich Ihre Agententätigkeit gelohnt, und würden Sie das heute wieder tun?

Für mich hat sich die Spionage nicht gelohnt, wenn Sie es nur von der materiellen Seite betrachten. Ich habe deswegen meinen Beruf und meine Pension als Beamter verloren, habe nunmehr acht Jahre im Gefängnis gesessen und meine wirtschaftliche Existenz verloren. Das reicht mir.

Wie und wovon leben Sie?

Ich beziehe eine Altersrente von der BfA, die im Rahmen der Zivilprozeßordnung gepfändet wird. Das heißt: Meiner Frau und mir stehen nur die pfändungsfreien Beträge zu, die sich an dem Sozialhilfesatz orientieren.

Bereuen Sie nach acht Jahren Haft Ihre Spionage für die DDR?

Aus der damaligen Sicht der Beurteilung der Umstände muß ich die Frage verneinen.

Was bedeuten für Sie heute die Begriffe Vertrauen und Verrat?

Die Wörter haben im Nachrichtendienst eine besondere Bedeutung. Vertrauen wird rein professionell jemandem geschenkt, den man einfach nicht kontrollieren kann, dem man dann auch glauben will. Und Verrat ist immer das, was der Gegner macht. Man selbst führt Quellen, sammelt Informationen – für eine gute Sache natürlich! Der Gegner hat natürlich Spione und Agenten, die verraten. Das ist ein dialektischer Prozeß.

Warum haben Sie 1995 die Initiative »Kundschafter des Friedens fordern Recht«, eine Art Gewerkschaft der Ex-Spione der DDR, mitgegründet?

Wie der Name schon sagt, möchte ich mich dafür einsetzen, daß uns ehemaligen Kundschaftern Recht geschieht. Die einseitige Betrachtung kann nicht hingenommen werden, daß einerseits ehemalige westliche Spione in der DDR belobigt und belohnt werden, während andererseits wir ehemaligen Inoffiziellen Mitarbeiter der DDR-Geheimdienste aufs Schlimmste bestraft werden. Diese Ungleichbehandlung und Ungerechtigkeit möchte ich beseitigt wissen. Ich fordere deshalb nur gleiches Recht für alle Ex-Spione.

Was würden Sie als Spionageexperte mit mehr als 30 Jahren Erfahrung Ihrem Sohn oder einem engen Freund raten, der gern für einen Geheimdienst arbeiten möchte?

Er sollte lieber einen Abenteuerurlaub im Dschungel machen und von den sogenannten Geheimdiensten die Finger lassen. Sie führen so oder so ins Nichts.

Haben Sie noch Freunde?

Ich weiß jetzt, daß ich Freunde habe – nicht viele, aber ausreichend.

Zwei aus der »Aktion 100«

Inge Baude, Jahrgang 1927, geboren und aufgewachsen in Niederlauterstein im Erzgebirge, verheiratet mit Heinz Baude. Getrennte Übersiedlung in die Bundesrepublik 1956/57 nach Neuwied in Nordrhein-Westfalen. Tätigkeit als Konstrukteur. 1962 Verhaftung. Heinz Baude wurde zu zwei, Inge zu einem Jahr Haft verurteilt. 1963 Rückkehr in die DDR. Heinz Baude, danach überwiegend mit der Absicherung von Auslands- und Reisekadern der DDR beschäftigt, verstarb 2001.
»Aktion 100«: Die HVA schickte zwischen 1954 und 1956 qualifizierte Führungskräfte in die Bundesrepublik, wo sich diese als Bundesbürger niederließen. Sie wurden zur Führung wichtiger Quellen eingesetzt. Obgleich die angestrebte Größenordnung (100 Personen) nicht erreicht wurde, schätzte die HVA die Aktion als erfolgreich ein.

»Wer die Vergangenheit nicht kennt, kann die Gegenwart nicht verstehen und die Zukunft nicht meistern.« Das gilt auch für den Einzelnen beim Nachdenken über die eigene Biografie. Da ich bereits auf die 80 zugehe, hat sich im Laufe meines Lebens eine ganze Menge an Erlebnissen und Erfahrungen angesammelt.

Ich bin in einem Dorf im schönen Erzgebirge geboren und aufgewachsen – in einer weitverzweigten Siedlung von 700 Seelen. Jeder kannte jeden. Am 13. Februar 1945 brannte das Haus meiner Großeltern im Nachbardorf bis auf die Grundmauern nieder – Ergebnis des wahllosen Abwurfs der restlichen Brandbomben nach dem Luftangriff auf Dresden.

Der zweite Weltkrieg forderte nachweisbar in Niederlauterstein 46 gefallene und vermißte Soldaten, 23 waren verheiratet und 23 ledig. Eine Familie verlor drei Söhne und zwei Schwiegersöhne.

Bei Kriegsende war ich 17 Jahre alt. Das Leben begann neu. Alles Neue wurde aufgenommen wie ein Geschenk. Von FDJ-Funktionären und anderen Menschen erfuhr ich, wer Hitler und seine Hintermänner waren. Bei der FDJ gab es Prüfungen zum »Abzeichen für gutes Wissen«. Da gab es Pflicht- und Zusatzliteratur, etwa Heinrich Heines »Deutschland, ein Wintermärchen«, Maxim Gorkis »Die Mutter«, Scholochows »Der stille Don«, Hemingways »Der alte Mann und das Meer« und Friedrich Wolfs »Cyankali«. Wir erfuhren etwas über Karl Marx, Friedrich Engels, Ernst

Thälmann, Wilhelm und Karl Liebknecht, August Bebel, über Lenin und Stalin, über Kant und Hegel. Wir waren wißbegierig, neugierig und bereit mitzuhelfen, eine neue Welt ohne Krieg und ohne Völkerhaß zu erbauen.

An der Seesportschule in Rechlin/Müritz lernte ich im Frühjahr 1952 Heinz Baude kennen. Ich gehörte seit 1951 der SED an. Er war Kursant eines Lehrganges und Kassierer für die SED-Parteimitglieder und hatte bei mir abzurechnen. Wir kamen uns näher. Im Oktober 1953 heirateten wir in Lauchhammer. Ende 1955 besuchte mein Mann einen Lehrgang in der Hauptstadt. Danach hatte er öfter in Berlin zu tun. Er tat immer sehr geheimnisvoll und erzählte nichts. Einmal kam er wieder und meinte, beim nächsten Male solle ich mit nach Berlin kommen, man wolle mit uns beiden ein Gespräch führen. Er sage nicht wer, er sagte nicht wo, sondern deutete allenfalls an, es gehe um eine Tätigkeit außerhalb der DDR.

Die Genossen in Berlin mußten mich nicht lange agitieren. Ich sagte kurz und bündig »ja«, als sie fragten, ob ich bereit sei, mit meinem Mann als Aufklärer und Kundschafter nach Westdeutschland zu gehen. Die Legende, die wir in unserer nicht kleinen Verwandtschaft, im Bekanntenkreis und unter den Arbeitskollegen kolportierten, lautete: Wir gehen für etwa drei Jahre in die Volksrepublik China an die DDR-Botschaft.

Der Vater von Heinz, Karl Baude, und meine Schwester Margot Schultz wurden jedoch von uns informiert. Sie hüteten das Geheimnis und trugen damit zum Gelingen der Mission bei.

Wir sollten mit einer fremden Biografie zum Einsatz kommen. Ich hieß nun Helga Eimert, war 1929 in Dresden geboren und kaufmännische Angestellte in Dresden. Meine Eltern hatten eine Apotheke besessen, die am 13. Februar 1945 beim Bombenangriff getroffen wurde. Sie kamen dabei ums Leben. Ich überlebte, weil ich bei einer Schulfreundin zu Besuch gewesen war. Später hätte mich ein Ehepaar in Pflege genommen.

Das setzte voraus, daß ich Dresden kennenlernte. Viele Tage verbrachte ich dort, um meine »Pflegeeltern« zu besuchen und meine Arbeitsstelle zu besichtigen.

In Berlin weihte man mich in die Aufgaben ein, die ich als Gehilfin meines Mannes übernehmen sollte. Dazu gehörte Fotografieren und Entwickeln, Schreiben mit unsichtbarer Tinte, Funkempfang auf Kurzwelle, Chiffrieren und Dechiffrieren, Suchen, Belegen und Entleeren von Toten Briefkästen usw.

1956 begann die unmittelbare Vorbereitung der Übersiedlung. Mein Mann Heinz Baude zog als Dieter Schröder im Herbst mit zwei Koffern los. Er sollte Quartier machen und Arbeitsmöglichkeiten auskundschaften. Danach sollte ich folgen. Allerdings nicht als seine Frau. Eimert und Schröder kannten sich nicht.

Er bezog in Frankfurt am Main ein Zimmer und wurde Staubsauger-Vertreter. Als erstes kaufte er sich ein Radio mit Kurzwelle, auf der er die verschlüsselten Nachrichten der Zentrale empfing. Man signalisierte ihm, daß ich ihn zwischen Weihnachten und Neujahr konspirativ aufsuchen würde, um Westluft zu schnuppern. Allerdings kam die Nachricht verstümmelt an, was ich nicht wußte, als ich mich am 23. Dezember aufgeregt auf den Weg machte.

Meiner Verwandtschaft erzählte ich, daß ich vom Außenministerium nach Prag zu einem Kurzurlaub eingeladen worden sei.

Ich hatte drei Trefftermine. Der erste nach der Ankunft: Fehlanzeige; der zweite anderentags früh: Fehlanzeige. Was nun?

Ich fuhr mit der Straßenbahn bis zur Wohnung meines Mannes, Adresse und Telefonnummer hatte ich von meinem Führungsoffizier bekommen, um sie aber nur im Katastrophenfall zu nutzen. Ich wußte auch, welches Fenster zur Wohnung gehörte. Es war erleuchtet. Ich stand vor der Klingel, der Name SCHRÖDER stand darauf.

Ich unterließ es, sie zu betätigen. Das kostete große Überwindung. Ich ging zu einer Telefonzelle – und verließ diese wieder. Dann ging ich in ein in der Nähe gelegenes Café in der Hoffnung, Heinz kreuzte dort auf. Was natürlich nicht geschah.

Am nächsten Morgen war der letzte Trefftermin – auch Fehlanzeige. Ich fuhr unverrichteterdinge Heiligabend zurück nach Berlin, meldete mich bei meinem Führungsoffizier und schrieb meinen Bericht. Dann tippte ich auf einer Reiseschreibmaschine mir und meiner Verwandtschaft einen Brief aus Prag.

Anfang 1957 siedelte ich als Helga Eimert nach Neuwied über. Ich hatte mich als Flüchtling aus der DDR registrieren lassen und ging mit meiner PM 12 *(DDR-Reisedokument – d. Hrsg.)* zum Meldeamt in Neuwied. Fast wäre dort mein Einsatz beendet gewesen. Der sehr aufmerksame Beamte stellte fest, daß ich nicht *Helga*, sondern *Helge* heiße.

Ach, versuchte ich die Panne in Berlin abzuwiegeln, das könne doch nur ein Tippfehler sein, der Name laute Helga.

Gut, meinte der Beamte, das ließe sich ja beheben, indem man das Dokument zurückschickte und ein neues anforderte.

O Gott, warf ich ein, ob er die Bürokratie drüben kenne?

Das nicht, aber der Bamte wollte das wohl nicht zugeben, nickte verständnisvoll und nahm seine Eintragung vor.

Das war knapp.

Als nächstes mußte ich meinen »künftigen« Mann kennenlernen. Das wurde bei einer Karnevalsveranstaltung im März 1957 im Gasthaus »Zum Storchen« in Neuwied arrangiert. Herr Schröder tanzte wiederholt mit mir. Am folgenden Montag fuhren wir gemeinsam nach Köln zum Rosenmontagsumzug.

Nun besuchte ich öfter meinen »Freund« in seiner Frankfurter Wohnung. Die Vermieterin achtete sehr darauf, daß ich spätestens 22 Uhr das Haus verließ. Einmal habe ich heimlich übernachtet. Früh schlich ich mich aus dem Haus. Sie hat es trotzdem bemerkt, und abends gab es eine Aussprache, in der sie auf eine Verlobung drängte. Zwei Wochen später feierten wir mit ihr bei einer Flasche Wein Verlobung. Die Hochzeit fand auch bald statt – auf dem Standesamt und in der Kirche. Wir waren evangelisch.

Meine Zimmerwirtin war streng katholisch und hat mich auf die kirchliche Trauung vorbereitet wie eine Mutter.

Wir suchten in Neuwied eine Unterkunft mit Küchenbenutzung und fanden sie. Ich mußte dem Vermieter versichern, daß ich nicht schwanger sei. Mit einem geliehenen Handwagen zogen wir um. Ein Jahr später erhielten wir eine sogenannte Sozialwohnung mit zwei Zimmern, Küche, Bad und einem kleinen Balkon.

Auf dem Rummelplatz gab es eines Tages eine unangenehme Begegnung. Ein Losverkäufer begrüßte Heinz lautstark und freudig. »Guten Tag, Herr Baude. Hatten Sie auch von der DDR die Nase voll?«

O Schreck: Ein ehemaliger Schüler von der Berufsschule Lauchhammer, der offenkundig der DDR den Rücken gekehrt hatte, erkannte seinen ehemaligen Lehrer. Das ging in die Glieder. Heinz blieb kühl und gelassen und erklärte, daß wohl eine Verwechslung vorläge, er heiße Schröder. Kopfschüttelnd entfernte sich der Losverkäufer.

Wir berichteten nach Berlin und erhielten Anweisung: mehrere Wochen Unterbrechung der operativen Tätigkeit. Augen und Ohren offen halten. Erhöhte Wachsamkeit!

Die Gefahr ging vorüber, es ging weiter.

Eines Tages glaubte ich, unter den Arbeiterinnen der Papierfabrik Reuter, bei der ich als Leiterin der AG Arbeitsvorbereitung angestellt war, eine Bekannte aus der DDR gesehen zu haben. Mein Mann und ich entwarfen einen Plan, wie wir Gewißheit erhielten. Möglich war das durchaus, immerhin kam jede vierte Angestellte in der Firma aus der DDR. Diese waren bei Arbeitgebern sehr willkommen – sie waren gut ausgebildet, diszipliniert und bescheiden. Auch ich hatte damals ans Pförtnerfenster geklopft, einen Fragebogen ausgefüllt und war umgehend eingestellt worden.

Als ich Jahre später aus dem Gefängnis entlassen wurde, paßte mich der Chef der Papierfabrik persönlich in seinem schwarzen Mercedes auf der Straße ab und bot mir meine Stelle wieder an. Ich forderte 200 DM mehr Gehalt, was er umgehend bewilligte.

Meine Arbeitsgruppe bildete auch Lehrlinge aus, Richtung Industriekaufmann. Ein Lehrling löcherte mich, warum ich nicht in der DDR geblieben wäre. Dort würden doch die Jugendlichen viel besser gefördert, Arbeiter- und Bauernkinder hätten Vorrang beim Studium, es gäbe die Arbeiter- und Bauernfakultät und so weiter. Es stellte sich heraus, daß er Mitglied der inzwischen verbotenen FDJ gewesen war. Ich mußte ein wenig herumeiern, um mich politisch nicht angreifbar zu machen. Der Bursche war pfiffig und stand mir politisch sehr nah, aber genau das durfte ich nicht zeigen.

Meine politische Linie war SPD Mitte-rechts orientiert. Mitte-links wäre schon zu gefährlich gewesen. Mein Mann, der bei *Winkler & Dünnebier* als Detail-Konstrukteur angestellt war und dort sehr respektiert war, durfte zwischen rechter SPD und FDP schwanken.

Sicher brachten wir Berlin keine spektakulären Ergebnisse. Aber ein Strand besteht nun mal aus sehr, sehr vielen kleinen Sandkörnern. Wir beiden waren so etwas.

Über das GRUNDIG-Kofferradio hielten wir ständig Verbindung zur Zentrale. Ungefähr zweimal pro Woche wurden Zahlenreihen gesendet, jeder Empfänger hatte seine Code-Nummer. War die dabei, mußte ich auf Empfang bleiben.

Waren wir bei Bekannten zu Besuch, mußte ich Kopfschmerzen vortäuschen, um rechtzeitig zu Hause zu sein. Oder wir hatten Besuch und bekamen ihn nicht rechtzeitig hinauskomplimentiert, zog ich mich – 22.00 Uhr war Sendezeit – in die Küche zurück, um ein paar Häppchen zuzubereiten. Mein Mann unterhielt derweil die Gäste.

Besondere Höhepunkte waren der Urlaub und das Treffen mit den Führungsoffizieren in der DDR. Der Besuch in Berlin mußte abgedeckt werden. Im Kollegen- und Bekanntenkreis sagten wir, daß wir in Holland den Urlaub verbringen würden. Also fuhren wir drei Tage dorthin, um Kartengrüße zu schicken und Fotos zu machen. Dann ging es ab für zwei bis drei Wochen nach Berlin. Die ersten Tage waren operative Tätigkeit: Berichte schreiben, Informationen über die gesellschaftspolitische Lage verfassen und neue Aufgaben beraten. Dann ging es zu unseren Eltern, Verwandten und Bekannten. Vorher machten wir uns über China kundig.

Die Mitbringsel aus China hatten wir in Köln gekauft, die Fotos stammten aus Hagenbeks Völkerschau in Hamburg.

Einmal waren wir zu einem Treff in Brno bestellt. Wir fuhren mit unserem VW-Käfer zunächst nach Rimini in Italien. Nach einer Woche kündigten wir das Zimmer und reisten nach Wien. Dort erhielten wir Papiere für das Treffen mit unserem Führungsoffizier anläßlich einer Messe in Brno. Wir reisten als Holzhändler aus Wien. Mir kam zugute, daß ich im Erzgebirge Industriekaufmann bei einer Spielzeugfabrik gelernt hatte. Dazu kamen Kenntnisse über Papier aller Art durch meine Tätigkeit in der Papierfabrik Reuter in Neuwied.

Wir fuhren zwei Tage durch Wien und mieteten für einige Tage einen Garagenplatz. Mit dem Zug ging es nach Brno.

Am Morgen des 13. August 1961 erfuhren wir in den Nachrichten von den Grenzsicherungsmaßnahmen der DDR. Wir entwarfen einen Plan, wie wir mit unseren Kollegen und Bekannten darüber sprechen sollten. Alle waren aufgeregt – es gab kaum ein anderes Thema. Auch nicht im Aquarien-Verein von Heinz. Dort versuchte uns ein alter Kommunist begreiflich zu machen, daß die DDR richtig gehandelt habe. »Wenn Nachbars Hühner in meinen Hof eindringen und das Futter meiner Hühner wegfressen – was tue ich? Ich baue einen Zaun!«

Er war enttäuscht über unsere Argumentation.

Den Jahreswechsel 1961/62 verlebten wir wieder in Berlin und Lauchhammer. Wir waren ziemlich gestresst, die Mauer forderte ja auch im Verbindungswesen erhöhte Wachsamkeit und Konzentration. Und nicht zu vergessen: Wir waren ja angeblich in China.

Das Jahr 1962 begann mit der gewohnten Tätigkeit.

Im April 1962, eine Woche nach Ostern, wurden wir verhaftet.

Das kam für uns überraschend. Trotz intensiven Grübelns fanden wir nichts, was man als eigenen Fehler hätte charakterisieren müssen. Auch ein Verrat durch Kontakte und Verbindungen in der Bundesrepublik schied aus. Allerdings: Der Vernehmer schien Hinweise auf unsere Zusammenarbeit zu haben. Wie sich später herausstellte, hatte die Gegenseite es vermocht, Teile des sogenannten einseitigen Funks, d. h. die über Kurzwelle per Radio übermittelten Nachrichten der Zentrale, zu entschlüsseln. So war man auf uns gestoßen.

Neun Monate saßen wir in U-Haft, Heinz in der JVA Düren, ich in Bonn.

Im Januar 1963 fand der Prozeß in Koblenz statt. Mir wurde die neunmonatige Untersuchungshaft angerechnet, ich kam sofort frei. Heinz wurde nach Wittlich verlegt und erst August 1963 entlassen. Die geplante Rückkehr in die DDR wurde bis ins Detail mit höchster Konzentration geplant und durchgeführt.

Am 28. September 1963 empfing man uns in der Friedrichstraße in Berlin. Die DDR hatte uns wieder.

»Die Toten bleiben jung«

Dr. Gerhard Feuerstein (1926-1973), Aufklärer der HVA seit 1954, u.a. in den Objekten Rheinisch-Westfälische Technische Hochschule Aachen, Deutsche Forschungs- und Versuchsanstalt für Luft- und Raumfahrt (DFVLR) in Köln, Forschungsabteilung der Firma Reinz Dichtungs GmbH Neu-Ulm und der Firma Braun AG Frankfurt am Main.
Dipl.-Ing. Dieter W. Feuerstein, Jahrgang 1955, Zusammenarbeit mit der HVA seit 1972, zuletzt Entwicklungsingenieur und Sicherheitsbeauftragter der Firma Messerschmitt-Bölkow-Blohm (MBB), Unternehmensbereich Flugzeuge, Ottobrunn bei München.
Verhaftung im Oktober 1990 und vom Bayerischen Obersten Landesgericht zu 8 Jahren verurteilt.
Haftzeit von Oktober 1990 bis Oktober 1994.

Frankfurt am Main, Frühjahr 1972

»Wir müssen reden«, waren die Worte meines Vaters. Wir stritten zwar nicht mehr lautstark, die Argumente waren ausgetauscht, aber das sich Gegenseitig-aus-dem-Weg-gehen konnte nicht die Lösung unserer Differenzen sein. Seit wir im August 1970 nach Frankfurt gezogen waren, ich durch die sozialkritischen Lesungen einer jungen Journalistin der Zeitschrift *Konkret* gesellschaftlich wachgerüttelt wurde und so mancher Hausbesetzer des Frankfurter Westends dank unseres großbürgerlichen Kühlschranks den Grundstücksspekulanten besser Widerstand entgegensetzen konnte, war unsere Sechsraumwohnung in einer noblen Wohngegend des Frankfurter Nordends ein steter Treffpunkt linksorientierter Freunde.

Niemals hatte ich das Gefühl, daß mein Vater daran Anstoß genommen hätte; im Gegenteil, mein Vater war regelmäßig in die Diskussionsrunden integriert. Ausgegrenzt nur, wenn in einem Teil unserer Wohnung nicht nur Tabak in den selbstgedrehten Zigaretten glimmte. Mit Kritik hielt er zu keinem Zeitpunkt hinterm Berg. Ich erinnere noch genau, wie er mir gegenüber die Gefahren aufzeigte, die er in jenen Positionen zu entdecken glaubte, wie sie von Anhängern der antiautoritären und anarchistischen Szene vertreten wurden. »Das kann ganz schnell in eine militante Richtung gehen, die der durchaus gerechten Sache nur schadet, weil aus einer kleinbürgerlichen Rebellion nur schwer eine gesellschaftliche Revolution wird.« Über einen sehr engagierten und emotionsreichen Artikel zum Thema Obdachlosigkeit der *Konkret*-Journalistin hatten wir lange und ausführlich gesprochen. Später wurde diese Journalistin bekannt, als auf Plakaten republik- und europaweit nach ihr gefahndet wurde. Noch heute beeindruckt mich die treffsichere Einschätzung und Bewertung meines Vaters zu einem Zeitpunkt, als Ulrike Meinhof selbst ihre spätere Entwicklung kaum erahnt haben dürfte.

Im Laufe des Jahres 1971 entwirrte sich mein Freundeskreis innerhalb des linken Spektrums immer mehr. Andrea, die Tochter von Emil Carlebach, brachte mich zum ersten Mal mit einer Jugendorganisation, der Sozialistischen Deutschen Arbeiterjungend (SDAJ), zusammen. Sie stand eindeutig auf Seiten des anderen, sozialistischen Deutschlands, was für die meisten Linken der BRD überhaupt nicht zutraf. Mit der Zeit lernte ich immer mehr ältere Kommunisten der *Deutschen Kommunistischen Partei* (DKP) kennen und schätzen. Ich bewunderte Emil Carlebach, der zur illegalen Lagerleitung im KZ Buchenwald gehörte, nach dem KPD-Verbot 1956 in der DDR Exil fand und später, bis zu seinem Tod 2001, in seiner Heimatstadt Frankfurt lebte; Bewunderung empfand ich auch für den tapferen Widerstandskämpfer Peter Gingold (1916-2006), um stellvertretend für viele zwei Namen zu nennen.

Setzte sich mein Vater noch mit großem Engagement mit maoistischen und trotzkistischen Positionen auseinander, so wurden die Gespräche mit Mitgliedern der DKP ruhiger, leiser und auf eine für mich damals noch nicht verstehbare Art und Weise einvernehmlicher, ja solidarischer geführt. Wobei er allerdings nie darauf verzichtete zu betonen, daß er einer solchen politischen Auffassung nicht zustimmen könne; als wolle er jeden nur denkbaren Versuch der Werbung bereits im Keim ersticken. Und jetzt, als ich mich entschlossen hatte, der DKP beizutreten, begannen die Auseinandersetzungen mit meinem Vater. Ich sollte meinen Aufnahmeantrag zurücknehmen. Sollte Rücksicht nehmen auf die gesellschaftliche Stellung des Vaters, Rücksicht nehmen auf das Mitglied des Vorstands eines deutsch-amerikanischen Unternehmens. Nein, eine Rücksicht auf das Großkapital und die Rüstungsindustrie war bei mir nicht drin. Der Vater erschien mir als reiner Theoretiker, unfähig und unwillig zum Handeln, korrumpiert durch einen gutdotierten Job und fest entschlossen, den eigenen Sohn in eine ebensolche bürgerliche Perspektive zu nötigen. »Salonbolschewist« gehörte noch zu den feineren Vokabeln, die mir im Streit über die Lippen kamen.

Die Aufforderung, miteinander zu reden, hatte ich dankbar aufgegriffen und mich gewundert, daß wir ins Auto stiegen, um auf die andere

Seite des Mains zu fahren. Es war einer jener sonnigen Tage, mit dem sich der Winter verabschiedet und den die Meteorologen mit den Worten »für die Jahreszeit zu warm« charakterisieren. Wir hielten auf dem Parkplatz vor dem Goetheturm im Sachsenhäuser Stadtwald. Ich hatte mir unterwegs noch einmal alle Argumente zurechtgelegt. Eine Fülle von Einschätzungen meines Vaters, auch über Menschen in der eigenen Familie, hatte ich parat und brannte darauf, ihn mit seinen eigenen Worten zu schlagen. Während wir den Weg durch den Wald, wegen der noch zahlreichen Pfützen mit gesenkten Blicken entlanggingen, brach mein Vater das Schweigen. »Du willst also in eine Partei eintreten? Gut, einverstanden, aber es gibt auch andere Parteien als die DKP.«

In aller Ruhe hörte sich mein Vater meine ins Lächerliche gezogene Analyse der Parteienlandschaft des Jahres 1971 an. Ich machte auch nicht Halt vor jenen linken »K-Gruppen«, die als Utopisten die Realität, also den realen Sozialismus, genauso fürchteten wie der Teufel das Weihwasser. In meinem Redeschwall und meiner aufgewühlten Stimmung beharrte ich auf dem Standpunkt, daß es zu der von mir getroffenen Entscheidung keine ernstzunehmende Alternative gebe. »Doch, die gibt es«, waren die ruhigen und warmherzigen Worte, in einer Tonlage, die besser zu dem Satz »Ja, du hast recht« gepaßt hätte. Der Wechsel der Worte »Nicht« und »Doch« zog sich noch eine Weile hin, bis es mir endlich in den Sinn kam zu fragen, welche Partei er denn meine. Und während ich noch fragte, zeigte mir ein Blick auf sein Gesicht, daß er auf diese Frage gewartet hatte. »Die Sozialistische Einheitspartei Deutschlands, die SED«, war seine Antwort. Schweigen und Verblüffung meine Reaktionen, da fehlten mir die Worte, und mit der Alternative hatte er ja nicht unrecht; aber ... Ich wollte gerade ansetzen, da fügte er noch hinzu: »Das hätte den Vorteil, daß wir dann beide in der gleichen Partei wären.«

Weniger die Dunkelheit, mehr die Kälte setzte diesem Spaziergang ein Ende. Viele solcher Ausflüge sollten folgen, denn jetzt lernte ich den Vater erst richtig kennen. Nichts wußte ich von seinem Leben bis zu jenem Tag. Nur eines hatte ich bereits begriffen: daß es Themen gibt, über die niemals in geschlossenen Räumen gesprochen werden darf.

Warschau, März 1948

Gerhard, mein Vater stammt aus einem sozialdemokratischen Elternhaus. Der Großvater, zunächst als Direktor eines Gymnasiums in Karlsruhe von den Nazis strafversetzt und später inhaftiert, konnte verhindern, daß mein Vater der Hitlerjugend beitrat. Mit 16 Jahren, direkt von der Schulbank als Luftwaffenhelfer eingezogen und ohne militärischen Dienstgrad, geriet er in polnische Kriegsgefangenschaft. Ähnlich wie in der Sowjetunion wurden nach den politischen Veränderungen Polens im Jahre 1948 demokratische Selbstverwaltungen der Kriegsgefangenen geschaffen. Neben der organisatorischen Arbeit kam es vor allem darauf an, das Nachdenken über diesen Krieg, über die Verbrechen der Deutschen in Polen und deren Ursachen zu unterstützen. Junge, unbelastete deutsche Kriegsgefangene sollten diese Aufgabe übernehmen, unterstützt von den wenigen Mitgliedern, die in der Arbeiterbewegung schon vor 1933 aktiv wirkten. Irgendwann im Jahre 1947 muß mein Vater mit dieser Frage konfrontiert worden sein.

Mein Wissen über diese für die Entwicklung meines Vaters prägende Zeit beschränkt sich auf wenige Einzelheiten, über die er in Gesprächen berichtete. Details wie Orte und Jahreszahlen, über die er in den frühen 70er Jahren berichtete, sind mir nicht im Gedächtnis geblieben. Eine Vorstellung über die Bedingungen, unter denen mein Vater in jener Zeit lebte, erhielt ich durch die Berichte von Genossen, die den gleichen Weg wie er gegangen sind. In »Der Aufenthalt«, »Meine Wendejahre« und »Deutsche in Polen nach 1945« beschrieben Hermann Kant, Harri Czepuck und Manfred Gebhardt, die sich noch gut an den großen und schlanken Gerhard erinnern können, die damalige Zeit.

Anfang 1948 traf mein Vater im *Obóz Pracy Warszawa* ein, dem Arbeitslager, das sich im ehemaligen Warschauer Ghetto befand. Neben ganz praktischen, organisatorischen Inhalten vermittelte dieser Schnellkurs elementares Wissen über die geschichtlichen Ereignisse und die gesellschaftlichen Zusammenhänge von Faschismus und Krieg und bereitete die Grundlage dafür, daß Polen künftig nicht mehr als Feind, sondern als befreundeter Nachbar gesehen werden sollte. Die Aufgabe der antifaschistischen Gruppe, zu der neben Kant, Czepuck, Gebhardt und vielen anderen auch mein Vater gehörte, war unter anderem die Zusammenstellung der Heimkehrerzüge, die vom oberschlesischen Gliwice aus nach Deutschland fuhren. Entscheidend waren Alter, Gesundheit, soziale und familiäre Verhältnisse. Auch die Frage der Verstrickung in die Wehrmachtverbrechen und der Grad der persönlichen Verantwortung waren nicht ohne Belang. Vieles sprach dafür, daß Gerhard zu einem der ersten Transporte gehören sollte, die nach Deutschland fuhren und erstmals im Herbst 1948 zusammengestellt wurden.

Dann kam es anders als erwartet. Die Angehörigen der Antifa-Gruppe wurden in einer Baracke zusammengerufen. Kurz darauf betrat »Onkel Karl« den Raum und teilte der Gruppe mit, worum es ging. Von diesem älteren Genossen, der sich als Karl Wiesner vorgestellt hatte und den alle »Onkel Karl« nannten, hatte mir mein Vater erzählt. Seinen richtigen Namen erfuhr ich aber erst in einem Gespräch mit Harri Czepuck, als ich zur Ehrung von Rosa Luxemburg und Karl Liebknecht im Januar 2003 in Berlin weilte. »Onkel Karl« hieß eigentlich Karl Wloch und war der Cousin von Wilhelm Wloch, der mit seiner Familie Jahre im Moskauer Exil verbrachte. Die damals entstandene Jugendfreundschaft zwischen Lothar, dem Sohn von Wilhelm Wloch, und Konrad Wolf beschreibt Markus Wolf eindrucksvoll in seinem Buch »Die Troika«.

Ich erwähne dies, weil es mich unwillkürlich an eine Begebenheit erinnert, die erst Jahre später ihre umfassende Aufklärung fand. Zähneknirschend mußten meine Frau und ich 1984 akzeptieren, daß wir unseren Kontakt zu einem guten Freund, den wir als Trauzeugen ausgesucht hatten, aus Sicherheitsgründen abbrechen sollten. Wir mußten ihn nicht von der Trauzeugenliste streichen, dennoch brachen wir den Kontakt anschließend gänzlich ab. Eine Begründung für diese Anweisung gab es nicht. Glaubhaft versicherten uns die Führungsoffiziere, daß sie es selber nicht wußten und es sich um eine Anweisung von »ganz oben« handeln würde. Wir blieben folglich alleine mit unseren wilden Spekulationen, gingen dann aber schnell zur Tagesordnung über und vertrauten auf den größeren Überblick der Zentrale. Die Antwort, die uns die Führungsoffiziere versagt hatten, gab schließlich Markus Wolf in der »Troika«. Unser Trauzeuge war Lothar, Sohn des gleichnamigen Vaters und Enkel von Wilhelm Wloch. Wir hatten ohne den Hauch einer Ahnung um die biographischen Verhältnisse unter unzähligen Studenten der Technischen Universität Westberlins ausgerechnet Lothar ausgesucht, dessen Familie enge, freundschaftliche Kontakte zu unserem obersten Chef pflegte. Unter konspirativen Gesichtspunkten eine sehr bedenkliche Konstellation, die eine solch drastische Maßnahme in der Tat rechtfertigte. Mein Erstaunen war enorm, als ich 2003 erfuhr, daß unser Trauzeuge Lothar auch der Großneffe von »Onkel Karl« ist, der 1948 so entscheidenden Einfluß auf die Biographie meines Vaters – und in letzter Konsequenz auch meine eigene – hatte.

»Onkel Karl« fragte in dieser Warschauer Baracke die Gefangenen, was sie davon hielten, die politische Arbeit bis zum Schluß fortzusetzen. Ohne Zögern war mein Vater bereit, sich auf das einzulassen, was vorgeschlagen wurde. Auf eine solche Gelegenheit hatte er gewartet, seit er als Kriegsgefangener bis zu den Hüften in bereits halbverwesten Leichen stehend, das erste Massengrab freilegen mußte. Das war eine der bestialischen Hinterlassenschaften der SS- und Wehrmacht-Mörder. Wer einmal die Körper von Säuglingen und Greisen zur Identifizierung in den Händen hielt, läßt sich nicht mehr von dem hinlänglich bekannten Geschwafel vom Krieg, in dem das halt »normal« sei, verwirren.

Über drei Jahre dauerte es nun schon, in denen meine Großeltern im badischen Mannheim auf die Rückkehr der beiden Söhne gewartet hatten.

Der erste Brief meines Vaters aus Polen, nach seiner Entscheidung, freiwillig zu bleiben, stieß auf Unverständnis. Waren die Worte authentisch? Wurden sie unter Zwang diktiert? Das Mißtrauen war groß. Gerhard mußte noch viele Briefe schreiben, bis die Eltern daheim begriffen.

Obwohl die Selbstverpflichtung lautete »Wir machen als Letzte das Licht aus«, gehörte mein Vater zu denen, die zur Staatsgründung der DDR am 7. Oktober 1949 ihren Platz in Berlin sahen.

Leipzig, 4. Juli 1953

Die Absolventen des ersten Jahrgangs »Lehrer für Grundlagen des Marxismus-Leninismus«, zu denen mein Vater gehörte, erhielten an jenem Tag ihre Diplomurkunde. Aus Polen zurück, war mein Vater von der Partei nach Leipzig delegiert worden, um an diesem Studium teilzunehmen. Zu einem wesentlichen Teil der Bildungspolitik der DDR gehörte die Erkenntnis, daß nur das Wissen um gesellschaftliche Zusammenhänge künftige Katastrophen verhindern könne. Daß unter den Bedingungen echter Demokratie, soll heißen im wahrsten Wortsinne echter Volksherrschaft, den Angehörigen der Intelligenz besondere Verantwortung für den Charakter des Staates auferlegt wird, liegt auf der Hand. Für jeden akademischen Bildungsweg sollten die Grundlagen der Gesellschaftswissenschaften zum Pflichtfach werden. Und dafür brauchte es Lehrerinnen und Lehrer. Einer davon war nun mein Vater.

In dieser Zeit hielt an der Philosophischen Fakultät der Leipziger Karl-Marx-Universität der große deutsche Philosoph Ernst Bloch Vorlesungen. Wie ich aus den Erzählungen meines Vaters weiß, versäumte er kaum eine und schwänzte dazu nicht selten die Seminare des eigenen Studiengangs, wie mir dies Jahre später Wolfgang Heinke, Professor für Geschichte der deutschen und internationalen Arbeiterbewegung an der Humboldt-Universität, bestätigte. Daß mein Vater tatsächlich zu einem der großen Bewunderer Blochs gehörte, entspricht den Tatsachen, wie mir damalige Mitstudenten wie Wolfgang Heinke, aber auch Günter Wendel, Professor für Wissenschaftsgeschichte der Humboldt-Universität, bestätigten – und zwar ohne Kenntnis der Schlagzeilen, mit denen die Tagespresse von Flensburg bis Rosenheim am 23. Januar 1992 zu meinem Prozeßauftakt ihre Berichterstattungen betitelten.

Bis heute habe ich mich nicht öffentlich dazu geäußert. Will aber an dieser Stelle eine Begebenheit einfügen, die ich selbst im Dezember 1971 erlebt habe. Zum Weihnachtsessen kam die ganze Familie bei meiner Großmutter in Heidelberg zusammen, um friedlich und harmonisch das Jahresendfest zu begehen. Neben meiner Mutter und meinem Vater waren auch mein Onkel und meine Tante aus Ulm angereist. Der acht Jahre ältere Bruder meines Vaters hatte als Luftwaffen-Offizier in sowjetischer Kriegsgefangenschaft auch erfahren, was antifaschistische Schulung unter deutschen Kriegsgefangenen bedeutete – jedoch nicht als Lehrer, sondern als Schüler. Die Arbeit in der Sowjetunion war nicht vergeblich, wie es anfangs schien, denn nach seiner Rückkehr versuchte er sogar den Vater von der Mitgliedschaft in der KPD zu begeistern. Von dieser Geisteshaltung war bei meinem Onkel, inzwischen Stadtrat und Mitglied des rechten Flügels der SPD, dem Rechtsanwalt mit florierender Praxis, nicht viel übriggeblieben. Ich weiß noch, daß eine meiner politischen Äußerungen von meinem Onkel mit dem Attribut »jugendlicher Heißsporn« bewertet wurde.

Nach meiner Retourkutsche, in der ich die Auffassung vertrat, daß sich Walter Ulbricht sicher freuen würde, als »jugendlicher Heißsporn« bezeichnet zu werden, ging es dann rund. Verbal flogen die Fetzen. Mutter und Vater auf meiner, die Tante auf der Seite des Onkels und mittendrin die Oma, sichtlich bemüht um Frieden und Harmonie. Zwar beruhigten sich dann alle wieder einigermaßen, aber die Stimmung war im Eimer. Noch in der Nacht traten bei meiner Großmutter Herzprobleme auf, und der Notarzt hielt die Einweisung in ein Krankenhaus für geboten. Gleich am nächsten Tag besuchten wir die Oma in der Heidelberger Universitätsklinik und versicherten ihr, daß wir allen Streit begraben hätten und sie doch bald wieder gesund werden möge. Dann schickte sie alle aus dem Krankenzimmer, mit Ausnahme meines Vaters. Mutter, Onkel, Tante und ich selbst warteten geduldig auf dem Krankenhausflur. Nach geraumer Zeit trat mein Vater aus ihrem Zimmer, mehr schwankend als gehend und mit tränengeröteten Augen. Jedem von uns schien klar, was das bedeutete. Ich war wohl der erste, der fragte: »Ist die Oma tot?«

»Quatsch, die überlebt uns noch alle«, war die Antwort, die weder zur Situation noch zu meinem Vater paßte. Er ließ uns einfach stehen und kam erst am nächsten Tag wieder. Jede Anspielung darauf damit abwürgend, daß er darüber nicht reden wolle. Genau wie dies Oma – übrigens noch am gleichen Tag wieder nach Hause entlassen – mit den Worten »Das geht nur den Gerhard was an« auch tat.

Erst bei einem unserer »Waldspaziergänge« erfuhr ich, daß Oma dachte, ihr letztes Stündlein habe geschlagen und sie ein bis dahin gehütetes Geheimnis mit ins Grab nehmen müsse. Da ging es um eine Affäre, die sie als verheiratete Frau im Jahre 1925 mit einem jungen Mann hatte und die nicht ganz folgenlos geblieben war. Das Ergebnis dieser sexuellen Eskapade war mein Vater. – Der junge Mann hieß Ernst Bloch.

Was damals in meinem Vater vorging, als er erfuhr, daß es sich bei Bloch um den leiblichen Vater handelte, kann ich nur erahnen. Wütend machten mich die Schlagzeilen wie »Landesverratsprozeß gegen Stasi-Spion und Bloch-Enkel«. Brachten sie doch dadurch Sachverhalte in einen Kontext, die absolut nichts miteinander zu tun haben.

Aber in den 50er Jahren war Bloch für meinen Vater eben »nur« ein hervorragender Philosoph, und es gab eine Reihe Argumente, mit deren Hilfe sich so mancher die Realität schönredete. Ohne Zweifel sah mein Vater, wie viele damals, im Weggang Blochs auch eine Chance des ungestörten Aufbaus der Republik; ein Nörgler weniger. Daß uns aber nur tägliche Infragestellung und Kritik voranbringen, hatten die meisten damals verdrängt. Insgesamt habe ich von der Geschichte meines Vaters in den frühen 50er Jahren nur bruchstückartige Kenntnisse, die ich einerseits den Erzählungen meines Vaters und andererseits den Berichten der Zeitzeugen, die ich bisher finden konnte, verdanke. Nachfragen bei meinem Vater brachten zu oft »ein anderes Mal« hervor. Wer hätte ahnen können, daß es dann viel zu schnell kein »anderes Mal« mehr gab. Nachfragen bei den Führungsoffizieren brachten den Hinweis auf die Aktenlage, die ich irgendwann in Ruhe durchforsten könne. Wer hätte ahnen können, daß es heute keine Akten mehr gibt.

Aus Erzählungen weiß ich, daß er in der studienfreien Zeit sowohl Arbeitsschichten beim Bau der Wohnungen entlang der Berliner Stalinallee ableistete als auch für die KPD in Baden-Württemberg parteiinterne Schulungsveranstaltungen durchführte. Letzteres erfuhr ich erst vor wenigen Jahren, als ich auf Einladung der DKP Heidelberg über meine Arbeit berichtete. Vera Glitscher leitete die Versammlung, und im Anschluß stellten wir beide fest, daß wir bereits gemeinsam im Sandkasten gespielt hatten und ich zu den bösen Buben gehörte, die sie an ihren Zöpfen gezogen hatten. Denn Vera und ihre Eltern wohnten damals ganz in der Nähe meiner Großmutter, bei der ich einen Teil meiner Kindheit verbrachte. Vera brachte mich aber auch mit Sofie Berlinghof, einer hochbetagten Genossin zusammen, die sich noch gut an meinen Vater als Referent der Partei erinnern konnte.

Gesichert ist, daß ich 1955 zur Welt kam, und mein Vater 1956 mit dem Studium des allgemeinen Maschinenbaus an der Rheinisch-Westfälisch Technischen Hochschule in Aachen begann. Ohne jeden Zweifel war dieses Studium bereits Teil der operativen Planung der gerade gegründeten Hauptverwaltung A (HVA), der Auslandsaufklärung der DDR.

Irgendwann nach dem KPD-Verbot, hatte mein Vater erfolgreich seinen Vater davon abgebracht, in die nun illegale Partei einzutreten. Als Sozialdemokrat gehörte der Großvater zu jenen SPD-Mitgliedern, die sich für den Zusammenschluß der beiden Arbeiterparteien in Baden einsetzten. Er mußte erleben, wie Mitglieder der SPD von ihrer Parteiführung mundtot gemacht, ja ganze Ortsverbände von oben aufgelöst wurden. Nach dem Verbot der KPD platzte ihm der Kragen, und er hoffte darauf, daß Gerhard, sein Sohn, noch Kontakte zur illegalen Partei hätte. Die Gründe meines Vaters waren die gleichen, die ihn 16 Jahre später bewogen, mich von diesem Schritt abzubringen.

Wie es nun ganz konkret dazu kam, daß mein Vater den Weg des Kundschafters einschlug, bleibt für mich bis heute ungeklärt. War es möglicherweise die eigenständige Kaderpolitik der HVA, die in meinem Vater einen geeigneten Kandidaten erkannte, da ideologisch gefestigt und ganz ohne Ostverwandtschaft? Oder hatte Onkel Karl da seine Hände wieder im Spiel? Vielleicht war es ja auch die Enttarnung einer jungen Agentin des *Counter Intelligence Corps* (CIC), angesetzt auf FDJ und KPD, durch meinen Vater, die ihn ins Visier des Nachrichtendienstes brachte.

Die frühen Jahre der DDR waren in allen Lebensbereichen geprägt von verschiedenen Aktivitäten ihrer Gegner. Der Aufbau des Sozialismus war in den Augen der herrschenden, weil besitzenden Klasse im Westen nichts anderes als der Raub an ihrem Eigentum. Das wurde nie akzeptiert. Ihre heilige Kuh, das Privateigentum an Wasser, Boden und Menschenmaterial, wollte sie immer zurückhaben. Alle Mittel waren dabei recht. Spionage, Aufwiegelung, Lüge, Desinformation, aber auch Mord und Sabotage gehörten zum allgegenwärtigen Repertoire feindlich gesonnener Kräfte. »Na, heute schon das Soll an Klassenfeinden erfüllt« gehörte damals zu den Floskeln, mit denen man sich über die manchmal übertriebene Wachsamkeit lustig machte.

Wie das mit dem »Plansoll« meines Vaters, bezogen auf die Enttarnung der CIC-Agentin aussah, vermag ich nicht zu beurteilen, daß es aber einen verdammt bitteren Nachgeschmack hinterläßt, wenn die gegnerische Agentin die eigene Freundin ist, dürfte jedem klar sein. Dieser Vorfall belegt insofern den Charakter meines Vaters, als es niemals seine Art war aufzugeben oder vor einem Problem davonzulaufen. In seinem ruhigen und überlegten Wesen war er immer ein Kämpfer. Halbherzigkeit oder Feigheit waren ihm stets ein Greuel. Viele hätten sich in einer vergleichbaren Situation distanziert und alles Weitere dem Gang der Dinge überlassen. Nicht so mein Vater. Die Tatsache, daß sich jenes junge Mädchen 1945 nach der Befreiung der Pfalz durch einen amerikanischen Nachrichtenoffizier hatte anwerben lassen, ist ihr nicht vorzuwerfen. Im Gegenteil, wenn wir uns daran erinnern, daß die amerikanischen Streitkräfte damals Teil der großen Antihitlerkoalition waren. Mein Vater muß erkannt – und natürlich gewünscht – haben, daß die Ablehnung der Hitlerdiktatur einen Ansatzpunkt für weitergehende Schlußfolgerungen bei ihr bieten kann.

Gefühlskalt, aber dafür prägnant, nennt der nachrichtendienstliche Profi das hier angedeutete »Umdrehen«. Und diese Rechnung ging in der Tat auf, und zwar durchaus zum Vorteil der DDR, aber ganz besonders zum Nutzen der Sowjetunion. Meine Mutter hatte während des Studiums in Aachen eine Anstellung als technische Hilfskraft bei der Deutschen Forschungs- und Versuchsanstalt für Luft- und Raumfahrt (DFVLR) in Köln-Wahn. Unter fachkundiger Anleitung meines Vaters konnte sie eine Fülle wertvoller Forschungsergebnisse beschaffen, die speziell die Themen Schubkonfiguration und Brennstoffoptimierung betrafen. Schlüsseltechnologien der damaligen Zeit, ohne die ein Verbringen schwerer Objekte in den stabilen Orbit nicht realisierbar gewesen wäre. Mehrfach wurde mir versichert, daß das operative Wirken meiner Eltern in den 50er Jahren einen ganz entscheidenden Beitrag geleistet habe, daß die Sowjetunion bei der Eroberung des Kosmos von Anfang an die Nase vorn hatte.

Frankfurt am Main, Herbst 1973

Ich hätte »Nein« sagen sollen, als Achim anrief und fragte, ob ich mit ins Kino komme. Keinen Kontakt mehr zu Westgenossen, lautete die dringende Bitte der Freunde aus Berlin. Denn solche Freunde schaden letztlich der Karriere. Und Karriere war das Ziel, auf das wir uns gemeinsam verständigt hatten. Die Attribute dieser Karriere sollten nicht Luxus und Reichtum sein, sondern etwas viel Wertvolleres, nämlich Wissen. Wissen über die technischen Möglichkeiten der Herrschenden im Westen, das Rad der Geschichte zurückdrehen zu können.

Aber das waren an diesem Tag noch ferne Visionen, gerade mal geeignet für Tagträume, die ein Entkommen aus der Banalität der Vorbereitung auf das Abitur, das ich zwei Jahre später ablegen wollte, ermöglichten. Viel konkreter war da schon der andere Grund, warum ich Achim hätte absagen sollen. Achim wie auch seine Eltern waren Kommunisten. Er kam aus einer Familie, die sich weder durch den Hitlerfaschismus noch durch Adenauers KPD-Verbot hatte in die Knie zwingen lassen; er selbst war wie die Eltern aktiv in der gerade wieder legal konstituierten Partei, die nun DKP hieß. Unter dem Begriff Berufsverbot hat der westdeutsche Staat mal wieder unrühmlich Geschichte geschrieben. Ob Briefträger, Busfahrer oder Lehrer – wer im öffentlichen Dienst als Kommunist arbeiten wollte, wurde immer noch in eine Teil-Illegalität getrieben oder, was leider in vielen Fällen funktionierte, ganz vor der Partei abgeschreckt. Die Angst, erneut verboten zu werden, wieder ins Gefängnis zu kommen oder zur Emigration gezwungen zu sein, war objektiv berechtigt. Die Hardliner hätten gerne die Karte der Kriminalisierung durch Verbot ausgespielt. Ich wäre geradezu Wasser auf die Mühlen unserer Gegner gewesen. Nicht als Mensch, nicht als Individuum, sondern als Agent der Stasi, als Spion, um das Vokabular unserer Klassengegner zu verwenden. Die unmittelbare Nähe eines Kundschafters zur legalen Partei in der BRD hätte die DKP in erhebliche Probleme gestürzt. Ob ich wollte oder nicht – mit meiner Entscheidung, die in Berlin nach unzähligen Gesprächen und Diskussionen gefallen war, trug ich zum ersten Mal in meinem Leben Verantwortung, die weit über die Belange der eigenen Person oder die Menschen des unmittelbaren Umfelds hinausging.

»Was läuft denn?« wollte ich von Achim wissen. Es war sicher nicht allein die Neugier auf die DEFA-Verfilmung des Romans von Anna Seghers »Die Toten bleiben jung«, die mich bewog, »Ja« zu sagen. Da war auch der innere Konflikt zwischen Verstand und Gefühl, zwischen Einsicht in die Notwendigkeit und dem Wunsch, die Zeit mit Menschen, die mir charakterlich und politisch nahestanden, zu verbringen. Die Trennung der Verbindung zu Achim fiel mir zwar nicht ganz so schwer wie bei Judith, einer jungen SDAJ-Genossin, in die ich mich gerade Hals über Kopf verliebt hatte, aber doch schwer genug. Wir verabredeten uns also für den späten Nachmittag im Frankfurter Kommunalen Kino. Untergebracht im Gebäude des Historischen Museums auf dem Römerberg der Mainmetropole, gleich neben dem Rathaus, liefen dort bereits seit Jahren die besseren Streifen. Vor allem aber Filme aus der DDR, der Sowjetunion und aus anderen sozialistischen Staaten. Kaum einen der vielen Nachkriegsfilme und keinen einzigen der Filme von Konrad Wolf hatte ich verpaßt. Ein Höhepunkt war für mich Konrad Wolfs »Mama, ich lebe«, zu dessen erster Vorführung der Regisseur anwesend war. An der anschließenden Diskussion, die sich um die Frage drehte, »Dürfen Deutsche auf Deutsche schießen?«, beteiligte ich mich nicht. »Halt dich da bloß raus!« gab mir mein Vater noch mit auf den Weg. Unauslöschlich bleibt mir die Person Konrad Wolf in Erinnerung, der mit großer Souveränität und ehrlichem Humanismus das interessierte Auditorium beeindruckte. Nur wer Konrad Wolf je persönlich erlebt hat, kann ermessen, welche Bedeutung dem schriftstellerischen Engagement von Markus Wolf zukommt, den viel zu früh verstorbenen Bruder, den hervorragenden Menschen und großen Künstler in unseren Erinnerungen nicht sterben zu lassen.

Spät, aber nicht zu spät erreichte ich das Kino, und nur weil Achim die Karten bereits gekauft hatte, kamen wir in die ausverkaufte Vorstellung noch rein. Anna Seghers beschreibt in ihrem Roman »Die Toten bleiben jung« die Klassenkämpfe in Deutschland des 20. Jahrhunderts am Schicksal einer Arbeiterfamilie.

Mein Sohn fragte mich vor einiger Zeit, welches denn mein Lieblingsfilm sei. Zunächst überrascht, denn darüber hatte ich mir bis dahin noch nie Gedanken gemacht, schoß mir unvermittelt »Die Toten bleiben jung« in den Kopf. Auch wenn ich mir jetzt mehr Gedanken darüber mache, so komme ich doch zu dem Schluß, daß ich nichts von dieser spontanen Antwort zurücknehmen muß. Vielleicht wurde meine Wahl von einer bestimmten Szene des Films geprägt.

Dort steht der Hauptdarsteller als Soldat der Wehrmacht zusammen mit einem ebenso jungen Kameraden im faschistisch besetzten Odessa auf den Stufen der großen, zum Hafen abfallenden Freitreppe. Mit ihren Uniformstiefeln gehen sie die Stufen hinab und bleiben unvermittelt stehen. Die filmische Rück- und Einblendung der berühmten Szene aus Sergeij Eisensteins Klassiker »Panzerkreuzer Potjemkin«, in der die zaristische Soldateska hungernde und aufbegehrende Menschen auf dieser Treppe niedermetzelte, erinnert den Zuschauer daran, daß der junge Soldat diesen Film heimlich und unter Gefahren in einem Keller Berlins nach 1933 gesehen hatte. »Denkst du an das Gleiche, woran ich jetzt denke?« fragt der Kamerad. Beiden wird im folgenden Dialog bewußt, daß sie in ihren Gedanken und Auffassungen einander sehr nahe stehen, daß sie alles andere sind als das, was die Uniform vermittelt. Mit der Erleichterung, einander als Freunde erkannt zu haben, beendet die folgende Dialog-Sequenz diese Filmszene: »Das Schlimmste wäre, eines Tages zu sterben und die Menschen um einen herum hätten nie erfahren, wer man wirklich war.«

Ich hatte gar keine Zeit, mich darauf zu konzentrieren, den Tränenfluß zu stoppen; zu direkt hatte mich dieser Dialog erwischt. Er berührte nicht nur auf den Punkt das zentrale Thema der Konspiration, sondern übersetzte meine eigenen Empfindungen in Worte – ja, machte mir meine Gefühle bewußt. Das Herz des geliebten Vaters hatte aufgehört zu schlagen, seine Beerdigung war erst wenige Wochen zuvor erfolgt.

Der Tag, an dem mein Vater in den Armen meiner Mutter und meinen eigenen, ohne jede Vorwarnung von einer auf die andere Sekunde im Alter von 47 Jahren starb, bleibt bis heute der schlimmste Tag meines Lebens. Die Trauer um den promovierten Ingenieur, den Dozenten für Marxismus-Leninismus, den Kommunisten und Kundschafter des Friedens war es, die meine Gefühlswelt in dieser Zeit prägte. Jeder, der um einen geliebten Menschen trauert, trauert zunächst um den Verlust.

Bei mir war das nicht anders, aber nun, in diesem Kino, kam ein anderer Aspekt hinzu. Der Vater ist gestorben und die Menschen um ihn herum haben nie erfahren, wer er wirklich war. Schlimmer noch: Sie sollten es auch nie erfahren. Je mehr dieser Gedanke Platz einnahm, desto deutlicher zeichnete sich mein eigener Weg ab; nahm unter diesem ganz besonderen Aspekt Gestalt an. Das war also meine Perspektive. Wenn alles gut geht – und es sollte ja schließlich alles gut gehen –, würde ich also auch eines Tages die letzte Reise antreten, ebenso konspirativ wie all die vielen Reisen zuvor, und die Menschen um mich herum würden nie erfahren, wer ich wirklich war.

Also saß ich da im Dunkel des Zuschauersaals, wischte die Tränen mit den Ärmeln des Hemdes ab und gab mir alle Mühe, daß es keinem auffiel. Besonders Achim neben mir sollte es nicht merken. Er hätte unangenehme Fragen stellen können, solche, die ich nicht hätte beantworten wollen. Oder er hätte sich Gedanken machen können, hätte kleine Mosaikteilchen, die sich für einen Genossen, dem die Methoden der Konspiration durch die Geschichte der eigenen Familie nicht ganz fremd waren, zu einem Bild hätten formen können. Unvorsichtig war ich in den zurückliegenden Monaten schon zu oft gewesen. Ich dachte an die entsetzten Gesichter von Christian und Manfred, der beiden Führungsoffiziere, als ich ihnen ein Foto des Grabsteins meines Vaters zeigte, den ich bei einem Steinmetz in Auftrag gegeben hatte. »Der muß weg, und zwar sofort!« war die erste Reaktion. Das Argument, daß es auffallen würde, wenn ein nagelneuer Grabstein wieder entfernt und durch einen anderen ausgetauscht würde, setzte sich schließlich durch. Und so kam es, daß dieser Stein bis heute, seit 2000 um den Namen meiner Mutter ergänzt, ein Grab des Frankfurter Hauptfriedhofs schmückt.

Ich bat Achim, mir bei einer Skizze für den Steinmetz behilflich zu sein. Und Achim verstand es hervorragend, meinen Wunsch für das Steinrelief bildlich umzusetzen. Lange hatte ich darüber gegrübelt, was auf einen solchen Stein sollte. Und schließlich hatte ich es Achim dann recht einfach gemacht. Er brauchte nur eine Vorlage vergrößert zu Papier zu bringen. Das Symbol, für das ich mich entschieden hatte, war das Sinnbild für die Einheit der deutschen Arbeiterklasse, die sich reichenden Hände, nachempfunden dem Abzeichen der Partei meines Vaters, der SED, der ich einige Jahre später ebenfalls angehören sollte.

»Nein, tut mir leid, ich muß für eine Physikklausur lernen«, log ich Achim an, um keine weitere Erklärung darüber abgeben zu müssen, warum ich jetzt, nach Ende des Films nicht noch mit in eine Kneipe komme. Es sollte für ein Vierteljahrhundert unsere letzte gemeinsame Aktivität gewesen sein. Heute haben wir unsere Freundschaft wieder aufgenommen und besuchen uns gegenseitig, wann immer es trotz der großen Entfernung möglich ist. Es ist eben nicht alles gut gegangen.

Bad Kissingen, April 1975

»Der Sozialismus« – ich ließ die Worte wirken, um Aufmerksamkeit beim Publikum zu erwecken, und fuhr dann mit fester Stimme fort »ist der mißlungene Versuch der Verwissenschaftlichung des Neides.« Die Worte verfehlten ihre Wirkung nicht, was mir der zustimmende Applaus signalisierte. Ich entwarf ein furchterregendes Szenario, was uns allen blüht, sollte es den roten Horden gelingen, sich unserer freien Zivilisation zu bemächtigen. All zu sehr wollte ich die Teilnehmer dieses Rhetorikseminars der Jungen Union (JU) Hessen doch nicht quälen und legte zum Ende meines Referates schlüssig dar, daß die Protagonisten einer solchen Revolution ja stets die Habenichtse seien, die es unter freien Vorzeichen eben nicht zu Wohlstand und Einfluß gebracht haben. Mithin – Darwin ließ grüßen – seien sie den Erfolgreichen a priori unterlegen.

Die Idee, Mitglied der Jungen Union zu werden, entstand aus einer gewissen Notwendigkeit heraus, meinen bisherigen politischen Aktivitäten ein deutliches Gewicht entgegenzusetzen. Zu engagiert war ich in linken Kreisen und vor allem in der SDAJ. Stolpersteine aus dem Weg räumen, nannten wir das damals. Zum einen sollte so früh wie möglich staatsloyale bürgerliche Biographie geschrieben werden, die später bei einer Sicherheitsüberprüfung ihre Wirkung tun sollte. Zum anderen sollten sich Genossen aus eigenem Antrieb von mir abwenden, sollte ich in ihren Augen als Schuft oder doch zumindest als Spinner erscheinen. Beides gelang.

Gerade der letztgenannte Aspekt war schmerzlich. Ausgerechnet von denen, die mir wichtig waren, als Schweinehund gesehen zu werden, ging unter die Haut. Ich war froh, daß mein Ausflug in diese Kreise bereits zu Beginn meines Studiums sein Ende fand. Viel länger hätte ich das auch nicht durchgestanden. Ein kleiner, aber wichtiger Teil meiner legalen Biographie war geschrieben, und darauf kam es an. Eine Zeitlang machte es ja richtig Spaß, die kleinen Spießer zu verarschen, aber irgendwann schlug das gelebte Kabarett gewaltig auf den Magen.

Arolsen, März 1976

Nach meiner militärischen Grundausbildung in Baunatal bei Kassel kam ich als Waffeninstandsetzer in die erste Kompanie des Panzerbataillons 343 in Arolsen. Für mich in jedem Fall ein glücklicher Umstand, denn der Kompanietruppführer Dieter Fischer war ein recht aktives Mitglied der CDU in Nordhessen, und einige Jahre später ist es ihm sogar gelungen, in den Bundestag nach Bonn zu kommen. Ich wurde rasch zu seinem stellvertretenden Sprecher im Wehrpolitischen Arbeitskreis und genoß eine Vielzahl von Privilegien, die ich schamlos nutzte, um mich vor den ungeliebten Diensten und Übungen zu drücken. Dieses nicht übliche Maß an Narrenfreiheit machte mich auch leichtsinnig. 1975 verfügte die Bundeswehr über den Leopard I als zentrale Panzerwaffe. Die

Umrüstung auf den Leopard II stand kurz bevor. Das III. Corps, zu dem unsere Einheit gehörte, sollte als erstes mit dieser neuen Generation ausgerüstet werden. Dazu bekamen wir schon mal die kompletten Handbücher, die sogenannten Technischen Dienstvorschriften.

Bei meinem letzten Treff in Berlin hatten wir nicht nur ausgiebig mein bestandenes Abitur und den bereits sicheren Studienplatz in Westberlin gefeiert, sondern auch für die Zeit des Wehrdienstes Stillhalten vereinbart. Keine operativen Aktivitäten sollten in dieser Zeit erfolgen, dazu war mein Gastspiel in dieser Kaserne zu uninteressant, und jedes Risiko sollte vermieden werden. Wir hatten über vieles gesprochen und jede Menge Vereinbarungen getroffen. Wobei die Sache mit den Vereinbarungen bis zuletzt eine zutiefst ungerechte Angelegenheit blieb. Die Quelle mußte alles auswendig parat haben, während die Führungsoffiziere jederzeit in den Unterlagen nachschlagen konnten. Mit keinem Wort aber hatten wir die neue Wunderwaffe der BRD, den Leopard II, in unsere Überlegungen einbezogen. Vielleicht wußten die Genossen in Berlin überhaupt nicht, daß diese scheinbar uninteressante Kaserne bereits den kompletten Unterlagensatz besaß? Konnte ich es verantworten, solche Informationen zu ignorieren? Wie lange würde es wohl dauern, bis diese Frage bei einem Treff geklärt wäre, und hätte ich dann noch die Möglichkeit, an das Material zu kommen?

Ich hatte am Freitag die Entscheidung getroffen, alle Dokumente in der Mittagspause im Seesack verstaut und zähneknirschend die Schmutzwäsche einer Geruchsprobe unterzogen. Das war nötig, denn es war nicht mehr viel Platz übrig, und so mußten Prioritäten gesetzt werden. Dann kam der obligatorische Durchgang mit Stuben- und Spindkontrolle, bei dem ein Staubkörnchen am falschen Platz das ganze Wochenende versauen konnte. Gut, ich hatte vorgesorgt, denn Fischer packte mir noch ein paar Blätter ein, die ich im Rathausbüro der CDU am Samstag abgeben sollte, dennoch bleibt mir dieser Freitagnachmittag in mulmiger Erinnerung. Fischer war bereits mittags ins Wochenende verschwunden und für mich nicht mehr greifbar. Dann die Kontrolle selber: Jetzt, als alle Spinde offenstanden, war auf einen Blick erkennbar, daß etwas nicht stimmte. Bei allen anderen Kameraden herrschte Ausgewogenheit von mäßig geleertem Schrank und mäßig gefülltem Seesack. Nur bei mir stand der prall gefüllte Sack neben dem vollen Spind. Ich hätte mir in ein für andere Dinge vorgesehenes Körperteil beißen können, aber nun war es zu spät. Jedem Idioten hätte das auffallen müssen, aber es ist gut, wenn es in der gegnerischen Armee nicht alle zum Idioten schaffen.

Die Reaktion in Berlin war, gelinde ausgedrückt, verhalten. Aber immerhin erfuhr diese Aktion dann doch noch eine recht passable Bewertung, denn ich war tatsächlich der erste, der diese Informationen beschaffte. Darüber hinaus blieb mir die Angst beim Stubendurchgang eine heilsame Lehre und beschleunigte insgesamt die nachrichtendienstliche Ausbildung. Methoden der Sicherung und der Legendenbildung wurden seither zum unverzichtbaren Bestandteil jeder Informationsbeschaffung.

Westberlin, Februar 1981

»Herr Feuerstein, brauchen Sie noch ein Praktikum?« fragte mich Prof. Priebs, der am Institut für Luft- und Raumfahrttechnik der TU lehrte und bei dem ich Ortung und Navigation hörte. Ich bejahte sofort, denn von den zwei im Hauptstudium erforderlichen hatte ich noch keines abgeleistet. »Gut, dann hätte ich da was für Sie. Und zwar bei der Berliner Flugsicherung. Interesse?« Natürlich hatte ich Interesse. Er gab mir einen Zettel mit Namen und Telefonnummer und der Bitte, mich möglichst umgehend dort zu melden. Wer sich jemals in einem dieser sehr spezifischen Bereiche um eine Praktikumstelle bemühen mußte, weiß, wie schwierig es ist, etwas Vernünftiges zu finden.

Ich zögerte keine Sekunde und eilte zum nächsten freien Telefon in der Eingangshalle des Hauptgebäudes der TU am Ernst-Reuter-Platz und rief an. Der Hinweis auf Priebs machte mein telefonisches Gegenüber aufgeschlossener als zu Beginn des Gesprächs. Wenn ich interessiert wäre, sollte ich doch zu einem Vorstellungsgespräch kommen, am besten gleich. Warum nicht? Er nannte mir eine Hausnummer in der Clay-Allee und den Namen eines Mannes, bei dem ich mich zu melden hatte. Das einzige, was ich mitbringen sollte, war mein Personalausweis, den ich am Empfang abgeben mußte.

Ich war guter Stimmung auf dem Weg zur Clay-Allee. So viel Glück auf einmal – unfaßbar. Die Arbeit entsprach auf den Punkt den Anforderungen meines Studiums. Als ich das mächtige Tor des amerikanischen Hauptquartiers sah und es zur Hausnummer, die ich notiert hatte, paßte, war mir sofort klar, daß ich für dieses Praktikum bei den Amerikanern arbeiten würde. Das mußten die Genossen in der Hauptstadt zusätzlich als Treffer einschätzen, ging es mir durch den Kopf. Und alles läuft bisher so reibungslos. Ein Anruf genügte.

Was hatte ich im Grundstudium Bewerbungen geschrieben, Absagen bekommen, und dann wollte die Stahlbaufirma in Lichterfelde noch Kopien der letzten Prüfungsscheine, die aktuellste Studienbescheinigung und, als ob das Abiturzeugnis nicht genügte, das Zeugnis der 10. Klasse nachgereicht haben, bevor ich für sechs Wochen Stahlbleche schrubben durfte. Nun saß ich einem älteren Herrn gegenüber, der mich freundlich und aufgeschlossen begrüßte und sich interessiert nach meinem Studium erkundigte und was ich später mal machen wolle. Er erzählte ausführlich, daß ich für die Zeit meines Praktikums meinen regelmäßigen Arbeitsplatz auf dem Flughafen Tempelhof haben würde, aber mit den Technikern in der ganzen Stadt Wartungs- und Reparaturarbeiten durchführen würde. Seit Tegel den Betrieb aufnahm, wurde Tempelhof nur noch militärisch und ausschließlich von der amerikanischen Besatzungsmacht genutzt. Wenn das, was mich da erwartet, in meine Fachrichtung paßt, so würde also nun das Bewerbungsgespräch beginnen, und ich könne dann bereits übermorgen wieder nach Hause gehen. Ich war geplättet. Nein, nur kurz ein paar Sachen einpacken – geht nicht. Die Freundin anrufen, daß sie sich keine Sorgen macht – geht nicht. Das heißt, ging eigentlich schon – nur das mit dem Praktikum geht dann nicht.

Meine gute Laune war dahin. Die Lichterfelder Stahlbaufirma war schlagartig rehabilitiert. Zeugniskopien? Gerne, von mir aus lückenlos seit der 1. Klasse. Aber das, was mich hier und jetzt erwartete, war der absolute Ernstfall. Der Fall, über den wir so oft gesprochen hatten, auf den wir uns, wenn er denn anstünde, in aller Ruhe und äußerst gewissenhaft vorbereiten wollten. Und es war noch schlimmer als der Ernstfall, denn hier handelte es sich eindeutig nicht um BRD-Dienste, die mich einer Sicherheitsüberprüfung unterziehen sollten. Deren Methoden und Vorgehensweise hatte die Zentrale im Griff, wußte oft besser Bescheid als deren Abteilungen untereinander. Aber wie sah das mit dem amerikanischen Geheimdienst aus? Wie sollte ich mich verhalten? »Nichts dem Zufall überlassen« gehörte zu unseren großen Leitsprüchen. Alle nur denkbaren Varianten vorausdenken, auch für die unwahrscheinlichsten Fälle Lösungen bereit halten. Das hört sich in der Theorie so ungemein gut an, versagt aber völlig, wenn ein Fall eintritt, von dessen Existenz noch nie die Rede war.

Hochkonzentriert arbeitete ich an der Entscheidung, die ich jetzt innerhalb weniger Sekunden treffen mußte. Jetzt »Nein« zu sagen, würde das Praktikum kosten. Na und, deswegen wäre nichts verloren. Aber etwas anderes wäre passiert, in meiner Biographie wäre dieses Kneifen eingebrannt, und jeder, der darauf stieß, würde sich die Frage stellen, ob ich aus Angst vor der Sicherheitsüberprüfung gekniffen hätte. Ich glaube bis heute, daß ich mir dann ebensogut manche rassistische und antisemitische Zote in den Kreisen der Jungen Union hätte ersparen können.

»Na gut, aber wenn meine Freundin mir eine Eifersuchtsszene macht, bekommt sie von mir Ihre Telefonnummer und Sie dürfen sich mit ihr auseinandersetzen.« Der ältere Herr lachte laut auf und meinte »Einverstanden, der *deal* gilt.«

Danach ging es Schlag auf Schlag. Englischtest, Mathematiktest, deutsche Sprachkunde und so weiter. Das alles war harmlos und diente sicher nur dem Zweck der Ablenkung. Ernster wurde es da schon bei der Frage nach meiner Weltanschauung und nach politischen Aktivitäten. Ausgesprochen hilfreich erwies sich in diesem Zusammenhang meine Mitgliedschaft in der Jungen Union. Da konnte ich viel und ausführlich erzählen, und das überdeckte weitgehend das, worüber ich nicht so gerne reden wollte. Dann wurde mir noch eine Liste von Zeitungen und Zeitschriften vorgelegt. Ich sollte einfach bei denen ein Kreuz machen, die ich irgendwann schon einmal gesehen hatte oder vom Hörensagen kennen würde. Ich war erleichtert, aber die *UZ* (»Unsere Zeit«) war nicht auf der Liste. Was haben wir damals nicht alles unternommen, Abos zu sammeln. Die Losung der DKP lautete damals »Die UZ muß Tageszeitung werden.« Und wurde sie dann ja auch. Aber auf der Liste befand sich *Elan*, das Magazin der SDAJ. Ich machte mein Kreuz. Unter allen von mir als bekannt markierten Publikationen, die *Nationalzeitung* eingeschlossen, wurde nur bei *Elan* nachgefragt, ob ich die auch schon mal gelesen hätte. »Ich hatte früher viele linke Freunde. Ja, die habe ich gelesen«, und fügte hinzu: »Gott sei Dank, sonst würde ich vielleicht heute noch mit denen verkehren.«

Herzhaftes und lautes Lachen war die Reaktion des netten älteren Herren. Da saßen sich zwei Menschen gleichen Geistes gegenüber, und dank der Harmonie der Gedanken konzentrierte sich die weitere Befragung auf mein Umfeld aus Bundeswehr und Studium. Hier konnte ich alle Sicherungen ablegen, denn in beiden Bekanntenkreisen waren keine Freunde mehr, die dem Kreis meiner Genossen angehörten. Und wenn zufällig, und von mir unbemerkt denn doch, so konnten meine Angaben weder ihnen noch mir schaden.

Tags darauf stand ein weiterer Test an. Dazu mußte ich erst einmal das Erkennen von Morsezeichen lernen. Von einem Tonband wurde das gesamte Programm abgespult. Erst ganz langsam und dann schneller. Mitschreiben der Signale und dann die Auswertung und das Zählen der Fehler. Nach diesem Test machte ich gegenüber meinem Betreuer einen recht niedergeschlagenen Eindruck und gab mich sicher, daß ich nun keine Chance mehr hätte. Er versicherte mir wortreich, daß es darauf gar nicht so sehr ankäme, der Gesamteindruck sei entscheidend. Nichts anderes wollte ich hören, denn ich hatte mir solche Mühe gegeben, diesen Test in Bausch und Bogen in den Sand zu setzen. Das mußte ich auch, denn er diente letztlich nur der Prüfung, ob jemand unter den Kandidaten ist, der diese Technik beherrscht. Und dann stellt sich natürlich die Frage, woher das Können stammte. Unentdeckt blieb somit der Umstand, daß ich die nachrichtendienstliche Funkausbildung bereits im anderen Teil der Stadt abgeschlossen hatte und ich durch deren Anwendung immer routinierter wurde.

Die Nacht über hatte ich mir Gedanken darüber gemacht, was noch an bösen Überraschungen auf mich warten sollte. War meine Mutter in Vergessenheit geraten? Gab es Querverbindungen zum CIC und könnte aus dieser Richtung noch etwas passieren? Nichts von alledem. Im Gegenteil, sowohl der dritte Tag als auch die Hälfte des zweiten Tages wurden mir erlassen. Ob es an meiner aalglatten Biographie lag oder die Ankündigung mit den drei Tagen nur Bluff war, habe ich nie erfahren. Wie hilfreich die Sicherheitsüberprüfung der amerikanischen Behörden für uns noch sein sollte, erfuhr ich erst drei Jahre später in München.

Westberlin, Juli 1983

Prof. Fricke, Inhaber des Lehrstuhls für Flugbetriebstechnik an der TU Westberlins, lehnte ab. Nachvollziehbar erläuterte er mir, daß er keinen Weg sehe, das von mir vorgeschlagene Thema als Diplomarbeit anzunehmen. In der von mir projektierten Arbeit sollte ein automatisiertes Verfahren gefunden werden, das Hochleistungsflugzeugen ein seitliches Ausweichen vor topographischen Hindernissen und verteidigenden Radarstellungen ermöglichen sollte. Alle gedanklichen Versuche, die eigentliche Aufgabenstellung auf eine zivile Anwendung umzuschreiben, scheiterten. Denn in aller Regel dringen Passagierflugzeuge nicht in extrem geringer Höhe mit Überschallgeschwindigkeit möglichst unerkannt in feindliche Lufträume ein. Der Alliiertenstatus Westberlins verbot strikt die militärische Forschung und Lehre, und Fricke scheute den drohenden Ärger, sollte an seinem Lehrstuhl eine ausgesprochen militärische Diplomarbeit angefertigt werden.

Nun war dieses Thema nicht das einzige, das ich in der Tasche hatte, aber genau das, was ich bearbeiten wollte. Das hatte neben fachlichen und inhaltlichen ganz besonders operative Gründe. Von der fachlichen Vertiefung in diese Richtung versprachen wir uns eine gute Visiten- und Eintrittskarte für jene Bereiche, die für uns von besonderem Interesse waren. Hinzu kommt, daß dieses Thema mir von der Firma Messerschmitt-Bölkow-Blohm (MBB) in Ottobrunn bei München, die heute EADS heißt, vorgeschlagen wurde.

Ein zufälliges Zusammentreffen meiner Mutter, die beim Rationalisierungskuratorium der Deutschen Wirtschaft (RKW) in Eschborn arbeitete, mit einem Vertreter der Firma MBB und einem sich daraus ergebenden Gespräch über den Sohn und sein Studium, ermöglichte mir bei meiner Bewerbung um ein weiteres Praktikum den Hinweis auf diese Bekanntschaft. Prompt erhielt ich die Zusage zu einem Praktikum in der Zentrale des größten deutschen Rüstungskonzerns, eines unserer Hauptzielobjekte. Da die Stelle zum Unternehmensbereich Raumfahrt gehörte und zur damaligen Zeit dort keine militärischen, also keine uns unmittelbar bedrohenden Aktivitäten liefen, suchte ich gezielt den Kontakt zu verantwortlichen Leitern aus dem Unternehmensbereich Luftfahrt, was auch gelang. Schließlich wurden mir eine Fülle von Themen angeboten, die von einem Studenten als Diplomarbeit bearbeitet werden konnten.

Mit Frickes Nein hatte ich bereits gerechnet und bot ein Vorgehen an, das ich bereits in München mit Dr. Schäufele, einem freien Mitarbeiter der Firma MBB, der gleichzeitig als Akademischer Rat für Flugmechanik und Flugregelung an der TU arbeitete, abgesprochen hatte. Was wäre, wenn ich diese Diplomarbeit mit technischer und logistischer Unterstützung der Firma anfertige, die wissenschaftliche Betreuung und akademische Bewertung durch die TU München erfolge und die TU Westberlins nur noch die Note in mein Diplomzeugnis übernehmen würde? Da Fricke mit dieser Amtshilfe einverstanden war, bedurfte es noch einer Klärung mit dem Prüfungsobmann, bis ich grünes Licht bekam. Jetzt hatte ich es also doch geschafft. Westberlin war nicht gerade der Studienort, den wir uns gewünscht hatten. Zu sehr Frontstadt, zu viele Dienste, befreundete wie gegnerische, sahen an dieser Nahtstelle zwischen Ost und West ihre Operationsplattform.

Gleich nach meinem Abitur hatte ich mich auf den Weg gemacht, um mich an der TU in München zu immatrikulieren. »Mir brauchen da noch an Abidur von eane.« Höflich verwies ich auf die Papiere, die ich der Dame vom Universitätssekretariat bereist gegeben hatte und auf denen deutlich in großer Schrift »Zeugnis der allgemeinen Hochschulreife« stand. »Naa, des is nix, des kenna Sie groad wieder mitnemma«, waren die abfälligen Worte, mit denen sie mein Abitur in den Schmutz zog. Der Freistaat Bayern erkannte die Abschlußzeugnisse aus dem sozialdemokratisch regierten Hessen nicht an. Mithin erfüllte ich die Studienvoraussetzungen nicht und ließ mich von der zentralen Vergabestelle für Studienplätze (ZVS) in Dortmund vermitteln. Ich empfand Genugtuung, daß ich zum Abschluß meines Studiums doch noch an der Uni gelandet war, die mich Jahre zuvor verschmäht hatte.

Ottobrunn, Mai 1984

Ich hatte einen Termin beim zuständigen Personalreferenten des Unternehmensbereichs Flugzeuge der Firma MBB. Ein ganz kurzer Termin, denn ich mußte nur noch meine Unterschrift unter den Arbeitsvertrag setzen. Alle Details waren bereits geklärt, und ich sollte zum 1. Juni als festangestellter Mitarbeiter im Ressort Vorentwicklung beginnen. Der Leiter des Ressorts hatte mich vor einiger Zeit gefragt, ob ich nicht bei ihm arbeiten wolle. Ich hatte zu einem Zeitpunkt zugesagt, an dem ich mich noch mitten in der Simulationsauswertung meiner Diplomarbeit befand. Diese Aussicht beschleunigte meine Arbeit enorm, denn jetzt wollte ich mich nicht noch in der Diplomarbeit vertrödeln, sondern so schnell wie möglich diese Arbeitsstelle antreten. Da war mir auf einmal so manch akademisches Detail meiner Arbeit nicht mehr so wichtig. Ich wollte die Arbeit zu Ende bringen, ohne daran noch lange herumfeilen zu müssen und ohne jenen Anspruch auf Perfektion, ohne den die Bestnote nicht erzielbar ist. Mit einer 1,3 wurde meine Abschlußarbeit durch die TU München bewertet. Auf dem schnellsten Weg fuhr ich nach Westberlin, um mir meine Leistung im Diplomzeugnis bescheinigen zu lassen.

Da die Westberliner Prüfungsordnung aber nur ganze Noten vorsah, erscheint die Zahl hinter dem Komma auch nicht im Zeugnis. Da irgendwo der Hinweis untergebracht werden mußte: »Anerkannt aufgrund seiner an der Technischen Universität München durchgeführten Diplomarbeit«, bedurfte es eines geeigneten Zeichens als Markierung dieser Fußnote. Mit einem Augenzwinkern wählte die Sekretärin des Westberliner Prüfungsobmannes in meinem Beisein die Schreibmaschinentaste mit dem Stern. Aus der Münchner 1,3 wurde folglich ein »Sehr gut mit Sternchen«.

Natürlich nutze ich die Reise auch für einen längeren und ausführlicheren Treff mit den Genossen in Berlin. Mit Kurt und Wolfgang, den Führungsoffizieren, gingen wir noch einmal in Ruhe alle Aspekte des künftigen Verbindungswesens durch. Mit dem anstehenden Umzug nach München und der Arbeitsaufnahme änderte sich einiges. Kommunikations- und Beschaffungstechnik wie Treffmodalitäten wurden den neuen Erfordernissen angepaßt. Jetzt war auch der Zeitpunkt gekommen, an dem Uwe verstärkt in das Verbindungswesen integriert werden sollte. Als ehrenamtlicher Mitarbeiter des MfS, wie er sich später bei unserem Prozeß mit einer Mischung aus Stolz und Protest selber immer wieder bezeichnete, wenn von der Anklägerbank das Kürzel IM eingeworfen wurde, war Uwe für uns geradezu ein Volltreffer. In allen Situationen war auf ihn Verlaß, was mir stets die notwendige Ruhe und Ausgeglichenheit verschaffte, ohne die unsere gemeinsame Arbeit nicht so erfolgreich gewesen wäre. Uwes Aufgabe bestand in unserer Betreuung und der Übermittlung von Informationen und Material. Dazu trafen wir uns mit ihm sowohl im Operationsgebiet als auch im westlichen Ausland. Wann immer ein Gedankenaustausch erforderlich war, stand Uwe bereit. Naturgemäß unterzogen wir das bislang Erreichte einer umfassenden Auswertung und Bewertung.

Bereits während des Studiums hatten wir unsere Hauptzielobjekte näher ins Visier genommen. Die Firma MBB stand dabei immer an erster Stelle. Einer Zielscheibe gleich, brachen wir dieses Unternehmen dann genauer auf. Die äußeren Ringe entsprachen jenen zivilen Aktivitäten, deren nachrichtendienstliche Bedeutung gegen Null ging. Sehr themen- und abteilungsorientiert arbeiteten wir uns zu den inneren Ringen vor. Die Raumfahrt passierend, lagen wir mit dem Ressort Vorentwicklung schon gut im inneren Bereich, nur noch einen einzigen Ring vom Zentrum entfernt. Das Zentrum wäre das Ressort Avionik und Bewaffnung gewesen, von dem wir aber wußten, daß es sich um einen Sicherheitsbereich handelt, der seine Personalakquisition fast ausschließlich firmenintern betreibt. Und weil wir gerade dabei waren, legten wir noch die kleinste organisatorische Einheit, die Fachabteilung, als exakte Mitte des Zentrums, fest. Dies war die Abteilung »Flugführung« mit Schnittstellen- und Leitungsfunktion zu taktischer und strategischer Planung, Flugerprobung, Testauswertung und der Integration intelligenter Waffen. Später änderte diese Abteilung ihren Namen in die wesentlich treffendere Bezeichnung »Luftangriffssysteme« und trug damit auch der Tatsache Rechnung, daß hier nicht nur Kampfflugzeuge entwickelt und verbessert, sondern auch Systeme angepaßt wurden, wie die nukleare Mittelstreckenrakete Pershing II. Mein mittelfristiges Ziel war klar umrissen, auf das ich mich in den kommenden Jahren konzentrieren wollte.

Aber jetzt saß ich erst einmal dem Personalreferenten gegenüber und wartete geduldig auf die Papiere, die ich unterschreiben sollte. Aber der Platz auf seinem Schreibtisch war leer. Dann fing er an, von einem Abteilungsleiter zu erzählen, der ganz dringend jemanden sucht, der möglichst schnell mit der Arbeit anfangen soll. Daß das aber nur mit einer staatlichen Ermächtigung zum Umgang mit Geheimunterlagen geht, und eine solche Ermächtigung erfahrungsgemäß bis zu einem Dreivierteljahr dauern könne, und die Stelle intern nur sehr schwer zu besetzen sei. In diesem Zusammenhang seien sie auf mich gestoßen. Zum einen würde meine Diplomarbeit fachlich genau passen, und zum anderen wäre ich ja bereits bei der US-Mission angestellt gewesen, und auf Herz und Nieren durchleuchtet worden. Ich solle nichts überstürzen, sondern zunächst ein Gespräch mit Abteilungs- und Hauptabteilungsleiter führen und prüfen, ob ich mir eine Mitarbeit in der Fachabteilung »Flugführung« vorstellen könnte. Der vorbereitete Arbeitsvertrag liefe mir nicht weg.

Ich hörte schon die Rotkäppchen-Korken knallen und war wie benommen. Ein Termin mit der Fachabteilung war schnell gefunden, der

Arbeitsvertrag wurde geschrieben, ein paar Kleinigkeiten wurden modifiziert, dann wurde gegengezeichnet. Zwei Wochen nach unserem letzten Treff war ich wieder in der Hauptstadt und überbrachte die Information zu dieser überraschenden Wendung persönlich.

Berlin, 27. Dezember 1987

In den letzten Jahren hatte es sich eingebürgert, die alljährlichen Familienfeiern zum Jahresende bei den Schwiegereltern in Westberlin zu einem ausführlichen Ganztagestreff in Berlin zu nutzen. In großer Runde nutzten wir diesen Tag zur ausführlichen Besprechung der operativen Belange. Es hatte schon eine andere Qualität, sich mal richtig fallen zu lassen. Das Gefühl, zu Hause zu sein, hob diese Treffs deutlich von jenen im Operationsgebiet oder im westlichen Ausland ab. Die Anreise erforderte vergleichsweise geringe Vorbereitungen. Aus Sicherheitsgründen nutzten wir schon lange keine der offiziellen Grenzstellen mehr, sondern wählten den Weg über die »Grüne Grenze« entlang des Teltowkanals im Düppeler Forst. Diese »Schleusungen« verliefen in aller Regel reibungslos, waren aber stets mit der Unsicherheit der Witterung behaftet. Bei frischem Schneefall wären die Spuren, die von Westberliner Seite aus unvermittelt an der Staatsgrenze aufhörten, zu auffällig gewesen. Aber an diesem Tag herrschte naßkaltes Schmuddelwetter, das uns nicht aufhielt. Zeit zu einem Restaurantbesuch gab es mal wieder keine und so ließen wir uns mütterlich umsorgen und bekochen von einer älteren Genossin, die unsere konspirative Wohnung an der Frankfurter Allee in Schuß hielt.

Es hatte sich vieles angesammelt seit unserem letzten Treff. Nach der feierlichen Würdigung der bisherigen Leistungen auch durch die Verleihung eines weiteren Ordens lag auf einmal ein dickes Geldbündel auf dem Tisch. Meine Haltung in dieser Frage war den Genossen hinlänglich bekannt, und so versicherte Kurt wortreich, daß es sich dabei um eine Prämie der Freunde aus Moskau handeln würde. Seit der Rückkehr von meiner ersten Treffreise nach Berlin im Frühjahr 1973, bei der mir die Genossen 300 Westmark zugesteckt hatten und der darauf erfolgten Klarstellung meines Vaters, lehnte ich Geldzuwendungen strikt ab. Ich solle einfach mal darüber nachdenken, wieviel er im Monat verdiene und welcher Anstrengungen der DDR es bedurfte, konvertierbare Devisen zu beschaffen. Andererseits war bekannt, daß ich die üblichen Prämien, die mit Ordensverleihungen verbunden waren, mit Stolz angenommen habe.

Damals unterstellte ich, daß es sich bei der KGB-Prämie um eine Legende handeln würde. Immer wieder versuchten die Führungsoffiziere, uns in dieser Weise das Leben etwas angenehmer zu gestalten. Gerade während der Studienzeit führte das immer wieder zu heftigen Auseinandersetzungen. Zwar war für mich das Geld in jener Zeit immer knapp, aber niemals waren erforderliche Maßnahmen daran gescheitert. Und nun, da ich bereits seit Jahren gut verdiente, bestand überhaupt keine Veranlassung, meine Haltung in dieser Frage zu ändern. Weder nahm ich das Geld an, noch zählte ich die Scheine. Erst während der Hauptverhandlung 1992 erfuhr ich, daß es sich in der Tat um eine Prämie aus Moskau gehandelt habe. Nach der Bewertung des Bundesamtes für Verfassungsschutz würde es sich bei diesen 3.000 Mark um die übliche Dotierung bei der Verleihung des Leninordens handeln.

Zu den weniger erfreulichen Themen gehörte die Nachricht, daß Wolfgang nicht mehr zu unserem engeren Kollektiv gehören würde. Der Betriebsarzt hatte gnadenlos in unsere operative Verbindung hineinregiert. Ein schwerer Bandscheibenvorfall und viele sich anschließende Krankenhausaufenthalte ließen den Einsatz im Außendienst nicht mehr zu. Von allen Führungsoffizieren, zu denen bis heute sehr gute und freundschaftliche Beziehungen bestehen, hatten meine Frau und ich Wolfgang ganz besonders ins Herz geschlossen. Seine Lücke sollte ein neuer Mitarbeiter schließen, der uns vorgestellt wurde. Daß es sich bei dieser Kaderentscheidung, mit Verlaub, um einen Griff in die Kloschüssel handelte, war uns allen damals nicht bewußt.

Das wichtigste Thema, das an diesem Tag zur Entscheidung anstand, war eine mögliche berufliche Veränderung. Mitarbeiter des Unternehmensbereichs »Marine- und Sondertechnik« in Bremen hatten mir ein lukratives Angebot gemacht. Die Inhalte des Vertragsentwurfs konnten sich sehen lassen. Leitungsverantwortung für ein eigenes Projekt und ein deutlich höheres Gehalt waren die Anreize. Über den Stand der Verhandlungen war die Zentrale bestens durch Uwe und die Funktechnik unterrichtet. Das Zögern bei der Entscheidung in dieser Frage zeigte, daß es für die Annahme und die Ablehnung jeweils eine Menge gute Gründe gab. Einerseits sprach die persönliche Entwicklung und die Übernahme von mehr Verantwortung eindeutig für diesen Ortswechsel, andererseits war Bremen doch weit vom Schuß, weil die entscheidenden und strategischen Weichen in Ottobrunn gestellt wurden. Das ausschlaggebende Argument, warum ich nicht in den Norden gezogen bin, lag auf einer ganz anderen Ebene. Die grundlegenden Arbeiten dieses Projekts orientierten sich zwar an der modernsten Technologie, griffen aber vorrangig bei der Entwicklung eines neuen Jagdflugzeugs, dem Eurofighter. Der Schwerpunkt meiner Arbeit bezog sich bisher auf die Kampfwertsteigerung des Kampfflugzeugs Tornado.

Während es sich beim Tornado um ein ausgesprochenes Angriffssystem mit nuklearer Bewaffnung handelt, sieht das Einsatzkonzept des

Eurofighters in erster Linie Aufgaben der Luftverteidigung vor. Die Abwägung erfolgte durch die Leitung der HVA also nach militärpolitischen Überlegungen. Die Hauptgefahr für die DDR und die mit ihr verbündeten Staaten des Warschauer Vertrags ging von der gegnerischen Angriffstechnologie aus. Die zielgerichtet betriebene Aufklärung gegnerischer Luftverteidigungssysteme hätte nur dann Sinn gemacht, wenn die Option eines Angriffs gegen westliche Staaten auch nur ansatzweise bestanden hätte. Da dies aber weder bei der NVA noch bei den Freunden der Fall war, ergab sich die Entscheidung folgerichtig.

Ottobrunn, März 1988

»Du hast gleich einen Termin bei der Sicherheit«, teilte mir Petra, unsere Abteilungssekretärin, im Vorübergehen mit. In solchen Fällen gehen dann alle Alarmsirenen an. Die ersten Fragen, die mir durch den Kopf schossen, waren die nach möglichen Nachlässigkeiten. Gab es einen Verdacht, waren sie mir bereits auf den Fersen? Kurz überlegte ich, zu Hause anzurufen und in die Trickkiste unserer Vereinbarungen zu greifen. Aber vielleicht war es ja auch eine Provokation und ich stand gerade jetzt unter genauester Beobachtung. Jede überhastete Reaktion hätte den Verdacht erhärten können. Ich verhielt mich also vollkommen normal, ging meiner Arbeit nach und machte mich auf den Weg, um pünktlich das Verwaltungsgebäude im Norden des Firmengeländes zu erreichen.

»Es geht um das Thema Sicherheit«, und nach einer kurzen Pause »und um Sie«. Diese Einleitung ließ meine Knie schlagartig weich wie Butter werden. Ich war froh zu sitzen, mein Schock wäre anderenfalls noch deutlicher geworden als dies wahrscheinlich ohnehin der Fall war. Die ganze Angelegenheit entpuppte sich jedoch schnell als harmlos, ja, als ein weiterer glücklicher Meilenstein auf unserem operativen Weg. Die Stelle eines verantwortlichen Ingenieurs für den materiellen Geheimschutz sollte besetzt werden, und ausgerechnet ich sollte diese zusätzliche Aufgabe übernehmen. Meine Bitte, mir das in Ruhe überlegen zu können, war natürlich nur eine taktische Finesse, und all zu lange ließ ich die Herren auch nicht auf meine Antwort warten.

Von einem Tag auf den anderen hatte ich erheblich größeren Zugang zu Geheimmaterial auch angrenzender Fachgebiete. Ich war Herr über einen großen Panzerschrank, der vielen Fachabteilungen zur Verwahrung bereits durch die Registratur erfaßter Dokumente, aber auch nichterfaßter Unterlagen, dem sogenannten Zwischenmaterial, zur sicheren Aufbewahrung diente. Meine operativen Zugangsmöglichkeiten hatten sich derart verbessert, daß ich nun souverän und mit der Arroganz des Sicherheitsbeauftragten auch zwei oder mehrere gefüllte Seesäcke hätte neben meinem Spind deponieren können, ohne Verdacht zu erregen. Mein Arbeitsplatz befand sich im abgeschlossenen Bereich eines Projektteams, das sich mit der Integration einer intelligenten, selbstzielsuchenden Rakete, der HARM *(High Speed Anti Radiation Missile)*, an das Waffensystem Tornado befaßte. Eine Waffe, die ihre Feuerprobe, erstmals und erfolgreich beim völkerrechtswidrigen Angriffskrieg der BRD gegen die Bundesrepublik Jugoslawien im Jahre 1999 hatte. Als Assistent des Projektleiters und Sicherheitsbeauftragter, wurde mir von einem Mitarbeiter eine Beobachtung gemeldet. Ein amerikanischer Kollege, der von der Firma Texas Instruments in dieses Team abgestellt wurde, komme regelmäßig in der Früh mit flacher Aktentasche in die Firma und gehe mit gefüllter Tasche wieder weg. In der Tat stellte sich heraus, daß dieser Kollege im amerikanischen Auftrag gezielt Softwaretechnologie beschaffte. So konnte ich recht hautnah erleben, wie unser Staat mit enttarnten Spionen umgeht. Sofortiger Zutrittsverbot zur Firma und die Aufforderung, die BRD binnen 14 Tagen zu verlassen.

Daß so etwas bei Kundschaftern aus sozialistischen Ländern anders gehandhabt wurde, war bekannt. Ich sollte das wenige Jahre später am eigenen Leib erfahren.

Berlin, 27. Dezember 1989

Uwe erwartete uns bereits an der menschenleeren Anlegestelle am Wannsee, an der in den warmen Monaten die Ausflugsschiffe ihre Kreuzfahrten durch die Westberliner Seen und Flüsse starteten. Geplant war die übliche Schleusung zum Treff in der Hauptstadt. Aber daraus wurde nichts. Das Grenzregime sei zu kompliziert und unübersichtlich, daher könne eine Schleusung nicht stattfinden. Ein schöner und harmonischer Treff konnte es diesmal nicht werden, aber diese Absage wollte ich nicht akzeptieren. Ich hatte eher den Eindruck, die Genossen würden kneifen, wollten sich nicht den quälenden Fragen der Quelle stellen. Ich war sauer, der Hinweis auf die Schleusung senkte meinen Stimmungspegel noch um ein paar Grad. Hatten die zu Hause keinen Fernseher? Wußten die nicht, daß das Brandenburger Tor offenstand? Hatten die Genossen noch nicht registriert, daß Massen von Menschen sich unablässig in beide Richtungen unkontrolliert und ungehindert durch dieses Tor bewegten?

Ich schickte Uwe zurück und gab ihm mit auf den Weg, daß wir uns um 15 Uhr in der Wohnung an der Frankfurter Allee treffen werden. »Ich erwarte, daß die Genossen da sind.« Eine Diskussion war nicht erforderlich, denn Uwe teilte meine Empfindung und beeilte sich, meine Weisung zu übermitteln. Insgeheim freute er sich, denn mit einem Mal hatte sich die Weisungsrichtung geändert.

Wie angedroht erschienen meine Frau und ich in der Wohnung. Uwe, Kurt, Günter und Manfred waren da. Allerdings auch der Ersatz für Wolfgang, was sich gerade im Hinblick auf diesen Treff noch als verhängnisvoll herausstellen sollte. Im Grunde gab es nur ein Thema. Zu unserer Beruhigung wurde versichert, daß alles, was auf uns hinweisen könnte, bereits vernichtet sei. »Quellenschutz« war die technische Beschreibung für das Schreddern aller Unterlagen, die dem Gegner einen Hinweis auf uns hätten geben können.

Alles? Ja, leider auch sehr persönliche Dokumente wie die Briefe meines Vaters aus Polen an die Eltern in Deutschland. Oder das »Impressum« von Hermann Kant, das ich dem Autor in jugendlichem Überschwang bei einer Frankfurter Buchmesse zusammen mit der Visitenkarte meines Vaters zum Signieren vorgelegt hatte. »Mensch Feuerstein, ich grüße dich«, schrieb Kant hinein. Die Worte »Verstehst du das, Robert«, konnte ich gerade noch unterdrücken.

Alles, was wir im Laufe von 40 Jahren in der Berliner Normannenstraße so sicher wie in Abrahams Schoß wähnten, war vernichtet. Der Groll darüber bleibt, auch wenn ich keinem der Führungsoffiziere deswegen Vorwürfe mache, denn letztlich diente es ausschließlich dem Zweck, unsere Freiheit zu erhalten.

An den Fortbestand zweier deutscher Staaten konnte ich beim besten Willen nicht glauben. Eine nachrichtendienstliche Tätigkeit für eine Regierung unter Berghofer, Schnur, de Maizière oder wie die damals gehandelten Namen auch lauteten, wollte ich mir gar nicht vorstellen, selbst wenn dieser unwahrscheinliche Fall doch eintreten sollte. Ebensowenig wie ich an die Erhaltung der DDR glaubte, konnte ich mir vorstellen, daß die Sowjetunion aufhören würde zu existieren.

Ich verband meine formelle Kündigung bei der Hauptverwaltung Aufklärung des Amtes für Nationale Sicherheit der DDR mit der Bitte, mir eine Telefonnummer zu geben, die ich zu gegebener Zeit nutzen könne, um mit unseren sowjetischen Partnern in Verbindung zu treten.

Die Stimmung an diesem Tag war ausgesprochen niedergeschlagen, und unausgesprochen stand im Raum, daß wir uns wahrscheinlich nie wieder sehen werden. Einzig mit Uwe hatte ich vereinbart, daß wir unsere Verbindung nicht abreißen lassen wollten, egal, was geschehe.

Berlin, 26. Mai 1990

Unsere Wohnung war sauber. Alle nachrichtendienstlichen Hilfsmittel waren entsorgt, nur das Dechiffriermaterial existierte noch. Damit konnte ich den letzten Funkspruch aus Berlin über die gespreizte Kurzwelle eines handelsüblichen Radiogeräts entschlüsseln. Es war ein kurzer Spruch, in dem nur der Ort und Uhrzeit für diesen Tag als Treff genannt wurden. Seit dem Ende meines Studiums fuhr ich zum ersten Mal wieder mit dem Auto über die Transitstrecke nach Berlin.

Ich war der festen Überzeugung, daß ich nun eine Telefonnummer erhalten werde, die ich mir einprägen und unter keinen Umständen irgendwo notieren wollte. Merkwürdig war, daß Uwe von diesem Treff nichts wußte. Seit Wolfgang nicht mehr der unmittelbare Vorgesetzte von Uwe war und diese Ersatzlösung Frank mehr durch Unzuverlässigkeit und Unfähigkeit glänzte, hatten wir schon längst, ohne Wissen der Zentrale, den Dienstweg verlassen und unser eigenes Verbindungswesen aufgebaut. Die Ungereimtheiten dieses Treffs erklärte ich mir mit der Besonderheit der politischen Situation. Immerhin war das Ministerium aufgelöst, und so funktionierte eben vieles nicht mehr.

Schon von weitem erkannte ich Frank. Wir begrüßten uns, und er begann sofort hektisch zu reden. »Wir gehen jetzt durch ein paar Seitenstraßen. Wenn ich dir ein Zeichen gebe, steigst du hinten in den Wagen, an dem wir vorbeikommen.«

Die ersten Schritte ging ich gehorsam mit. »Ich geh dann einfach weiter. Die Genossen im Auto sprechen übrigens gutes Deutsch.«

Ich blieb stehen. »Wie bitte?« oder so ähnlich war meine Reaktion. Was ich ihm dann mühsam aus der Nase ziehen mußte, war die nüchterne Erkenntnis, daß dieser Treff die faktischen Übergabe an das *Komitee für Staatssicherheit* (KGB) sein sollte. Eine vollständige Übergabe, denn die Freunde wußten alles, meinen Klarnamen eingeschlossen. Jetzt brachten mich keine zehn Pferde mehr einen Schritt weiter. Ich war nur noch wütend. Wütend über die Art und Weise, mit der sich über meine Bitte nach einer Telefonnummer hinweggesetzt wurde, aber vor allem über diese zum Himmel stinkende Unprofessionalität, die deutlich wurde. Alles, was wir in den zurückliegenden Jahrzehnten gelernt und gelebt hatten, galt nicht mehr. Und das bei einer Aktion, bei nicht nur ein paar Mikrofilme den Besitzer wechseln. Diese Aktion hätte eine gründliche Vorbereitung und ein Höchstmaß an Absicherung erforderlich gemacht.

Ich hatte die Nase gestrichen voll und beendete den Zirkus. Im Anschluß traf ich mich noch mit Uwe und ließ meinen ganzen Ärger bei ihm ab. Gegenseitig bekräftigten wir uns darin, diesen Frank dummerweise viel zu lange ertragen zu haben. Schade nur, daß ich erst jetzt erfuhr, daß Uwe bereits seit langem keinen guten Eindruck von Frank hatte. Hätten wir uns doch nur früher darüber ausgetauscht, ganz sicher wäre sein Gastspiel in unserem Kollektiv schnell beendet gewesen. Wir legten den 7. Oktober des Jahres als Termin fest, um uns in der Wohnung meiner Mutter zu treffen, und ich fuhr wieder zurück nach München.

Frankfurt am Main, München, 9. Oktober 1990

Uwe fuhr bereits einen Tag nach unserem Feiertag, dem 7. Oktober, wieder nach Berlin, und ich blieb noch einen Tag länger in Frankfurt. Die Lage war ruhig, neue Erkenntnisse gab es nicht, die Einheit war vollzogen, und so blieb es bei der allgemeinen Erörterung der Weltlage, bei der eine Flasche Wodka draufging, aber sonst nichts dabei herauskam. Ich verließ die Autobahn an der Abfahrt Tennenlohe, auf halber Strecke nach München, zum Tanken. Die Gelegenheit nutzte ich, um zu Hause anzurufen. Eine männliche Stimme am anderen Ende ließ die Vermutung aufkommen, daß ich mich verwählt hatte. Ein zweiter Versuch brachte das gleiche Ergebnis. Um einen technischen Defekt auszuschließen, wechselte ich die Telefonzelle. Nun meldete sich meine Frau. Allerdings mit einer Begrüßungsformel, die zu den unzähligen Vereinbarungen gehörte, die wir vor langer Zeit auswendig gelernt hatten. In Klartext übersetzt bedeuteten die Worte »Spatzl, wie geht's?« nichts anderes als »Hausdurchsuchung«.

Ich legte auf. Jetzt brauchte ich Zeit zum Nachdenken. Ein einziger Anruf in Frankfurt, und die ebenfalls männliche Stimme zeigte mir, daß auch dort das Gleiche geschah. Sie wußten nicht, wo ich war, sonst hätten sie längst zugeschlagen. Ich konnte mich also noch in Sicherheit bringen. Wie ein Uhrwerk liefen die Stationen in mir ab. Ich wußte genau, welchen Weg ich einschlagen mußte. Da war die Bushaltestelle in Innsbruck, dann über Wien – aber halt, alle Varianten endeten auf dem Schönefelder Flughafen. Nur daß dort keine Genossen der Volkspolizei mehr ihren Dienst verrichteten. Da konnte ich mich auch gleich bei der nächsten Polizeistelle melden. Mit anderen Worten: Es funktionierte keine einzige der geplanten Fluchtvarianten mehr.

Mir kam in den Sinn, nach Berlin zu trampen. Bei der Ausfahrt Beelitz würde ich dann aussteigen und die paar Kilometer bis zum Haupttor der sowjetischen Garnison zu Fuß zurücklegen. Es blieb bei diesem Gedanken. Sie hatten meine Frau und meine Mutter. Was würde mit den Kindern geschehen? Was wußte der Staatsschutz überhaupt, welche Beweise hatte er? Und dann kam noch ein Gefühl in mir hoch, das ich heute nur als grenzenlos naiv beurteilen kann. Glaubte man den bürgerlichen Massenmedien, so ertrank die ganze Republik in Tränen der Freude und Rührung nach vollzogener deutscher Einheit. War das nicht die beste Voraussetzung, mit einem blauen Auge davonzukommen?

Ich rief erneut zu Hause an und sagte dem Leiter dieses Einsatzes, daß ich kommen und mich stellen würde. Ein Umstand, der mir letztlich nicht einmal in der Untersuchungshaft etwas gebracht hat. Dort rangierte ich unter den Gefangenen mit dem höchsten Fluchtrisiko, was mir sogar die

Teilnahme am Sport versagte. Ich hätte ja meine Fertigkeiten beim Stabhochsprung verbessern können.

Auf meine Zusage, sofort nach Hause zu kommen, wollte sich der Staatsschutz nicht verlassen und griff mich in martialischer Form aus dem fließenden Verkehr mit Waffengewalt und Einsatzkräften mitten auf der Autobahn heraus. Die Fesseln an Füßen und Händen schnitten ins Fleisch, und die Mündung einer Maschinenpistole schmerzte im Nacken. Bis die zuständigen Ermittler kamen, brachte man mich in einer Polizeibaracke auf dem Gelände der Tank- und Rastanlage Greding unter. Gleich zu Beginn teilte mir der Kriminalhauptkommissar Heins lapidar mit: »Ihr Führungsoffizier Frank Weigelt ist zu uns übergelaufen.« Es war das erste Mal, daß ich Franks Nachnamen erfuhr. So muß mein »Kenne ich nicht« auch recht plausibel geklungen haben. Ohne irgend etwas von mir erfahren zu wollen, berichtete Heins mit Hilfe seiner handschriftlichen Notizen, was dieser Verräter alles erzählt hatte. Danach blieb kein Zweifel mehr: Das war kein vernehmungstechnischer Trick, dieser charakterlose Hund hatte alles gesagt, was er wußte.

München, Oktober 1991

Rechtsanwaltsbesuch im Münchner Zentralgefängnis Stadelheim. Wer 23 Stunden am Tag in einer sechs Quadratmeter kleinen Zelle eingesperrt ist und nur für eine Stunde im Hof seine Runden drehen kann, freut sich über jede Abwechslung. So waren für mich die Besuche von Wolfgang, meinem Anwalt, neben denen meiner Familie, stets willkommen, auch wenn die Nachrichten von Mal zu Mal schlechter wurden. Ständig wurden die Haftbefehle aufgehoben. Das war kein Grund zur Freude, denn sie wurden gleich durch neue ersetzt, bei denen sich die Paragraphen veränderten und, damit einhergehend, das angedrohte Strafmaß sich stetig nach oben bewegte.

Zuletzt waren wir dann am Anschlag angelangt: Landesverrat im besonders schweren Fall, Höchststrafe: lebenslänglich. Der Vorstoß der Bayernpartei, das Grundgesetz der BRD als ungültig zu erklären, bescherte mir so manchen Alptraum. Rational hatte ich das nie als Gefahr eingeschätzt, aber das Unterbewußtsein spielt nach seinen eigenen Regeln. Bei dessen Abschaffung treten nämlich automatisch die Länderverfassungen in Kraft. Und nach der Bayerischen Landesverfassung heißt es bei Hochverrat, laienhaft ausgedrückt, »Rübe ab«.

Aber jetzt trat eine neue Qualität in das Verfahren ein, wir hatten Akteneinsicht. Zum ersten Mal durften wir Einblick nehmen in die papiergewordenen Erkenntnisse der Bundesanwaltschaft. Die Akten waren so umfangreich, daß Wolfgang zunächst nur ausgewählte Unterlagen in seine Tasche packen konnte. Die meisten waren als »Geheim« eingestuft, was das Mitbringen in die U-Haft unmöglich machte. Schnell beantragten wir daher, die Akten bei Gericht studieren zu dürfen, was auch tatsächlich genehmigt wurde. »Ich les' Ihnen mal was vor«, sagte Wolfgang, mit dem ich damals noch per Sie war. Er referierte einen Antrag von Uwe, in dem er um die Genehmigung einer Dienstreise nach Leningrad bat. Lange hatte es gedauert, bis Uwe und ich uns für wenige Sekunden bei einem Hofgang in der U-Haft sehen konnten. Ohne meine Aufforderung, wenigstens durch ein Kopfnicken gegenüber den Ermittlungsbeamten den Tatvorwurf einzuräumen, hätte seine Gefangenschaft wesentlich länger gedauert. Standhaft und unerschütterlich schwieg Uwe zu allen Vorhaltungen. Nach seiner Entlassung aus Stadelheim hatte er Auflagen zu befolgen und mußte seine Reisedokumente abgeben. Ich fand diesen Antrag durchaus lustig, und es paßte auch zu Uwe und seiner erfrischend respektlosen Art. Ich mußte lachen. »Es kommt noch besser«, meinte Wolfgang und verlas den Beschluß des Bundesgerichtshofs, in dem diese Reise genehmigt wurde. Ich verstand die Welt nicht mehr. Dann aber rückte Wolfgang mit einer viel wichtigeren Information heraus. Schwarz auf weiß stand da zu lesen, daß der Erstkontakt des Verräters Weigelt mit dem Bundesamt für Verfassungsschutz am 15. April 1990 stattgefunden hatte – ein halbes Jahr vor meiner Festnahme. Diese Information mußte ich erst einmal verdauen. Da haben die sich ein halbes Jahr Zeit gelassen, mich zu verhaften, und verpassen mich dann sogar bei ihren Zugriffen.

Das warf eine Vielzahl von Fragen auf, die erst mit der Zeit geklärt werden sollten. Das Datum war aber auch im Hinblick auf die versuchte Übergabe an das KGB sehr aufschlußreich. Da war diese Ratte bereits seit einem Monat übergelaufen, als sie versuchte, mich an das KGB zu übergeben. Die sich daraus ergebende Frage, ob die beiden in dem Auto, in das ich steigen sollte, Sowjetbürger oder Verfassungsschützer waren, konnte erst in der Hauptverhandlung beantwortet werden. Um es an dieser Stelle vorwegzunehmen: Sie waren wirklich vom KGB und hatten keine Ahnung von den eigentlichen Absichten des Verräters und Provokateurs, der nun als Söldner des Kölner Bundesamtes handelte.

Zum Konzept des Verfassungsschutzes gehörte, daß meine Übergabe vollzogen werden sollte. Die Absicht lag auf der Hand. Wer sich der reißerischen Artikel und Kommentare der damaligen Zeit erinnert, weiß, wie oft die Behauptung wiederholt wurde, daß die »Stasi« ihre Agenten an das KGB übergeben hätte. Wer solche Lügen in diesem Umfang in die Welt setzt, braucht dringend wenigstens einen Fall, der vorzeigbar war. Und wenn man diesen Fall selbst herbeiführen mußte. Aber selbst das scheiterte, was sie sich obendrein selbst zuzuschreiben hatten. Ihr dußliges Vorgehen hat es verhindert. Ganz bewußt lasse ich die Frage offen, wie es wohl gelaufen wäre, hätten die Kölner und ihr Söldner etwas mehr Fingerspitzengefühl und Professionalität an den Tag gelegt. Jedenfalls hatte man sich beim Verfassungsschutz gedacht, daß diese Übergabe zu einem späteren Zeitpunkt noch realisierbar sein könnte, weshalb über diesen langen Zeitraum auch kein Zugriff erfolgte. Der Zeitpunkt der Festnahme war gekommen, als unser Genosse beim Verfassungsschutz, Klaus Kuron, der von Weigelts Verrat wußte, verhaftet wurde. Sein Wissen gelangte zwar noch nach Berlin an die Führungsoffiziere der Abteilung »Gegnerische Dienste«, aber nicht mehr an den »Sektor Wissenschaft und Technik« (SWT), zu dem wir gehörten. Ein trauriges Kapitel, daß Informationsflüsse in solchem Maße an ministerielle Strukturen gebunden sind. Da es die Strukturen nicht mehr gab, fanden die Informationen auch nicht mehr den richtigen Adressaten. Ich teile den Ärger meiner Führungsoffiziere, daß bei ihnen kein Hinweis ankam. Jeder einzelne von ihnen hätte alles unternommen, uns zu warnen.

München, 12. März 1992

»Im Namen des Volkes« ist die Floskel, mit der Gerichte ihre Urteile beginnen. So auch an jenem Tag. Mehr als eine Floskel können diese Worte kaum sein. Denn mit der Annexion fielen der BRD nicht nur Grund und Boden, Anlagevermögen, Bodenschätze, Immobilien und 16 Millionen Konsumenten in den Schoß, sondern auch Menschen, in deren Namen die Westrichter jetzt auch Recht sprachen. Nicht einmal Bärbel Bohley wollte die Kundschafter der DDR verurteilt sehen, was sie mir persönlich nach dem ersten öffentlichen *Spiegel*-Gespräch in der Humboldt-Universität in Berlin bestätigte. Aber darauf kam es der politischen Justiz nicht an. Die Orientierung des ehemaligen Justizministers Kinkel zur Delegitimierung der DDR wurde strikt befolgt. Die Methode der Kriminalisierung sollte sicherstellen, daß nie wieder auf deutschem Boden ein sozialistischer Staat entstehen könne.

Wegen Beihilfe zum Landesverrat wurden Uwe zu einem Jahr, Kurt zu einem Jahr und sechs Monaten, meine Frau zu einem Jahr und neun Monaten, jeweils zur Bewährung ausgesetzt, verurteilt; ich selbst wegen Landesverrat im besonders schweren Fall zu acht Jahren Haft.

Trotz meiner hohen Strafe gab es eine Reihe von Gesichtspunkten, die es mir ermöglichten, mit diesem Strafmaß zurechtzukommen. Das Gericht blieb deutlich unter der Forderung der kalten Krieger von der Bundesanwaltschaft, alle Mitangeklagten und besonders meine Frau konnten den Gerichtssaal als freie Menschen verlassen, der Vorsitzende

Richter wies bereits in der mündlichen Urteilsbegründung auf die Möglichkeit der sogenannten Halbstrafe hin und gut 18 Monate U-Haft wurden angerechnet und lagen bereits hinter mir.

München, 7. Oktober 1994

Das Bayerische Oberste Landesgericht hatte Wort gehalten. Pünktlich nach der Hälfte der verhängten Strafe endete meine Gefangenschaft. Für alle Kundschafter, für die Oberlandesgerichte anderer Bundesländer zuständig waren, wäre eine solche Regelung wünschenswert gewesen. Ungeachtet der Ablehnungen von Staatsanwaltschaft oder Vollzugsanstalt blieb der Bayerische Staatsschutzsenat seiner Linie treu. Ob das »Nein« vom Gefängnis kam, wie bei Frau Dr. Gabriele Gast, oder von der Staatsanwaltschaft, wie bei Alfred Spuhler, spielte bei der Entscheidung über den Entlassungstermin keine Rolle. Und das, obwohl allgemein bekannt ist, wie extrem selten gerade die bayerische Justiz von der Möglichkeit der Halbstrafe Gebrauch macht. Der Tag meiner Entlassung verlief recht unspektakulär, hatte ich doch bereits die relative Freiheit eines Freigängers, zu der mir eine Ausbildung zum Redakteur verhalf.

Wenige Tage zuvor nahm mich Bernd Brunnhofer, der Geschäftsführer des renommierten Hans-im-Glück-Verlags, der gute und anspruchsvolle Gesellschaftsspiele verlegt, und bei dem ich gerade volontierte, zu einer Preisverleihung mit nach Frankfurt. Dem Gefängnis gegenüber stellten wir diese Dienstreise als unverzichtbar für meine Ausbildung dar. Es war spät geworden im Gesellschaftshaus des Frankfurter Zoos. Sabine, unsere Trauzeugin und frühere Klassenkameradin, die mich zu diesem gesellschaftlichen Ereignis begleitete und bei der ich auch übernachten wollte, wählte auf der Fahrt zu ihr nach Hause die Route über die Textorstraße im Stadtteil Sachsenhausen. Wolfgang hatte mich noch in der U-Haft mit aktuellen Adressen versorgt, die ich nach und nach aufsuchen wollte. Ich konnte mich sofort an Judiths Hausnummer erinnern. Ich bat Sabine, einen Moment zu warten, denn jetzt wollte ich die Gelegenheit nutzen und Judith einen Besuch abstatten. Wenn ich in fünf Minuten nicht wieder auftauchen sollte, würde ich mich in der Früh des nächsten Tages alleine zum Bahnhof begeben. Ihr Protest, daß ich doch unmöglich nachts um zwei Uhr die Leute aus dem Bett klingeln könne, verhallte wirkungslos. Das hatte ich mir spontan in den Kopf gesetzt, und es war mir so wichtig, daß irgendeine Uhrzeit zur banalen Nebensache wurde.

Ich mußte nicht lange warten, bis der Türöffner summte und ich im Treppenhaus stand. Während ich noch die Treppen hinauf ging, sah ich Judith bereits in der Tür stehen. Den Bademantel gerade übergeworfen, völlig verschlafen und mit halboffenen Augen schaute sie neugierig, wer da komme. Von unserem Wiedersehen nach so langer Zeit hatte ich keine genaue Vorstellung, aber die Erwartung auf eine herzliche Umarmung und einen freudigen Gesichtsausdruck war schon da.

Die Mischung aus Verwunderung und distanzierter Zurückhaltung irritierte mich doch gewaltig. Auf die Frage, was ich wolle, entgegnete ich schüchtern, ob ich nicht eintreten könne, denn im Treppenhaus rede es sich nicht so gut. Eher widerwillig bat sie mich dann doch in ihre Wohnung. »Judith, ich werde am 7. Oktober entlassen«, teilte ich ihr mit, und ihre Worte werde ich wohl nie vergessen: »Das tut mir leid, aber ich weiß noch nicht mal, wo du schaffst.«

Erst jetzt fiel es mir wie Schuppen von den Augen. Trotz aller Medienberichterstattung bei der Festnahme, der Anklageerhebung, bei Prozeßauftakt und zum Prozeßende, wußte Judith von nichts. Ich muß ein jämmerliches Bild abgegeben haben, als ich unsicher im Flur stand. Also fing ich an zu erzählen. Die Nacht war gelaufen und Judith schlagartig hellwach. Natürlich war ich rehabilitiert und mußte mich Stunden später sehr beeilen, den Zug nach München noch zu erwischen.

Judith erzählte mir später, daß sie danach noch viele schlaflose Nächte erlebte wegen des in dieser Nacht Erfahrenen.

Eigentlich wäre der Tag meiner Entlassung auf Sonntag, den 9. Oktober gefallen – auf jenen Tag an dem ich auch festgenommen wurde. Das Strafvollzugsgesetz sieht jedoch vor, daß bei mehrjähriger Haftstrafe der Entlassungstag vorverlegt werden kann, wenn er regulär auf einen Feiertag oder das Wochenende fallen würde. Diese Regelung traf auf mich zu, und so wurde Freitag, der 7. Oktober 1994, in doppelter Hinsicht für mich zu einem Feiertag. 45 Jahre zuvor feierten Antifaschisten und Sozialisten die Staatsgründung des ersten Arbeiter- und Bauern-Staates auf deutschem Boden. Meine ganze Familie hat über zwei Generationen hinweg nicht als willfährige Manövriermasse Geschichte erduldet, sondern Partei bezogen und ihren Teil zur aktiven Gestaltung unserer Geschichte beigetragen. Immer wieder werde ich, im Hinblick auf meine nachrichtendienstliche Arbeit, gefragt: »Hat es sich denn wenigstens gelohnt?« Meine Antwort: »Ja – ein halbes Jahrhundert Frieden in Europa, das hat sich schon gelohnt.«

An diesem denkwürdigen Datum endete meine Gefangenschaft. Die Vollzugsanstalt wollte noch diverse Unterschriften haben, mit denen sie sich versichern ließ, daß ich keine Ansprüche gegenüber Kleiderkammer, medizinischem Dienst oder der Kasse mehr habe. Ich zeichnete jedes der Formulare mit vollem Namen und dem Datum 7. Oktober 1949.

Der Dreher in der Jahreszahl fiel keinem auf.

Die große Kaderschmiede

Heinz D. Stuckmann, Jahrgang 1922, Kölner, Journalist, Direktor der Kölner Journalistenschule, Zusammenarbeit mit HVA seit 1974. Wurde vom Oberlandesgericht Düsseldorf im August 1996 nach dreimonatiger U-Haft zu einem Jahr auf Bewährung verurteilt.

Ich hatte mittags verschlafen, war erst um Viertel nach zwei Uhr wach geworden statt halb zwei nach der sonst üblichen knappen Stunde Siesta. Während ich mich anzog, versuchte ich auszurechnen, ob ich noch im Hellen zu den Weidenkätzchen und wieder zurückkäme, den Weidenkätzchen für Triene, die schon am 6. Januar am Eifel-Wanderweg nach Ormont blühten. Aber um halb fünf würde es schon dunkel sein, und das Wetter war unberechenbar. Es gab stockdunkle Nächte, in denen man nicht einmal einen Meter weit sehen konnte, und Schauer, deren Tropfen in weniger als 30 Minuten sogar durch die Goretex-Jacke drangen.

Aber Triene sollte trotzdem am Montag, unserem ersten Arbeitstag im neuen Jahr, Weidenkätzchen bekommen, die Weidenkätzchen vom Wanderweg nach Ormont. Nur – der Weidenkätzchenstrauch stand an einem steilen Hang, der von der Straße tief zu einer Weide hinabging. Er war zwar nur knapp zwei Meter vom Straßenrand entfernt, aber eben doch zwei Meter. Das war das Problem: Wie sollte man ohne Leiter …

Nun klingelte es anhaltend unten an der Haustür. Mir fiel sofort »Behörde« ein, denn nur Leute von der städtischen Müllabfuhr oder der Vollstreckungsbehörde klingeln derart penetrant an anderer Leute Türen. Ich ging hinab und sah schon von der Treppe aus durch das kleine Klappfenster neben der Tür einige Männer stehen.

Ich öffnete die Haustür. Vorn stand ein älterer Herr, etliche jüngere Leute hinter ihm. Der Ältere fragte: »Herr Stuckmann?«

Ich sage: »Ja!«

Da nennt der Herr einen Namen, wohl seinen Namen, hält mir einen Ausweis vor die Augen und sagt laut: »Bundeskriminalamt! Herr Stuckmann, Ihre Stasi-Vergangenheit holt Sie ein!« Und er fügt noch lauter hinzu: »Nun haben wir Sie!«

Die jungen Männer drängen sich an mir vorbei und stürmen die Treppe hinauf. Der Alte erklärt: »Sie sind vorläufig festgenommen wegen

Verdachts auf geheimdienstliche Agententätigkeit.« Obwohl ich diese Formulierung kenne, denn sie steht seit nun drei Jahren ständig in den Zeitungen, fällt mir just in diesem Augenblick zum ersten Mal auf, daß das eine Tautologie ist, seitdem es keine Versicherungsagenten, sondern nur noch »Repräsentanten« dieser Nobelhäuser gibt. Zugleich finde ich es befremdlich, ja verrückt, in diesem Augenblick an Tautologie und Sprachentwicklungen zu denken. Es scheint wohl besser, dem Alten zuzuhören, der noch immer was von »Stasi« und »HVA« und »Wir kriegen sie alle« krakeelt.

Ich hole tief Luft und repetiere diese langweilige, immer und immer wieder vom Führungsoffizier verordnete Lektion »für den Fall«: »Name, Vorname, Geburtsdatum. Kein Wort mehr. Schweigen! Abwarten: Was wissen die?«

Indes wird mir auch klar, daß es sowieso sinnlos sein würde, irgendwas zu sagen oder gegen die Festnahme zu protestieren oder die Unschuld zu beteuern. Nützlicher wäre es sicher, die Verbindung zu einem Anwalt zu verlangen. Anwalt? Zu welchem Anwalt? Ich kenne Anwälte für Mietrecht und Probleme des Arbeitsrechts, kompetente Leute für Ausbildungsfragen und solche für das Medienrecht. Ich kenne, geht mir auf, keinen Anwalt für Strafrecht und erst recht keinen Geheimdienst-Spezialisten. Wer könnte sich mit dem Paragraphen 99 des Strafgesetzbuchs auskennen? Daran hätte ich früher denken müssen – »für den Fall«.

Der Alte redet noch immer. Und wie ich ihn so anschaue, da entdecke ich, daß er Magengeschwüre hat. Dieses Leiden kann man, mehr als alle anderen Leiden, in den Gesichtszügen erkennen. Ich ärgere mich abermals über mich, weil mir – völlig unpassend in dieser Situation – »Tautologie« und »Ulcus-Symptome in der Physiognomie« einfallen. – Ich zwinge mich, dem Ulcus zuzuhören. Der sagt soeben, daß ich sicher nichts dagegen hätte, wenn »die Herren sich mal das Haus ansehen«. Da sind die aber – meine ich – schon fünf Minuten oben. Das kann indes zu diesem Zeitpunkt schon sehr viel länger oder auch sehr viel kürzer gewesen sein, denn das Verhältnis zur Zeit ist mir abhanden gekommen: Wie lange sind die schon hier?

Der Ulcus sagt: »Gehen wir hinauf. Sie zuerst, bitte! Ab jetzt haben Sie immer den Vortritt.« Das ist wohl ihre Art Humor. Und er sagt: »Sie haben auch sicher nichts dagegen, wenn wir uns Ihre Sachen mal anschauten?« Oben ist in jedem Zimmer einer von den BKA-Leuten und stöbert in meinen Sachen. Im Bad hat einer den Inhalt meines Necessaires in das Waschbecken gekippt und sortiert ihn nun Stück für Stück in die Taschen zurück – nicht ohne jede Dose zu öffnen. Im Schlafzimmer leert einer, ebenfalls bedächtig, Stück für Stück den Kleiderschrank. Soeben nimmt er sich das Jackett vor, fährt in jede Tasche hinein, dreht das Innere des Futters nach außen. Was suchen die im Kleiderschrank? Was suchen die in meinem Jackett? Was suchen die überall? Auf dem Schreibtisch liegt ein Brief an Triene. Was geht die mein Brief an Triene an?

Da sagt der Ulcus: »Packen Sie mal das Nötigste. Sie wissen schon … Es kann etwas länger dauern.« Das Nötigste … Ein wenig länger dauern … Was sollte ich mir darunter vorstellen? Ich habe mehr als ein Dutzend Fragen. Aber ich frage nicht – diesen Mann nicht. Er ist mir suspekt.

Einer von den Jungen kommt, hält meinen Autoschlüssel hoch und klimpert damit. Der Ulcus sagt: »Haben Sie was dagegen, wenn wir uns Ihr Auto auch mal anschauten? Ist doch Ihr Auto?«

Ich sage nichts. Denn ob ich jetzt »Ja!« sage oder »Nein!« ist egal; sie würden den Karren nach ihrer Art auseinandernehmen.

Der Ulcus greift nach dem Schlüssel, sieht ihn sich an, gibt ihn dem Jungen zurück und sagt zu mir: »Porsche!« Er sagt es so, als kenne er – Spezialist sozusagen – den Zusammenhang zwischen einem Porsche und einer Verpflichtung bei der Hauptverwaltung Aufklärung.

»Setzen wir uns«, sagt der Ulcus, geht in die Küche, als wäre er hier zu Haus, und hat anscheinend vergessen, daß ich »das Nötigste« einpacken sollte. Er setzt sich auf die Eckbank und weist mir mit einer Handbewegung den Platz an – ihm gegenüber.

Er nimmt ein Papier aus der Brusttasche seines Jacketts, entfaltet es und reicht es mir herüber. Auf dem DIN-A4-Blatt steht eine Namensliste. Da sie eineinhalbzeilig geschrieben und das Blatt voll ist, werden es circa 40 Namen sein, schätze ich. Der Ulcus fragt: »Was sagen Sie dazu?«

Ich sage: »Ich muß es erst einmal lesen.«

»Bitte!« sagt der Ulcus. Es klingt pikiert.

Als erstes fallen mir die Namen von Ferdi Fischenich und Evelyn von Erberich auf, dann der von Annelie Krott. Ich erinnere mich sofort: Das waren Absolventen des DS-Jahrgangs 1977. Beim Überfliegen sehe ich: Das waren fast alles Studenten und Studentinnen des Jahrgangs 77 der »Deutschen Schule«. Oder? Bei sorgfältigerem Lesen muß ich mich korrigieren. Nur knapp die Hälfte der Namen, die auf der Liste stehen, stammen aus dem DS-Jahrgang 77. Ein weiterer Teil umfaßt den Jahrgang 76. Irgendwo zwischen den Studenten und Studentinnen stehen meine Töchter Ulla und Jeannette. Was sollen die denn da? Aber auch die nette, alte Frau Sartorius kommt vor, die eine Zeitlang in der Buchhaltung ausgeholfen hat. Dann gibt es einige Namen, die ich nicht kenne.

»Was sagen Sie dazu?« unterbricht der Ulcus meine Gedanken. Ich werde mich hüten, dazu etwas zu sagen. Und selbst wenn meine vor 32 Jahren verstorbene Mutter auf der Liste stünde.

»Das sind«, stellte der Ulcus lakonisch fest, »die Absolventen Ihres Instituts, die Sie an die HVA vermittelt haben. Als Perspektiv-Agenten sozusagen.«

Ich stelle mir die gute alte Frau Sartorius, damals schon weit über Fünfzig, sehr lieb, aber schon ein wenig konfus, als Perspektiv-Agentin vor. Und meine Tochter Jeannette: hochintelligent, aber meist chaotisch. Da muß ich lachen.

Da wird der Ulcus böse: »Sie haben Ihre Schüler an die HVA verkauft. Das ist nicht zum Lachen. Ich halte Ihnen mal folgendes vor: Seit gestern sitzt einer Ihrer Absolventen im Gefängnis. Und da wird er nun viele Jahre sitzen. Aber Sie haben die Schuld. Denn der hat vor über zwanzig Jahren als junger Student noch gar nicht die Tragweite seines Handelns erfaßt. Da war der noch viel zu jung. Aber Sie haben diese Tragweite gekannt, haben ihn aber dennoch kaltblütig …«

Während der Ulcus in Moral macht, versuche ich die Fakten zu ordnen. Viel ist das ja nicht, was sie da haben (wenn sie nicht noch mehr haben): eine konfuse, in sich unsinnige Liste. Denn fast die Hälfte eines Studienjahrgangs und ein Drittel eines anderen Jahrgangs kann man nicht an die HVA vermitteln, selbst wenn alle die besten Voraussetzungen gehabt hätten, Top-Agenten zu werden. Das müßten sie beim BKA eigentlich wissen. Oder?

*

Ich hatte auf dem Betonsockel des Polizeigewahrsams Bonn gut geschlafen. Draußen wurde es hell. Niemand kümmerte sich um mich. Dabei hatte ich immer die Vorstellung gehabt, in Gefängnissen würde besonders früh geweckt.

Diese Geschichte, dachte ich, fing irgendwann 1959 oder 1960 an. Sie könnte im Hamburger Pressehaus in dem Kreis um Henri Nannen begonnen haben. Es könnte aber auch in der Clique um Loki und Helmut Schmidt gewesen sein. Schmidt war damals ein junger, unbekannter Abgeordneter des Bundestages, sammelte aber schon gerne Leute um sich, von denen er meinte, sie wären interessant. Mir fielen auch noch die Soirées der Gräfin Dönhoff am Sülldorfer Heideweg ein, eine widersprüchliche Erinnerung. Denn die Gräfin war eigentlich zu sehr Preußin, um sich auf solche Exoten »aus der Zone« einzulassen – einerseits. Andererseits hatte sie sich dann doch – 1964 – auf die Exoten eingelassen und war auf Einladung des »Presseamtes beim Vorsitzenden des Ministerrats der Deutschen Demokratischen Republik« mit den Kollegen Rudolf Walter Leonhardt und Theo Sommer in den anderen deutschen Staat gefahren. Das Ergebnis konnte man als Artikelserie in der *Zeit*, aber auch bald in dem Bestseller »Reise in ein fremdes Land« lesen, insgesamt recht wohlwollende Berichte. Ferner wurde hier zum ersten Mal der Staat östlich der BRD so genannt, wie er hieß: Deutsche Demokratische Republik, abgekürzt DDR.

Und wie vieles, was in der Wochenzeitung *Die Zeit* stand, Signalwirkung hatte, so setzte sich nach der Artikelserie und dem Buch in den deutschen Blättern allmählich die Bezeichnung DDR durch. Daß diese *Zeit*-Geschichte freilich eine Aktion der Hauptverwaltung Aufklärung, Abteilung X (»Aktive Maßnahmen«) war, das erfuhr man erst nach der sogenannten Wende.

Es gab noch ein halbes Dutzend anderer Hamburger Journalisten-Cliquen und Redaktionen, in denen ich »die Kollegen aus der Zone« zum ersten Mal getroffen haben könnte. Denn sie wurden umhergereicht wie Indianer mit Federschmuck; jeden Tag hatten sie ihren Auftritt. Diese sogenannten Kollegen – Hermann von Berg und Manfred Müller aus der Deutschen Demokratischen Republik – wollten sich, so sagten sie, »mal in der BRD umsehen und mit Kollegen reden«. Und sie fügten sowohl selbstbewußt wie mit ironischem Unterton hinzu: »Ein wenig recherchieren, wie man das hierzulande nennt. Objektive Fakten sammeln.«

Weshalb schmunzelte Müller immer bei dem Wort »objektiv«?

Diese sogenannten Kollegen aus der sogenannten DDR waren genau das Gegenteil von dem, wie wir uns nach den Vorgaben aus Bonn und nach den Ausführungen der hiesigen Medien kommunistische Funktionäre vorzustellen hatten und uns merkwürdigerweise auch vorstellten. Die beiden waren intelligent wie belesen, waren informiert – auch über den Westen – und gebildet. Von Berg war außerdem noch witzig und nervte mit treffsicheren ironisch-zynischen Anmerkungen zur »freiheitlich-demokratischen Grundordnung« die Hamburger Journaille. Sie rauchten Westzigaretten und trugen Wormland-Anzüge (damals »dernier cri«). Denn das, was die am Leib hatten, das konnte es unserer Meinung nach in einem HO-Warenhaus auch nicht geben. Sie waren selbstironisch und machten gute Witze über ihren Staat; am besten waren ihre Walter-Ulbricht-Witze. Dabei hatten wir immer geglaubt, man käme drüben für auch nur einen einzigen dieser Witze sofort für Jahre ins Gefängnis. Wir waren verwirrt.

Zugleich aber (wer sollte sich nun noch auskennen) bekannten sie sich eindeutig »zum Sozialismus und zu unserem Staat, der Deutschen Demokratischen Republik«. Sie wurden nicht müde, diesen Staat so zu nennen, wie wir ihn nicht nannten. Aber das war, wie ich bald begriff (und andere vielleicht auch), keine Provokation. Das war Bekenntnis.

Die zwei suchten außerdem »auch Kontakt zu Kollegen, die sich mal ein Bild von den Verhältnissen in der Deutschen Demokratischen Republik verschaffen wollen«. Denen sicherten sie »volle und uneingeschränkte Bewegungsfreiheit auf unserem Staatsgebiet« zu. Das war für uns alle schwer vorstellbar: Volle und uneingeschränkte Bewegungsfreiheit für West-Journalisten in der ganzen SBZ? Wo war der Pferdefuß? Landete man am Ende in Bautzen? Oder gar in Sibirien?

*

Schon an diesem ersten Abend in der Justizvollzugsanstalt Wittlich wurde mir klar, daß meine politische Entwicklung lange vor dem Hamburg-Besuch der sogenannten Journalisten aus der Ostzone begonnen hatte.

Daß ich am 16. April 1945 in Berlin desertiert bin, das war zwar ein entscheidender Schritt in meinem Leben; aber er hatte keinen politischen Hintergrund. »Die Amis« waren bis in die Gegend von Hannover vorgerückt. »Die Russen« hatten schon vor Wochen zahlreiche Brückenköpfe diesseits der Oder errichtet, hatten nur noch 70 Kilometer bis Berlin. Die Panzerspitzen der alliierten Armeen waren nur noch rund 400 Kilometer voneinander entfernt. Vor nur zehn Monaten waren es noch mehr als 2.000 Kilometer gewesen, von Brest an der Atlantikküste bis hinter Warschau jenseits der Weichsel. Es gehörte keine große Intelligenz dazu, um zu erkennen, daß sie die kleine Strecke bis Berlin binnen Wochen schaffen würden – die einen oder die anderen. Denn an die von Adolf Hitler angekündigten »Wunderwaffen« glaubte nur noch ein kleiner Rest von Fanatikern. Ein anderes Gerücht hielt sich hartnäckig (und es schien allen glaubhafter als das über die Wunderwaffen): Bald marschieren wir zusammen mit den Amis gegen die Russen; dann geht es wieder vorwärts. Denn niemand konnte und wollte sich vorstellen, daß die ehemals so stolze und bis 1942 fast immer siegreiche Hitler-Armee einen Krieg verlieren könnte, also kapitulieren müßte.

Wesentlicher als »Schnauze voll« war für mich die Angst vor »den Russen«, diesen »asiatischen Untermenschen«, die »keine Gefangenen machten«, sondern »jeden deutschen Soldaten kurzerhand totschlugen«. Bestenfalls kam man nach Sibirien, wo »diese Unmenschen alle Deutschen bei 40 Grad minus viele Jahre hart arbeiten und danach verhungern lassen« – so die Goebbels-Propaganda. Das hatten wir in den letzten Monaten so oft gehört und gelesen, daß wir meinten: Irgendwas Wahres muß daran sein. Die Angst trieb mich nach Hause.

Als ich dann nach vier Jahren sinnloser Zeit in der Hitler-Armee 1945 wieder zu Hause war, begann ich nachzudenken. Ich wollte wissen, was in den Jahren von 1933 bis 1945 passiert und weshalb das geschehen war – mit mir, mit meinen Schulkameraden, mit den anderen Menschen, mit unserem Volk.

Am 30. Januar 1933 war ich zwar erst zehn Jahre alt gewesen, ich konnte mich aber dennoch an viele Einzelheiten erinnern – wie an den herrlichen Fackelzug durch Köln am Abend des 30. Januar zur Feier der »Machtergreifung«. Ich stand am Rudolfplatz. Die braunen Kolonnen kamen aus der Mittelstraße heranmarschiert. Ich stand in der ersten Reihe und sang mit.

»Die Fahne hoch!
Die Reihen fest geschlossen.
SA marschiert …«

Nun konnten mich die Eltern nicht mehr hindern, Mitglied bei den Pimpfen zu werden, dem Verband der Zehn- bis Vierzehnjährigen in der »Hitler-Jugend«.

Mein Vorbild war der »Hitlerjunge Quex«, der junge Held eines gleichnamigen Films, den ich zweimal gesehen hatte. Der »Hitlerjunge Quex« war »zäh wie Leder, hart wie Kruppstahl und flink wie ein Windhund«, laut Adolf Hitler primäre Ziele eines echten deutschen Jungen. Quex kämpfte Tag und Nacht für den Führer, bis er von verbrecherischen Bolschewiken ermordet wurde und sterbend sang:

»Uns're Fahne flattert uns voran.
In die Zukunft ziehn wir Mann für Mann.
Wir marschieren für Hitler durch Nacht und durch Not …«

Zwei Jahre später war ich in der von den Hitler-Faschisten verbotenen Bündischen Jugend, in der mäßig katholischen »Deutschmeister-Jungenschaft«. Wir sagten uns zwar von den Nazis los (nicht zu laut). Aber auch das war keine politische Entscheidung.

Heimabende und Geländespiele gab es bei den Bündischen auch. Wir gingen aber viel mehr »auf Fahrt« – vor allem über ganze Wochenenden in der Eifel, stellten unsere Zelte irgendwo im Wald auf und saßen nachts am Lagerfeuer und sangen. Außerdem gab es in unserer Gruppe eine *Zündapp 200*, Spitze 75 (das war viel damals). Auf der durften wir draußen im Wald fahren. Ich vermute heute: Die *Zündapp* war sicherlich ein wichtiger Grund für den Wechsel.

Aus Protest »gegen den Adolf« ließen wir die Haare bis auf die Schultern wachsen (was eines deutschen Jungen unwürdig war) und trugen unvorstellbar kurze Hosen (kürzer ging es bei Jungen aus anatomischen Gründen nicht). Und einmal haben wir dem Heim der Hitler-Jugend in Odenthal nachts die Fensterscheiben zerdeppert und ein anderes Mal am hellen Tag einem Fähnlein des Jungvolks die Fahne aus dem Zeltlager geklaut. Dafür gab es je nach Zeit und/oder Staat unterschiedliche Bezeichnungen wie Flegeljahre oder Rowdytum. Unter Hitler waren das jedoch Verbrechen.

Dem entgegen war die Begeisterung in unserer Gruppe grenzenlos, als »unsere Soldaten«, die der »siegreichen Legion Condor«, aus Spanien zurückkamen. Das hatte nämlich nichts mit den Nazis zu tun. Unsere Soldaten hatten ja dort »gegen den gottlosen Bolschewismus gekämpft, der Spanien erobern wollte«.

Und wir freuten uns über »die Rückkehr der Ostmark ins Reich« und applaudierten »zur Befreiung des Sudetenlandes«. Es war ganz selbstverständlich und keiner Begeisterung wert, daß wir in nur drei Wochen »die Polacken erledigt« hatten. Als unsere tapferen Soldaten dann auch noch »den Erbfeind in die Knie zwangen« und »unsere Truppen« in Paris einmarschierten, da mußten auch wir anerkennen: »Das verdanken wir dem Führer!«

Wir sagten nicht »unserem« Führer, denn wir waren ja keine Nazis. Wir waren junge Katholiken. Und wir waren junge Soldaten, ob schon in der großen Armee oder leider noch in Zivil.

*

Nach dem Krieg lasen wir in den Zeitungen der Besatzungsarmeen (andere gab es zunächst nicht) von den Konzentrationslagern in Deutschland und den Nachbarländern, von den geschundenen und ermordeten Insassen, von den Millionen vergaster Juden. Davon hatte ich nichts gewußt – wirklich nicht. Und trotzdem fühlte ich mich irgendwie mitschuldig – irgendwie. Da begann ich zu fragen, jene zu fragen, die uns in den Kampf geschickt hatten für »Führer, Volk und Vaterland« und »gegen den gottlosen Bolschewismus«.

Denn immerhin waren 55 Millionen Menschen krepiert, eine Zahl, die nicht zu begreifen war. Aber niemand wollte meine dummen Fragen hören.

*

Anfang der 50er Jahre druckte *Aufwärts* hin und wieder Manuskripte von mir. Ich war Sozialarbeiter und wollte Journalist werden. Denn – so hatte ich erkannt – die Sozialarbeit war weitgehend nutzlos, wenn die gesellschaftlichen Verhältnisse nicht stimmten. Als Journalist würde ich dazu beitragen, diese gesellschaftlichen Verhältnisse zu ändern (und wußte noch nicht, daß man das in der BRD nicht konnte).

Die Arbeit beim *Aufwärts* brachte Probleme, die ich nicht geahnt hatte. Dort durfte man als »guter Katholik« nicht arbeiten. Denn der *Aufwärts* war die Jugendzeitschrift des Deutschen Gewerkschaftsbundes (DGB), der Einheitsgewerkschaft also, zu der sich 1949 die sozialistischen und christlichen Gewerkschaften zusammengeschlossen hatten, also »so was Ähnliches wie diese sogenannte Einheitspartei in der Sowjetzone«, sagten die Leute.

Ich überwand die Abscheu gegenüber den Linken – nein, nicht ganz. Ich überwand die Abscheu gegenüber den Sozialdemokraten. Das waren keine Kommunisten.

Redakteure und Mitarbeiter des *Aufwärts* traten 1950 in die Gewerkschaft ein. Das war etwas sehr Außergewöhnliches. Ein Journalist hatte im Journalistenverband Mitglied zu sein, dem Gemeinschaftsverband der Verleger und ihrer Angestellten. Denn: »Wir sitzen ja alle in einem Boot.«

Aber wir, die Kollegen der Redaktion *Aufwärts* und ich, traten im August 1950 geschlossen der Gewerkschaft Handel, Banken und Versicherungen im DGB bei, denn eine Gewerkschaft für Journalisten gab es damals noch nicht. Indes – wir redeten nicht darüber. Und ich nahm es hin, daß in dieser Gewerkschaft auch Kommunisten waren – gottlob nur wenige. Für mich begann die Begegnung »mit dem fernen Land« ein Jahr nach der Reise der *Zeit*-Redakteure. Der Westdeutsche Rundfunk wollte von mir eine Jubiläumssendung haben: »Die Vertreibung vor 20 Jahren«, Schwerpunkt Polen. Eine Stunde sollte es werden. Ich wollte jedoch den Hörern zunächst einmal ausführlich erläutern, welche Ursachen diese Vertreibung gehabt hatte. Die erste Recherchenaufgabe hieß deshalb für mich: Was hatten die Deutschen in Polen angestellt, als sie dort von 1939 bis 1944 Besatzungsmacht waren?

Solches Material, erfuhr ich von einem Fachmann, gäbe es in dem von mir gewünschten Umfang »nur im sowjetischen Sektor in Berlin bei dem sogenannten Generalstaatsanwalt der sogenannten DDR«. Ob ich mir das antun wolle? Das tat ich mir an. Ich fuhr in den »sowjetischen Sektor von Berlin« und wurde, da Journalist, an das »Presseamt beim Vorsitzenden des Ministerrats der Deutschen Demokratischen Republik« verwiesen. Der Mann, der für mein Anliegen zuständig war, hieß Manfred Müller. So traf man sich wieder.

*

In der zweiten Hälfte der 60er Jahre habe ich schon begonnen, das Thema »Deutsche Demokratische Republik«, so sagten fortschrittliche Leute nun schon, die im »Entspannungskurs« eine Chance »für ein friedliches

Nebeneinander« sahen, journalistisch aufzuarbeiten. Daß indes der sogenannte Entspannungskurs nur eine andere Methode zur Liquidierung des anderen Staates war, das habe ich – wie die meisten Menschen hüben und drüben – erst nach der Konterrevolution begriffen.

Es gab, so erkannte ich, einige Gebiete, auf denen uns die DDR voraus war (wer hätte das gedacht?) – so die Zehnklassige allgemeinbildende polytechnische Oberschule, die ab 1959 für alle Jungen und Mädchen von sechs bis 16 Jahren obligatorisch war, und ihre Fortsetzung, die Erweiterte Oberschule (EOS), die in zwei zusätzlichen Schuljahren zum Abitur oder gar zu Abitur mit abgeschlossener Facharbeiterlehre führte. Dieses neue System bedingte die Schließung der oft ein- oder zweiklassigen Dorfschulen und die Errichtung von großen Schulzentren. Das wiederum erforderte eine völlig neue Infrastruktur.

Es war eine gewaltige Aufgabe, die sich der junge, kleine und obendrein arme Staat vorgenommen hatte. Und alles geschah in einer Zeit, da es bei uns ein ähnliches Schulsystem nur in den Stadtstaaten und in West-Berlin gab und die Mehrheit der Bevölkerung, vor allem aber die Mehrheit der Lehrer und fast alle Geistlichen, die schwarzen wie die blauen, energisch forderten: »Die Schule gehört ins Dorf!«

Daß in den DDR-Schulen nicht nur Deutsch und Geschichte, Mathematik und Naturwissenschaften, sondern auch der Marxismus-Leninismus gelehrt wurde, das störte mich nicht. War doch in Niedersachsen, dem Land der Einklassen-Schulen, die christliche Religion Pflichtfach und in anderen Bundesländern sicherlich auch. Und die Sache mit »der Freiheit« war auch sehr relativ, hatte doch gerade in meiner näheren Verwandtschaft die zehnjährige Marianne schnell getauft werden müssen, obwohl weder Mutter noch Vater an einen Gott glaubten und Marianne ihn gar nicht kannte. Die Eltern waren mit »dem Heidenkind« – so unisono Pfarrer, Lehrer, Nachbarn, Mitschüler und Mitschülerinnen – aus der Großstadt Göttingen in das badische Dörflein Buchenbach am Rande des Schwarzwalds gezogen. Dort wurden Ende der 50er Jahre »keine kleinen Hexen geduldet« – so der Dorf-Pfarrer.

*

Zur Zeit der Außerparlamentarischen Opposition (APO) entwickelte Triene allerlei Aktivitäten. Aber sie konnte mich nicht begeistern. Das war mal wieder eine Jugendbewegung – ein kleiner Aufstand der jungen Bürgerlichen gegen die alten Bürgerlichen, alles wie gehabt, nämlich vor dem ersten Weltkrieg mit den Wandervögeln und später mit der Bündischen Jugend.

Aber dann sagte Triene, wir müßten unbedingt in die Aula der Universität gehen; dort würde ein Kommunist sprechen. Ich wußte nicht, weshalb ich einen Kommunisten hören sollte; die hatten es ja noch immer mit den Russen. Aber was tut man nicht alles einer sehr schönen, jungen Frau zuliebe? Und schließlich dachte ich: Über zehn Jahre hörte man keine Kommunisten reden. Man hatte sie ins Zuchthaus und ins Gefängnis geworfen. Oder sie waren in die Ostzone geflohen.

Der Redner war von einem »Initiativausschuß für die Wiederzulassung der Kommunistischen Partei Deutschlands«, der KPD also. Er erläuterte noch einmal die Hintergründe des KPD-Verbots von 1956: der Kalte Krieg und der Kommunistenhaß der Hitler-Faschisten, die damals schon wieder das Sagen in der BRD hatten. Er zählte die Grundgesetz-Änderungen seit 1949 auf und bekannte sich »im Namen des Komitees« zum »Grundgesetz von 1949«.

Der Redner hieß Manfred Kapluck, bis zum Verbot der Freien Deutschen Jugend (FDJ) 1951 Leiter der Pionierorganisation »Ernst Thälmann«, der Kindervereinigung der FDJ für die Sechs- bis Vierzehnjährigen, gewesen, damals also das Gegenstück zu Margot Feist in der DDR, der späteren Frau Honecker. Beim FDJ-Verbot mußte er in die DDR flüchten, sonst wäre er verhaftet worden. »Nicht wir haben uns geändert. Die Bundesrepublik Deutschland hat sich geändert und marschiert immer weiter nach rechts.« (Na, so einfach war es denn doch nicht: Die kommunistischen Abgeordneten hatten gegen das Grundgesetz gestimmt.)

Er warb für die Wiederzulassung der KPD und bezeichnete sie als »die einzige deutsche Partei, die gegen die Hitler-Diktatur gekämpft« hätte. Da hat er recht, meinte ich.

Wir unterschrieben einen Aufruf »Für die Wiederzulassung der Kommunistischen Partei Deutschlands«, kamen mit dem Redner ins Gespräch und gingen mit ihm in die nächste Kneipe auf ein Bier. Das, was er sagte, fand ich nicht uninteressant. Und zu Triene sagte ich: »Darüber muß man nachdenken.«

Ich war dafür, daß diese Partei wieder zugelassen wurde; sie hatte als einzige während der Nazizeit in größerem Umfang die Faschisten bekämpft.

Aber ich war gegen die Kommunisten. Was nun?

*

Im September 1968 wurde die Deutsche Kommunistische Partei (DKP) gegründet. Die Mitglieder gingen an die Arbeit und gründeten unter anderem Betriebsgruppen. Die hatten in den damals zahlreichen Zechen und Hütten und sonstigen Großbetrieben unerwartet viel Zulauf. Und die Genossen und Nicht-Genossen dieser Betriebe mußten nun agitiert werden. Deshalb gründeten sie auch Betriebszeitungen, kleine Blätter im DIN-A4-Format mit acht oder zwölf, selten mit 16 Seiten.

Aber was sie druckten, das war für Westdeutsche unlesbar und damit unnütz. Woher sollten die Redakteure das auch können? Die Arbeiter, meistens Volksschüler, hatten nie schreiben gelernt. Die geschrieben und sich auch weitergebildet hatten, waren während der KPD-Verbotszeit in die DDR emigriert und schrieben nun wie das *Neue Deutschland*, oder sie meinten so zu schreiben.

»Das liest keiner«, sagte ich zu Manfred Kapluck. »Eure Zielgruppe, die der Arbeiter, liest nicht das *Neue Deutschland*. Der hiesige Arbeiter liest *Bild*. Seht euch doch morgens in den Bahnen und Bussen um. Sie lesen *Bild*. Also müßt ihr schreiben wie *Bild*. Das verstehen die Massen hierzulande.«

»Sag bitte das mal unseren Betriebszeitungs-Redakteuren«, bat Manfred. Das erste Schulungs-Wochenende haben wir statt mit Schulung mit Diskussionen über den Inhalt und die Form von Betriebszeitungen verbracht. Wie *Bild* arbeiten, wie die gehaßte Springer-Presse schreiben, das wollte nicht in die Köpfe. Es war harte Schulung.

Zum nächsten Schulungs-Wochenende brachte ich eine Meldung von *ADN* mit und las den ersten Absatz vor: »Der Erste Sekretär des Zentralkomitees der Sozialistischen Einheitspartei Deutschlands und Vorsitzende des Staatsrats der Deutschen Demokratischen Republik, Erich Honecker, sowie der Vorsitzende des Bundesvorstandes des Freien Deutschen Gewerkschaftsbundes und Mitglied des Politbüros des ZK der Sozialistischen Einheitspartei Deutschlands, Harry Tisch, eröffneten ...«

»Liebe Leute«, sagte ich, »glaubt ihr im Ernst, daß ein westdeutscher Arbeiter, eine Arbeiterin auch noch die dritte Zeile einer solchen Nachricht liest? Maximal nach der zweiten Zeile ist Schluß – Schluß aber auch mit der Lektüre der nachfolgenden Ausgaben der Betriebszeitung.« Das sahen sie nach langen Diskussionen ein.

Dabei war durchaus Mitteilenswertes geschehen, interessant auch für westdeutsche Arbeiterinnen und Arbeiter. Erich Honecker hatte ein Nobelhotel im Rostocker Vorort Warnemünde eingeweiht, direkt am Ostsee-Strand gelegen. Dort sollten auch Arbeiterinnen und Arbeiter im Urlaub wohnen können – für 120 Mark pro Woche, einschließlich Vollpension. In einem Drittel des Hauses machten Westgäste Urlaub. Für sie lag der Preis geringfügig unter den Sätzen, die in gleichwertigen Hotels in der BRD üblich waren. Ich machte das Thema auf der ersten Seite auf. Rechts hatte ich halbseitig ein Foto des Hotels Neptun montiert. Links stand, fast größer als der nachfolgende Bericht, die Schlagzeile: »Kanalarbeiter wohnte im Luxushotel!« Unterzeile: »Hatte nur 240 Mark in der Tasche«. Und dann erzählte ich die Geschichte des Kanalarbeiters Erwin Gladkowski aus Zeitz, der im Nobelhotel für 240 Mark (Ost) zwei Wochen Urlaub machte. Und in dem Hotelfoto machte ich kenntlich, wo Gladkowski wohnte: im zehnten Stock auf der Seeseite. Um das Fenster zog ich einen Kreis mit Filzstift. Selbstverständlich kam der Genosse Erich Honecker auch noch vor; der hatte ja das Hotel Neptun eingeweiht. Er mußte sich aber mit einer kurzen Erwähnung im letzten Absatz begnügen, ohne Titel.

*

Ich zeige Manfred Müller die DKP-Betriebszeitungen. Ich bin stolz auf das Ergebnis dieser Arbeit von Triene und mir. Aber ich kann Manfred Müller damit nicht beeindrucken. »Aus der Partei wird nichts.«

Was er mir vorhält, ist mir nicht neu: 0,3 Prozent bei den Bundestagswahlen (Nullkommadrei), etwas mehr bei den Landtagswahlen in NRW, einige Stadträte in den Kommunalparlamenten des Ruhrgebiets … »In dem antikommunistischen Klima der BRD muß diese Partei zur Sekte verkommen. Sie kann nichts dafür.«

Pause.

»Ich habe etwas Besseres für dich.«

Er hat mich geduzt. Und ich ahne etwas.

Verdammte Kommunisten …

*

Ich nehme den Haftbefehl und lese ihn noch einmal. Der Hauptvorwurf lautet: »… klärte der Beschuldigte eine Vielzahl von Schülern und Mitarbeitern als potentielle Werbekandidaten für das MfS auf und benannte seinen Führungsoffizieren mindestens 28 Nachwuchsjournalisten, acht Lehrkräfte und eine Institutsbuchhalterin, die daraufhin als Zielpersonen für eine nachrichtendienstliche Ansprache von der HVA bearbeitet wurden.«

Die Töchter fehlen inzwischen. Aber die alte Frau Sartorius, ehemalige Institutsbuchhalterin, steht immer noch auf der Liste der Perspektiv-Agenten. Da müssen die sich aber beeilen, sonst stirbt sie ihnen weg.

Ich denke: Die Leute vom BKA können nicht rechnen. Oder sie ticken nicht richtig. Denn was der Ermittlungsrichter da schrieb, das konnte er ja nur aus Wiesbaden oder aus Meckenheim haben. Aber ihm müßte ja auch, sofern er sorgfältig ermittelt hatte, etwas auffallen: daß die Relation nicht stimmen konnte. Denn 28 Nachwuchsjournalisten – das wäre fast jeder zehnte DS-Student der Jahrgänge 1970 bis 1988. Jeder Zehnte – das konnte doch nicht geheim bleiben. Dazu fällt mir eine Schlagzeile ein: »Deutsche Schule – jeder Zehnte für Pankow!«

*

Die »Anklageschrift der Generalstaatsanwaltschaft« kam zwei Jahre und zwei Monate nach meiner Verhaftung. So lange hatten sie gebraucht, um auch nur in die Nähe eines Hauptverfahrens zu kommen. Sie war 15 Seiten lang. »Stuckmann … wird angeklagt, in Köln und an anderen Orten seit dem Jahr 1973 bis zum Ende des Jahres 1989 für den Geheimdienst einer fremden Macht eine geheimdienstliche Agententätigkeit gegen die Bundesrepublik Deutschland ausgeübt zu haben, die auf die Mitteilung von Tatsachen, Gegenständen und Erkenntnissen gerichtet war.«

Mitteilung von Gegenständen? Was für Gegenstände? Außer Roth-Händle ohne Filter, die Michael so gerne rauchte, hatte ich nie Gegenstände in die Zone gebracht.

»Vergehen, strafbar gemäß §§ 99 Abs. 1 Nr. 1; 73, 73 a StGB.«

Die Liste mit den 40 Nachwuchs-Agenten kam nicht mehr vor. Irgendwer mußte diesen BKA-Unsinn endlich durchschaut haben. Nun stellte sich der Generalstaatsanwalt die Anwerbung des HVA-Nachwuchses folgendermaßen vor: »Müller und der eigentlich zuständige Mitarbeiter der Abteilung X der HVA, der anderweitig verfolgte Michael Altmann … kamen sehr schnell mit dem Angeschuldigten überein, daß dieser künftig regelmäßig in Begleitung von geeigneten Studenten seines Instituts in die DDR einreisen sollte. Dort sollten dann weitere Mitarbeiter der HVA Kontakt zu diesen aufnehmen, um sie für eine Zusammenarbeit mit dem MfS zu gewinnen. Auf diese Weise sollte das Institut des Angeschuldigten als Multiplikator und als Lancierungskanal für das MfS genutzt werden.«

»Zur Abdeckung der geplanten Zuführung der Studenten … sollten jeweils tatsächliche oder vorgegebene journalistische Projekte dienen.« Nun wußten sie nicht einmal, wie die HVA funktionierte, jedenfalls arbeitete sie nicht so schwachsinnig wie dargestellt. Wofür hatten wir denn BND und Verfassungsschutz? Außerdem war es in der Machart derselbe Unsinn wie die Nachwuchs-Agenten-Liste, so eine Primitiv-Konstruktion à la Ulcus. Wenn ich jährlich nur einen einzigen Studenten zugeführt hätte, also mit ihm nach drüben gefahren wäre, dann hätte es Fragen bei den anderen Studenten gegeben: Wieso reist Stuckmann mit Meier alleine? Er reist doch sonst nicht mit einzelnen Studenten? Weshalb reist er mit Meier und nicht mit Müller? Wieso reist er mit einzelnen Studenten immer nur in die Zone?

Und was hätte es für ein Gerede gegeben, wenn ich mit einer Studentin gereist wäre? Am besten wäre es dann sicherlich gewesen, der Studentin auch noch zu sagen: »Darüber dürfen Sie aber mit niemand reden. Strengstes Stillschweigen!« Im Normalfall hätten es die in Chorweiler spätestens nach drei Jahren gewußt (sie sind dort etwas langsam), bei »strengstem Stillschweigen« schon nach einem halben Jahr. Und die Vorstellung, daß man mit geeigneten Studenten, also mehreren, dieses Geschäft hätte betreiben können, war völlig blödsinnig. Wenn HVA-Werber Schröder den Schulz beiseite genommen hätte, würde doch Schmidt gefragt haben: »Was wollte der Typ von dir?«

Auch der Rest war voller Fehler. Jeder Student, jede Studentin wäre von mir schriftlich abgemahnt worden, wenn er, wenn sie eine so fehlerhafte Recherche abgeliefert hätte. Aber das waren ja keine Studenten. Das waren hochbezahlte Beamte der Generalbundesanwaltschaft in Karlsruhe, des BKA in Wiesbaden.

»Weitere in Zahl und Person unbekannt gebliebene Studenten reisten bis mindestens 1975 … mit dem Angeschuldigten bzw. auf dessen Veranlassung in die DDR. Ob und ggf. in welcher Zahl das MfS aus diesem Personenkreis weitere inoffizielle Mitarbeiter angeworben hat, konnte nicht aufgeklärt werden.« 15 Seiten lang ...

»… daß dort« (beim MfS) »Überlegungen dahingehend angestellt wurden, ihn über seine bisherige Tätigkeit hinaus auch mit der Anwerbung geeigneter Personen als inoffiziellen Mitarbeitern zu betrauen ... haben die Ermittlungen einen Nachweis dafür, daß der Angeschuldigte auch in dieser Weise tätig geworden ist, nicht erbracht.« 15 Seiten …

»Neben diesen Informationen berichtete der Angeschuldigte ferner über außerhalb der ›Deutschen Schule‹ bestehende berufliche Kontakte sowie über sein persönliches Umfeld. Auch diese Informationen gaben Anknüpfungspunkte für nachrichtendienstliche Maßnahmen, ohne daß allerdings aufgeklärt werden konnte, ob und ggf. in welchem Umfang daraus nachrichtendienstliche Quellen eröffnet werden konnten.«

»… konnte nicht aufgeklärt werden.«

»… die Anwerbung eines – ebenfalls nicht ermittelten – Mitglieds des Lehrkörpers …«

»… einen Nachweis dafür … haben die Ermittlungen … nicht erbracht.«

»… ohne daß … aufgeklärt werden konnte, ob … daraus nachrichtendienstliche Quellen eröffnet werden konnten.«

Das alles heißt, daß sie wenig wissen – außer »IM Dietrich«, der Sache mit dem DDR-Personalausweis und der Verleihung der »Verdienstmedaille der Deutschen Demokratischen Republik«.

15 Seiten waren fast nur heiße Luft. Und heiße Luft war das Ergebnis von zwei Jahren und zwei Monaten umfangreicher Recherchen durch Fachleute.

Als ich am zweiten Tag der Hauptverhandlung kurz vor Beginn des Termins in den Raum komme, der vor dem Saal A 1 liegt, unterirdisch und schalldicht, sind dort die Zeugen versammelt. Ich falle Michael um den Hals, begrüße Manfred Müller, gebe Erich Endenich und Ludwig von Longerich die Hand. Nur Martin Merzenich dreht mir demonstrativ den Rücken zu. Der würde also der kritische Punkt in der Zeugenvernehmung sein. Zugleich nehme ich wahr: Der Ulcus ist nicht im Raum und auch nicht im Saal und würde nun auch nicht mehr kommen.

Manfred Müller hält sich an seine Aussage, die er beim BKA-Verhör gemacht hat: Irgendwann wird Stuckmann gewußt haben, mit wem er sich traf.

Michael überzieht leicht: Ja ja, er war dem Stuckmann des öfteren begegnet, jawohl. Listen? Die Studenten-Listen? Er könne sich nur schwach erinnern.

Der Vorsitzende Richter schlägt vor, die beiden Zeugen nicht zu vereidigen, und die Generalstaatsanwaltschaft stimmt zu.

Ludwig von Longerich und Erich Endenich sagen aus, sie hätten »den Herrn Müller von der HVA« anläßlich der Weltjugendfestspiele 1973 kennengelernt. Sie hätten sich bei ihm »nach der Ankunft in Ost-Berlin beim Presseamt melden müssen« und wären dort an Herrn Müller verwiesen worden. Der habe ihnen Hotelzimmer und Eintrittskarten besorgt.

Nun will der Vorsitzende wissen, ob ihnen denn da nichts aufgefallen sei: In einer Stadt, in der es damals nur wenige Hotels gab, in einer Zeit, da dort ohnehin alles mehr als überfüllt gewesen wäre, hätten sie kurzfristig Hotelzimmer bekommen.

Nein, ihnen sei nichts aufgefallen, gar nichts.

Aber auch mir war damals nichts aufgefallen, als ich die beiden eine Woche später im Foyer des Hotels Berolina traf, in dem sie ein Doppelzimmer hatten.

Auch diese Zeugen bleiben unvereidigt.

Mein Herz schlägt schneller, als Martin Merzenich aufgerufen wird. Aber auch er weiß nichts Nachteiliges über Stuckmann zu sagen. Ja, er sei mit ihm im Sommer 1974 zur Ostsee-Woche nach Warnemünde gereist. Mit Stuckmann allein? »Es hatten sich mehrere angemeldet. Die sind aber nicht mitgefahren.« Weshalb? »Das ist nun über 20 Jahre her.« Und dort sei er doch den Herren Müller und Altmann vorgestellt worden. »So ist es.« Und er habe sich nichts dabei gedacht?

»Weshalb sollte ich?«

Dem Vorsitzenden fällt ein: »Sie waren doch auch Beschuldigter nach § 99 StGB.« Ja! »Und haben in Untersuchungshaft gesessen.«

»Ja!«

Der Richter wendet sich an die um ihn gruppierte Justiz: »Den Zeugen sollten wir unvereidigt entlassen.« Allgemeine Zustimmung. Und damit ist nun auch der letzte meiner ehemals rund 40 Perspektiv-Agenten aus dem Rennen.

Nun ist die Frau Oberstaatsanwältin wieder an der Reihe. Sie muß den Strafantrag stellen und ihn zuvor begründen. »Es ist besonders verwerflich, daß er die Studentinnen und Studenten, die ihm als Direktor der Schule anvertraut waren, junge, unerfahrene Leute, der Hauptverwaltung Aufklärung im Ministerium für Staatssicherheit als Perspektiv-Agenten angedient hat.« Und: »Der Angeklagte hat eine besonders schwere Schuld auf sich geladen, indem er seine Schülerinnen und Schüler, diese jungen Menschen, die gar nicht wußten, was da auf sie zukommen konnte, an die Stasi verkauft hat.«

Der Vorsitzende Richter schaut zur Decke.

… und wieder in Paris

Hans Voelkner (1928-2002), Zusammenarbeit mit der HVA seit 1962 – eingesetzt als Instrukteur und Kurier einer Quelle in der NATO. 1969 in Paris verhaftet und vom Staatsgerichtshof der Republik Frankreich zu 12 Jahren Haft verurteilt. 1974 gegen Agenten westlicher Dienste ausgetauscht. Er arbeitete dann bis zu dessen Schließung 1990 im Institut für internationale Politik und Wirtschaft (IPW) in Berlin.

Dies ist der Bericht über ein Leben ohne Kindheit und ohne richtiges Elternhaus, über eine Jugend im Trommelfeuer faschistischer Propaganda und eines heißen Krieges. Es ist ein Bericht aus dem Dschungel des Kalten Krieges und aus verschiedenen Haftanstalten. Mein Leben hatte aber nicht nur Schattenseiten.

Da gibt es die kurze, doch leuchtende Erinnerung an meine Eltern und so manchen Genossen, der mir in entscheidender Minute half. Und es gibt jene Jahre, auf die ich uneingeschränkt stolz sein kann: in denen ich als Kundschafter im Dienste der Deutschen Demokratischen Republik und zur Sicherung des Friedens und zur Verteidigung des Sozialismus meine Pflicht tat. Keinen Abschnitt dieses Lebens möchte ich missen.

»Ich, Hans Eugen Voelkner, wurde am 21. August 1928 in der ehemaligen Freistadt Danzig geboren. Um acht Uhr abends. Zu einer Zeit, in der in allen Varietés der Welt die erste Musik erklingt.« So habe ich viele Jahre meinen Lebenslauf begonnen. Meine Eltern hatten mir diesen Anfang beigebracht. Die Idee stammt sicherlich von meinem Vater, denn sie spiegelt einen gewissen Stolz auf sein Artistenleben wider und jene Vorliebe für bildhafte Sprache und Symbolik, der vielen Slawen eigen ist.

Vater war Zirkusartist. Mutter war im übrigen eine ausgezeichnete Sekretärin. Beide waren seit 1925 in »Lebensgemeinschaft« verbunden. Sie gingen ihren Weg gemeinsam bis in den Tod. Als Artisten waren sie unter dem Künstlernamen *Oldais* in ganz Europa unterwegs. Ich erinnere mich, daß wir zwischen 1930 und 1937 auch in der Schweiz, in Skandinavien, Luxemburg, Belgien, Frankreich, Italien und in der Sowjetunion auftraten. Ich erinnere mich auch an das letzte Gespräch mit Mutter. Sie sprach mit mir über den Krieg. Er könne noch lange dauern, aber am Ende würde Hitlerdeutschland ihn verlieren. Der große Sieger dieses Krieges würde die Sowjetunion sein. Sie beschwor mich, das niemals zu vergessen und Vertrauen zu haben in die Zukunft, ganz gleich, was kommen möge. Im Mai/Juni 1943 schrieben unsere Eltern letztmalig. Mutters Brief vom 9. Mai 1943 kam aus dem Gefängnis Berlin-Moabit, der von Vater trug als Absender nur eine Feldpostnummer. Er teilte in seinem Brief mit, daß sie beide von einem Feldgericht in Paris zum Tode verurteilt worden seien. 1955 habe ich diese Briefe zum ersten Male gesehen; sie waren bei der »Roten Kapelle«, erfuhr ich.

Ich hatte keine geographische »Heimat«. Ich habe die Welt gesehen und viele Menschen getroffen. Ich habe sie aufmerksam beobachtet und im Laufe der Jahre meine Erfahrungen gesammelt. Eine der Lebensregeln, die mir Vater vermittelt hatte, lautete: »Du mußt stehlen – überall und immer. Nie mit den Händen, aber mit Augen und Ohren. Diesen Reichtum kann dir keiner nehmen.« In meinen Erinnerungen beginnt Frankreich mit Elsaß-Lothringen. Das waren schwierige Zeiten für uns, denn meine Eltern hatten kein festes Engagement und verdienten unseren Lebensunterhalt auf recht klägliche Weise. Dieses Tingeln in Elsaß-Lothringen hing wohl auch mit der Tatsache zusammen, daß unsere Papiere nicht in Ordnung waren. Man forderte uns auf, Frankreich zu verlassen – obwohl wir doch nach Paris wollten. Der Beamte, welcher unsere Abreise nach Deutschland zu überwachen hatte, zeigte Herz. Er begleitete uns auf den Bahnsteig, setzte uns in den Zug und erklärte, man wünsche uns nicht wiederzusehen. Dann machte er uns darauf aufmerksam, daß auf dem gegenüberliegenden Bahnsteig der Zug in Richtung Paris stehe, und warnte uns davor, diesen zu benutzen.

Nach einer letzten Bitte, ihm keinerlei Schwierigkeiten zu machen und ihm nicht mehr unter die Augen zu kommen, verließ er uns eine halbe Stunde vor Abfahrt des Zuges. So kamen wir nach Paris.

Eines Tages, es war Anfang der 60er Jahre, ich arbeitete als Abteilungsleiter Kultur beim Rat des Kreises Lübz, erschien ein Genosse bei mir und fragte unvermittelt, ob ich ins Ministerium für Staatssicherheit eintreten würde. Ich könnte als Kundschafter zur Wahrung des Friedens beitragen, indem ich die Kräfte des Krieges entlarvte. Ich hatte diese Frage nicht erwartet, aber ich empfand es als normal, daß sie mir gestellt wurde. Wer solche Eltern gehabt hatte wie ich und selbst politisch bewußt lebte, wurde davon nicht umgehauen. Trotzdem ließen mir die Genossen Zeit zum Überlegen. Ich sprach ordentliches Französisch. Das wird, so vermutete ich, ein Grund gewesen sein, daß ich gefragt wurde. Ich beherrschte ja nicht nur die Sprache schlechthin, ich dachte auch französisch und verhielt mich wie ein gebürtiger Franzose. Ich kannte Land und Leute, ich war dort auch zur Schule gegangen. Mir war die Mentalität der Franzosen vertraut und sehr nahe. Kinderlieder, Redensarten und idiomatische Wendungen waren mir geläufig.

Mein Führungsoffizier brachte mir das Notwendigste bei: wie man mit einer Mini-Kamera Dokumente ablichtete, sich gegen Beobachtung und Verfolgung sicherte und ihr entkam, wie man Personentreffs abwickelte und Materialien übergab. Ich bekam auch eine Menge über Organisation und Methoden des Gegners vermittelt. Ich wurde geschult, aber besuchte keine Schule.

Ich habe zudem als Kundschafter nie eine Waffe getragen. Die einzige, die ich besaß, war mein Kopf. Viel wichtiger als die Handhabung von Waffen war die Analyse der politischen Situation. Ich begriff sehr rasch: Kriegsverhinderung hieß allseitige Stärkung und Schutz unserer Republik vor der Bedrohung durch die NATO. Es war also notwendig, offensiv in die Zentren des Gegners einzudringen, seine Absichten rechtzeitig zu erkennen und die feindlichen, friedensgefährdenden Pläne zu erkunden, wo sie gesponnen wurden.

Ich reiste wieder nach Paris, an die Ufer der Seine, und ließ die Stadt auf mich wirken: die Menschen auf den großen Boulevards, die Seine-Quais im abendlichen Dämmerlicht, den nächtlichen Flitter- und Talmi-Glanz zwischen Pigalle und der Place Clichy. Ich genoß den einmaligen Blick vom Arc de Triomphe du Carrousel über den Obelisk auf der Place de la Concorde bis zum großen Triumphbogen auf der Place de l'Etoile.

Nun wurde mir doch ein wenig bange. Ich mußte mich erst an meine Rolle gewöhnen. Bereits die Kontrolle durch unsere Grenzorgane hatte mir den Schweiß auf die Stirn getrieben. Es war ein eigentümliches Gefühl, als ich erstmals das Hoheitsgebiet der DDR als Kundschafter verließ. Plötzlich hatte ich eine neue Identität. Ich war ängstlich. Normale Vorgänge empfand ich als bedrohlich. Das sollte sich bald ändern. Später bestand die Hauptgefahr in der Routine. Die innere Spannung nahm ab, man wurde »pannenanfällig«. Die erste Reise machte mir bewußt, daß Aufmerksamkeit, Selbstbeherrschung und gesunder Menschenverstand die Furcht neutralisieren konnten. Nachdem ich also mit klopfendem Herzen die DDR-Grenzkontrolle passiert hatte, mußte ich die zweite Hürde nehmen: Einchecken Flughafen Berlin-Tempelhof. Hier spürte ich hinter der freundlichen Weltoffenheit die aufmerksame Kontrolle. Neben den Uniformierten standen noch einige auffällig unauffällige Zivilisten herum. Erst im Flugzeug klang meine Erregung ab. Ich lehnte mich zurück, schloß die Augen und entspannte mich einen Moment. In Paris ging alles glatter als erwartet. Ein Riesenflughafen mit Massenabfertigung.

Nur auffallen durfte man nicht. Ich suchte mir ein Hotelzimmer und traf bald meinen Partner. Er gab mir Material, dann berieten wir anstehende Fragen. Alles war einfacher, als ich befürchtet hatte. Gewiß hatte der zuständige Genosse das Programm der ersten Reise so gestaltet, daß möglichst keine Komplikationen auftreten konnten.

Meine Aufgabe bestand darin, Verbindung zu Partnern zu halten, für die Reisen in sozialistische Länder ein Risiko darstellten. Von ihnen übernahm ich Informationen, bereitete diese auf und brachte sie nach Hause. Zugleich mußten mit dem Partner die Ergebnisse der Arbeit analysiert und mitunter an Ort und Stelle Schlüsse gezogen und neue Aufgaben festgelegt werden. Integraler Bestandteil dieser Zusammenarbeit war die Pflege zwischenmenschlicher Beziehungen, wie das im Amtsdeutsch hieß. Also: wie geht es dir, hast du private Probleme, was macht die Familie usw. Ich war nicht nur »reitender Bote« der Zentrale und deren Vertreter gegenüber dem Partner, sondern auch notfalls der »Kummerkasten«.

Einmal stand ich in Berlin-Tegel, der Abflug war ohne Begründung auf unbestimmte Zeit verschoben worden. Plötzlich bemerkte ich, wie die Ausgänge von jener Sorte unauffälliger Herren besetzt wurden, die man meist sofort erkennt. Ich glaubte, von ihnen gemustert und beobachtet zu werden. Schon überlegte ich, wie und welche Unterlagen, die ich bei mir trug, beseitigt werden könnten. Doch wo? Ich beschloß, zur Toilette zu gehen, hinter mir die Tür zu verriegeln und das Material zu vernichten. Doch ehe ich dort war, kam eine Gruppe Sicherheitsbeamter eilig durch die Schleuse. In der Mitte erkannte ich Willy Brandt. Ich atmete tief durch. Der SPD-Politiker benutzte zufällig dieselbe Maschine wie ich.

Ein andermal passierte es mir, daß ich ganz unplanmäßig umfangreiche Protokolle in die Hände bekam, die so nicht zu transportieren waren. Also abfotografieren. Die Fotokopien konnte ich aber nur in meinem Hotelzimmer anfertigen. Ich zog die Vorhänge zu und hängte das Schild »Bitte nicht stören« an die Klinke. Bereits vorher hatte ich eine 200-Watt-Birne gekauft, die mir das notwendige Licht gab. Schnell verwandelte sich mein Hotelzimmer in eine Kopieranstalt. Ich hatte meist eine Tasche mit Container bei mir, in der man Dinge unbemerkt transportierten konnte. Diesmal reichte der Stauraum nicht. Was tun? Ich öffnete die Filmkassetten und nahm sie in mein Handgepäck. Bei einer Kontrolle würden die Negative sofort belichtet und damit schwarz werden. Ich hätte dann nur noch mein Gedächtnis, aber die Gegenseite überhaupt nichts. Nun, ich brachte die Filme wohlbehalten ans Ziel.

Auch die Einreise in die DDR verlief nicht immer ohne Komplikationen. Bei aller Freude, wieder daheim zu sein, durfte ich nicht auffallen. Was ich an Berichten und offiziellen Unterlagen, an Filmen und fotokopierten Dokumenten mitbrachte, mußte unseren Grenzern mitunter verdächtig erscheinen. Aber ich konnte ihnen doch nicht sagen: »Guten Tag, liebe Genossen! Ich bringe gerade die neueste Lieferung aus dem Generalsekretariat der NATO.« Also mußte man sich irgendwelche Legenden ausdenken.

Zur Erfüllung meiner Aufgaben hielt ich mich nicht ständig außerhalb der DDR auf. Das brachte ganz spezifische Belastungen mit sich. Es bedeutete für mich normale Zugehörigkeit zu einem Betrieb mit häufiger Abwesenheit aufgrund langer oder kurzer Reisen. Ich führte ein Doppelleben. So nahm ich zum Beispiel manchmal in den Vormittagsstunden als Abteilungsleiter an der Dienstbesprechung beim Generaldirektor teil, und in den Mittagsstunden war ich bereits mit einer anderen Identität auf dem Flug nach Paris oder Genf.

Meine Abwesenheit von der Arbeit mußte immer einwandfrei begründet sein. Das war jedoch nicht so leicht in einem sozialistischen Kollektiv, wo einer den anderen kennt und sich über ihn Gedanken macht. Ich mußte meine Kollegen täuschen. Manchmal mußte ich mich sogar vor Aufgaben drücken oder mich ausschließen, selbst auf die Gefahr hin, von Kollegen, Freunden und Bekannten in eine Ecke gestellt zu werden, in die ich nicht gehörte. Gleichwohl mußte ich meine Aufgaben im Betrieb ordentlich erfüllen, das nahm mir niemand ab. Im Gegenteil, ich mußte nicht nur schlechthin im Betrieb meine Arbeit machen, sondern sie gut und möglichst vorbildlich leisten.

Es waren harte Jahre, in denen ich durch viele Länder Europas kam. Ich frühstückte gemeinsam mit meiner Frau und den Kindern – zum Mittagessen saß ich in irgendeiner westeuropäischen Stadt.

Am 16. Mai 1969, kurz nach 13 Uhr, wurde ich auf der Terrasse des Café de la Paix am Opernplatz in Paris festgenommen. Die Handschellen legten mir Beamte der D.S.T. an, der *Direction de la Surveillance du Territoire* (»Direktion zur Überwachung des Territoriums«), wie sich die französische Abwehr nennt.

Dem Zugriff war folgendes vorausgegangen: Es gab irgendwelche Irritationen mit unserem Partner, der uns Zugang zum Generalsekretariat der NATO verschafft hatte. Wir kannten uns seit Jahren. Die Beziehung war ein wenig zäh angelaufen, er ließ mich anfangs Mißtrauen spüren – schließlich war ich ein weiterer Zeuge, der ihn nunmehr kannte. Im Laufe der Jahre gewann er aber Vertrauen zu mir, unser Verhältnis bekam freundschaftliche Züge. Aufgrund der eingetretenen Umstände sollte ich vor Ort prüfen, ob eine Enttarnung unserer Kontakte zu befürchten sei.

In Paris wurde ein Treffen am Metro-Eingang mitten auf dem Opernplatz vereinbart. So konnte ich aus sicherem Abstand beobachten, ob mein Partner allein zum vorgesehenen Treffen erschien oder in Begleitung.

Als Beobachtungsposten hatte ich mir ein Teehaus ausgesucht, das in der ersten Etage einen Gastraum besaß, von dessen Fensterplätzen aus man den Metro-Eingang im Auge behalten konnte. Das erwies sich aber als nicht möglich: Oben wurde gebaut.

So schlenderte ich auf dem Platz umher, betrachtete interessiert die Auslagen des berühmten Juweliergeschäfts Van Arpels und die Schaufenster des großen Auto-Salons am Boulevard des Capucines. Auf der Avenue de l'Opera und auf dem Opernplatz herrschte reger Betrieb. Dennoch hatte ich den Eindruck, als paßten einige Personen nicht ins Bild, die an verschiedenen Stellen herumlungerten. Man entwickelt im Laufe der Jahre eine Art sechsten Sinn dafür: Kleidung, Haltung und Benehmen verraten sie. Einen Moment blieb ich neben zwei dieser Männer stehen, die mir verdächtig erschienen. Scheinbar neugierig blickte ich in das Schaufenster des Auto-Salons. Dabei bekam ich mit, wie sie einem dritten, der mit einem Auto gekommen war, mitteilten: »Alles in Ordnung.« Offensichtlich war eine Polizeiaktion im Gange, wobei naturgemäß nicht erkennbar war, wem diese galt. Das war ohne Bedeutung. Es ist für einen Kundschafter immer gefährlich, in eine Kontrolle, Razzia oder sonstige Polizeiaktionen zu geraten. Deshalb gab es für mich nur eins: aus der Gefahrenzone zu verschwinden. Ich schlenderte also weiter um den Platz herum und überlegte, wie ich das anstellen sollte,

So suchte ich mir auf der Terrasse des Café de la Paix einen geschützten Eckplatz, bestellte einen Kaffee und zahlte sofort. Ich wollte nicht länger als eine Viertelstunde über die verabredete Zeit hinaus warten. Äußerlich lässig laß ich eine Zeitung und beobachtete aufmerksam meine Umgebung.

Ich hatte aber bereits einen entscheidenden Fehler begangen: Ich hatte angenommen, daß die Franzosen mich nicht kannten. Sie hatten aber ein Foto von mir und mich längst identifiziert.

Als mich einige Herren auffällig musterten, entschloß ich mich zum Rückzug. Doch da war es bereits zu spät.

Die beiden Herren vom Autohaus waren mit dabei, als ich verhaftet wurde. Es gab einen Prozeß, der zunächst als Schlußpunkt unter einer großen Spionageaffäre angekündigt worden war. *Le Monde* berichtete bei Beginn der Verhandlung Anfang 1970: »Die Bedeutung des Prozesses, der am heutigen Mittwochnachmittag vor dem Gerichtshof für Staatssicherheit begann, ergibt sich mehr aus der Persönlichkeit des Hauptangeklagten Hans Voelkner ... als aus den Tatsachen, die diesem Agenten aus Ostdeutschland zur Last gelegt werden. In der Tat stellt sich die Angelegenheit als eine ziemliche banale Nachkriegsspionagegeschichte dar.«

Die Verhandlung war kurz, die Strafe lang: zwölf Jahre.

Die Zeitung *l'Aurore* machte am 13. Februar 1970 bereits in der Überschrift über ihren Gerichtsbericht deutlich, wohin die Reise gehen würde: »Verurteilt zu zwölf Jahren Gefängnis, wird das Waisenkind der ›Roten Kapelle‹ als Tauschobjekt dienen.«

Und im Beitrag hieß es dazu: »Dieses Urteil ist nicht ein Endpunkt. Hier wird ein ›Preis‹ festgesetzt. Der Oberstleutnant Voelkner ist in unseren Augen soundsoviel wert. Ein hoher Preis, wenn man von dem geringen Vergehen in Frankreich ausgeht. Von nun an besitzt Hans Voelkner einen Tauschwert. Durch ihn wird Frankreich in die Lage versetzt, einen seiner im Osten gestolperten Agenten zurückzuholen, vielleicht sogar zwei oder mehr.«

So sollte es auch kommen.

Frankreich hatte am 9. Februar 1973 die DDR anerkannt, es wurden Botschaften ausgetauscht. Seither verbesserte sich meine Situation in vielem. Ab und zu kam ein Genosse unserer Botschaft zu einem kurzen Besuch und informierte mich. Am 4. September 1974 stellte man dort einen Paß für mich aus, zwei Tage später erschienen Vertreter der DDR-Botschaft und Rechtsanwalt Nordmann, um die Formalitäten der Entlassung zu erledigen. Der Präsident der Französischen Republik, so hieß es, habe mir den Rest der Strafe erlassen. Eine Motorradstafette der Gendarmerie und drei Wagen brachten mich von Melun zum Militärflughafen Villa-Coublay, wo eine Maschine zum Flug nach Berlin-Tegel bereitstand. Außer der Flugzeugbesatzung, die nicht wußte, wen sie transportierten, kamen mehrere D.S.T.-Beamte mit an Bord. Sie waren höflich und neugierig. In der Euphorie des Augenblicks versuchten sie, mir Informationen zu entlocken.

Da war wieder die Frage nach meinem Rang: eine Art fixe Idee dieser Herren. Außerdem wollten sie wissen, was ich nach meiner Heimkehr tun würde. Schließlich wollten sie in Erfahrung bringen, was ich über den Chef der »Roten Kapelle«, Leopold Trepper, wußte. Ich schwieg ausdauernd und beharrlich.

Am Nachmittag des 6. September 1974 betrat ich am Grenzübergang Chausseestraße wieder den Boden der DDR – nach fast zweitausend Tagen und Nächten Abwesenheit. Meine Frau und einige Genossen der Zentrale waren erschienen, die ich freudig umarmte. Ich war wieder daheim!

Isolationsfolter

Dr. Gabriele Gast, Jahrgang 1943, Regierungsdirektorin im Bundesnachrichtendienst seit 1973, stellvertretende Referatsleiterin »Politische Auswertung Sowjetunion«. Zusammenarbeit mit der HVA seit 1968.
Verhaftung im September 1990. Im Dezember 1991 vom Bayerischen Obersten Landesgericht zu 6 Jahren und 9 Monaten verurteilt, davon abgesessen 3 Jahre und 5 Monate.

Die Bundesrepublik Deutschland behauptet von sich, die Menschenrechte umfassend zu achten und zu schützen. Menschenrechtsverletzungen, wie sie in vielen Ländern, insbesondere der Dritten Welt, an der Tagesordnung sind, gäbe es in diesem Lande nicht. Auch und nicht zuletzt deshalb sei Deutschland ein Rechtsstaat.

Diese Behauptung ist eine Lüge. Es gibt Menschenrechtsverletzungen auch in Deutschland – zum Beispiel in Form der Isolationsfolter in deutschen Gefängnissen. Ihr Unterschied zur Isolationsfolter, die möglicherweise anderswo praktiziert wird, besteht – wenn überhaupt – allein darin, daß sie gesetzlich geregelt ist und von einem Richter angeordnet sein muß. Die Bundesrepublik Deutschland ist eben ein Rechtsstaat.

Ich habe in Deutschland, in einem deutschen Gefängnis, die Isolationsfolter erlitten. Während der Untersuchungshaft, wo ich dem Gesetz zufolge als unschuldig galt, 15 Monate lang. Ich war 23 Stunden täglich allein in einer kleinen Zelle eingesperrt, bei der einen Stunde »Aufenthalt im Freien« war ich ebenfalls allein. Die Isolationshaft war formaljuristisch korrekt vom Ermittlungsrichter angeordnet. Juristisch zweifelhaft war aber schon ihre Begründung: Sie erfolgte nicht aufgrund einer besonderen »Verdunklungsgefahr« (Nr. 60 UVollzO), sondern wegen des »Gegenstandes des Verfahrens«. Dieser Gegenstand betraf den § 99 StGB: geheimdienstliche Agententätigkeit.

Im Zeitraum meiner Inhaftierung vom 1. Oktober 1990 bis zum 11. Februar 1994 wurden auch viele andere Menschen in der Bundesrepublik Deutschland wie ich wegen nachrichtendienstlicher Tätigkeit für die DDR strafrechtlich verfolgt. Nach meiner Kenntnis wurde aber niemand derart brutalen Haftbedingungen unterzogen. Möglicherweise hing dies damit zusammen, daß ich viele Jahre hauptamtlich für den Geheimdienst der Bundesrepublik Deutschland, den Bundesnachrichtendienst, gearbeitet hatte und die Isolationsfolter einen besonderen Strafzweck erfüllen sollte. Die Anordnung einer strengen Einzelhaft ging jedenfalls auf den Antrag der Bundesanwaltschaft zurück, hinter der wiederum, auch mit dem Mittel der Zeugenbeeinflussung (Beweise hierfür liegen vor), der Bundesnachrichtendienst agierte.

Die Anordnung erscheint aber vor allem deshalb als ein Willkürakt, weil gegen einen anderen Mitarbeiter des Bundesnachrichtendienstes, der im gleichen Zeitraum wie ich wegen geheimdienstlicher Tätigkeit für die DDR inhaftiert war, keine Isolationshaft verhängt wurde.

Isolationshaft, insbesondere über einen längeren Zeitraum vollzogen, ist Folter. Sie deformiert die Psyche, verändert die Persönlichkeit. Sie hinterläßt bleibende seelische Schäden. Isolationshaft schränkt die Fähigkeit zur Verteidigung ein – sie verletzt damit die Rechte der Verteidigung und das Unschuldsprinzip.

Untersuchungshaft in der Form der Isolationshaft bezweckt, den Beschuldigten bzw. Angeklagten mit Blick auf den Gerichtsprozeß »weichzukochen« – ein justitielles Selbstverständnis von Gerechtigkeit legitimiert die Folter und verschleiert sie zugleich. Untersuchungshaft in der Form der Isolationshaft dient dem Anspruch des Staates auf Sanktion des Rechtsbruchs, auf Strafe.

Sie ist Strafe in ihrer primitivsten Form: der nackten Rache.

In den 15 Monaten der Isolationshaft habe ich zwei Arten psychischer Folter erfahren und durchlitten: in der ersten, etwa ein halbes Jahr dauernden Phase die Qual, die Gegenwart von Menschen und vor allem die Kommunikation mit ihnen entbehren zu müssen, und nachfolgend die Qual, die Gegenwart von Menschen nicht mehr ertragen zu *können*, ihre Nähe aber ertragen zu *müssen*.

Im ersten halben Jahr der Isolationshaft beherrschte ein Gefühl grenzenloser Verlassenheit und eine unstillbare Sehnsucht nach menschlicher Nähe alle Empfindungen. Immer wieder ließ die innere Anspannung in Momente tiefster Verzweiflung und des Verlusts von Wert und Sinn solchen Lebens abstürzen. Die Gefahr der Suicidalität war um so größer, als es in solchen Stunden der Depression keine Möglichkeit eines tröstenden Wortes, eines Händedrucks gab. Gleichzeitig widersetzte sich die Psyche der erzwungenen Einsamkeit, indem sie herbeizuzwingen suchte, was die versperrte Tür vorenthielt. Wie bei einem Blinden übernahm das Gehör die Orientierung, versuchte die trennenden Wände zu überbrücken. Waren jenseits der Tür, auf dem Flur, Geräusche von Menschen zu vernehmen, hastige Schritte oder schlurfender Gang, Stimmengewirr, Singsang oder gar Lachen, so schwand das Gefühl des eingesperrt Ausgesperrtseins, erschien menschliche Nähe gegeben, die die Endlosigkeit der Zeit erträglicher machte. Blieben diese Geräusche aus wie an den Sonn- und Feiertagen, legte sich eine bleierne Schwere über die Zelle.

Irgendwann, nach etwa einem halben Jahr, kehrte die Gewöhnung an die Einsamkeit diese krampfhafte Suche nach menschlicher Nähe um. Nun begann die Qual, die Gegenwart von Menschen ertragen zu müssen, ihre Schritte, ihr Reden, ihr Lachen, die Geräusche von Leben und Geschäftigkeit. Nur das Alleinsein mit sich selbst, die Unterhaltungen der Gedanken, die schriftliche Kommunikation mit Angehörigen und Freunden, die Stille waren zu ertragen, und was immer in diese Stille eindrang und sie störte, bedrängte die Geborgenheit der Zelle. Ich wurde wortkarg, gab den Wärterinnen kaum noch Antwort. Ihre Anwesenheit beim einsamen Hofgang begann zu stören. Jedes Aufschließen der Zellentür erschien wie ein Einbruch in meine geschlossene Welt. Die Ohren wehrten sich gegen jedes noch so leise, noch so angenehme Geräusch, wie beispielsweise die geliebte klassische Musik. So blieb das Radio, das zuvor eine schmale Brücke zur Außenwelt geschlagen hatte, immer häufiger und immer länger stumm. Unmerklich, wiewohl unaufhaltsam, hatte die Isolation in die Selbstisolation geführt und damit in eine Verfaßtheit, die die Einsamkeit erträglich machte. Nur – dieser Zustand währte nicht auf Dauer.

Nach etwa einem Jahr setzte eine innere Erstarrung ein, die mir die Fähigkeit zur Selbstbeschäftigung, zur Arbeit nahm. Bis dahin hatte ich die Tage, Werktage wie Feiertage, in einem strengen Arbeitsrhythmus verbracht, wenn nicht eine depressive Stimmung zur Untätigkeit zwang. Ich war ständig beschäftigt, stellte mir immer wieder neue Aufgaben, um in dem Übermaß an Zeit nicht in lähmende Langeweile zu verfallen. Ich konnte dadurch die Konzentration wahren oder aktivieren. Aber nach einem Jahr ununterbrochener und einsamer Betätigung war ich ausgebrannt. Von einem Tag zum anderen ging nichts mehr: kein Buch vermochte zu interessieren, keine Themenbearbeitung, kein Lernprogramm, keine Handarbeit, und – was das Schlimmste war – ich konnte mich auch meiner Familie nicht mehr mitteilen. Der innere Panzer, der sich in all den Monaten der Isolation herausgebildet hatte, hatte sich geschlossen. Das schützende Schneckenhaus war zugewachsen.

Das war die Zeit, als ich zu ersticken meinte, als ich mich lebendig begraben fühlte. Aber es war auch eine Zeit, in der ich zu begreifen begann, daß die Justiz Unrecht tat, und aus dieser Erkenntnis die Kraft zum Durchhalten schöpfte.

In diese psychische Verfaßtheit fiel die Gerichtsverhandlung. Sie riß mich aus der Einsamkeit und der Abschirmung der Zelle. Von einem Moment zum anderen wurde ich in das Leben außerhalb der Gefängnismauern geworfen, in das Verkehrsgewühl, in menschliche Gesellschaft, in eine Kommunikation mit Menschen und – ins Blitzlicht der Öffentlichkeit. Nach 14 Monaten ständigen Alleinseins begann der Prozeß gegen mich damit, daß eine Horde von Pressefotografen über mich herfiel, mich bedrängte, ihre Scheinwerfer auf mich richtete und mir ihre Kameras ins Gesicht hielt. Auch das war rechtsstaatlich, denn sie hatten eine richterliche Genehmigung. Während die Kameras heißliefen, erstarrte ich zu einem Eiszapfen. Aus dieser Erstarrung taute ich erst abends, nach Rückkehr in die Einsamkeit meiner Zelle auf: mit einem psychischen Zusammenbruch und der flehentlichen Bitte an die hilflosen Wärterinnen, meine Zellentür für die nächsten Jahre nicht mehr zu öffnen, weil das humaner sei als der brutale, entwürdigende Presseüberfall im Gerichtssaal. In solcher Verfaßtheit stand ich die Verhandlung und ihre Begleitumstände durch.

Es bleibt abschließend noch festzuhalten, wie meine Isolationshaft endete und die Rückkehr unter die Menschen verlief.

Es war ein Weg zurück durch die Hölle, die ich auf dem Weg in die Selbstisolation durchschritten hatte. Nach Aufhebung der Einzelhaft blieb ich weitere drei Monate ununterbrochen in der Zelle. Wann immer die Tür aufgesperrt und einen Spalt breit geöffnet wurde, stürzte ich hin, um sie zu schließen. Es war unerträglich, sie geöffnet zu sehen und dahinter Menschen wahrzunehmen. Ich ging nicht mehr in den Hof, weil ich nun am allgemeinen Hofgang teilnehmen mußte, und die Anwesenheit von Menschen und das Stimmengewirr in diesem Areal, in dem ich 15 Monate lang alleine gewesen war, nicht ertrug. Ich ertrug es nicht, beim Essenholen, Wäschetausch und Duschen anderen Menschen nahesein zu müssen. Ich schlich mich, wenn überhaupt, als erste oder als letzte hin und war dankbar, wenn mir die Hausarbeiterin solche Wege abnahm.

Dann folgte die Verlegung in eine andere Justizvollzugsanstalt. In einen riesigen, typischen Gefängnisbau, kreuzförmig angelegt mit hohen offenen Hallen, erfüllt von Geschrei und dröhnender Musik. Wieder, wie schon während der Verhandlung, rasteten die Nerven aus, bereitete der Lärm physische Pein. Doch es kam, als es besser zu werden versprach, noch schlimmer: Nach der Verlegung in den offenen Vollzug hatte ich in der Freigänger-Abteilung drei Räume und ein winziges Bad mit acht anderen Frauen zu teilen. Die Zwangs-Isolation führte geradewegs in die Zwangs-Gemeinschaft. Nicht einen Moment war ich mehr allein, Tag und Nacht der Gegenwart anderer Menschen ausgeliefert. In der äußersten Ecke des Flurs, den Mitbewohnerinnen abgewandt, richtete ich mir einen Arbeitsplatz ein und wünschte mir die Wände der Zelle herbei, um wirklich abgeschirmt zu sein von den anderen Frauen.

Schließlich wurde ich wieder in das Gefängnis verlegt, wo ich bereits die Isolationshaft verbracht hatte. Nun kam ich als Freigängerin dorthin, aber da es dort keine Einrichtung für Freigänger gibt, wurde ich wieder in Einzelhaft genommen, diesmal aus Gründen der erforderlichen Trennung von den Gefangenen im geschlossenen Vollzug. Ich war also endlich wieder allein, rigoros allein, denn wann immer ich von meiner Tätigkeit außerhalb der JVA zurückkehrte, wurde meine Tür verschlossen. Ich befand mich – als Freigängerin – faktisch wieder in Isolationshaft.

Mitunter blieb die Tür tagelang versperrt, die Trennung wurde konsequent praktiziert: keine Aufschlußzeiten, kein Hofgang, keine Gemeinschaftsveranstaltungen. Man war eben auf Freigänger nicht eingerichtet und hatte mich deshalb nur gezwungenermaßen aufgenommen. Gleichwohl: Ich konnte mit dieser Isolation besser umgehen als mit der vorherigen Zwangsgemeinschaft.

Auch noch über ein Jahr nach meiner Haftentlassung konnte ich mit der Gemeinschaft, mit Ansammlungen von Menschen, mit ihrem Lärm nicht gut umgehen. Ich fühlte mich bedrängt, es machte mir Angst, ich wurde aggressiv, ich lief davon.

Die Zeit der Haft, der Isolation ist zwar vorbei, das Leben hat sich wieder normalisiert. Aber es ist nicht mehr die Normalität, wie ich sie früher zu empfinden vermochte. Die Isolation hat ihre Spuren hinterlassen.

Ich klage deshalb die Bundesrepublik Deutschland an, die sich »Rechtsstaat« nennt und von sich behauptet, die Menschenrechte zu achten: Ich klage sie an, diese Menschenrechte in der Form der Isolationsfolter vorsätzlich zu verletzen und die dadurch bewirkte psychische Schädigung eines Menschen billigend in Kauf zu nehmen. Es mindert auch nicht den Charakter und den Zweck der Folter, wenn das Erfordernis einer richterlichen Anordnung der Isolation ihr den Anschein der Rechtsstaatlichkeit verleiht.

Die Isolation ist rechtsstaatswidrig, weil sie die Grundrechte und die Würde des Menschen verletzt.

Wolff war's nicht, es war Wolf

Wolfgang Hartmann war als Mitarbeiter der HVA seit Beginn der 60er Jahre als Werber und später als Instrukteur der von ihm gewonnenen operativen Partner im Einsatz. Einen (»Andreas«) kontaktierte er, als dieser Student war, und gewann ihn unter »fremder Flagge«. Später war dieser als Beamter im höheren Dienst mit den auswärtigen Beziehungen der BRD befaßt, davon einige Jahre als Diplomat.

1965: Eine Aufgabe für die nächsten 25 Jahre

Gegenüber anderen bundesdeutschen Universitäten erwarteten mich in Heidelberg ganz neue Erfahrungen. In diesem schönen romantischen Universitätsstädtchen am Neckar suchte ich die Arbeitsvermittlung für Studenten auf und bat um eine Hilfskraft für eine soziologische Untersuchung. Thema: »Motive der Jura- und Volkswirtschafts-Studenten für die Wahl ihres Studienfaches«.

Im ehrwürdigen Hotel »Zum Ritter« fand sich ein Student ein, der mit dem Studium faktisch schon fertig war.

»Andreas« unterschied sich auch sonst von meinen bisherigen Kontakten. Ich erläuterte die ihm zugedachte Aufgabe und deren Zweck. Wir besprachen die Methodologie anonymer soziologischer Befragungen. Um dies seriös und glaubwürdig tun zu können, hatte ich mich zuvor in den Büchern der Chefin des Demoskopie-Instituts in Allensbach, Frau Noelle-Neumann, ausgiebig sachkundig gemacht. Ein Stapel von Erhebungsbögen war vorbereitet. Wir probierten die zu führenden Interviews an der Person meines Besuchers aus und berechneten – als Grundlage für das Honorar – den Zeitaufwand. Ganz zwanglos bekam ich so ein Bild von seiner Persönlichkeit. Das Gespräch war anregend.

Mein Eindruck: Mein Partner entsprach nach Bildung, geistiger Beweglichkeit und Lebensaktivität durchaus dem, was wir in der DDR einen »Leistungskader« nannten. Insoweit schon ein interessanter Kandidat.

»Andreas« kam aus einer Fabrikantenfamilie. Er war durch und durch bürgerlichen Denkens – und ein Antikommunist. Allerdings nicht einer jener Art, die dies nur mit Schaum vor dem Mund sein können, sondern mit sachlichen Überlegungen. Die waren sogar weniger von einem spontanen bourgeoisen Klassendenken bestimmt (was ja plausibel gewesen wäre), sondern mehr von nüchternen ökonomischen Erwägungen eines Volkswirts über die Effizienz der sowjetischen Wirtschaft. Nicht uninteressant.

Aber ich wollte einen Studenten finden, der sich vielleicht auf einer bestimmten gemeinsamen politischen Basis durch Überzeugung gewinnen ließe und sich frei entscheiden würde, für den Auslandsnachrichtendienst der DDR zu arbeiten. Nämlich so, wie es im Falle des zur gleichen Zeit kontaktierten späteren Mitstreiters und Freundes »Hans« verlief. Nein, dachte ich, bei »Andreas« bin ich an der völlig falschen Adresse. Unmöglich! Wie sollte ich einen klassenbewußten und antikommunistischen Bourgeois für die HVA gewinnen? War das nicht ein absurder Gedanke? Obendrein vertrat »Andreas«, so schien es mir auf den ersten Blick, auch deutsch-nationalistische Positionen gegen *die* Amerikaner. Gleichwohl: Kritik an den egoistischen Großmachtinteressen der USA und an ihrer Bevormundung der Bundesrepublik rechtfertigten selbstverständlich keinen Antiamerikanismus. Später, beim näheren Kennenlernen, entdeckte ich, daß seine nationale Empfindungen weitaus differenzierter und keineswegs eng nationalistisch waren.

Ich verabschiedete »Andreas« mit der Verabredung, nach zwei Wochen bei einem weiteren Treffen seine Arbeit in Empfang zu nehmen und das vereinbarte Honorar zu zahlen. Innerlich war ich entschlossen, den Kontakt mit ihm dann nicht mehr fortzusetzen.

Konnte man einen Antikommunisten werben?

In Berlin berichtete ich Helmut, meinem Referatsleiter, und meinte ziemlich kategorisch, »Andreas« käme für die Fortführung eines Kontaktes keineswegs in Betracht. Er definiere sich als Antikommunist. Ich hielte es für gänzlich ausgeschlossen, ihn durch Überzeugung für uns gewinnen zu können. Anspielend auf die Bemerkung eines anderen Mitarbeiters, im Kapitalismus sei »alles käuflich«, meinte ich, dieser Satz könne auf »Andreas« nicht angewandt werden. Er besitze offenbar eine gewisse materielle Unabhängigkeit. Zudem sei die Metapher über die beliebige Käuflichkeit im Kapitalismus nur insofern brauchbar, als tendenziell alles zur Ware gemacht werde. Als absoluter Satz sei er kein guter Ratgeber: Er begünstige Fehleinschätzungen und vernachlässige allgemeine ideelle Motivationen.

Die Marx'sche Metapher von der Käuflichkeit und vom Warencharakter z. B. auch menschlicher Beziehungen bedeutet keinesfalls, daß es im bürgerlichen Lager nicht auch persönlich ehrliche, charakterfeste, unbestechliche und nichtkäufliche »idealistische« Menschen gebe. Zum Beispiel Beamte mit »preußischem« Verständnis von Beamtentugenden (welche wir uns vereinfachend wohl zu oft nur als eine Karikatur oder in ihrer bürokratischen Perversion vorstellten).

Also leider, so mein Resümee, müsse ich zugeben: »Außer Spesen nichts gewesen.« Mein Horizont erstreckte sich eben nur auf diese beiden genannten Möglichkeiten. Aber mein Referatsleiter sah das ganz anders.

Was ist eine »fremde Flagge«?

Von meinem Referatsleiter hörte ich jetzt zum ersten Male etwas von »fremder Flagge«. Diese sei gleichsam eine Kriegslist. Auch die westlichen Geheimdienste bedienten sich ihrer im Kampf gegen die DDR. Indem ich selbst mich ja nicht als DDR-Bürger, schon gar nicht als ein HVA-Mann, in der Bundesrepublik um Kontakte bemühe, praktiziere ich in Keimform schon eine »fremde Flagge«. Denn mein Auftreten erfolgte ja nicht offen mit meiner DDR-Identität, sondern mit einer fiktiven bundesdeutschen Identität.

Zur »fremden Flagge« gehöre es, so vernahm ich jetzt den entscheidenden Punkt, die persönliche Legende mit einer Institution zu verbinden. Etwa durch die Vortäuschung, Vertreter eines Geheimdienstes eines anderen Staates zu sein. Viele Möglichkeiten seien denkbar. Denn ähnlich unserer Praxis in der DDR befanden sich viele unserer Zielobjekte, auf jeden Fall die wichtigen in der BRD, unter dem Schutz von Sicherheitsüberprüfungen. Effektiver als diese wohl noch unter einer Art »gesellschaftlicher Kontrolle«. Beides, die Sicherheitsüberprüfungen durch den Verfassungsschutz und die gesellschaftliche Kontrolle, knüpften im Staats- und Gesellschaftsverständnis der alten Bundesrepublik – neben anderen Überzeugungssätzen – am Antikommunismus an. Dieser nahm (auch) die Funktion einer ideologischen Sicherheitsdoktrin wahr. In der Tat prägt er – bis heute – oft Motivationen und dient als Kriterium für politische Zuverlässigkeits-Beurteilungen. Angesichts der damaligen Systemauseinandersetzung wurde aber vor allem von den Staatsbeamten erwartet, diesem Kriterium zu entsprechen.

Zu jener Zeit (1964/65) waren der militante Antikommunismus und die DDR-Feindlichkeit (»Befreiung der Sowjetzone«, Hallsteindoktrin, Beschränkung der Wirtschaftsbeziehungen, Einmischung in die inneren Angelegenheiten der DDR) noch eifernde Praxis. Erst später, mit der neuen Ostpolitik der Regierung Brandt und mit Egon Bahrs realistischem Konzept vom »Wandel durch Annäherung«, änderte sich das wenigstens partiell. Zur Konfrontation traten zunehmend Elemente der Kooperation zum beiderseitigen Vorteil. Aber in jenen Jahren, über die ich gerade berichte, war das noch längst nicht in Sicht. Im Gegenteil: Als die FDP vorsichtig eine *Politik der kleinen Schritte* befürwortete, galt das fast als Staatsverrat. Aus den bundesdeutschen Auseinandersetzungen um die *Politik der kleinen Schritte* folgte Informationsbedarf: Welches waren hinter den Auseinandersetzungen die eigentlichen Ziele der Protagonisten? Welches Kräfteverhältnis bestand zwischen den verschiedenen Gruppierungen? Welches könnte der Kompromißrahmen sein? Das war ein akuter Informationsbedarf. Helmut fragte mich: Würde dieser akute Informationsbedarf nicht längst gegenstandslos sein, wenn nach dem langem Weg einer Überzeugungswerbung und dem anschließenden Bemühen um eine »Einschleusung« sich endlich ein Erfolg einstellen würde? Daher, so leuchtete es mir ein, müßten neben dem langen Weg, mit eigenen Kräften in die Aufklärungsobjekte mittels der »Ochsentour« und getarnt einzudringen, auch kürzere Wege gesucht werden.

Ein Gedankenexperiment

Mein Referatsleiter lud mich zu einem Gedankenexperiment ein: Angenommenen, ein hoher Offizier der Bundeswehr mit dem antikommunistischen Verständnis von »Andreas« solle als Quelle gewonnen werden. Eine »Werbung im Klartext« würde kaum erfolgreich sein. Wäre es nicht viel chancenreicher, mit einer amerikanischen Legende aufzutreten? Angenommen, der Offizier befände sich zu einer der nicht ungewöhnlichen Kommandierungen in den USA. Könnte er nicht dort oder nach seiner Rückkehr in die Bundesrepublik unter der Flagge der CIA angesprochen werden? Es sei bekannt, daß die US-amerikanischen Geheimdienste sich nicht nur auf freundschaftliche Beziehungen und gemeinsame NATO-Mitgliedschaft verlassen, sondern sich auch eigener bundesdeutscher Quellen versichern. Ein solches Herangehen würde dem angesprochenen Offizier darum nicht unplausibel sein. Andererseits habe dieser dann immer noch die freie Wahl, ein solches Ansinnen als illoyal abzulehnen. Beide Momente seien auch taktisch für uns günstig. In der Praxis würde allerdings unser Mitarbeiter, in den USA oder in Westdeutschland agierend, selbstverständlich in der Lage sein müssen, wie ein USA-Bürger aufzutreten – mit entsprechender Sach-, Sprach- und vor allem Regimekenntnis. Das alles, meinte der Referatsleiter, umschließe der Begriff »fremde Flagge«. Womöglich könnte die methodische Idee der »fremden Flagge« bei »Andreas«, der sich selbst als Antikommunist definiere, anwendbar sein: Ein Antikommunist würde mit einer Kriegslist veranlaßt, Kommunisten zu helfen.

Rollenspiel mit einem Drehbuch?

Ich sollte also nachdenken, ob und wie bei »Andreas« eine »fremde Flagge« anwendbar wäre. Vorerst war ich ratlos. Das Gedankenexperiment hatte ein »Rollenspiel« gezeigt. Auch das ethische Problem der Täuschung war angesprochen. Für ein solches Rollenspiel hätte ich nun das Drehbuch selbst zu schreiben. Die Rahmenbedingungen und die mir selbst zugeteilte Rolle waren mit Phantasie vorstellbar. Aber, um im Bilde zu bleiben, welchen Part würde mein Partner spielen? Auf welcher Bühne und wie würde das Stück heißen? »Andreas«, von dem ich einiges, aber längst nichts Ausreichendes wußte, würde ja wohl kaum die Texte aufsagen, die ich als die von mir gewünschten oder erhofften ins Drehbuch schreiben mochte. Und: Zu welchem Ende würde das lebendige »Stück« tatsächlich geraten, da seine tatsächliche Logik doch nicht zwingend die des Drehbuchautors sein würde?

Keineswegs ausgereift, aber in der Kontur wurde mir klar, in einem Werbeprozeß (und in der Zusammenarbeit) unter »fremder Flagge« würden primär die eigenen Interessen, Absichten und Erwartungen meines potentiellen Partners, das Gefüge seiner Motivationen entscheidend sein – und nicht irgendein »Preis«. Selbst in einem solchen Zusammenhang war mir zuwider, »Käuflichkeit« als eine Methode unserer Wahl zu sehen. Hing denn nicht entscheidend von uns selbst ab, ob ein »Preis« oder »Vorteil« überhaupt eine Rolle zu spielen hätte? Nämlich davon, ob der potentielle Partner unsere ihm vorgestellte ideelle Gestalt als Identifikationsmöglichkeit anzusehen vermochte? Und schließlich davon, wie wir es verstehen würden, diese ideelle Identifikation zu einer tragenden Motivation werden zu lassen?

In der Psychologie spricht man von Verhaltensplänen der Persönlichkeiten. Hier konnte es nur darum gehen, zwei Verhaltenspläne zu koordinieren, nicht aber den Plan von »Andreas« meinem Plan unterzuordnen. Vereinbarte Koordination – das war natürlich selbstverständlich für Werbungs- und Führungsaufgaben auf unserer eigenen politischen und ideologischen Basis. Aber konnte es modifiziert nicht auch bei einer »fremden Flagge« so sein?! In diesem Gedanken steckte mein Lösungsansatz. Natürlich ist eine »fremde Flagge« eine Kriegslist. Dieser Begriff erscheint mir angemessen, denn es tobte Kalter Krieg. Kriegslist und insoweit Täuschung eines Menschen, der sich selbst als (antikommunistischer) Gegner verstand. Dennoch durfte der potentielle Partner nicht als ein bloßes Objekt angesehen werden! Er mußte trotzdem als Partner verstanden werden! Einmal mußte – trotz der angewandten Täuschung – die eigene innere Einstellung vom Partnerverständnis erfüllt sein, und der Partner mußte Zuwendung erfahren. Sodann mußte der Partner auch innerhalb des Rollenspiels von der »Flagge« – genauer: von der Institution, welche die Flagge verkörperte – als »Partner auf gleicher Augenhöhe« gesehen werden.

Wie würde sich der operative Partner »ohne uns« entwickeln?

Nach diesen Erwägungen war immer noch ungelöst: welche Flagge? Wer, wie, wo? Welches konkrete Gesicht sollte sie haben? Das waren noch neutrale professionelle Fragen. Es durfte auch nicht nur an den nächsten oder noch an den übernächsten Schritt in einem Werbeprozeß gedacht werden. Vielmehr mußten unbedingt die praktischen Probleme der ferneren Zukunft, nach einer eventuellen Werbung, vorweggenommen und entworfen werden. Zwangsläufig führte das zu der Erkenntnis, daß für uns der eigentliche nachrichtendienstliche Erfolg – also die Erfüllung von Aufklärungsaufgaben, die Informationsgewinnung und -bewertung – wesentlich davon abhing, ob der Partner, abgesehen von seinem fachlichen Leistungspotential, einen für uns günstigen Karriereweg einschlagen und dieser auch seinen eigenen Intentionen entsprechen würde.

Deshalb mußte das Problem gedanklich von zwei Enden her angegangen werden: vom momentanen Zustand und von einem angestrebten Ziel.

Das angestrebte Ziel dürfte nicht allgemein und eher unverbindlich formuliert sein, sondern hinreichend konkret. Um aber realistisch zu sein, würde besser statt eines punktuellen Zieles (z. B. eines konkreten Ministeriums) ein inhaltlich bestimmter Zielbereich zu nennen sein. Das beträfe unsere Interessenlage. Doch sie mußte mit den Interessen und realen Möglichkeiten des potentiellen Partners zusamengebracht werden.

Mein erste Schlußfolgerung für eine realistische Planung ideell bestimmter Werbeprozesse war der Grundsatz, daß wir möglichst dicht an den Perspektiven bleiben müßten, die sich der Partner selbst, also ohne uns, geben würde oder schon gegeben hatte. »Anpassen – aufgreifen – eventuell modifizierenden Einfluß nehmen – Identifikation mit der von uns gesetzten allgemeinen Interessenrichtung der Flagge anstreben – Chance der Selbstverwirklichung bei der Flagge geben – Aufgaben stellen« hatte ich diesen Grundsatz später formelhaft zusammengefaßt. Das war einerseits Realismus, andererseits eine logische Konsequenz der genannten inneren Haltung zum IM. Ihn also – bei »fremder Flagge« trotz Täuschung – nicht als bloßes Objekt zu sehen, sondern als wirklichen Partner. Auch wenn er für eine »fremde Flagge« aktiv wurde, konnten ihm operative Aufgaben nicht einfach vorgegeben werden. Sie mußten gemeinsam gefunden werden.

Die HVA-Interessenlage mußte in die Interessenlage und in die Sprache der »fremden Flagge« übersetzt und dem Partner nahegebracht werden. Dieser sollte die Möglichkeit sehen und nutzen, für die Flagge oder mit der Flagge kooperierend seine eigene Grundmotivation zu verwirklichen.

Diese Methode der »fremden Flagge« war nach ihrer inneren Logik mit einem besonderen Maße von Täuschung verbunden. Gewiß, überlegte ich, gehört Täuschung zum Arbeitsrepertoire aller Geheimdienste. In einem 1968 erschienen bundesdeutschen Verfassungsschutz-Handbuch wird dies ganz offen so formuliert:

»Die Mittel des geheimen Mitarbeiters sind Täuschung und Vertrauensbruch, im Fall des *counter-man* (CM) geht Verrat voraus. Es ist müßig, ethische Betrachtungen anzustellen, da die Zielstellung sicherlich höher zu bewerten ist als der interne Verstoß gegen bestimmte Moralvorstellungen. Die Führung der V-Leute erfolgt nicht nur nach dem Prinzip der laufenden Erkenntnisgewinnung aus dem Objekt, sondern kann vorübergehend zu einem aktiven Einsatz führen, um durch die Stimme oder Meinung des V-Mannes die Beschlüsse eines verfassungsfeindlichen Gremiums in einem von dem Auftraggeber gewünschten Sinne zu beeinflussen.« (aus: Schwagerl/Walther: *Der Schutz der Verfassung – ein Handbuch für Theorie und Praxis.* 1961, S. 91)

Jedermann weiß, wie die Öffentlichkeit mittels Medienmanipulationen über wichtige Sachverhalte, Tatsachen und Absichten getäuscht wird. Das ist ein Alltagsgeschäft – nicht zuletzt unter Beteiligung der Geheimdienste. Täuschung und Heuchelei sind in den parlamentarisch verfaßten Demokratien durchaus eine wichtige Herrschaftstechnik (man denke z. B. an die verschiedenen »Skandale« der illegalen Praktiken der Parteienfinanzierung durch sogenannte Sponsoren oder über Waffenexporte oder an die Propaganda-Strategien zur Legitimation von Kriegen).

Naiv wohl anzunehmen, ein Geheimdienst mit sozialistischem Selbstverständnis handle in einer idealen Welt und käme ganz ohne Täuschung aus – zumal sie bereits in der Geheimhaltung selbst steckt. Werden Geheimdienste akzeptiert, schließt das unausweichlich Geheimhaltung und Täuschung als eines ihrer Mittel ein – überall auf der Welt. Umgekehrt: Beides abstrakt abzulehnen, hätte die Konsequenz, Geheimdienste prinzipiell abzulehnen. Den Blick, wie es noch Mode ist, einseitig auf die Praxis der DDR-Dienste zu werfen, ist bewußte Heuchelei.

Die Macht der Verbände oder Die gedoubelte bundesdeutsche Wirklichkeit

Die theoretische Annäherung hatte meine Ratlosigkeit über das praktische Vorgehen bei »Andreas« noch nicht beseitigt. Wie so oft kam die Idee beim Einschlafen. Plötzlich war ich wieder hellwach. Hatte ich nicht einige Wochen zuvor ein Buch über den Lobbyismus der Wirtschaft in der BRD gelesen? Der Tübinger Politologie- und Soziologieprofessor Theodor Eschenburg hatte 1963 unter dem Titel »Herrschaft der Verbände?« ein Buch vorgelegt, in dem er die vom Lobbyismus und der Ämterpatronage ausgehende Gefahr für die repräsentative Demokratie analysiert und beklagt. Hier fand ich den Ansatz zur praktischen Lösung meines Problems. Schon bei meinen Spaziergängen in Bonn war mir aufgefallen, wie viele Wirtschaftsverbände sich in der Magistrale des Regierungsviertels, der Konrad-Adenauer-Allee, angesiedelt hatten. Die Wirtschaft kalkuliert scharf. Man darf annehmen, daß sich die Kosten für ihre »pressure groups« am Regierungssitz lohnten. Später wurde durch den Spendenskandal des Flick-Konzerns bekannt, was die Konzerne für die »Pflege der politischen Landschaft« aufwenden. Dafür dienten auch »Geldwäscheanlagen« für Parteispenden (als Staatsbürgerliche Vereinigungen firmierend) sowie Anderkonten bei CDU-nahen Anwälten. Das war die Macht des Lobbyismus.

Meine Idee war, die Praxis der kapitalistischen Gesellschaft zu doubeln und eine Lobby-Institution als »fremde Flagge« zu benutzen. Sie konnte natürlich nur fiktiv sein. Von finanzieller Einflußstärke eines solchen Kunstgebildes wollen wir gar nicht erst reden. Statt Geld war Geist einzusetzen.

Meine Müdigkeit war verflogen, ich holte mir Eschenburgs Buch und einige andere Bücher aus dem Regal und vertiefte mich in mögliche Konstruktionselemente meiner »Flagge« sowie in die alltäglichen Praktiken des Lobbyismus. Am nächsten Abend war das Konzept fertig.

Die fiktive »Interessengemeinschaft Ostarbeit« wird gegründet

Mit der Grundidee des Lobbyismus war vorerst nur eine Form einer »fremden Flagge« gewählt, aber welchen konkreten Inhalt sollte sie haben? Welche Institution sollte verkörpert werden? Also gründete ich in meinem Kopf eine Institution mit (fast) allem Drum und Dran und nannte sie »IG Ostarbeit«. Spitzenkonzerne hatten diese Interessengemeinschaft als ein Studien- und Informationszentrum zum Austausch ostpolitischer Erfahrungen und Interessen der Großkonzerne geschaffen. Auch, um sich informell gegenüber der Regierung zu artikulieren. Die IG wurde von den Großkonzernen finanziert. Um geschäftsschädigende Komplikationen zu vermeiden, war die IG informeller Natur, also kein eingetragener Verein. Ihre Arbeit erforderte Vertraulichkeit. Sie besaß nur einen ganz kleinen, hochqualifizierten Stab und war auf freie Mitarbeiter angewiesen. Außer mit Zuarbeiten aus den Konzernen arbeitete sie mit Honoraraufträgen für Studien und Gutachten. Dafür mußte sie sich der Mitarbeit sachkundiger Berater versichern. Ein solcher Berater sollte »Andreas« werden. Ein in der DDR sehr beliebter politischer Witz zeigte, wie die Propaganda ihre Glaubhaftigkeit verlor: Wie verhalten sich sozialistischer Realismus und Wirklichkeit? Antwort: Sozialistischer Realismus ist genau wie die Wirklichkeit, nur viel schöner!

»Viel schöner« durfte meine fiktive Neugründung nicht sein, sie mußte glaubhaft sein bis ins Detail. Fortan mußte ich alles, was in der Bundesrepublik geschah, insbesondere in der Außen- und Außenhandelspolitik, auch mit der Interessenlage der IG wahrnehmen und durchdenken. Ich mußte mir den Jargon der gedoubelten gesellschaftlichen Kreise aneignen. Dafür halfen vor allem *Die Zeit* und die *FAZ*. Auch das Düsseldorfer *Handelsblatt*, welches ich in meine regelmäßige Lektüre aufnahm. Alles, was ich hinfort unternahm und in Gesprächen mit »Andreas« äußerte, mußte äußerst diszipliniert mit der Flaggen-Institution und meiner Rolle in ihr übereinstimmen.

Zu meiner »Neugründung« mußte ich mir deshalb auch genaue Vorstellungen über Kleinigkeiten erarbeiten. Wie ist die konkrete Gestalt der Institution, welche die »fremde Flagge« bildete? Wo hat sie ihren Sitz, wie funktioniert sie? Welches sind die näheren Interessen und Tätigkeiten der Flagge? Wie verlaufen ihre Beziehungen zu den staatlichen Einrichtungen? Welche Stellung habe ich selbst, nach Status, Einfluß, sozialem Rang und Habitus? Habe ich ein Büro, eine Sekretärin? Welchen Wagen fahre ich? Wo wohne ich? Habe ich Familie oder bin ich solo? Eine entsprechende Frage veranlaßte mich auch, über Urlaubsreisen nachzudenken. Adressen und Telefon waren die Klippen, die mittels Persönlichkeitswirkung und Legendierung zu umschiffen waren.

Natürlich würde ich »Andreas« keine Informationsbroschüre mit einer Selbstauskunft der IG geben. Aber ich mußte sie gleichsam als Vorratsspeicher für mich selbst geschrieben haben, mit konkreten und plausiblen, sowie taktisch bedachten Auskünften. Aus diesem Vorrat konnte ich nötigenfalls spontan zweckgerichtete und sinnvolle – sparsame oder ausführliche – Angaben schöpfen. Sie mußten in sich widerspruchsfrei sein.

Es war ein Balanceakt: Einerseits mußten meine Angaben und Andeutungen über die Institution und über mich hinreichend konkret und glaubwürdig sein, andererseits aber so unkonkret, daß sie sich einer leichten Verifizierungsmöglichkeit entzogen. Vor allem aber sollte mir der Vorrat dienen, den richtigen Gestus meines gesamten Auftretens und Verhaltens zu finden.

In den nächsten Jahren nannte ich allmählich und scheinbar spontan einzelne sekundäre Statusmerkmale. Sie behaupteten nichts, ließen aber vermuten, ich sei im Top-Management als Berater angesiedelt. Wie sich später zeigte, zog »Andreas« daraus für sich den Schluß, ich sei ein enger Mitarbeiter Otto Wolff von Amerongens. Amerongen war viele Jahre Vorsitzender des Deutschen Industrie- und Handelstages (DIHT) und des Ostausschusses der deutschen Wirtschaft. Das Interessenfeld der IG war mit Ostarbeit absichtlich unscharf und damit interpretationsfähig beschrieben. Selbstverständlich bestand in der IG eine antikommunistische Grundlinie. Sie war ebenso sachlicher Art wie die von »Andreas«. Denn Sachlichkeit war eine angemessene Haltung, wenn die Wirtschaft ungeachtet ihres Antikommunismus mit dem Osten ergiebige Geschäftsbeziehungen haben wollte.

Ostarbeit assoziierte Ostpolitik – das war gewollt. Von Anfang an interpretierte ich das ostpolitische Interesse im Wortsinne auch als globales Interesse. Denn es war kaum damit zu rechnen, daß »Andreas« es mit Ostpolitik im engeren Sinne zu tun bekommen würde. Der Kunstgriff bestand darin, das globale Geschehen als Ost-West-Auseinandersetzung – oder doch als von ihren Reflexen beeinflußt – zu verstehen. Das war ja weitgehend tatsächlich so.

Und so war, um einen Vorgriff auf spätere Jahre unserer Beziehung zu machen, das Geschehen z. B. im Irak und in Iran immer im Zusammenhang mit der Systemauseinandersetzung zu sehen. Und, nicht zuletzt, im Nahen und Mittleren Osten mit Erdölinteressen! Auch die bundesdeutsche Politik im Mittleren Osten war so verknüpft, wenngleich seinerzeit noch nicht in jenem Maße, wie damals längst schon die Interessen der USA. Wenn der Westen seine Begünstigung des terroristischen Schah-Regimes fortsetze, so ein seinerzeitiger Argumentationsstrang für die Interessen der IG Ostarbeit, könnte im Falle einer revolutionären Entwicklung im Iran sich im gesamten Mittleren Osten die strategische Position der Sowjetunion erheblich verbessern. Nicht nur weil aus ihr seinerzeit das Durchbrechen der Hallstein-Doktrin erwartet wurde, war die nah- und mittelöstliche Region für die DDR hochinteressant.

Daher gehöre z. B. neben dem Studium der sowjetischen Politik und ihres Einflusses – das war die Tarnkomponente in der Konstruktion der IG – zum Interesse der IG, die Wirkungen der Politik des Westens zu analysieren; das war die Grundlage, um die HVA-Interessen thematisieren zu können. Analog galt dieses Muster auch für andere Regionen der Welt, mit denen sich »Andreas« dann später beschäftigte, insbesondere mit dem Südlichen Afrika. Die Interessenlage der IG Ostarbeit bezog ich auf »Andreas« eigene Karrierevorstellungen. Als Volkswirt mit besonderem Interesse und Kenntnissen über den Nahen und Mittleren Osten war er bestrebt, irgendwie auf dem Felde der außenwirtschaftlichen, entwicklungspolitischen oder außenpolitischen Beziehungen der Bundesrepublik mit dieser Region tätig zu werden. Ob selbständig, ob als Beamter in einem Ministerium oder in einer anderen Form, war noch offen. »Andreas« beherrschte neben einigen europäischen zwei orientalische Sprachen.

»Andreas« fand nach dem Studium zunächst eine Anstellung in einer angesehenen Einrichtung des bundesdeutschen Wirtschaftslebens. Im Deutschen Nah- und Mittelost-Verein und gleichzeitig in der Deutsch-Iranischen Handelskammer konnte er auf seinem engeren Interessengebiet erste berufliche Sporen verdienen. Ich blieb mit ihm in Kontakt und gab ihm gelegentlich Honorararbeiten, gleichsam noch privat, ohne eine »Institutionalisierung« durch die Einführung der IG Ostarbeit. Nur so beiläufig, daß sich Nachfragen verboten, erwähnte ich einmal irgendeine Einrichtung, für die ich journalistisch tätig sei. Erst bei einem späteren Treffen kam ich darauf zurück und konkretisierte meine Andeutungen ein wenig – aber noch völlig beiläufig. Nachdem »Andreas« schon einige Studien angefertigt hatte, öffnete ich meinen Hintergrund: die IG. Natürlich entsprachen die in Auftrag gegebenen Studien thematisch bereits dem Profil des Konstrukts *IG Ostarbeit*.

In den 60er Jahren – der Schah von Persien saß noch immer auf dem Pfauenthron – verschärfte sich zwischen Iran und Irak der alte Konflikt über den Grenzverlauf im Schatt-el-Arab. Wo verlief die Grenzlinie in diesem Zusammenfluß von Tigris und Euphrat im Mündungsgebiet zum Persischen Golf? Nach den völkerrechtlichen Regeln des Interessenausgleichs in der Flußmitte oder am östlichen, dem iranischen Ufer? Wem kam die Hoheit über den militärisch und für wirtschaftliche Interessen (Erdöl) strategisch wichtigen Grenzfluß zu?

»Andreas« fertigte darüber eine Studie. Seine dienstlichen Kenntnisse gingen darin ein. Obschon sie keinen geheimen Charakter hatten, waren sie für uns, d. h. für die DDR, interessant. Denn nach wie vor wirkte die Hallstein-Doktrin. Die DDR hatte vor Ort noch keine diplomatische Vertretung, zu deren Aufgaben gezählt hätte, die Außenpolitik der betreffenden Staaten, ihre wirtschaftlichen Probleme oder bestehende Konflikte zu analysieren. An diesem Beispiel wird schon eine mögliche Form nachrichtendienstlicher Abschöpfung erkennbar.

Andere Auftragsstudien befaßten sich mit der konfliktreichen inneren Entwicklung Irans: mit der Erdölpolitik nach dem Sturz des um nationale Unabhängigkeit bemühten Ministerpräsidenten Mohammed Mossadeghs; mit der »weißen Revolution« des Schahs sowie mit der inneren Opposition der Basaris, der Intellektuellen, der armen Bauern usw.

Eine spätere Auftragsstudie von »Andreas« bleibt mir unvergessen – sie war in der HVA wohl nicht nur für mich eine wichtige Lehre. Die CIA hatte seinerzeit eine Studie über die voraussichtliche Entwicklung der sowjetischen Erdölproduktion öffentlich gemacht und damit weltweites Aufsehen erregt. Die IG Ostarbeit beauftragte »Andreas« mit einer eigenen Studie über die mutmaßliche sowjetischen Erdölförderung und -höffigkeit in den nächsten 25 bis 30 Jahren. Ich erwartete nicht, es käme etwas Neues auf den Tisch. Der Auftrag diente eigentlich nur der Pflege der »fremden Flagge«, nicht dem Erkenntnisgewinn. Die Prognose-Kurve von »Andreas« zeigte für einige Jahre einen steilen Anstieg. Dann folgten Stagnation und schließlich ein stetiges Absinken der quantitativen und der qualitativen Förderleistungen der Sowjetunion. Die Überlegungen über die nachlassende Effizienz wegen der Beschaffenheit der Lagerstätten, des Niveaus der Abbautechnologie usw., die »Andreas« analysiert hatte, wischten wir beiseite: Drückte seine Prognose nicht trefflich die Enge und die Vorurteile des bürgerlichen Erkenntnishorizontes, seine Klassenschranken aus?

Aber der Realverlauf gab ihm recht. Nicht er – wir selbst waren in unseren ideologischen Vorurteilen befangen. Wir neigten dazu, unangenehme oder ungewünschte Sachverhalte zu verdrängen, wenn sie unseren ungestümen historischen Optimismus und unsere Wunschvorstellungen störten. Diese Erfahrung war für mich ein Grund mehr zu begreifen, daß ein sozialistischer Nachrichtendienst wie ein Wissenschaftler sine ira et studio arbeiten und sich von ideologischer Befangenheit möglichst freihalten mußte. Ein Nachrichtendienst hat nicht zu *beweisen, daß* ..., sondern zuverlässig *herauszufinden, was* ... Auch über dieses Beispiel hinaus habe ich von »Andreas« viel lernen können, namentlich über den Orient.

Diese Studien schufen zwischen mir und »Andreas« ein bestimmtes Arbeitsklima und überhaupt eine angenehme persönliche Atmosphäre. Unsere Treffs hatten nichts Illegales an sich. Ich lernte seine Frau kennen und gewann zu ihr ein gutes Verhältnis. Wohl auch, weil ich ihrem Bedürfnis nach Gleichberechtigung beistand. Bis heute ist mir eine charakteristische Episode unvergessen. Wir saßen beim Essen und »Andreas« erzählte, er werde demnächst auf eine der Mittelmeer-Inseln zum Urlaub reisen. Dankbar blickte mich seine Frau an, als ich mich mit hintergründiger Naivität erkundigte: »Nanu, fliegen Sie ganz allein, und wo macht Ihre Frau indessen Urlaub?« Hier trafen natürlich zwei Welten im Verständnis der Gleichberechtigung aufeinander, aber für »Andreas« und seine Frau war das so noch nicht erkennbar.

In diesem angenehmen und – ich wiederhole es – völlig legalen Klima war es nicht schwierig, auf meine früheren (noch beiläufigen) Bemerkungen zurückzukommen und zu fragen, ob »Andreas« interessiert sein würde, unsere Arbeitsbeziehungen etwas zu institutionalisieren. Dann erzählte ich einiges aus meinem inzwischen noch besser angepaßten Vorrat über die IG Ostarbeit. Dabei nannte ich niemals einen konkreten Dienstsitz, Namen oder sonstige Daten, die nachprüfbar gewesen wären. Allerdings lag auf der Hand, daß die institutionalisierte Zusammenarbeit vertraulich sein würde. »Andreas« bildete sich seine eigenen Vorstellungen. Er schlußfolgerte sie aus meinen doch immerhin noch relativ abstrakten Angaben. Es wird dann wohl so gewesen sein, wie es jedem Menschen ergehen kann und ihm angenehm ist: den eigenen Schlußfolgerungen traut man am meisten. Für seine Motivlage war, als »Andreas« dann im Regierungsapparat tätig war, der Gedanke bestimmend, daß es zwischen Staat und Wirtschaft keine Einbahnstraßen des Einflusses geben dürfte und folglich jede der miteinander kooperierenden Seiten Hintergrundwissen zur Entscheidungsbasis der jeweils anderen brauchte, um rationales Planen, Organisieren, Handeln, Bewerten und Kontrollieren zu gewährleisten.

Das war die Werbung. Nicht mehr, nicht weniger. »Andreas« war bis zuletzt überzeugt, daß die IG eine bundesdeutsche Einrichtung sei.

Einmal erzählte mir »Andreas« von einem merkwürdigen Kontakt, den ein Geschäftsmann aus einem arabischen Land zu ihm gesucht hatte. Ihm schien wahrscheinlich, daß da ein gegen die Bundesrepublik gerichteter nachrichtendienstlicher Hintergrund im Spiel sein könnte. Er überlegte, wie er sich verhalten solle. Ich riet ihm, ganz auf der Linie der IG Ostarbeit, den Verfassungsschutz zu unterrichten, was er auch tat.

Sein Bild von der IG Ostarbeit veranlaßte »Andreas«, mich gelegentlich auf fachlich einschlägige Publikationen der DDR aufmerksam zu machen oder mir Kopien von DDR-Literatur zu geben, mit der ich mich dringend bekanntmachen und auseinandersetzen müßte. Und so kam es, daß ich mir aus der DDR-Zeitschrift »Asien – Afrika – Lateinamerika« manche Fotokopie nicht anzufertigen brauchte: ich erhielt sie für die IG Ostarbeit in Bonn ausgehändigt. Anhand solcher Literatur wies »Andreas« darauf hin, daß die DDR-Wissenschaft hinsichtlich des regionalwissenschaftlichen Ansatzes, also der Zusammenführung von Geschichte, Kultur- und Literaturwissenschaft, Philologie, Ökonomie und Geografie einer Region, der isolierten Fächerdifferenzierung in Westdeutschland überlegen sei. Er empfahl der IG, ihren Einfluß geltend zu machen, im Westen eine solche komplexe regionalwissenschaftliche Forschung zu sponsern. Als »Andreas« in Bagdad DDR-Diplomaten kennengelernt hatte, lobte er deren regionalwissenschaftliche Qualifikation. Im Diplomatischen Dienst der Bundesrepublik wird eine solche Qualifikation behindert. Ihr wirkt die durch die ganze Welt führende periodische Versetzungspraxis entgegen. Das war nicht nur seine Ansicht.

Am Beginn meiner Tätigkeit in der HVA hatte ich keine Vorstellung von Arbeit unter »fremder Flagge«. Meine Priorität – trotz notwendiger Relativierungen bin ich immer dabei geblieben – gehörte stets dem Bestreben, bewußte Mitkämpfer für eine gemeinsame Sache zu gewinnen. Entweder auf der Basis schon vorhandener gemeinsamer politischer und ideologischer Überzeugungen – oder als Ergebnis von Überzeugungsarbeit. Die Arbeit unter »fremder Flagge« – wie die fast 25jährige Beziehung mit »Andreas« – war eine gewisse Besonderheit: Helmut Müller-Enbergs beziffert die Zahl der von der HVA im Jahre 1988 unter fremder Flagge geführten IM auf 40 Personen: 4 Prozent der erfaßten bundesdeutschen Inoffiziellen Mitarbeiter.

Persönliches Resümee

Die Arbeit unter »fremder Flagge« hatte von mir in geradezu extremer Weise verlangt, mich in die Lebenswelt eines Partners hineinzuversetzen. Ich habe in der Beziehung mit »Andreas« viel gelernt und es ergab sich eine wechselseitige Befruchtung meines Lernens mit anderen operativen Partnern.

Der sachliche Gehalt der Beziehungen mit »Andreas« war über die Jahre von unterschiedlichem Gewicht. Es gab Zeiten, in denen seine dienstlichen Aufgaben und Einblicke wenig Berührung mit den Interessenlagen der Außenpolitik der DDR und damit der HVA hatten. In anderen Zeiten gab es viel Stoff für interessante Problemdiskussionen. Sie betrafen insbesondere die Nah- und Mittelost-Region oder das Südliche Afrika. Diskussionen waren der Hauptweg, Erkenntnisse zu gewinnen. Das war zuweilen nicht ganz einfach. Denn »Andreas« mußte infolge seiner Vorstellung über die Funktion der IG Ostarbeit als einer informativen Clearingstelle der bundesdeutschen Wirtschaft davon ausgehen, daß viele Sachverhalte, die uns interessierten, gar nicht erwähnenswert und als bekannt vorauszusetzen seien. Der methodische Ausweg waren Problemdiskussionen, zuweilen auch strittiger Art. Sie waren geeignet, das für uns Interessante zu erschließen. Zunehmend – und nicht nur in der Beziehung zu »Andreas« – gewann ich die Erfahrung, daß es die produktivste Form des Erkenntnisgewinns war, Informationen ohne Scheuklappen aufzunehmen und der selektiven Wahrnehmung sowie Vor-Urteilen bewußt entgegenzuwirken.

Bis zum Ende der DDR waren die Jahre im Auslandsnachrichtendienst der DDR für mich auch eine Zeit intensiven Lernens, der Erweiterung des eigenen Horizonts, der Überwindung von Fehl- und Vorurteilen – aber auch der Bestätigung eigener sozialistischer Grundpositionen. Dies betraf insbesondere unsere Politik, die um friedliche Koexistenz der Systeme und Zusammenarbeit zum gegenseitigen Vorteil bemüht war, unsere internationalistischen Werte, die uns solidarisch sein ließen gegenüber den nationalen Unabhängigkeitsbewegungen, darunter besonders im Südlichen Afrika.

Was geschah 1989 und 1990?

Im Spätherbst 1989 wurde von der Regierung der DDR erwogen, das MfS als zentrale geheimdienstliche Organisation aufzulösen. Aus dem Abwehrteil des MfS sollte, mit veränderter innenpolitischer Aufgabenstellung und erheblich verkleinert, ein Amt für Verfassungsschutz hervorgehen. Der Auslandsnachrichtendienst, die HVA, sollte, ebenfalls verkleinert werden und seine ursprüngliche Selbständigkeit wieder erhalten. Im Hinblick auf eine sich anbahnende konföderative Beziehung zur Bundesrepublik Deutschland war ein neues Zielverständnis notwendig.

Daraus ergab sich der Entschluß, die unter der »fremden Flagge« firmierenden Beziehungen zu »Andreas« zu beenden. Das war in einer dem Charakter dieser Flagge entsprechenden Form vorgesehen. Die Begründung ergab sich aus den Veränderungen der politischen Landschaft in Europa. Tatsächlich aber nahm die Entwicklung immer hektischere Formen an, unter anderem mit der ersatzlosen Auflösung des Amtes für Nationale Sicherheit. Das Verhältnis zu »Andreas« wurde daher auf eine eher improvisierte Weise beendet – jedoch so, daß er daraus keine Rückschlüsse auf die tatsächlichen Hintergründe ziehen konnte.

Anfang 1990 suchte der HVA-Mitarbeiter Werner Roitzsch seine eigene Haut zu retten. Er verriet den westdeutschen Diensten, was alles er wußte. Über die Beziehungen zu »Andreas« waren ihm nur wenige ungefähre Rastermerkmale bekannt. Den Abwehrdiensten der Bundesrepublik genügte zu wissen: Beamter, Beherrschung bestimmter Sprachen, zeitweise Tätigkeit in Bagdad. Den Rest besorgte der Computer. »Andreas« war im November 1990 aufgespürt und wurde verhaftet.

Ermittlungen und ihr Ausgang

Am 10. Dezember 1990, im dritten Monat nach dem Anschluß der DDR an die BRD, klingelte es kurz nach dem Ende der *Tagesschau* an meiner Wohnungstür in Berlin. Es waren zwei Herren, die sich als Kriminalhauptkommissare aus Düsseldorf vorstellten. Höflich baten sie eingelassen zu werden, sie würden gern ihr Anliegen erläutern. Es gehe, so spekulierten sie auf meine Neugier, um ein gegen mich eröffnetes strafrechtliches Ermittlungsverfahren und um den Fall »Andreas«.

Neugierig war ich tatsächlich. Kurz zuvor hatte die Presse die Verhaftung von »Andreas« gemeldet. Er wurde beschuldigt, ein Spion des Auslandsnachrichtendienstes der DDR gewesen zu sein. »Andreas«, der Antikommunist? »Andreas« war des Glaubens, ich gehöre zum Topmanagement eines der großen bundesdeutschen Unternehmerverbände. Spionage für die DDR, gegen die BRD? Das konnte ihm keinesfalls vorgeworfen werden.

Dies geschah zunächst trotzdem: Die BRD-Spionageabwehr und die westdeutschen Ermittler folgerten ihren Vorwurf aus den dafür keineswegs beweisfähigen spärlichen Rastermerkmalen Roitzschs. Vorerst versteiften sie sich darauf, die »Einlassungen« von »Andreas« seien eine bloße Selbstschutzlegende. Außerhalb ihrer Vorstellungskraft war, der DDR-Auslandsnachrichtendienst hätte über Jahrzehnte mit einem hohen Beamten qualifiziert zusammenarbeiten können, ohne daß diesem die Täuschung aufgefallen wäre.

Natürlich war mir nicht gleichgültig, daß mein Partner – auch wenn er kein Freund der DDR war – zu Unrecht eines Straftatbestandes beschuldigt wurde, dessen zwingende subjektive Tatbestandsmerkmale nach § 99(1) StGB BRD noch nicht einmal im Ansatz gegeben waren. Gerade weil wir mit der »Kriegslist« der »fremden Flagge« gearbeitet hatten, fühlte ich mich verpflichtet, einem Justizirrtum entgegenzuwirken. Seit der Pressemeldung über die Verhaftung sann ich darüber nach, wie ich »Andreas« bei den Ermittlungsbehörden entlasten konnte. Das Erscheinen der beiden Kriminalhauptkommissare öffnete eine direkte Möglichkeit. Mit einem Ermittlungsverfahren gegen mich selbst hatte ich gerechnet. Auch damit, alsbald zu einer Vernehmung vorgeladen oder in Haft genommen zu werden. Dazu kam es nicht, weil das Berliner Kammergericht beim Bundesverfassungsgericht – am Ende mit einem Teilerfolg – in Zweifel stellte, daß beendete Spionage nach der vollzogenen Vereinigung noch strafrechtlich verfolgbar sei. Wenigstens für Bürger der DDR.

Die Kriminalhauptkommissare sollten ermitteln, waren aber auf dem Terrain der gerade angeschlossenen DDR und gegenüber ihren »Zielpersonen« noch unsicher. Es war ein erstes Vortasten und Probieren. Wie bei anderen HVA-Leuten auch: statt sofortiger Vorladung ein informeller Besuch in der Wohnung. Mit einer Mischung von freundlichem Begehren zu plaudern und Einschüchterung. Eine Unterhaltung ist etwas anderes als eine Vernehmung. Beide Seiten haben ihr eigenes Kalkül. Die einen wollen vielleicht verführen, um Erkenntnisse zu gewinnen, die anderen denken naturgemäß an Verteidigung. Selbstverständlich durfte man gewiß sein, daß die Ermittler auch über eine bloße Unterhaltung ein Gedächtnisprotokoll zu den Akten nehmen würden.

Ich wollte sondieren, welche Vorstellungen die Ermittler über »Andreas«, über die Tätigkeit der HVA, auch über meine Rolle hatten. Selbstverständlich hatte ich dazu mein juristisches Repertoire. Aber viel mehr kam es mir auf einen politischen Dialog an, auch über die politischen Inhalte der DDR-Aufklärung. Denn ohne die ist eine angemessene Bewertung nicht denkbar – sowohl historisch, als auch aktuell in der juristischen Beurteilung.

Die Beamten legten als Beweisdokument ein Foto vor. Es zeigte mich in den 80er Jahren in Badehose am Strand der Mittelmeer-Insel Formentera. »Andreas« – noch immer von meiner bundesdeutschen Legalität überzeugt – hatte seine Vernehmer gebeten, den »Herrn Salzmann« zu finden. Dies war der Name, unter dem er mich kannte. Um die Suche zu erleichtern, steuerte seine Frau aus der Sammlung von Urlaubsbildern jenes Foto bei. Die Kommissare erkannten bei der Bildübergabe und bei der Identifizierung des Mannes in Badehose nicht, daß die Existenz dieses Fotos ein wichtiges Indiz sein würde, den Spionagevorwurf zu *entkräften*. Denn gemeinhin wird Spionage streng konspirativ gehandhabt. Unmöglich also, bei einem illegalen Treff Fotos anzufertigen. Daß es doch geschah und die Fotos in einem Album enthalten waren, erklärte sich allein daraus, daß in den Augen meines Partners eben eine ganz legale Beziehung vorlag. Aus gleichem Grund hatte ich dieses Fotografieren hinnehmen müssen. Es wurden übrigens noch einige andere Beweise dafür vorgelegt, daß unsere Begegnungen ohne jegliche geheimdienstliche Konspiration stattfanden; z. B. Gästebuch- und Kalenderaufzeichnungen.

Die Herren aus Düsseldorf versuchten mich zu überreden, alles Wissen preiszugeben, welches ich zu diesem Fall – und überhaupt zur HVA – habe. In nettem Plauderton wurde mir und meiner Frau, die beim Gespräch anwesend war, eröffnet, welch großes Ungemach unserer Familie drohe, wenn ich mich verweigere. Es sei sozial existenzbedrohend. Schier unerträglich würde es auch sein, in ein verwanztes Gefängnis einziehen zu müssen. Tatsächlich: verwanzt! Dabei waren in der BRD wohl kaum noch Haftanstalten mit solchem Ungeziefer vorhanden. Der diesbezüglich berüchtigt gewesene Kölner »Klingelpütz« z. B. war längst abgerissen und durch eine moderne Anstalt ersetzt. Diese und andere schreckensgeladene Vorstellungen verfehlten ihren Zweck – auch meine Frau war nicht einzuschüchtern.

Eine nächste Variante war der Appell, mir meinen Partner unter solchen Umständen einer Haft vorzustellen. Denn sei ich nicht dafür verantwortlich? Im Gegenzug erkundigte ich mich, ob es denn Beweismittel gegen den Betreffenden gäbe, die den Straftatbestand der Spionage für einen fremden Geheimdienst belegten. Jetzt bestätigte sich indirekt, was gar nicht anders sein konnte: Außer einer deduktiven Schlußfolgerung aus den vagen Angaben des sachlich ahnungslosen Verräters gab es nichts.

Das Gespräch verlegte sich nun aufs Theoretische. Die beiden Hauptkommissare wollten die HVA aufklären, kannten aber noch nicht einmal, was früher oder mittlerweile offengelegt war oder was aus der eigenen bundesdeutschen nachrichtendienstlichen Praxis hätte geläufig sein müssen.

Ich zeigte mich ein wenig traurig, bei meinen – vorerst noch immer sehr höflichen – Gesprächspartnern so wenig Professionalität anzutreffen. Die Methode der »fremden Flagge« könnte auch bei der CIA, dem BND und anderen Diensten studiert werden. Der Abend war fortgeschritten. Ich hatte eine ungefähre Vorstellung über das gewonnen, was ich erfahren wollte. Mein Entschluß stand fest: In einer formellen Vernehmung wollte ich beweiskräftig die Annahme widerlegen, ein DDR-Nachrichtendienstler wäre zu einer qualifizierten »fremden Flagge« nicht imstande und damit meinen früheren Partner entlasten.

Ein besonderes Interesse der Düsseldorfer Herren galt dem bösen Dämon Markus Wolf – lange Zeit Chef der HVA. Auf die Frage, ob sein Buch »Die Troika« bekannt sei: Ahnungslosigkeit. Dabei war Wolfs Buch zeitgleich in der DDR und in der BRD erschienen.

Das Gespräch konzentrierte sich jetzt auf eher allgemeine politische Themen. Die Gesprächspartner waren unterschiedlichen Alters, der ältere war zu einer Zeit Beamter geworden, als die Düsseldorfer Polizeibehörde noch von alten Nazis geführt worden war. Dem Jüngeren schienen mir schon gewisse Zweifel gekommen zu sein, ob er als Kriminaler hier richtig eingesetzt sei. Dennoch hatte er seine Klischees über die DDR und insbesondere über ihren *verordneten Antifaschismus*. Ihm scheine, so meinte er immerhin fragend und nicht behauptend, der Antifaschismus sei doch für die HVA nur ein ideologischer Vorwand gewesen. In der ehemaligen DDR wäre viel nachzuholen. Endlich – so zeigte sich die Wirkung gewisser Medien – müßten in ihr die wichtigen antifaschistischen Filme gezeigt werden. Z. B. habe die DDR nichts über den Holocaust gezeigt. Ich entgegnete, in der Tat habe die DDR die Hollywood-Serie nicht gezeigt. Meine Frau und ich hätten sie allerdings vollständig gesehen und eher als eine seichte Soap-Opera empfunden, was in Westdeutschland als eine große filmische Offenbarung über die von Deutschen vollzogene industrielle Menschenvernichtung gewürdigt wurde. Ich fragte, ob sie folgende Filme kennen würden: »Die Mörder sind unter uns«, »Ehe im Schatten«, »Rat der Götter«, »Sterne«, »Professor Mamlock«, »Genesung«, »Nackt unter Wölfen«, »Ich war neunzehn«, »Jakob der Lügner«, »Fünf Patronenhülsen«, »Gewissen in Aufruhr«? Ja, ein Film war bekannt: »Ehe im Schatten«. Das sei doch ein westdeutscher Film. Großes Staunen, daß alle diese nur beispielhaft genannten Filme zum Thema »Antifaschismus und Antirassismus« DDR-Produktionen sind.

Auf meine Frage, ob die Gesprächspartner eine Vorstellung darüber besäßen, welche Rolle das Gründerpersonal der Geheimdienste in Ost- und Westdeutschland während der Nazizeit gespielt hatte: Ahnungslosigkeit. Mit namentlichen DDR-Beispielen zeigte ich, daß im Unterschied zur Bundesrepublik bei jedem einzelnen des leitenden Gründungspersonals der DDR-Dienste antifaschistische Aktivität charakteristisch sei: im Inland, meist mit KZ-Haft verbunden, in der Emigration, im spanischen Bürgerkrieg oder bei den Partisanen. Dagegen hätten die bundesdeutschen Dienste – also der Bundesnachrichtendienst (BND), der Verfassungsschutz und der Militärische Abschirmdienst – in ihrer Gründergeneration nur einen ausgewiesenen Antifaschisten aufzuweisen, den ersten Präsidenten des Verfassungsschutzes, Dr. Otto John, ein Mann des 20. Juli 1944. Der Gründer und erste Präsident des BND, Nazigeneral Gehlen, aber habe über John gesagt: »Einmal Verräter – immer Verräter.« Unser Gespräch bekam angesichts solcher Fakten eine leicht gereizte Tönung, zumal ich ironisch bemerkte, das alte bundesdeutsche Personal sei wohl kaum fähig gewesen, Antifaschismus wenigstens zu verordnen. Die beiden Kriminalbeamten zogen sich daher wieder aufs Theoretische zurück und begehrten, über »das Menschenbild des Sozialismus« zu sprechen.

Ihr Bild von unserem Menschenbild war ein grob verzerrtes Bild aus der *Bild*. Vor allem meinten sie, schon »von Marx her« sei das Menschenbild des Sozialismus inhuman. Mit irgendwelchen Belegen aus Marx' Publikationen konnten sie nicht dienen, freilich – und leider nicht abwegig – mit einigen Beispielen stalinistischer Herrschaftspraxis, namentlich in der Sowjetunion. Solshenizyn war die einzig genannte originale Quelle. Unmut erregte schon, als ich den Gedanken äußerte, diese Beispiele würden, wiewohl meist zutreffend, nur zeigen, daß diese Herrschaftspraxis – wobei man bitte deren historischen Kontext nicht vernachlässigen dürfe – eben nicht von den Auffassungen Marx' oder auch Rosa Luxemburgs gedeckt seien. Wie würden sie mir erklären, daß in der Sowjetunion und z. T. auch in der DDR viele Kommunisten repressiert worden seien, aber gleichwohl überzeugte Kommunisten geblieben seien? Ich nannte Beispiele.

Obwohl es prominente Namen waren, reichte die konkrete gesamtdeutsche Geschichtskenntnis meiner Gesprächspartner nicht über das alte Verbreitungsgebiet der *Bild*-Zeitung hinaus. Lediglich Wolf Biermann wurde mir entgegengehalten. Das kam mir sehr zustatten: Wenn man, hielt ich dagegen, Wolf Biermann – egal ob von links oder rechts – nur als Klischee sähe, würde man doch ignorieren, daß auch er in seinem berühmten Kölner Konzert mit seinem Lied »So soll es sein – so wird es sein« sich noch auf das originale sozialistische Menschenbild und auf Rosa Luxemburg bezogen habe.

Plauderton war es nun nicht mehr, es war schon ein heftiges Streitgespräch.

Ich entnahm meinem Bücherregal Stephan Hermlins »Abendlicht« und zitierte dessen wunderschöne kritische Geschichte über verschiedene Rezeptionsarten des »Kommunistischen Manifests«. Meine Gesprächspartner wußten weder, wer Stephan Hermlin war, noch welche Bedeutung sein »Abendlicht« in der kritischen Selbstverständigung in der DDR besaß. Also las ich ihnen Hermlin über das Kommunistische Manifest: »Unter den Sätzen, die für mich seit langem selbstverständlich geworden waren, befand sich einer, der folgendermaßen lautete: ›An die Stelle der alten bürgerlichen Gesellschaft mit ihren Klassen und Klassengegensätzen tritt eine neue Assoziation, worin die freie Entwicklung aller die Bedingung für die freie Entwicklung eines jeden ist.‹ Ich weiß nicht, wann ich begonnen hatte, den Satz so zu lesen, wie er hier steht. Ich las ihn so, er lautete für mich so, weil er meinem damaligen Weltverständnis auf diese Weise entsprach. Wie groß war mein Erstaunen, ja mein Entsetzen, als ich nach vielen Jahren fand, daß der Satz in Wirklichkeit gerade das Gegenteil besagt: ›... worin die freie Entwicklung eines jeden die Bedingung für die freie Entwicklung aller ist.‹

Mir war klar, daß ich auch hier gewissermaßen in einem Text einen anderen gelesen hatte, meine eigenen Vorstellungen, meine eigene Unreife; daß aber alles, was dort erlaubt, ja geboten sein konnte, weil das Wort auf andere Worte, auf Unausgesprochenes hinwies, hier absurd war, weil in meinem Kopf eine Erkenntnis, eine Prophetie auf dem Kopf stand. Dennoch mischte sich in mein Entsetzen Erleichterung. Plötzlich war eine Schrift vor meinen Augen erschienen, die ich lang erwartet, auf die ich gehofft hatte.« (Stephan Hermlin: »Abendlicht«, Leipzig 1979, S. 22)

Für mich war und ist diese Geschichte Hermlins eine selten gelungene dialektische Darstellung dieser Spannung zwischen humanistischem Entwurf und seiner – manchmal bis zur Unkenntlichkeit reichenden – Verzerrung unter dem Einfluß und unter dem Druck der Härte täglicher politischer Auseinandersetzungen um soziale Gerechtigkeit. Und, nicht zu vergessen, auch unter der emotionalen Last vergangener historischer Erfahrungen. Zumal wir es ja nicht mit einem so ganz und gar einmaligen Vorgang zu tun haben. Auch das humanistische christliche Menschenbild war und ist oftmals und bis zur Unkenntlichkeit verzerrt, hat dennoch überlebt und sich auf seinen ursprünglichen Kern immer wieder besonnen.

Wahrscheinlich hatte ich die Illusion, meine Gesprächspartner würden durch Hermlins Klugheit angeregt, ihr *Bild* über das sozialistische Menschenbild beiseite zu legen und einen nachdenklichen Entdeckungswillen empfinden. Wie aber waren meine Frau und ich erschrocken, als der ältere der beiden Ermittlungsbeamten nach Hermlins Text rot anlief, aufsprang und in höchster Erregung hilflos ausrief: »Wenn ich wollte, könnte ich Sie an die Wand schießen!«

Plauderei und kultiviertes Streitgespräch hatten ihr Ende gefunden. Dem jüngeren Beamten war die Situation peinlich. Ich sagte, im Falle einer formellen Vernehmung würde ich darauf bestehen, daß dieser Satz ins Protokoll käme. Dann dachte ich aber daran, daß es nicht um meine Empfindlichkeit ging, sondern um einen Weg, meinen früheren Partner nicht Opfer eines blinden Verfolgungseifers und eines Justizirrtums werden zu lassen. Darum lenkte ich ein und sagte versöhnlich, offenbar sei keine Seite gegen verbale Exzesse gefeit. Manchmal seien sie Ausdruck einer Hilflosigkeit in unbekanntem Terrain.

Einige Tage darauf fand mit meiner Einwilligung eine formelle Vernehmung statt. Die Ermittler zeigten sich dann überzeugt, daß ein Spionagevorwurf gegen »Andreas« nicht länger haltbar war. Es fehlte an der subjektiven Tatbestandsvoraussetzung. Einige Tage später wurde »Andreas« aus der Untersuchungshaft entlassen.

Zum Bericht gehört ein wichtiger Nachtrag: Ohne irgendeinen erkennbaren Anlaß bekam ich zweieinhalb Jahre nach den Streitgesprächen aus Düsseldorf private Post. Ein Schreiben des Kriminalhauptkommissars, der da die Beherrschung verloren hatte. Er habe, teilte er mit, »lange nachdenken« müssen – er bitte um Entschuldigung. Gerne.

Als Ghostwriter Verheugens

Herbert Willner, Jahrgang 1926, Zusammenarbeit mit der HVA seit 1959. Übersiedlung in die BRD 1961. Nach journalistischer Tätigkeit beim Spiegel *20 Jahre in der FDP-Bundesgeschäftsstelle und der Friedrich-Naumann-Stiftung; Referent für Außen-, Sicherheits-, Deutschland-, Europa- und Entwicklungspolitik.*
1985 infolge einer Gefahrensituation Abberufung vom Einsatz; 1987 Erlaß eines Haftbefehls, der durch Auslandsaufenthalt nicht vollstreckbar war und nach Verjährung 1995 aufgehoben wurde.

Nehmen wir an, ich hätte – es war nicht der Fall und es ergab sich nicht aus meinem beruflichen Aufgabenbereich in Bonn – in die nukleare Zielplanung gegen die DDR und andere sozialistische Staaten Einblick nehmen können: Wäre ich nicht unabweisbar moralisch verpflichtet gewesen, die gewonnenen Erkenntnisse zu übermitteln? Und zeichnet diese ziemlich realistische Annahme nicht den Rahmen einer zutiefst humanitären Aufgabe, deren Erfüllung Sicherheit für Menschen in Ost und in West, in Berlin, Dresden, Magdeburg, Hamburg, Bonn bedeutete? Wäre es nicht begründet gewesen, den militärischen Überlegenheitswahn der NATO, voran der USA-Erstschlagsdoktrin, dadurch zu konterkarieren, daß der eigenen Seite der Blick in das gefahrdrohende Arsenal ermöglicht worden wäre? Und muß dieses Prinzip nicht auf der nur graduell weniger schicksalhaften Bedrohungsebene gleichermaßen gelten, auf der ich mich bewegte? Für meine Kontrahenten von BND, MAD oder Verfassungsschutz, die in entgegengesetzter Richtung spähten, brauche ich hier keine Lanze zu brechen. Das besorgen Medien, die von Zeit zu Zeit geradezu überquellen, wenn es darum geht, die guten Spione – trotz großer Schwächen, Pannen und oft materieller Motivation – mit Lob zu verklären und die bösen – trotz großer Erfolge und überwiegend idealistischer Motivation – verächtlich zu machen.

Um diese Ungleichbehandlung einer zumindest gleichwertigen moralisch-weltanschaulichen Motivation zu durchbrechen und geschichtliche Realität gegen Deutungshoheit von vermeintlichen Siegern der Geschichte deutlich zu machen, schreibe ich diesen Beitrag.

Ein Unrechtsgefühl wegen meiner professionellen Arbeit als Kundschafter habe ich nicht, nicht im geringsten. Dabei berufe ich mich auf meine Weltanschauung, meine politischen Erfahrungen und mein Gewissen, natürlich auch auf den Verlauf der neueren Geschichte. Übrigens: In meinem Strafverfahren nach der staatlichen Vereinigung ist meinem hochgeschätzten Rechtsanwalt und Verteidiger, Herrn Dr. Heinrich Hannover, bzw. seinem Kollegen, Herrn Armin von Döllen, nie eine Anklageschrift der Generalbundesanwaltschaft zugestellt worden.

Wie sah der Alltag eines Kundschafters der HVA aus, der zugleich politischer Referent der FDP-Bundesgeschäftsstelle war?

Einige Episoden mögen zeigen, daß die praktische Arbeit oft – ziemlich unspektakulär – kleine Mosaiksteinchen zusammenzusetzen hatte, auf deren analytischer Verknüpfung Einsichten in größere politische Zusammenhänge beruhten. Ja, es gab auch Anlaß zum Schmunzeln, jedenfalls im nachhinein.

Diplomaten verschiedener Botschaften in Bonn nahmen bevorstehende Bundesparteitage der FDP – natürlich auch der anderen Parteien – gern zum Anlaß, sich nach den zu erwartenden Trends, Beschlüssen und Ergebnissen des Parteitages und zur aktuellen innerparteilichen oder bundesdeutschen Diskussion zu erkundigen. Ihre Aufgabe bestand darin, sich in den Parteizentralen möglichst kompetente Gesprächspartner zu suchen und am besten schon vor dem Parteitag die für ihre Regierung interessanten wahrscheinlichen Entschließungen und Meinungsbildungen zu prognostizieren. Hierbei hatten die Vertreter westlicher (= verbündeter) Staaten insofern leichteres Spiel, als sie in der Regel im Bonner Auswärtigen Amt unter FDP-Ministern gute Kontakte zu verschiedenen Arbeitsebenen unterhielten und die zuständigen Referenten der Parteizentralen nur hilfsweise benötigten.

Etwas bescheidener gestalteten sich die Möglichkeiten für Vertreter der sozialistischen Botschaften. Sie waren daher oft besonders zielstrebig an guten Kontakten zu den zuständigen Parteimitarbeitern interessiert. Infolgedessen suchten mich gelegentlich Diplomaten in der Bonner Bundesgeschäftsstelle der FDP auf, die bezüglich der FDP-Position zu bestimmten politischen Fragen Klärungsbedarf hatten, oder sie luden mich zum Lunch in Bonner Restaurants ein. In der Regel bemühte ich mich, einen zweiten FDP-Kollegen mit hinzuzuziehen, denn ich wollte durch individuelle Kontakte zu Ost-Diplomaten nicht in ein für mich unerwünschtes Licht geraten. Jeder Anschein von Techtelmechteln mit DDR- oder Ostblockdiplomaten mußte strikt vermieden werden. Und um mich auch formal abzusichern und die von mir erwartete Information zu gewährleisten, schrieb ich jedesmal einen Gesprächsvermerk, den ich dem FDP-Generalsekretär zuleitete.

Anfang 1981 erreichte mich der Anruf eines 1. Sekretärs der Ständigen Vertretung der DDR namens Ralf D., der mich zu einem Arbeits-Lunch ins Bonner »Hax'n-Haus« am Bertha-von-Suttner-Platz einlud. Er kam mit einem anderen Kollegen der Ständigen Vertretung, während ich diesmal allein gekommen war, und wir unterhielten uns über die deutschland- und sicherheitspolitischen Aspekte, insbesondere auch über die damals stark diskutierten Geraer Forderungen des Staatsratsvorsitzenden Honecker vom Oktober 1980. Sie wollten wissen, welche der Forderungen möglicherweise in der FDP-Spitze Zustimmung finden könnten bzw. für die FDP verhandelbar erschienen. Ich mußte natürlich ganz konsequent meine Rolle als bundesdeutscher Gegenpart spielen, ohne etwa mit einem Augenzwinkern anzudeuten: »Liebe Genossen, dazu will ich euch mal einiges aus dem Nähkästchen verraten, weil wir von der gleichen Feldpostnummer sind.« Vielmehr mußte ich in aller angemessenen Distanziertheit nur von durchaus abgestuften Auffassungen verschiedener FDP-Politiker und -Gremien berichten, darunter auch über Meinungen des linksliberalen FDP-Seniors William Borm zu den Geraer Forderungen, die Gesprächsbereitschaft signalisierten. (Natürlich wußte ich nicht, daß William Borm seinerseits bei Markus Wolf angebunden war.)

Solch eine Begegnung vollzog sich unspektakulär in der Bonner Öffentlichkeit, sie gehörte ja zu meinen Aufgaben. Am nächsten Tag faßte ich, wie üblich, meinen Bericht über dieses Gespräch an den damaligen FDP-Generalsekretär und heutigen EU-Kommissar Günter Verheugen ab. Während des Schreibens versuchte ich mir vorzustellen, wie wohl der gleiche Bericht aussehen würde, den meine Gesprächspartner an – wie ich glaubte – das Außenministerium der DDR senden würden, denn selbstverständlich mußten auch sie über meine Antworten auf ihre aktuellen Fragen berichten. Auch fragte ich mich, ob ihr Fragespiegel, den sie sicher im Hinterkopf hatten, und mein Fragespiegel aus Berlin, den ich ebenfalls im Hinterkopf hatte, wohl ungefähr übereinstimmten. Schließlich machte ich mir eine Notiz, um meinen Führungsoffizier über diesen Kontakt zu informieren. Dies geschah auch.

Die Folge daraus: Weitere Gespräche mit diesem DDR-Diplomaten unterblieben.

Vielleicht sieben Jahre später, nachdem ich in die DDR zurückgekehrt war, traf ich bei einer Festveranstaltung Anfang 1988 eben diesen ehemaligen 1. Sekretär Ralph D. in Berlin wieder. Und siehe da: Er war Oberst in der HVA und seinerzeit deren Resident in der Ständigen Vertretung in Bonn gewesen. Wir erinnerten uns beide schmunzelnd unserer damaligen Bonner Unterhaltung bei einer guten Schweinshaxe. Vielleicht haben Sir William, wie William Borm von vielen Freunden hüben wie drüben respektvoll genannt wurde, an diesem Abend die Ohren geklungen. Ralph D. bestätigte mir, daß er damals selbst als Resident der HVA nichts von meiner Anbindung gewußt habe. Meine Führungslinie hatte also, wie es sich zur Absicherung eines Kundschafters professionell gehört, die Regeln der Konspiration genau befolgt.

Eine andere Episode meiner Kundschaftertätigkeit, die sich ebenfalls 1981 zutrug, hatte höheres politisches Gewicht. Es ging um Verhandlungen zwischen der BRD und der DDR im allgemeinen und innerhalb derselben um die damals als ziemlich substantiell betrachteten sogenannten »Vier Geraer Forderungen« der DDR, die Erich Honecker zur Eröffnung des Parteilehrjahrs der SED am 13. Oktober 1980 in Richtung Bonn erhoben hatte. Sie lauteten:

1. Anerkennung des Prinzips der Nichteinmischung in den Beziehungen zwischen BRD und DDR unter Einschluß der Anerkennung der Staatsbürgerschaft der DDR durch die BRD;

2. Abschaffung der Erfassungsstelle Salzgitter;

3. Staatsrechtlich verbindliche Festlegung der Staatsgrenze, darunter im Elbeabschnitt in der Strommitte;

4. Umwandlung der Ständigen Vertretungen der BRD und der DDR in Botschaften.

Obwohl es das Ministerium für Innerdeutsche Beziehungen gab, lag das eigentliche Kompetenzzentrum der Bundesregierung für innerdeutsche Beziehungen im Bundeskanzleramt, seinerzeit mit Helmut Schmidt an der Spitze. Zuständiger Abteilungsleiter war Ministerialdirektor Dr. Hans-Otto Bräutigam, späterer Ständiger Vertreter der BRD in der DDR, noch später Justizminister des Landes Brandenburg. Dr. Bräutigam war parteilos, galt aber als FDP-nah. Zu seinen Aufgaben gehörte es, die Koalitionsfraktionen (damals SPD und FDP) bzw. deren entsprechende Fachgremien über anstehende politische Entwicklungen und Entscheidungen zu unterrichten und dabei deren Vorstellungen aufzugreifen und sie in den Meinungsbildungsprozeß der Regierung einzubeziehen. In der FDP-Fraktion wurde er als sehr kompetenter und sachlicher Gesprächspartner geschätzt.

Im Arbeitskreis I der FDP-Bundestagsfraktion für Außen-, Deutschland-, Europa-, Entwicklungs- und Sicherheitspolitik bestand als Untergliederung eine Arbeitsgruppe Deutschlandpolitik, der ich in meiner Eigenschaft als zuständiger Fachreferent der FDP-Bundesgeschäftsstelle und später der Friedrich-Naumann-Stiftung angehörte. Zu einer Sitzung dieses Arbeitskreises – wahrscheinlich im Frühjahr oder Sommer 1981 – war Dr. Bräutigam eingeladen. Teilnehmer der Sitzung im Bundeshaus in Bonn unter Vorsitz des FDP-Bundestagsabgeordneten Hans-Günter

Hoppe waren zwölf bis 15 FDP-Politiker. Nach meinem Gedächtnis erfolgte keine Sicherheitsbelehrung oder sonstige Vergatterung. Gleichwohl war die Brisanz der Materie erkennbar. So empfahl es sich für mich, eher keine Notizen zu machen, um keine Aufmerksamkeit zu erregen.

Dr. Bräutigam hatte ein 42-Punkte-Papier mitgebracht, das er der FDP-Fraktion erläutern bzw. das er mit ihr erörtern wollte. Inhalt seiner Vorlage, die aber nicht verteilt wurde, waren 42 Einzelpositionen für anstehende Verhandlungen mit der DDR unter besonderer Berücksichtigung der Geraer Forderungen Erich Honeckers. Alle diese Punkte waren zunächst darauf ausgerichtet, von der DDR etwas zu bekommen. Aber einige dieser Forderungen waren so gegliedert, daß erkennbar wurde, an welcher Stelle Gegenleistungen der BRD verhandelbar wären.

Die weichsten Punkte im Sinne der Geraer Forderungen waren die Grenzregelung in der Strommitte der Elbe und die Abschaffung der Erfassungsstelle Salzgitter (letztere wurde ja von den Bundesländern mitfinanziert, und nicht alle Bundesländer waren bereit, die Kosten unbegrenzt zu tragen).

Insoweit zeichnete sich vage eine Möglichkeit ab, wenigstens einige der Geraer Forderungen, d. h. der Interessen der DDR zu realisieren, selbstverständlich gegen politische Preise, die die DDR zu bezahlen haben würde. Dies wäre eben der Inhalt bevorstehender Verhandlungen gewesen. In welcher Lage war bei solcher Debatte ein Kundschafter der DDR, also ich? Ich stellte mir vor, daß es meine Aufgabe sei, mir so viele Punkte zu merken wie möglich und eine Gesamteinschätzung dieses Diskussionsabends zu fertigen. Meine Aufzeichnung sollte es der Verhandlungsdelegation der DDR, so meine Annahme, ermöglichen, gut vorbereitet – also mit differenzierten und paßfähigen eigenen Forderungen und Gegenvorschlägen – auf die westdeutschen Argumente zu antworten.

Natürlich war es mir zu meinem Bedauern nicht möglich, alle 42 Punkte abends aus dem Gedächtnis zu rekonstruieren, und ein Protokoll oder eine Tischvorlage gab es nicht. Dennoch konnte ich sicher 30 bis 35 der besprochenen Verhandlungspositionen übermitteln, darunter die üblichen Forderungen wie Absenkung des Reisealters für DDR-Bürger, zusätzliche Anzahl von Telefonleitungen in weitere Städte der DDR, vereinfachter Paket- und Päckchenversand, Zollerleichterungen, verstärkter Zeitungsbezug, Besuchserleichterungen für Westberliner in Ostberlin. Daneben gab es Forderungen/Angebote wie Öffnung weiterer Grenzübergangsstellen, Bau von Brücken und Straßen für den Ost-West-Verkehr, Autobahngebühren, Ausbau von bestimmten Transitstrecken, Abstimmungen im Luftverkehr zwischen Interflug und Lufthansa, Kreditregelungen, Erhöhung des sogenannten Swing im zwischenstaatlichen Handel usw. usf.

Auch die Grenzfestlegung auf den Wasserstraßen war für die BRD bedeutsam: Während die DDR insbesondere den Verlauf der Elbegrenze in der Strommitte – statt auf dem rechten, DDR-seitigen Ufer – anstrebte, schien die BRD-Seite vor allem die Seegrenze im Bereich der Lübecker Bucht und der weiteren Ostsee zu interessieren. Der Begriff »Junktim« fiel mehrfach. Es ging dabei um die Lübecker Bucht und vor allem um die sogenannte Kadet-Rinne zwischen der DDR-Halbinsel Darß und der dänischen Insel Falster. Dies ist eine relativ schmale, aber für Ostseeverhältnisse tiefe Wasserstraße, durch die sich Tag für Tag eine beträchtliche Schiffstonnage schiebt. Die Festlegung der Seegrenze und folglich der staatlichen Verantwortung in diesem Bereich gebot sich daher schon deshalb. Der wichtige seestrategische Hintergedanke, den Dr. Bräutigam knapp umriß, bestand aber in einem anderen Aspekt: Die Kadet-Rinne weist im Unterschied zur ansonsten relativ flachen westlichen Ostsee eine größere Wassertiefe auf, eben als tiefe Rinne im Meeresboden der Ostsee. Hier konnten U-Boote der Bundesmarine aus der Lübecker Bucht heraus untergetaucht und schwer zu orten in die östliche Ostsee ausschwärmen. Darauf beruhte für die Bundesmarine das strategische Interesse. Hier wurde also ein gewichtiges und nicht unbedingt defensives Motiv der BRD erkennbar, für das die DDR sicher manche Gegenleistung hätte erhalten können.

Den 42-Punkte-Katalog von Dr. Bräutigam wertete ich insgesamt als diplomatisch geschickte Mischung von Zuckerbrot und Peitsche.

Wenn ich mein Gedächtnis befrage, muß ich sagen: Vom Schießbefehl an der Grenze hat bei solchen sehr sachlichen internen Beratungen niemand gesprochen. Er war damals kein Thema.

Mein Gesamtfazit bezüglich der Deutschlandpolitik der BRD, das ja keineswegs nur auf der Analyse dieser einen Veranstaltung beruhte, wurde voll bestätigt: Die BRD war bereit, die DDR und ihre Führung mittelfristig in engen Grenzen wirtschaftlich und finanziell stabilisieren zu helfen, ihr aber gleichzeitig politische Substanz abzukaufen, um sie langfristig politisch zu unterhöhlen. Ich war zunehmend im Zweifel, ob die DDR-Führung die beträchtlichen Gefahren dieses Kurses trotz entsprechender Bewertung, d. h. Warnungen durch Kundschafter der HVA, richtig erkannte bzw. nach den Vorgaben aus Moskau erkennen durfte.

Zu den Erinnerungsstücken meiner Kundschaftertätigkeit von Januar 1961 bis September 1985 gehört übrigens das Buch Günter Verheugens »Eine Zukunft für Deutschland« mit einem Vorwort von Walter Scheel. Dieses politische Sachbuch erschien 1980 im Gruenwald-Verlag München. Eines der ausführlichsten Kapitel des Buches (»Die Zukunft der Entspannung oder Eine Chance für Deutschlandpolitik«) stammt von mir. Der damalige Generalsekretär der FDP und nachmalige Erweiterungs-Kommissar der Europäischen Kommission, nunmehr SPD, hatte den 36seitigen Entwurf, den ich ihm auftragsgemäß Anfang 1980 gefertigt hatte, mit ganz geringen redaktionellen Änderungen komplett übernommen.

Für mich war der Auftrag eine besondere Herausforderung. Ich sollte eine schlüssige Aussage des Generalsekretärs der FDP zum genannten Thema formulieren, der eher den Linksliberalen zuzurechnen war, der aber gleichwohl in der Verpflichtung stand, die Partei zusammenzuhalten und nicht zu polarisieren. Natürlich waren mir auch die Positionen der Nationalliberalen geläufig, die zu berücksichtigen waren. Hinzu kam meine eigene Einstellung, die ich zwar im Hinterkopf hatte, die aber allenfalls ganz indirekt zum Vorschein kommen durfte. Die Aufgabe enthielt also reizvolle Gedankenarbeit, die mir Spaß machte und – so glaube ich – ganz gut gelang. Jedenfalls steht in dem Band, den ich nach der Rückberufung aus Spanien, nach der Filzung der Wohnung in St. Augustin bei Bonn durch die Sicherheitsorgane und nach der späteren Rückgabe des persönlichen Inventars wiedererhielt, die handschriftliche Widmung »Für Herbert Willner mit herzlichem Dank für die Mitarbeit – Günter Verheugen, Bonn, 11.8.80«.

Im übrigen bestand der Dank auch in einem kleinen Honorar von DM 1.000, die er mir diskret in einem Briefumschlag überreichte mit der schmunzelnd geäußerten Frage, ob ich diesen Betrag etwa unbedingt versteuern wolle?

Der Beitrag begann mit den damals zeitgeschichtlich wohl begründeten Sätzen:

»Die weltpolitische Lage am Anfang des neuen Jahrzehnts hat noch einmal zwei prinzipielle Möglichkeiten der Deutschland-Politik ins Bewußtsein gebracht.

– Deutschland-Politik ist möglich als strikte Abgrenzung und totale Isolierung der deutschen Staaten zueinander in der Hoffnung auf ein kosmisches Wunder, das im Handumdrehen die Grenzen des Deutschen Reiches von 1937 wiederherstellt.

– Deutschland-Politik ist möglich als Entwicklung eines geregelten Nebeneinander, Herstellung eines gutnachbarlichen Verhältnisses und Aufrechterhaltung menschlicher Verbindungen – in der Hoffnung, daß auf diese Weise eine umfassende Friedensregelung für Europa (und damit für Deutschland) erleichtert wird und an diesem Tag dann das Bewußtsein von der Einheit der Nation noch vorhanden ist.«

Von dieser Alternative her baute ich meinen/seinen Beitrag auf und stützte mich ganz bewußt auch auf einschlägige Ausführungen z. B. in

Reden von Henry Kissinger, als er noch Außenminister der USA war, oder von Staatssekretär Hartman im Außenministerium der USA.

Auch verweise ich/verweist Verheugen auf eine verfassungsrechtliche Unschärfe, die daraus resultiert, daß das Bundesverfassungsgericht einerseits eine Fortexistenz des Deutschen Reiches in den Grenzen von 1937 annimmt, andererseits eine Teilidentität der BRD mit diesem Deutschen Reich feststellt und damit in seinem Urteil zum Grundlagenvertrag den Schluß befördert, auch die DDR sei teilidentisch mit dem Deutschen Reich. Verheugen (ich) definiert folgenden Widerspruch: »Wenn heute ein internationales Gericht zu entscheiden hätte, ob über der Bundesrepublik Deutschland einerseits und der DDR andererseits noch ein Völkerrechtssubjekt Deutsches Reich – und dies auch noch mit einem anderen Gebietsbestand als Bundesrepublik und DDR zusammengenommen – als existent angesehen werden könne, so würde diese Entscheidung allem menschlichen Ermessen nach kaum zu einer Bejahung dieser Frage führen.« Auch durch solchen Hinweis auf eine bedeutsame Schwachstelle in der verfassungsrechtlichen Abstützung der Deutschland- und Entspannungspolitik der BRD konnte Verheugen/ich die Diskussionen im liberalen Lager und darüber hinaus beeinflussen.

Was hatte das mit den Aufgaben eines Kundschafters zu tun? Auf den ersten Blick wenig. Politische Gegner werden das vielleicht sogar als Versuch verunglimpfen, als sogenannter Einflußagent die BRD unterwandert zu haben. Schon das halte ich für primitiv, weil es höchstens auf führende Politiker oder Mandatsträger zutreffen könnte. Mein Einfluß reichte nicht aus, um selbst Inhalte zu bestimmen oder Ziele zu definieren. Ich konnte allenfalls vorhandene Tendenzen herauszuarbeiten oder andere Tendenzen abzuschwächen suchen bzw. niedriger zu gewichten.

Auf den zweiten Blick wird aber deutlich: Für den Kundschafter war vor allem wichtig, die Denkmuster verantwortlicher, handelnder Politiker zu verstehen. Wie konnte das besser geschehen, als daß man ihnen Argumente – sozusagen als Angebot – aufschrieb und dann an zustimmenden (wie in diesem Beispiel), ablehnenden oder korrigierenden Anmerkungen, politische Handlungsrichtungen abzulesen vermochte? Daraus ergaben sich wichtige, teilweise auch perspektivische Einschätzungen, die meiner Zentrale helfen konnten, die Regierung der DDR in der Deutschland- und Entspannungspolitik vorausschauend zu informieren.

Eine Anmerkung am Rande: Gerade an diesem und vielen vergleichbaren Erlebnissen wird erkennbar, daß die raffinierteste technische Aufklärung – Satelliten, Anzapfen von Telefonen, Computern und Internetverbindungen, TV-Überwachung, Verwanzung von Büros und Wohnungen, Verschlüsselungen mit dem Exponenten 128 etc. etc. – eine derartig konzipierte Kundschaftertätigkeit nicht ersetzen kann. Damit möchte ich mich nicht grundsätzlich zur künftigen Existenzberechtigung von Geheimdiensten äußern. Nach meinem Dafürhalten ist diese Frage bislang offen. Allerdings: Den schlechthin »guten Menschen«, den »guten Staat«, den »edlen Homo politicus« – als unerläßliche Voraussetzung für einen Rückbau aller Geheimdienste – vermag ich jedenfalls in überschaubarer Zukunft nicht zu erblicken.

Eine andere Frage ist, ob die DDR-Regierung und die führende Partei SED diese Hinweise ernst genug nahmen, ob sie sie manchmal überhören wollten oder mußten, weil die sowjetische Führungsmacht entsprechend eingriff. Auch hierzu konnte ich in wenigen Fällen Anmerkungen übermitteln, z. B. dann, wenn auf irgendwelchen diplomatischen Empfängen Diplomaten der sowjetischen Botschaft gegenüber westlichen Kollegen eher abfällig über die DDR urteilten bzw. die Interessen der DDR als völlig nachgeordnet im Vergleich zum sowjetisch-bundesdeutschen Beziehungsgefüge charakterisierten. Ich mußte das mitunter mit zusammengebissenen Zähnen schlucken und mir als hauptamtlicher FDP-Mitarbeiter ein freundlich-zustimmendes Lächeln abnötigen. Auch das gehörte zum Kundschafteralltag.

Es drängt mich, in diesem Zusammenhang meine Meinung zur vielzitierten Loyalität, in der man sich fühlte oder in die man eingebunden war, zu sagen.

Sehr bald nach meiner Ankunft im Westen wurde mir klar: Es war unmöglich, sich in diese Gesellschaft wirklich zu integrieren – und das war mein ausdrücklicher Auftrag –, wenn ich etwa tagein, tagaus mit zusammengebissenen Zähnen herumgelaufen wäre und im gesamten Umfeld den Klassengegner zu erblicken gesucht hätte. Denn wo war er – der Feind? Gab es nicht Personen, die viel Verständnis, ja Sympathie für die DDR bekundeten? Ebenso wie solche, die fast Schaum vor die Lippen bekamen, sobald sie über die »Zone« redeten? Darin bestand nun einmal das Meinungsspektrum, innerhalb dessen ich mich zu etablieren hatte, was u. a. auch von mir verlangte, einen Teil meines Wortschatzes zu streichen und umgekehrt manch neuen Begriff zu verinnerlichen.

Meine Annäherung an die bundesdeutsche Gesellschaft erschöpfte sich darin nicht. Ich lernte Menschen kennen, freundete mich an, besaß Kollegen und Vorgesetzte in den verschiedenen Rängen der Gesellschaft. Je mehr ich in der FDP (und im Bonner Raum) heimisch wurde, desto mehr Bekanntschaften und Freundschaften bildeten sich allmählich. Einige entstanden im Tauchsportverein, darunter mit dem Vorsitzenden des Clubs, der – wie ich lange Zeit später erfuhr – ebenfalls als Kundschafter der HVA tätig war. Die meisten waren dienstlich geprägt, zum Teil durch Unter- bzw. Überordnung. Ich erlebte z. B. während der kurzen Phase seiner Tätigkeit als Generalsekretär den jung verstorbenen Karl-Hermann Flach. Er konnte zwar wegen seines frühen Todes den Beweis nicht erbringen, ob es möglich sei, auf Dauer eine sozialliberale Partei in der BRD zu etablieren. Aber seine Publikationen, Reden und internen Bestrebungen gingen so überzeugend – auch gegen Widerstände – in diese Richtung, daß er meinen persönlichen Respekt genoß, auch und gerade als Kundschafter.

Ich erinnere plastisch den Freiburger Parteitag der FDP 1971. Es ging um das Modell für die Unternehmensmitbestimmung, wie es die FDP zu beschließen gedachte. Die eine Alternative, das sogenannte Riemer-Modell (mit einem Untergewicht der Arbeitnehmervertretung), wurde mit einer Stimme Mehrheit gegenüber der anderen Alternative, dem Maihofer-Modell (mit einer paritätischen Lösung), angenommen. Als ungläubige Rufe nach Wiederholung der Abstimmung erklangen und eine chaotische Situation des Parteitages heraufzog, sprang Flach ans Mikrofon und forderte, obwohl er selber bei den knappstmöglich Unterlegenen war, die konsequente Einhaltung der demokratischen Spielregeln – wissend, daß der von ihm, Maihofer und anderen befürwortete Kurs der FDP einen herben Rückschlag erlitten hatte und daß dieser Knick möglicherweise nicht wieder zu korrigieren sein würde.

Habe ich meine, wie ich empfand, bewußte Loyalität gegenüber Karl-Hermann Flach gebrochen, wenn ich über die internen Vorgänge in der FDP nach Berlin berichtete? Oder habe ich mit bescheidenen Mitteln einen integren sozialliberalen Politiker indirekt unterstützt? Oder kann man auch von einer doppelten Loyalität sprechen? Ich weiß, daß mein verstorbener Freund und Kundschaftergenosse Günter Guillaume ebenfalls häufig über Loyalität – in seinem Fall insbesondere gegenüber Willy Brandt – nachdachte.

Den Namen Karl-Hermann Flach habe ich als Beispiel hervorgehoben. Ich könnte andere Politiker nennen: Hildegard Hamm-Brücher, Walter Scheel, Fritz-Rudolf Schultz, Uwe Ronneburger, Günter Verheugen, William Borm usw. Ihnen allen, zu denen ich in einem verschiedenen Grad von Nähe und/oder Abhängigkeit stand, gehörten meinerseits hoher Respekt und Achtung. Ich schrieb ihnen Artikel, Redeentwürfe, Pressemeldungen, Entschließungsanträge oder stellte Tagesordnungen zusammen. War es Loyalitätsbruch (manchmal fragte ich mich: war es eigentlich überhaupt strafrechtlich relevant?), wenn ich meine eigenen Vorschläge, Gedanken und Formulierungen, sobald sie von einem mandatierten Politiker akzeptiert waren, nach Berlin übermittelte? Im übrigen kann ich versichern, daß ich niemals irgendwelche persönlichen Schwächen ausgeforscht oder Charakterbilder mir bekannter Politiker geliefert habe. Zumal das auch nicht von mir verlangt wurde.

Die Frage, die ich mir stellte und stelle, lautet: Gibt es für den Kundschafter, dessen oberste Loyalität der Sache des Sozialismus gehört, eine rings um diesen Loyalitätskern gelagerte sekundäre Loyalität zu einzelnen Persönlichkeiten im anderen System? Wie geht der Kundschafter mit dem Tatbestand um, daß auch die integerste Persönlichkeit, die er hoch schätzt, seine Sache – aus ihrer Sicht natürlich politisch völlig legitim – systematisch und objektiv bekämpft? Wie äußern sich, wie vertragen sich, wie definieren sich diese Loyalitäten? Das muß hier schon aus Platzgründen dahingestellt bleiben. Es bedürfte einer Diskussion, die sowohl unter uns als auch in und mit der Öffentlichkeit noch zu führen wäre. Falls die derzeitigen »Sieger der Geschichte« die Definitionshoheit in solcher Diskussion kraft Medienmacht usurpieren und die üblichen Kampfbegriffe und Totschlagargumente ablassen, würde die Diskussion indessen zwecklos. Aber sind solche – eher auf Ausgleich und wechselseitiges Verständnis zielenden – Überlegungen heute überhaupt zeitgerecht?

Die Herren der Globalisierung, und dazu sind ja nicht nur Regierungen der sogenannten fortgeschrittenen Industrieländer, sondern vorrangig Konzern- und Bankherren mit weltumspannender Macht und noch weiterreichenden Ambitionen zu rechnen, haben aus der langjährigen Existenz eines alternativen Gesellschaftsmodells ihre Lehren gezogen: Sie haben 73 Jahre lang in den Abgrund geschaut, in dem sie, wenn nicht so unverzeihliche selbst verschuldete Fehler gemacht worden wären, vielleicht historisch hätten entsorgt werden können. Ihr Fazit: Das darf sich niemals wiederholen! Entsprechend müssen die Reste sozialistischen Aufbegehrens mit Stumpf und Stiel ausgemerzt werden. Selbst die Erinnerung muß so gründlich wie möglich getilgt werden. Die Menschen müssen entsozialisiert, entsolidarisiert und entpolitisiert werden, um sie – »Teile und herrsche!« – beherrschen und um jegliche gesellschaftsverändernden Aktivitäten ausbremsen oder verhindern zu können. Auch dies muß ich als Quintessenz des Aufklärerlebens bezeichnen, die – statt etwa zu Resignation – allerdings erst recht zu neuem politischen Handeln veranlaßt.

Während meiner Bonner Tätigkeit als Geschäftsführer des FDP-Bundesfachausschusses für Sicherheits- und Verteidigungspolitik hatte ich häufig mit einem Ausschußmitglied namens Martin H. zu tun. An Tagungsabenden tranken wir mehr als ein Bier zusammen. Im Laufe der

Jahre avancierte er vom Oberstleutnant zum Generalmajor, darunter Verwendungen an der NATO-Hochschule bei Rom und bei der NATO in Brüssel. Seine Biografie, insbesondere in der Zeit vor und während des Krieges, ähnelte ein wenig der meinigen. So ergaben sich auch freundschaftliche Gespräche. Er analysierte gelegentlich die Gefahren des NATO-Doppelbeschlusses durchaus objektiv dahingehend, daß sich nicht nur ein – erwünschtes – Druckpotential gegen die Sowjetunion aufbauen ließ, sondern daß durch die Pershing-Dislozierung in Europa und der BRD ein – unerwünschter – Abkopplungseffekt der USA aus der Einbindung in die Triaden-Strategie der NATO auf dem »European theater« herausbilden könne, der besondere Gefahren für die BRD heraufbeschwor.

Auch ebnete mir Martin H. Wege, den sicherheits- und verteidigungspolitischen Bundesfachausschuß der FDP nach Brüssel einzuladen und im NATO-Hauptquartier von qualifizierten Referenten unterrichten zu lassen.

Nachdem er später Abgeordneter der FDP im Europa-Parlament geworden war, stellte er viele Jahre nach meiner Rückkehr in die DDR, es mag 1998 gewesen sein, Verbindung zu mir her, indem er eine PDS-Europaabgeordnete nach mir fragte, die mich aus der Arbeitsgruppe Europapolitik der PDS kannte. Nach dem einen oder anderen Telefonat und Schreiben besuchte er mich eines Tages zusammen mit seinem Sohn zu Hause. Wir saßen an einem schönen Sommerabend 2000 auf dem Balkon und plauderten beim Glas Wein manche Stunde über alte Zeiten in Bonn.

Er berichtete über Befragungen durch den Verfassungsschutz nach meinem plötzlichen Verschwinden im Herbst 1985 aus Bonn: Er habe nicht die Auffassung anderer FDP-Politiker vertreten, die meine Rolle als Kundschafter und mein Insider-Wissen über die FDP eher kleinreden wollten, was natürlich im Interesse der FDP gelegen habe. Eine gewisse Laxheit und Überheblichkeit in FDP-Kreisen bezüglich irgendwelcher Sicherheitsregeln und Geheimhaltungsstufen sollte ja verborgen bleiben. Er selbst habe aber deutlich gemacht, daß ich womöglich nicht nur irgendwelche unbedeutenden Papiere geliefert haben dürfte, sondern durch die Konzipierung von vielen Fachausschußtagungen gewissermaßen die Referenten und Referate selbst hätte bestellen können, deren Aussagekern dann sowohl in den FDP- als auch in den DDR-Meinungsbildungprozeß eingeflossen wäre.

Seine Bewertung war wohl nicht unzutreffend; ich hörte ein halb feindliches, halb freundschaftliches Lob heraus.

Beim gleichen Plauderstündchen kündigte er an, er sei mit seinem

Sohn unterwegs in seinen Geburtsort in Hinterpommern, heute Polen. Als Vertreter der pommerschen Landsmannschaft wolle und solle er auf Einladung des dortigen Bürgermeisters eine Rede halten, wobei ihm sein »General a.D.« einen günstigen Hintergrund biete. Er las mir sein vierseitiges Manuskript vor und erbat mein Urteil. Der Knackpunkt bestand darin, daß er den Polen einerseits die Mitgliedschaft in der EU schmackhaft machen wollte, ihnen aber andererseits ankündigte, EU-Recht müsse dann uneingeschränkt gelten, was bedeute: Grund und Boden müßten auf einem dann freien Grundstücksmarkt frei käuflich und verkäuflich sein. Er verkündete, daß gewiß manche vormaligen Grundbesitzer ihre früheren Grundstücke nach 55 Jahren wieder kaufen würden (zum bislang spottbilligen polnischen Bodenpreis).

Meine Einwände, daß er hier genau die Ängste und Sorgen dieser Polen schüre, die erst nach 1945 in einer riesigen Umsiedlungsaktion dorthin gekommen seien und sich letztlich noch nicht endgültig sicher auf und in ihrem Land fühlten, wollte er nicht gelten lassen.

Wie er mir später telefonisch erklärte, hatte er seine Rede unverändert gehalten. Was mögen die polnischen Bürger des Städtchens empfunden haben?

Es mag deutlich geworden sein, daß das Kundschafterleben wenig mit den Spionage-Thrillern gemein hatte, mit denen uns Hollywood per TV und Kino überschüttet. Umgekehrt: Je unauffälliger, je systemkonformer man sein Leben gestaltete, desto besser für den Auftrag. Allerdings mußte Disziplin gehalten werden. Treffs mußten pünktlich stattfinden, Funksendungen spät in der Nacht abgehört und dechiffriert und Alkohol weitgehend gemieden werden. Insofern könnte man als Fazit feststellen: Neben der Konsequenz in der politischen Grundüberzeugung war Disziplin eins der obersten Gebote für den Aufklärer. Die nach außen dargestellte Durchschnittlichkeit, Unauffälligkeit und scheinbare Langweile im Aufkläreralltag ging allerdings einher mit einer dauerhaften, hohen inneren Anspannung, die selten einmal aussetzte.

So habe ich knapp 25 Jahre lang gelebt. Soweit ich meine eigene politische und moralische Verantwortung betrachte, habe ich es bis heute nicht eine Minute bereut.

Agentenromantik?

Peter Wolter, Jahrgang 1947, aufgewachsen in Münster, anschließend fünf Jahre Seefahrt. Danach Studium der Publizistik, Soziologie und Philosophie in Münster und Westberlin.
1973 erste Kontakte zur Hauptverwaltung Aufklärung.
Schwerpunkte der geheimdienstlichen Arbeit: Verfassungsschutz, Verteidigungsministerium, Europäische Gemeinschaft.
1991 verhaftet, 1995 zu zwei Jahren auf Bewährung verurteilt.

Jedesmal, wenn ich bei einem meiner konspirativen Arbeitsbesuche die Grenzkontrollen am Bahnhof Friedrichstraße passiert hatte und auf die Straße trat, richtete ich als erstes meinen Blick nach oben. Eine Bronzetafel unter der Unterführung erinnerte daran, daß an dieser Stelle SS-Männer kurz vor Kriegsende zwei Hitlerjungen aufgehängt hatten.

Die Grenze war offen, als ich Ende 1989 zu meinem letzten Treff in die Hauptstadt der DDR kam. Als ich aus dem Bahnhof heraustrat, schaute ich wie immer nach oben: Das Schild war weg, abmontiert.

Die »unbewältigte« Vergangenheit

Daß ich mich dazu entschlossen hatte, für die Hauptverwaltung Aufklärung (HVA) zu arbeiten, hatte mit dem deutschen Faschismus zu tun. Mein Vater berichtete mir immer wieder von den Greueltaten der Nazis, insbesondere von einem Vorfall zu Ostern 1945. In seinen Erinnerungen heißt es: »Inzwischen rückte die feindliche Armee immer näher, und wir zogen es vor, uns mit unseren Löschfahrzeugen nach Osten abzusetzen … In Celle machten wir einige Tage Rast. Aber auch dort gab es einen Bombenangriff auf den Bahnhof. Dort hielt gerade ein Zug mit KZ-Häftlingen, die Wachmannschaften brachten sich in Sicherheit, und die Häftlinge konnten fliehen. Einige versuchten, in den umliegenden Häusern Zivilkleidung zu bekommen, doch nach der Entwarnung schossen die Wachleute erbarmungslos auf die Flüchtlinge. Aber nicht nur die Wachen, sondern auch andere Soldaten und sogar Angehörige der Fliegerhorstfeuerwehr beteiligten sich an dem Morden. Ein Löschmeister rühmte sich, fünf Häftlinge mit seiner Pistole erschossen zu haben, obwohl einer von ihnen auf den Knien um Gnade bat.« Diese Mörder, von denen mein Vater berichtete, waren ganz »normale« Deutsche, die sich mit großer

Wahrscheinlichkeit nie vor Gericht verantworten mußten. Schon damals schauderte es mich bei dem Gedanken, daß möglicherweise der nette Handwerksmeister von nebenan, der Klassenlehrer oder der Dorfpolizist zu diesen Killern gehören könnten.

Natürlich war es mir nicht an der Wiege gesungen worden, daß ich eines Tages als Kundschafter für die Auslandsaufklärung der DDR arbeiten würde. Mein Vater – Maler und Bildhauer, früher KPD-Mitglied und später im Herzen immer noch Kommunist – hatte mir gegenüber nie einen Zweifel daran gelassen, daß die DDR der bessere deutsche Staat sei. Er haßte Nazis, Industriebonzen und CDU-Politiker. Er haßte auch die USA und Großbritannien – schließlich mußte er immer wieder nach angloamerikanischen Bombenangriffen Leichen aus brennenden Wohnhäusern ziehen. Als am 10. Oktober 1943 die Innenstadt von Münster einschließlich des historischen Stadtzentrums in Flammen aufging, half er als Feuerwehrmann, tote Patienten und Nonnen aus den Trümmern des Clemenshospitals zu bergen. Besonders verbitterte ihn, daß die *Royal Air Force* vorwiegend Wohngebiete und historische Bauwerke bombardierte – nicht aber die Kasernen. Die wollten die Engländer nach dem Sieg selbst nutzen. (Das tun sie heute noch, mehr als ein halbes Jahrhundert nach Kriegsende. Im Februar 2003 dröhnten nachts Tieflader mit britischen Panzern für den Irak-Krieg durch meinen Stadtteil.)

Ich besuchte die Volksschule und das humanistische Gymnasium. Wahrscheinlich war ich der erste Schüler in der 200jährigen Geschichte dieser erzkatholischen Anstalt, der aus der Kirche austrat – die Lehrer waren entsetzt, die Schüler bewunderten mich heimlich. In mein vorletztes Schuljahr fällt übrigens mein erster »revolutionärer« Einsatz: Mit dem Moped fuhr ich in einer Nacht zum Sonntag durch unseren Landkreis und gipste die Schlüssellöcher fast aller Kirchentüren zu. Dumm gelaufen: Der Gips war zu alt und band nicht mehr ab. Wahrscheinlich hat niemand meine Aktion zur Kenntnis genommen.

Nach dem Abitur fuhr ich erst einmal zur See – erst bei der Handels-, dann bei der Bundesmarine. Ich absolvierte die Offiziersausbildung und wurde Leutnant z. S. Eingesetzt wurde ich als Wachoffizier auf Kriegsschiffen, bekam obendrein eine U-Jagd- und Torpedo-Ausbildung und landete schließlich bei den Kampfschwimmern. Meine militärische Karriere war jedoch in erster Linie einer fixen Idee geschuldet: Ich hatte mir die romantische Flause in den Kopf gesetzt, auf einem Rahsegler zu fahren. Die einzige Möglichkeit dazu war damals die Ausbildung zum Marineoffizier, zu der ein Lehrgang auf dem Segelschulschiff »Gorch Fock« gehörte. Heute tippe ich mich hin und wieder bei dem Gedanken an die Stirn, daß ich für drei Monate Segelausbildung vier Jahre Barras in Kauf genommen hatte. Dennoch: ich möchte die nautische und technische Ausbildung nicht missen.

Das erste Mal beäugten mich meine Vorgesetzten mißtrauisch bei der Belehrung über den Fahneneid. Die Eidesformel »Ich schwöre, der Bundesrepublik Deutschland treu zu dienen und das Recht und die Freiheit des deutschen Volkes tapfer zu verteidigen« provozierte mich zu der naiven Frage, ob das auch für einen Angriff der USA gelte. Der Kompaniechef brauchte eine halbe Minute, bevor er wieder Luft bekam. Als Leutnant z. S. mußte ich später für die Besatzung des Minentransporters »Steigerwald« selbst politischen Unterricht geben. Den bewältigte ich anfangs mit Hilfe der *Deutschen Volkszeitung*, der Wochenzeitung der Deutschen Friedensunion. Meine Vorgesetzten stellten das schnellstens ab.

Eine Marinefachzeitschrift veröffentlichte für mich überraschend mein erstes Werk, in dem ich mich über militärisches Kasperletheater mit Flaggenparade und Hackenknallen und über das Primatengebrüll von Unteroffizieren mokierte. Und das gleich als Titelgeschichte! Der Kommandeur des Marinegeschwaders, in dem ich damals Dienst tat, beobachtete mich von da an aufmerksam, enthielt sich aber vorsichtshalber jeder Meckerei. Offenbar hielt er es für möglich, daß dieser Beitrag von höherer Stelle autorisiert worden war. War er aber nicht. In mehreren Leserbriefen wurde die Redaktion sogar beschuldigt, der »Marine-APO« ein Forum zu bieten.

Kaum aus der Bundeswehr entlassen, begann ich in meiner Heimatstadt Münster das Studium der Publizistik, der Soziologie und der Philosophie. Der Vietnamkrieg tobte, in vielen Ländern der Dritten Welt griffen Befreiungsbewegungen nach der Macht, die Unis vibrierten von den Nachbeben der 68er Bewegung. Es war mal wieder einer der Höhepunkte des Kalten Krieges, der trotz aller Entspannungsbemühungen immer wieder in einen Atomkrieg umzuschlagen drohte.

Auch wenn ich nicht alles nachvollziehen konnte, was in den sozialistischen Ländern vor sich ging – mir war eines klar: Diese Welt läßt sich nur verändern, wenn Entwicklungsländer, die linke Bewegung im eigenen Lande und die sozialistischen Staaten an einem Strang ziehen. Am 8. März 1973 trat ich in die Deutsche Kommunistische Partei ein. Nach wenigen Monaten setzte ich mein Studium in Westberlin an der Freien Universität fort, trat zur Sozialistischen Einheitspartei Westberlin (SEW) über und wurde nach einiger Zeit Sekretär der Sektion Publizistik der SEW-Hochschulgruppe. (Sekretär bei den Politologen war damals ein gewisser Michael Sommer, heute hauptberuflich DGB-Chef und Sozialpartner.) Studienreform, Ausbau unserer Positionen an der Uni, Gremienarbeit als Fachschaftsvertreter im Konzil – das waren Eckpunkte meiner Arbeit. Ich schrieb darüber hinaus regelmäßig für das Parteiorgan

Die Wahrheit – den Lesern, die das für ein Sektenblatt halten, sei gesagt, daß der Titel die deutsche Übersetzung des russischen Wortes »Prawda« war. Aber zugegeben – ein wenig sektiererisch waren wir vielleicht …

Schließlich delegierte mich meine Partei für ein Vierteljahr nach Moskau an die Leninschule.

Mehr Hebelkraft entwickeln

Schon lange vorher war mir klar, daß man als Einzelperson in der normalen politischen Arbeit vergleichsweise wenig Hebelkraft entwickelt. Ich wollte mehr, ich wollte etwas bewegen, ich war ungeduldig. Aus meiner militärischen Erfahrung wußte ich, daß im internationalen Kräftespiel auch andere Faktoren eine Rolle spielten – das Militär etwa, mit dem ich ja schon Erfahrung gemacht hatte. Aber auch die Aufklärung, die es ermöglicht, Absichten und Täuschungsmanöver des Feindes schon im Ansatz zu erkennen.

Jawohl – Feind. Für einen unbefangenen Leser mag dieses Wort martialisch klingen. Aber das Kapital und seine politischen Sachwalter waren und sind für mich nach wie vor Feinde, mit denen ich bestenfalls zeitlich begrenzte Kompromisse eingehe. Worte wie »Sozialpartnerschaft«, »deutsche Verantwortung« oder »Modernisierung des Sozialsystems« haben mich noch nie einlullen und von den humanen Absichten der Bankiers, Militärs, Politiker und Verbandsfunktionäre überzeugen können. Mir war schon sehr früh klar, daß sie alle nur unser Bestes wollen – unser Geld.

Diesen Instinkt verdanke ich meinem Vater, der mir die Geschichte des vergangenen Jahrhunderts aus der Perspektive des kleinen Mannes geschildert hat. Emil Wolter stand immer auf der anderen Seite der Barrikade – Anfang der 20er Jahre organisierte er als Bauarbeiter Streiks, 1930 fuhr er mit zwei Freunden per Fahrrad von Münster nach Moskau, um die Sowjetunion kennenzulernen. Nach dem Reichstagsbrand mußte er für mehrere Jahre emigrieren, um der SA zu entkommen. Er flüchtete zunächst in die Schweiz und konnte in letzter Minute verhindern, daß ihn die Eidgenossen den Nazis auslieferten. Dann schlug er sich zu Fuß zum Mittelmeer durch, wobei er sich von geklauten Kartoffeln und hin und wieder einem Süppchen an Klosterpforten ernährte. Krank vor Heimweh kam er nach einigen Jahren zurück nach Deutschland. Glücklicherweise stand er auf keiner Fahndungsliste.

Presseberichte, der damalige DDR-Minister für Staatssicherheit, Erich Mielke, habe Anfang der 30er Jahre in Berlin zwei Polizisten erschossen, kommentierte mein Vater 85jährig mit den Worten: »Was regen die sich auf? Seit wann ist es ein Verbrechen, Polizisten zu erschießen?« Und dann erzählte er mir vom 1. Mai 1929, als der Berliner Polizeipräsident Karl

Zörgiebel (SPD) 28 demonstrierende Arbeiter und Arbeiterinnen erschießen ließ. Weder Zörgiebel noch einer der Todesschützen kam vor Gericht. Auch nicht jener Polizist, der am 11. Mai 1952 in Essen den 21jährigen Friedensdemonstranten Philipp Müller abknallte. Ebenso wenig Polizeiobermeister Karl-Heinz Kurras, der am 6. Juni 1967 den Demonstranten Benno Ohnesorg in Westberlin durch einen Schuß in den Hinterkopf exekutierte. Ganz zu schweigen von Bad Kleinen, wo am 27. Juni 1993 das RAF-Mitglied Wolfgang Grams in einer Schießerei mit dem Bundesgrenzschutz (BGS) starb.

Und schon arbeitete ich gegen die BRD

Ich war entschlossen, auf dem Gebiet der Aufklärung meinen Beitrag zu leisten und nahm schon Ende 1973 auf verschlungenen Wegen Kontakt zur Hauptverwaltung Aufklärung auf. Der erste HVA-Genosse, den ich kennenlernte, war »Karl«. Karl hieß eigentlich Hellfried, wie ich bald herausfand – mit ihm und seiner Frau Ruth bin ich heute immer noch befreundet. Es folgten die ersten kleineren Aufträge: Antiimperialistische Personen herausfinden, die Aussicht auf eine Karriere im Staatsapparat oder in der Industrie hatten, Recherchen, kleinere Informationsbeschaffungen. Mittlerweile hatte ich den Beruf des Nachrichtenjournalisten ergriffen – zunächst bei der *Deutschen Presse-Agentur* (dpa), dann beim *Deutschen Depeschen Dienst* (ddp) in Bonn. Nachrichtenjournalisten sind in der Regel besser informiert als Kollegen anderer Medien: Sie wissen zu genau, wie Nachrichten gemacht werden. Ausgesprochen rechte Kollegen habe ich nach meiner Erinnerung in diesem Bereich des Journalismus nie getroffen – den Widerspruch zwischen Lohnschreiberei und politischem Durchblick haben allerdings sehr viele von ihnen mit Zynismus zu überbrücken versucht.

An meinem neuen Dienstort Bonn kamen viele Kontakte hinzu – aus dem Verteidigungsministerium (BMVg), aus der Europäischen Gemeinschaft (EG) in Brüssel, aus dem Bundesamt für Verfassungsschutz (BfV), wo ein Verwandter von mir den Sprachendienst leitete. Ich besuchte ihn oft in seiner Dienststelle, die in einer Villa im Kölner Süden untergebracht war. Regelmäßig lieh ich mir Akten aus, die ich unter mein Jackett klemmte und auf einem Parkplatz in meinem Auto fotografierte. Gut 20 Minuten später lagen die Akten wieder an ihrem alten Platz.

Der Parkplatz lag zwischen Geheimdiensten: Da war einmal die Sprachendienst-Villa, dann gab es in der Nebenstraße ein konspiratives Gebäude des britischen Geheimdienstes. Wenige hundert Meter weiter residierte in der Konrad-Adenauer-Kaserne der Militärische Abschirmdienst (MAD).

Die belichteten Negative verpackte ich zu Hause im abgedunkelten Badezimmer in eine Streichholzschachtel, die ich mit schwarzem Isolierband umwickelte. Dann kam »Katja« ins Spiel – der Codename für unseren rollenden *Toten Briefkasten* (TBK). »Katja« war der Expreß Paris-Moskau, der täglich gegen 22.30 Uhr für vier Minuten in Köln hielt. Diese Zeit nutzte ich, um unter dem Waschtisch in der Toilette des Wagens 257 mit einem Magneten mein Geheimmaterial zu deponieren. Viele Jahre lang haben HVA-Genossen jeden Morgen gegen 6.00 Uhr auf dem Betriebsbahnhof Rummelsburg in Berlin das Versteck kontrolliert. Wenn sie fündig wurden, bekam ich abends um 22.00 Uhr auf 3312 Kilohertz über chiffrierten Morsefunk die Bestätigung, oft verbunden mit Nachfragen und weiteren Aufträgen.

Fast wäre dieser Verbindungsweg zu meinem persönlichen Agenten-GAU geworden: In den Anfängen der Nutzung von »Katja« fuhr ich dem Paris-Moskau-Expreß einige Male von Köln nach Aachen entgegen, um mehr Zeit für die Beschickung des TBK zu haben. Eines Abends saß ich mit Geheimmaterial in der Tasche im Zug, schlief ein und sah plötzlich die Lichter des Bahnhofs von Aachen hinter mir verschwinden. Ich war auf dem Weg nach Belgien – ohne Personalausweis, ohne Paß. Mir fiel glücklicherweise das Beste ein, was man in dieser Situation tun kann: Ich trat die Flucht nach vorne an und meldete mich beim BGS, der im Zug die Ausweise kontrollierte. »Aha, ein Durchschläfer«, grinste der Beamte verständnisvoll. »Kein Problem, ich schließe Sie ins Dienstabteil ein, dann fallen Sie der belgischen Paßkontrolle nicht in die Hände. Im ersten belgischen Bahnhof steigen wir in den Gegenzug und bringen Sie zurück nach Deutschland.« Diese Episode habe ich in meinen Berichten an Berlin vorsichtshalber verschwiegen.

Agentenromantik? Denkste!

Die Arbeit für die HVA war spannend, nervenaufreibend und frustrierend zugleich. Nur selten erfuhr ich, welchen Wert meine Informationen für die DDR, den RGW oder gar für den Warschauer Pakt hatten. Jedes Treffen war mit einer Reihe von Vorbereitungen und mit Sicherheitsmaßnahmen verbunden: Kein Treffen in der Nähe von Bahnhöfen, hieß es beispielsweise. Natürlich haben mein damaliger Instrukteur Gerd und ich uns nicht daran gehalten.

Wie dumm von uns: Als ich einmal vor einem niederländischen Bahnhof auf ihn wartete, fühlte ich mich plötzlich observiert: Immer wieder kamen junge Männer vorbei, die mich aufmerksam von oben bis unten musterten. Es dauerte einige Zeit, bis mir klar wurde, daß wir uns ausgerechnet am Schwulentreff verabredet hatten.

Nirgendwo auffällig werden, hieß es: Wir landeten aber versehentlich sogar in einer zwielichtigen Bar. Und Gerd verirrte sich während einer längeren Wartezeit in eine holländische Spielbank – am Einlaß wurden dort aus dem Paß oder Personalausweis die persönlichen Daten notiert. Berlin tobte vor Begeisterung, daß Gerd seinen falschen österreichischen Paß dort vorgelegt hatte.

Manchmal entwickelte ich Groll auf die Genossen in Berlin. Ich mußte mein komplettes Leben umstellen, jeden Kontakt zur SEW und früheren Genossen abbrechen. Das ging so weit, daß mich ein Genosse, den ich unerwartet bei einer Fete traf, als Abtrünnigen und Verräter beschimpfte. Verräter? Anders herum ist es richtig: Ich stehe heute immer noch zur kommunistischen Bewegung. Er aber ist grün angelaufen und rechtfertigt den Krieg gegen Jugoslawien.

Ich mußte sogar die insgesamt 84 blauen und braunen Bände (Werkausgaben von Marx & Engels sowie von Lenin) nach und nach im Abfall verschwinden lassen – nicht einfach im Antiquariat oder zu Hause in der Mülltonne – nein, es mußten schon die anonymen Abfalltonnen auf entlegenen Autobahnparkplätzen im Münsterland sein. Lediglich meinen geliebten Band 23, den ich dreimal im Schweiße meines Angesichts durchgeackert und mit zahllosen Querverweisen, Eselsohren und Zetteln geschmückt hatte, schaffte ich auf Umwegen nach Berlin – für bessere Zeiten, wenn ich mich eines Tages als Kundschafter in der DDR zur Ruhe setzen und ein ordentliches Leben in der sozialistischen Etappe führen würde. Daraus wurde bekanntlich nichts, in den Wirren der Konterrevolution verschwand auch dieser blaue Band.

General Horst Jänicke hatte für meine politische Außendarstellung die Rolle eines Parteilosen ausgetüftelt, der der rechten Sozialdemokratie zuneigt. Aus Konspirationsgründen legten mir die Genossen darüber hinaus nahe, auf den Eintritt in die eher linke Deutsche Journalisten Union in der IG Druck zu verzichten. Vorsichtshalber durfte ich auch keine linken Zeitschriften abonnieren, alle Kontakte zu Linken brach ich ab.

Keine Lektüre mehr, keine Diskussionen, ein völlig verändertes persönliches Umfeld – unter solchen Umständen ist es nicht einfach, politisch Kurs zu halten. Es half ein wenig, daß ich später, als Chef vom Dienst bei der Nachrichtenagentur Reuters, direkt neben dem Ticker der DDR-Nachrichtenagentur ADN saß.

Instruktionstreffen im »Operationsgebiet« waren für mich daher immer mit neuen Informationen und spannenden Diskussionen verbunden. Das galt erst recht für Arbeitsbesuche in der DDR. Kaum hatte ich die Grenzkontrollen passiert, atmete ich auf: Hier war ich in Sicherheit, hier fühlte ich mich zu Hause. Hier war meine politische Heimat.

Verhältnis zur DDR

Mit der Zeit nahm mein Verhältnis zur DDR klarere Konturen an. Als ich in die DKP eintrat, war ich ihr gegenüber noch sehr skeptisch, Vokabeln wie »Unrechtsstaat« und die allgemeine antikommunistische Hetze waren schließlich nicht ohne Wirkung geblieben. Aber im Grunde war die DDR für mich und meine Generation ein Buch mit sieben Siegeln – Medien und Schulen hatten sich hierzulande kräftig ins Zeug gelegt, um das DDR-Bild negativ zu prägen. Für Westbürger gab es eigentlich nichts über die DDR zu wissen – außer, daß sie ein Unrechtsstaat mit Mauer, aber ohne Bananen war.

Auch über deutsche Geschichte hatte ich in der Schule wenig gehört, am allerwenigsten über das bestgehütete Geheimnis der Nachkriegszeit: Die politische Entwicklung in den einzelnen Besatzungszonen. Mir schwillt heute noch der Kamm, wenn ich an unsere Geschichtslehrer denke, die uns ein völlig verqueres Bild der Nachkriegszeit vermittelt haben. Und nicht nur der Nachkriegszeit.

Ich erinnere mich an einen Kunsterzieher auf meinem ersten Gymnasium. Hans Korte hieß er, ehemaliger Stuka-Pilot. Nicht gerade ein begnadeter Pädagoge, sein Unterricht war langweilig. Gerne erzählte er Kriegsgeschichten: »… und dann ging ich in den Sturzflug, den Finger am Abzug vom Maschinengewehr. Und dann: rattata rattata, und unten sah man die Iwans umfallen.«

Unser Religionslehrer, ein evangelischer Pastor, erzählte begeistert von Panzerschlachten. Und unser Biologielehrer versuchte uns rassentheoretisch zu beweisen, daß *der Pole* als solcher erstens faul sei und zweitens stinke.

Vom deutschen Faschismus hatte ich eigentlich nur aus Erzählungen meines Vaters gehört – in den ersten Schuljahren erfuhren wir von unseren Lehrern vor allem, daß es sehr unklug war, den 2. Weltkrieg anzuzetteln. Ganz wichtige Erkenntnis für uns: zu viele Parteien sind für jede Demokratie von Übel. Daran und am politischen Extremismus sei die schöne Weimarer Republik zugrundegegangen.

Es gab aber auch Ausnahmen: Zum Beispiel machte es der Direktor des katholischen Gymnasiums, an dem ich 1966 das Abitur ablegte, allen Klassen zur Pflicht, sich einen Film über Konzentrationslager und die Nürnberger Prozesse anzuschauen. Es ist eine dreiste Lüge, wenn Grünen- und SPD-Politiker heute behaupten, in der DDR habe es eigentlich gar keinen Antifaschismus gegeben. Eigenartig – bis auf Eugen Kogons »Der SS-Staat« stammten alle antifaschistischen Bücher in meinem Regal aus DDR-Verlagen. Im Westen erschienene Bücher zu diesem Thema waren oft Lizenzausgaben von DDR-Verlagen.

Meine Skepsis gegenüber der DDR differenzierte sich, je mehr ich mich mit ihr beschäftigte. Immer wieder erstaunte mich diese Mischung aus Hemdsärmeligkeit, Herzlichkeit und wurschtiger Haltung, immer wieder ärgerte mich diese Mixtur aus kleinbürgerlicher Verstocktheit und Obrigkeitshörigkeit. Aber immer wieder freute ich mich, wenn ich auf selbstbewußte DDR-Bürger traf, die soziale Verantwortung mit Zukunftsoptimismus und Stolz auf das Erreichte verbanden. Eine der besten Darstellungen der widersprüchlichen Entwicklung »sozialistischer Persönlichkeiten« habe ich übrigens in Inge Vietts Erinnerungen (»Nie war ich furchtloser«) gelesen.

Glücklicherweise haben mich die Genossen der HVA davor bewahrt, meine Skepsis gegenüber der DDR zu verlieren. Wenn ich mal mehrere Tage in Ostberlin bleiben konnte, nutzten wir die Zeit zu Besichtigungen oder zu Autotouren durch Neubaugebiete. Die Genossen schafften es sogar, für mich den Besuch in einem Braunkohlentagebau oder in einer Landwirtschaftlichen Produktionsgenossenschaft (LPG) zu arrangieren. Am bewegendsten für mich war ein Besuch im ehemaligen KZ Sachsenhausen gemeinsam mit dem HVA-Major Hans Gohritz und dem Genossen Werner Staake (Häftlingsnummer 11244, dort von 1939 bis 1942 inhaftiert, anschließend bis zur Befreiung im KZ Flossenbürg).

Hin und wieder bremsten die HVA-Genossen meine unreflektierte Begeisterung, die ich als junger Kommunist an den Tag zu legen neigte. »Ist noch lange nicht perfekt«, hieß es dann trocken. »Aber wir arbeiten dran.« Diese schlichte Aussage »Wir arbeiten dran« – das war es, was mich faszinierte. Da war ein ganzer Staat unter Führung seiner Arbeiterpartei dabei, eine Gesellschaft aufzubauen, in der die Vernunft und nicht das Profitinteresse Maßstab aller Dinge ist. Da veränderten sich langsam – viel zu langsam! – auch die menschlichen Beziehungen zueinander.

Während viele DKP-Mitglieder im Westen zum Hurra-Sozialismus neigten, hörte ich bei den HVA-Genossen viele Zwischentöne heraus, auch verhaltene Kritik an der Parteiführung. Auf diese Weise bekam ich ein halbwegs realistisches Bild von der DDR, einen Eindruck von all den Schwierigkeiten, Widersprüchen, Schwächen und Ungereimtheiten, mit denen der Aufbau des Sozialismus behaftet war. Und vielleicht hat mich das auch davor bewahrt, den Weg vieler »Hurra-Sozialisten« zu gehen, die nach der »Wende« das Handtuch geworfen oder sich auf die andere Seite geschlagen haben.

Emotionale Belastungen

Mit der Zeit merkte ich, daß meine Nerven nachließen. Immer häufiger spürte ich Schmetterlinge im Bauch, wenn ich zu einem der konspirativen Treffen mit dem Instrukteur oder Kurier nach Maastricht, Utrecht, Kopenhagen, Lüttich oder sonstwohin fuhr. Es ging mir auch auf den Geist, daß die HVA ständig brandheiße Erkenntnisse über die Machenschaften des Imperialismus erwartete – schließlich säße ich als Journalist ja in Bonn mitten im Geschehen, hieß es. Ich mußte die Genossen enttäuschen, indem ich darauf verwies, daß viele vermeintliche Erkenntnisse ohnehin am nächsten Tag in der *Süddeutschen Zeitung* oder der *Frankfurter Rundschau* stünden. Hin und wieder muß man als Solo-Kommunist, der in feindlicher Umgebung arbeitet, auch emotional auftanken. Das hätte ich gerne bei einem der UZ-Pressefeste gemacht; *Unsere Zeit* ist die Zeitung der DKP. Aber der Besuch wurde mir untersagt. Ich hoffe, die Genossen sind mir heute nicht böse, wenn ich beichte, daß ich doch hingegangen bin – immer darauf bedacht, keinem der früheren Genossen über den Weg zu laufen.

Immer häufiger wurde mir bewußt, daß die Konspiration für mich zu einer Art zweiten Natur geworden war. Ich hatte zu Hause über meinem Schreibtisch einen Streifen Fotopapier mit dem vergrößerten Bild meiner Augenpartie an die Wand gepinnt – als Mahnung, mich ständig selbst zu beobachten und unter Kontrolle zu halten. Noch heute ertappe ich mich dabei, daß ich den Verkehr hinter mir beobachte, in Gaststätten nie mein Jackett mit den Papieren aus den Augen lasse und Fremden gegenüber, die mich ansprechen, erst einmal mißtrauisch bin.

Wie berechtigt diese Vorsicht war, mußte ich eines Tages erfahren, als mein Instrukteur Gerd nicht zum Treff erschien. Er war ins Blickfeld eines der Observationstrupps des Verfassungsschutzes geraten, die den Bahnverkehr von Ost nach West diskret kontrollierten.

Instrukteur verhaftet

Ich arbeitete damals als Nachrichtenredakteur beim *Deutschen Depeschen Dienst* (ddp). Nach dem geplatzten Treff raste ich über die Autobahn nach Bonn, um pünktlich zur Spätschicht in der Redaktion zu sein. Kaum betrat ich das Büro, wedelte ein Kollege mit einem Fernschreiben der Bundesanwaltschaft in Karlsruhe, in dem die Verhaftung eines gewissen Gerd M. gemeldet wurde. Mir standen die Haare zu Berge. Per Telefon ließ ich mir vom damaligen Pressesprecher der Bundesanwaltschaft weitere Details geben. Ich jagte noch kurz eine 15-Zeilen-Meldung über Gerds Verhaftung über den Ticker, bevor ich mich wegen heftigster Magenschmerzen krankmeldete.

Immerhin – es dürfte selten gewesen sein, daß ein DDR-Kundschafter die Verhaftung seines Instrukteurs selbst den Massenmedien mitgeteilt hat.

Zu Hause ließ ich sofort alles Belastende verschwinden. Das fast perfekt versteckte Chiffrematerial wanderte in den Ofen, ich vernichtete Schreibunterlagen und Terminkalender und überprüfte, ob ich an meinem Weltempfänger die Frequenzen verstellt hatte.

Die nächsten Tage waren die Hölle. Ständig erwartete ich das Klingeln der Polizei an der Tür, ständig sah ich mich von finsteren Observanten verfolgt. Aber nichts geschah. Es geschah aber auch nichts aus Berliner Richtung. Kein Wunder – die Genossen konnten mich nicht mehr erreichen, da ich ja das Chiffrematerial verbrannt hatte.

Nach sechs Wochen schob ich einen Kurzurlaub ein, flog nach Kopenhagen und fuhr von dort mit Bahn und Fähre weiter nach Berlin. Glücklicherweise hatte ich noch eine Telefonnummer – und schon eine halbe Stunde später stieg Oberst Heinz Tauchert am Ostbahnhof mit mißbilligender Miene und kopfschüttelnd aus dem Auto. Mit der Vernichtung des Chiffre-Materials hatte ich vorschnell gehandelt, da ich die Kommunikation mit der Zentrale unterbrochen hatte.

Wir deklinierten Punkt für Punkt die Verhaftung von Gerd durch. Was hatte er gewußt? Welche Aufzeichnungen trug er bei sich? Was hatte die Gegenseite in ihren Ermittlungen schon erfahren? Ich war fasziniert: Berlin wußte verflucht genau, an welchen Stellen Bundeskriminalamt und Verfassungsschutz nicht weiterkamen, die Genossen konnten zum Teil wörtliche Passagen aus den Verhören Gerds wiedergeben.

Tja, wir waren schon nicht schlecht …

Vorsichtshalber vereinbarten wir eine Gegenobservation. Vier Samstage nacheinander fuhr ich von meiner Bonner Wohnung auf einem vereinbarten Wege zum Einkaufen zu einem riesigen Supermarkt in St. Augustin. Ein Observationstrupp aus Berlin sollte dabei jeweils mit Schmalfilmkameras kontrollieren, ob sich die Gegenseite an meine Fersen geheftet hatte. Die Überprüfung war negativ, und schließlich kam aus Berlin die Entwarnung. Bei einem neuerlichen Besuch lernte ich dann den ersten einer Reihe neuer Instrukteure kennen.

Gerd hat die ihm aufgebrummte Strafe fast bis zum letzten Tag abgesessen, bevor er auf der Glienicker Brücke in Berlin ausgetauscht wurde. Er ist auf kein Lockangebot eingegangen und hat auch nichts verraten. Wir wußten aber vorher schon, daß wir uns auf ihn verlassen konnten, die Arbeit ging mit neuem Elan weiter.

Erst kam das politische Ende …

Irgendwie hatte sich gegen Mitte der 80er Jahre die Stimmung in der HVA geändert. Immer wieder meinte ich in Gesprächen mit den Genossen Unsicherheit herauszuhören, sie schienen an Biß, an Schneid verloren zu haben. Deutete sich hier schon die Orientierungslosigkeit der Partei, der Niedergang des Sozialismus an? Hinzu kam, daß ich selbst auch zu schwächeln begann – über ein Jahrzehnt illegaler Arbeit geht nicht spurlos an einem vorüber. Mit meinem damaligen Führungsoffizier Hans Gohritz erörterte ich die Möglichkeit einer Auszeit. Dennoch biß ich die Zähne zusammen und machte weiter.

Dann kam das Ende. Aus Gesprächen mit HVA-Genossen sowie aus zahlreichen politischen Hintergrundgesprächen wußte ich, daß die DDR auf der Kippe stand. Ich war mittlerweile Reuters-Korrespondent in Norddeutschland, mit Sitz in Hamburg. Unvergessen werden mir meine Features bleiben, die ich über die Flüchtlingszüge schreiben mußte, die aus Warschau oder Prag kommend über Helmstedt und Hannover in die BRD fuhren. Sie wurden am Bahnhof von Feuerwehrkapellen mit dem Deutschlandlied und »Rosamunde« begrüßt, was bei mir fast Brechreiz auslöste. Und dann stiegen die Flüchtlinge aus dem Zug: schluchzend, glücklich im Westen zu sein. Junge Menschen vor allem, Arbeiter, Handwerker – verflucht noch mal, waren das nicht die Menschen, mit denen wir den Sozialismus aufbauen wollten? Kurz darauf wurde ich nachts zur Verstärkung der Berichterstattung nach Berlin geschickt – die Mauer sei überraschend geöffnet worden, hieß es. Als ich an den Grenzübergang kam, stand die andere Seite der Autobahn voller Trabbis und Wartburgs: Eine mehrere Kilometer lange Autoschlange wartete darauf, daß sich auch hier die Grenze in den Goldenen Westen öffne. Als mich der verstörte DDR-Grenzoffizier ohne Kontrolle durchwinken wollte, wurde ich massiv: »Ihre Pflicht ist es, die Ausweise zu kontrollieren!« blaffte ich ihn an. »Also kontrollieren Sie bitte!« – und schob ihm das Dokument wieder hin. Er knallte die Hacken zusammen, salutierte und kontrollierte.

Das letzte Berliner Treffen mit meinen HVA-Genossen fand in der Privatwohnung der schon über 80 Jahre alten Genossin Martha statt, die als Telefonkontakt gedient hatte. Wir tranken Tee, schauten uns ratlos an und spekulierten über Möglichkeiten, möglichst viel von den Errungenschaften der DDR für die Zukunft zu bewahren. Mit Tränen in den Augen sagte die Genossin zum Abschied: »Weißt du, ich habe viel erlebt. Und ich weiß eins: Jetzt kommen die Faschisten.«

Damals hielt ich das noch für reichlich übertrieben.

Und dann kam das allerletzte Treffen, es muß der Februar 1990 gewesen sein. Ich traf mich mit Hans und Ronald auf der Schloßbrücke in Schwerin. Zum Abschied aßen wir im Haus der Deutsch-Sowjetischen Freundschaft – nicht nur der guten Küche, sondern auch der Symbolik wegen. Wie voreilig: Wer hätte gedacht, daß Gorbatschow & Co. die DDR wie eine heiße Kartoffel fallen lassen würden.

Nun ja, am 12. Juni 1991 klopfte es dann morgens um acht an der Tür. Ich öffnete im Bademantel, zwei höfliche Herren mit Dienstausweis des Bundeskriminalamtes (BKA) begehrten Einlaß. Schon Tage vorher war ich observiert worden – so unauffällig, daß ich eine unserer Sekretärinnen veranlaßte, den Fahrer des vor meinem Büro parkenden Campingbusses auf eine Tasse Kaffee zu bitten. Er verschmähte die Einladung, ließ den Motor an und verließ mit quietschenden Reifen den Parkplatz. Der Campingbus wurde auf meinem Heimweg von einer Bonzenschleuder aus dem Hause Daimler abgelöst. Die beiden Insassen fielen mir vor allem durch ihr Bemühen auf, den Eindruck zu erwecken, als kutschierten sie nie anders als mit einer Mercedes-Karosse durch Hamburg. Vergeblich – der stumpfe Beamtenblick eines Regierungshauptsekretärs paßt eben nicht zum Volant einer Luxuslimousine.

Das war's also, ich durfte gerade noch duschen, und schon waren wir unterwegs zum Hamburger Polizeipräsidium. Am Nachmittag ging es dann im Auto weiter Richtung Karlsruhe, zum Bundesgerichtshof, wo mir der Haftbefehl eröffnet werden sollte. Unterwegs gelang es mir noch, einen Schlüssel zu einem Banksafe verschwinden zu lassen, den das BKA auf keinen Fall finden durfte. Obwohl ich zweimal durchsucht worden war, hatten die Beamten den Schlüssel nicht gefunden. Konnten sie auch nicht – ich hatte ihn nämlich in der Hand.

Mein Deckname war bekannt, wie ich erfuhr, der grobe Rahmen meiner Tätigkeit auch, irgend jemand hatte geplaudert. Was sollte ich also lange drumherum reden? Bei der ersten Vernehmung bekam ich schnell einen Überblick darüber, was das BKA wußte und was noch nicht. Darauf baute ich meine Aussage-Strategie auf: Was bekannt und beweisbar war, konnte ich zugeben. Hin und wieder ließ mich der zerstreute Vernehmungsbeamte in den Akten blättern, so daß ich genügend Vorwissen hatte, um gefahrlos durch die Vernehmungen navigieren zu können.

Die Behandlung durch das BKA war fair. Hin und wieder meinte ich gar, bei dem einen oder anderen Beamten so etwas wie kollegialen Respekt durchschimmern zu sehen. Die Beamten sorgten dafür, daß ich in meiner Zelle hin und wieder Zigarren und Lesestoff hatte, auch über das Essen aus der BKA-Kantine, mit dem ich während der Vernehmungen verpflegt wurde, gibt es nichts Schlechtes zu berichten. Ich bekam schnell mit, daß die Beamten die strafrechtliche Verfolgung von DDR-Agenten für rechtlich problematisch hielten – abgesehen davon, daß sie davon Mehrarbeit hatten.

Möglicherweise hatte der für mich zuständige Vernehmungsbeamte meine Aussagestrategie durchschaut. In ein oder zwei Fällen bog er spontane Abweichungen so für das Protokoll zurecht, daß ich nicht in die Zwickmühle geriet. Immer wieder verblüffte mich allerdings, wie wenig die BKA-Beamten vom Verfassungsschutz oder vom Bundesnachrichtendienst hielten. »Wir wollen Beweise, keine halbseidenen Vermutungen«, sagte ein Beamter, wobei er sich an die Stirn tippte.

Beim Verfassungsschutz wurde in dieser »Verratssache« eine eigene Arbeitsgruppe eingesetzt. Eines Tages ließ sie mir durch das BKA eine Liste sämtlicher klassifizierter Vorgänge vorlegen, in die ich Einblick gehabt haben könnte – schön tabellarisch, mit Angabe des Inhalts und des Geheimhaltungsgrades, eine Fleißarbeit. Natürlich kreuzte ich nur diejenigen Dokumente an, die maximal mit »VS – Vertraulich« klassifiziert waren. Ich und Geheim-Dokumente? Niemals!

Es tat mir in der Seele weh, als ich diese Liste in der Hand hatte – drei Jahre eher hätten mir die Genossen aus der Normannenstraße dafür einen knallroten Teppich ausgerollt.

Die Justiz ließ mich fast vier Jahre warten

Und schon saß ich im Knast. Der Staatsschutz wollte mich wegen der Nähe zur BKA-Niederlassung in Meckenheim zunächst in der Justizvollzugsanstalt (JVA) Bonn unterbringen. Zuvor hatten mir die Beamten einen längeren Besuch in einer Buchhandlung gestattet, wo ich mich mit allen verfügbaren Büchern von Thomas Mann eindeckte. Man muß eben das Beste auch aus einer solchen Situation machen – wann hat man schon Gelegenheit, gründlich den »Zauberberg« zu lesen?

Die Kriminalen brachten mich auch zum Geldautomaten, wo ich mich mit Barmitteln für das »Knast-Konto« eindeckte.

Die JVA Bonn wollte mich allerdings nicht haben – es gebe politische Probleme, hörte ich die Beamten murmeln. Später erfuhr ich, daß Klaus Kuron dort gerade einsaß. Klaus war früher im Referat Gegenspionage des Bundesverfassungsschutzes zuständig für die Führung von Doppelagenten – besser kann man den Bock nicht zum Gärtner machen. Nach dem Zusammenbruch der DDR hatte er sich den Westbehörden gestellt, wurde aber dennoch zu zwölf Jahren Haft verurteilt.

Wir fuhren dann nach Köln-Ossendorf, einem widerlichen Großknast. Meine Einzelzelle war kalt, zugig, verdreckt. Hunderte Popel klebten an den Wänden, ein Dutzend Widmungen an unbekannte Maritas, Melanies oder Ramonas waren in den Putz gekratzt. Die Matratze stank nach Erbrochenem. Im Spind entdeckte ich eine Rasierklinge. Sollte das ein Wink mit dem Zaunpfahl sein? Wollte man mir ein Ende aus eigener Hand nahe legen? Ich ließ sofort einen JVA-Beamten kommen und drückte ihm die Klinge in die Hand. »Wie kommt die denn dahin?«

fragte er verwundert. »Das ist ja fast das Schlimmste, was ein Häftling hier haben kann!«

Ich lernte in den Tagen darauf überaus interessante Menschen kennen: Drogenhändler, Kindermörder, Hehler. Am angenehmsten waren mir die Betrüger – sie waren durchweg die intelligenteren Gesprächspartner. Allerdings mußte ich erst lernen, daß leidenschaftliche Betrüger sogar im normalen Gespräch zu betrügen versuchen, sie können wohl nicht anders.

Als ich nach einigen Wochen zum Entzücken des BKA nach Bonn verlegt wurde, fand ich mich erst einmal in strenger Einzelhaft wieder – verfügt von einer qualligen Justizinspektorin, die nicht einmal die Orthographie beherrschte. Eine schriftliche Beschwerde beim Bundesgerichtshof reichte, um die Schikane nach drei Tagen aufzuheben.

Ich erfuhr dann auch den Grund für die strenge Einzelhaft: Klaus Kuron saß immer noch in Bonn ein. Als ich wieder an der »normalen« Freistunde teilnehmen durfte, hatten die Beamten ein wachsames Auge darauf, ob wir Kontakt aufnähmen. Nach wenigen Tagen trafen wir uns aber unvermutet in der Sportgruppe, die zweimal pro Woche im vergitterten Kraftraum trainieren durfte. Selbstverständlich tauschten wir im Flüsterton unsere Erfahrungen aus – um eventuelles Abhören zu erschweren, direkt neben den scheppernden und rasselnden Kraftgeräten, an denen sich die Mithäftlinge austobten. Ein Mörder, den wir mit Zigaretten motiviert hatten, stand an der vergitterten Tür Schmiere, um uns vor nahenden JVA-Beamten zu warnen.

Mein Vorteil war sicherlich, daß mein Haftbefehl in Karlsruhe ausgestellt war. Alleine bei der Erwähnung des Kürzels BGH (Bundesgerichtshof) standen manche JVA-Beamte schon fast stramm. Darüber hinaus hatte ich den Eindruck, daß sie ein wenig Furcht vor mir hatten. Eine schriftliche Beschwerde von mir würde sie nämlich zu einer ebenfalls schriftlichen Stellungnahme zwingen. Und das war nicht gerade die Stärke eines durchschnittlichen JVA-Beamten, wie ich bald herausfand. Also gingen sie den Weg des geringsten Widerstands und gaben mir möglichst wenig Anlaß zu beschwerdewürdigen Beanstandungen.

Anders sprangen sie mit den »normalen« Gefangenen um. Rund die Hälfte der Bonner Insassen waren Abschiebehäftlinge. Ein Nigerianer, den ich in der Freistunde kennengelernt hatte, drehte eines Nachts durch, weil er nach Lagos abgeschoben werden sollte, wo ihn der Galgen erwartete. Er wurde von zwei Beamten überwältigt und in die Beruhigungs-Zelle im Keller geschleift. Dummerweise war die »B-Zelle« genau unter mir, und ich hörte die ganze Nacht, wie er vor Todesangst wimmerte und schrie. Am nächsten Morgen war er weg, vermutlich mit der Linienmaschine zur Hinrichtung.

In der Zelle neben mir lag ein Pole, der wegen Diebstahls abgeschoben werden sollte, wie mir ein JVA-Beamter steckte. Eines Samstags wartete ich vergeblich darauf, daß meine Zelle für den Frühstücks-Kalfaktor aufgeschlossen wurde. Stunden später sah ich auf dem Hof den Grund: einen Leichenwagen. Der Pole, so erfuhr ich, hatte sich die Pulsadern durchgeschnitten und war verblutet. Zwei Meter neben mir, getrennt durch eine Mauer.

Mit einem Wasserschlauch spülten JVA-Bedienstete das Blut aus der Zelle. Schon wenige Stunden später beherbergte sie einen 17jährigen Rauschgiftsüchtigen, der eine Apotheke überfallen hatte. Die ganze Nacht hörte ich sein Wimmern und Rufe nach der Mama. Schließlich polterte der Riegel an meiner Tür, ein entnervter JVA-Beamter steckte die Nase in die Zelle. »Haben Sie nicht was zu lesen für den jungen Mann? Das Gejammer kann man sich doch nicht anhören!«

»Die Buddenbrooks« oder »Tonio Kröger« standen allerdings nicht auf der Hitliste des jungen Drogisten, mit Micky-Mouse-Heften konnte ich nicht dienen. Gefängnis ist hart, nicht jedermanns Sache. Ich glaube, ich habe das Beste daraus gemacht und die U-Haft als Möglichkeit genutzt, neue soziale Erfahrungen zu sammeln. Unter anderem die, daß etwa die Hälfte der Häftlinge eigentlich gar nicht in den Knast gehört. An der Situation würde sich sicher einiges ändern, wenn als Bestandteil der Juristenausbildung ein dreimonatiges Praktikum als Häftling zur Pflicht gemacht würde – anonym versteht sich.

Nach drei Monaten wurde ich unversehens aus der U-Haft entlassen, der Haftbefehl war außer Vollzug gesetzt. Meine Mutter und meine Schwester hatten 50.000 Mark Kaution bezahlt, ich durfte nicht ins Ausland reisen und mußte mich wöchentlich bei der Polizei melden. Fast vier Jahre dauerte es dann, bis die Justiz endlich Anklage erhob – vier Jahre, in denen ich aufgrund meiner ungewissen Aussichten keinen Job fand. Wer stellt schon jemanden ein, der möglicherweise schon bald für Jahre hinter Gittern verschwindet? Zwei Jobs, die mir im Ausland angeboten wurden, konnte ich wegen des Ausreiseverbots nicht antreten.

Im Prozeß vor dem OLG Düsseldorf erfuhr ich dann, daß mein Haftbefehl schon ein Jahr zuvor aufgehoben worden war. Die Justiz hatte es allerdings nicht für nötig gehalten, mir das mitzuteilen. Schon vorher hatte ich einige Kostproben der Behörden-Schlamperei genossen: Mein Adreßbuch, das in meiner Hamburger Wohnung offen auf dem Küchentisch lag, hatten die BKA-Beamten völlig übersehen. Sie hätten darin die Privatnummern von einem halben Dutzend hoher Offiziere aus dem Verteidigungsministerium und von einigen Beamten aus der EG in Brüssel finden können.

Sage mir niemand etwas gegen deutsche Beamte, Schlamperei hat manchmal auch gute Seiten.

Angenehm überraschte mich die Solidarität einiger Arbeitskollegen, die mir entweder aufmunternde Briefe schrieben oder mich im Knast besuchten. Meine damalige Ehefrau, von der ich schon längere Zeit getrennt lebte, bot mir erst einmal Unterkunft, damit ich aus dem Knast entlassen werden konnte. Dank dafür! Aber Solidarität von Kommunisten? Von ehemaligen Genossen aus der SEW? Denkste! Es kam nicht mal eine Postkarte. Daß sich meine HVA-Genossen erst einmal bedeckt halten würden, überraschte mich nicht, schließlich wurde auch gegen sie ermittelt.

Mein Prozeß fand, wie es sich gehört, im Staatsschutzsaal des OLG in Düsseldorf statt. Ich kam mit einem blauen Auge davon: zwei Jahre auf Bewährung. Von Deutschland hatte ich aber erst einmal die Nase voll. Zwei Wochen später war ich schon auf den Kanarischen Inseln, wo ich die Redaktion der ersten deutschsprachigen Tageszeitung Spaniens übernahm.

Als ich von meinem anderthalbjährigen iberischen Intermezzo zurück nach Deutschland kam, traf ich mich in einem Berliner Gartenrestaurant mit fast allen HVA-Genossen, mit denen ich im Laufe der Zeit zu tun gehabt hatte. Es war ein bewegendes Wiedersehen. Als wir uns verabschiedeten, drückte mir Hans Gohritz einen Umschlag mit über 1.000 Mark in die Hand. »Das haben wir für dich gesammelt, als Starthilfe in Deutschland«, sagte er.

Mir standen die Tränen in den Augen.

Nicht nachlassen

Im Laufe der vielen Jahre war ich Mitglied einiger kommunistischer Parteien: erst in der DKP, dann in der SEW, und schließlich bekam ich das Parteibuch der SED. Das hatte ich leider nur zwei, drei Mal in der Hand. Auch meine Orden habe ich nur einmal getragen – bei der Verleihung. Danach verschwanden sie in der Normannenstraße in einem Safe.

Die SED war die Endstation meiner politischen Ost-Wanderung – nach der Konterrevolution ging es wieder westwärts. Da mir die SED durch Namensänderung abhanden kam, versuchte ich einige Zeitlang, mich in der Nachfolgepartei PDS zu engagieren. Seit einigen Jahren bin ich wieder in der DKP aktiv, die Partei, in der ein deutscher Kommunist nach meiner Auffassung organisiert sein sollte; die es aber manchen Kommunisten schwer macht, sich in ihr zu organisieren.

Und wie geht's weiter?

Dieser kurze Rückblick auf meine Karriere als kommunistischer Aufklärer wäre unvollständig, wenn ich nicht den Blick nach vorne richtete. Rosa Luxemburg hat uns die Alternative formuliert: Sozialismus oder Barbarei.

Sie hat recht behalten. Den Sozialismus gibt es in Europa nicht mehr, dafür haben wir jetzt die Barbarei. In Rußland und anderen osteuropäischen Ländern hungern und erfrieren Menschen, Serbien ist zerbombt, ganze Landstriche sind dort durch US-amerikanische Uranmunition verstrahlt. In unseren Einkaufsstraßen musizieren akademisch ausgebildete Musiker aus Polen und der ehemaligen Sowjetunion – die Kultur war das erste, was der neu eingeführte Kapitalismus zertreten hat.

Die Barbarei greift auch in unserem Lande um sich. Die SPD-Regierung stolpert von einem Arbeitslosigkeitsrekord zum nächsten, das Sozialsystem wird zerschmettert, Kanzler Gerhard Schöder erklärt den Arbeitslosen den Krieg. Ausländer werden in manchen Orten auf offener Straße gejagt, und Hessens Ministerpräsident Roland Koch (CDU) kann sich durchaus für die Einführung der Folter erwärmen. Während DaimlerChrysler und andere Konzerne Bilanzrekorde melden und unter dem Strich keine Steuern mehr zahlen, verelenden die unteren Einkommensschichten. Ich weiß, wovon ich schreibe – schließlich habe ich 1994 in Münster ein Stadtmagazin mitgegründet, das von Obdachlosen auf der Straße verkauft wird. Ich habe das Magazin viele Jahre geleitet und bin heute noch im Vorstand des herausgebenden Vereins.

Und das Schlimmste für mich ist, daß Deutschland wieder ungeniert Krieg führt. In bezug auf den Irak bevorzugte Berlin zwar eine andere Strategie als die USA – in Jugoslawien und Afghanistan wollten Schröder, Fischer & Co. aber unbedingt dabeisein. Wer aber heute gegen den Irak-Krieg ist, sollte auch erklären, warum er sich dann an dem ebenfalls völkerrechtswidrigen Jugoslawien-Krieg beteiligt hat? Hieß es nicht mal, daß von deutschem Boden nie wieder Krieg ausgehen soll? Und ist die Bereitstellung deutschen Luftraums, deutscher Transportkapazitäten, deutscher AWACS-Besatzungen usw. etwa keine Unterstützung des Irak-Krieges gewesen?

Man mag zur DDR und zum ersten Sozialismus-Anlauf in Europa stehen, wie man will: Es wird wohl niemand bestreiten, daß der Krieg gegen Jugoslawien und die dadurch ermutigte Rambo-Politik der USA nicht möglich gewesen wären, wenn es heute noch den sozialistischen Staatenblock gäbe.

Ich bin zwar erst nach dem Zweiten Weltkrieg geboren, habe aber die Zerstörungen, die ich als Kind sah, gut in Erinnerung. Immer wird mir das Bild vor Augen stehen, das ich als Dreijähriger in unserer von Bombenruinen gesäumten Straße sah: Ein ausgemergelter Mann mit Holzbein schob auf einer Schubkarre seine Habe vor sich her. Und im Haus gegenüber, dem eine Bombe die Fassade abgerissen hatte, lebte eine vierköpfige Familie zwischen Trümmern auf einer zur Straße hin offenen Etage. So etwas will ich nie wieder sehen. Weder bei uns noch anderswo.

Und warum tut man das alles?

Ich weiß es nicht. Vielleicht ist es eine übersteigerte Sensibilität für Gerechtigkeit, eine Geisteshaltung, die sicher auch bei einigen RAF-Angehörigen eine Rolle spielte. Der BRD-Spießer, der nur in den Kategorien Eigenheim, Urlaub und Karriere denkt, kann sich ein solches Engagement wohl nur erklären, indem er von sich auf andere schließt: Die sind gekauft oder erpreßt worden. Oder es sind verblendete Fanatiker.

Natürlich habe ich als Kundschafter Geld bekommen – schließlich mußten meine Treffs in Holland, Belgien oder Dänemark finanziert werden; schließlich hatte ich Aufträge in Griechenland und Norwegen zu erledigen. Eine Zeitlang fuhr ich fast zwei Mal pro Woche von Bonn nach Brüssel, nach Feierabend wohlgemerkt. Materielle Vorteile hat wohl keiner von uns gehabt, ganz im Gegenteil. Ich habe weder ein Eigenheim noch ein Auto, die letzte Lebensversicherung ging vor wenigen Monaten über den Jordan. Es dürften einige hunderttausend Euro zusammenkommen, wenn ich die materiellen Verluste zusammenrechne.

Hinzu kommen menschliche Verluste. Jahrelange illegale Arbeit hinterläßt psychische Spuren. Man wird vielleicht zynisch, auf jeden Fall aber mißtrauisch. Ich mußte jahrelang mein wahres Gesicht verbergen, selbst engsten Angehörigen gegenüber. Bei ihnen allen möchte ich mich entschuldigen – es tut mir leid, wenn ich ihnen wehgetan habe. Aber wenn es noch einmal darum ginge, einen winzig kleinen Beitrag zur Verhinderung eines Atomkrieges zu leisten – ich würde es wieder tun.

Aber ich will mich auch bedanken, vor allem bei denen, die so viel Geduld mit mir gehabt haben. Und bei den Genossen der HVA, in denen ich aufrechte Menschen kennengelernt habe, standhafte Kommunisten, die heute immer noch für eine humane und friedliche Welt kämpfen. Auch bei einigen Beamten des BKA, die offensichtlich aus Skrupeln über die Ungleichbehandlung nach dem Anschluß der DDR sehr nachsichtig ermittelt haben.

Und Erpressung? Ist im Bereich der HVA sicher vorgekommen – mir persönlich ist kein Fall bekannt, wir haben auch nie über solche Möglichkeiten diskutiert. Es ging bei allen meinen eigenen und den mir bekannt gewordenen nachrichtendienstlichen Kontakten immer darum, ob sich Menschen von der Notwendigkeit des Kampfes um Frieden und soziale Gerechtigkeit überzeugen ließen. Manchmal wird auch Geltungsbedürfnis als Motiv ins Feld geführt, aber, bitteschön: wie sollte man in der illegalen Arbeit sein Geltungsbedürfnis ausleben?

Natürlich hat es in der DDR Repressionen gegeben, Ungerechtigkeiten, bürokratische Gängelei, völlig unnötige Einschränkungen persönlicher Freiheiten. Das alles war mir damals auch klar, schließlich habe ich ja keine Tomaten auf den Augen. Aber: Es war und ist mir relativ egal, ob ein Lehrer aus Suhl oder ein Pfarrer aus Schwerin auf Chiquita-Bananen oder die Urlaubsreise in den Westen verzichten mußten. So lange mit politischer und wirtschaftlicher Unterstützung aus der BRD Bauern in Nicaragua, Guatemala oder im Kosovo von Terrortruppen ermordet werden, die das Großkapital finanziert, so lange weiß ich genau, auf welcher Seite ich stehen muß.

Die heutige Weltlage erinnert mich an die Situation vor dem Ersten Weltkrieg: Nach dem Wegfall des Sozialismus wird die Welt zwischen den imperialistischen Machtblöcken neu aufgeteilt. (Kleiner Tip: Lenin lesen!) Und Deutschland ist wieder dabei, an vorderster Front: Deutsche Truppen werden als Interventionsstreitkräfte ausgerüstet, Verteidigungsminister Peter Struck – ein Sozialdemokrat! – will deutsche Interessen am Hindukusch verteidigen. Hatten wir das nicht schon mal? Schickte nicht Kaiser Wilhelm II. mit der selben Begründung 1911 Kanonenboote nach Marokko? Wollten nicht auch die Nazis schon ein Expeditionskorps durch Persien nach Afghanistan schicken, um dort deutsche Interessen zu verteidigen?

Welch ein Jammer für Europa und die Welt, daß es den Sozialismus auf deutschem Boden nicht mehr gibt!

Auf zum nächsten Anlauf!

Im Dachstübchen des Olymp

Günter Guillaume (1927-1995) und Christel Guillaume (1927-2004) arbeiteten mit der HVA seit 1953 zusammen. Übersiedlung in die BRD 1956. Beide Aufklärer in Objekten der SPD, Günter Guillaume war zuletzt als Referent von Bundeskanzler Willy Brandt tätig. Verhaftung 1974.
1975 wurden Günter Guillaume zu 13 Jahren und Christel Guillaume zu 8 Jahren verurteilt. Beide wurden 1981 gegen Agenten westlicher Dienste ausgetauscht und kehrten in die DDR zurück.

Auch ich, Günter Guillaume, nehme für mich in Anspruch, nicht als Held geboren worden zu sein. Nach drei Jahrzehnten Leben mit einer mir selbst manchmal merkwürdig verstellten Identität – wie könnte ich da jemals aufhören, ein Kundschafter zu sein? Sich kundig zu machen, Kunde zu erhalten vom Gegner und seinen Schlichen, dabei den Gegner sich zum Kunden machend, aus solchen Verkündigungen dann eine Kundschaft zu formen, die zu Hause den Freunden nutzt – das ist die große Leidenschaft meines Lebens gewesen.

1983, auf einem Podium sitzend, stellte mir ein junger Mensch eine interessante Frage: »Sie waren innerlich Kommunist und standen nach außen hin auf dem rechten Flügel der SPD. Das ist doch ein irrer Widerspruch! Wie sind Sie damit fertiggeworden?«

Die Frage – etwas verlegen gestellt – überraschte mich nicht. Sie war mir nach der Rückkehr in die Heimat immer wieder gestellt worden, egal, ob ich vor einem großen Forum referierte oder in kleinem Kreis mit Freunden zusammen saß. Ich war also vorbereitet. Dennoch fiel mir die Antwort nicht leicht.

Selten ist mir die Widersprüchlichkeit meiner Position so schmerzhaft bewußt geworden wie an jenem Tag, als ich in meinem Referentenstübchen unterm Dach des Kanzleramtes zum erstenmal etwas gründlicher die Aktenschränke visitierte und dabei auf die mit Verfassungsschutzberichten prall gefüllten Leitz-Ordner stieß. Peter Reuschenbach, mein Vorgänger im Amt des Parteireferenten Willy Brandts, hatte mir die Dinger mit einem verächtlichen Achselzucken übergeben. »Mach damit, was du willst. Ich hab wenig damit anfangen können.«

Nach vielen Jahren hauptamtlicher Funktionärstätigkeit für die SPD war ich gewiß kein heuriger Hase mehr. So ungefähr glaubte ich mich auszukennen in der Partei. Spätestens als Unterbezirkssekretär in Frankfurt am Main hatte ich begreifen gelernt, daß Politik in der Welt des Kapitals verstanden wird als Kampf um Macht und Einfluß, ein Geschäft, bei dem Rücksichtnahme, verstanden als Sensibilität in Fragen der politischen Moral, eher schadet als nützt. Im Dienste der Selbstbehauptung wurde mir manche Selbstverleugnung abverlangt. Doch so abgehärtet ich auch war – als ich an jenem stillen Nachmittag ein paar Seiten der »Akte Kommunismus« gelesen hatte, glaubte ich, in ein diabolisches Räderwerk zu sehen, das von Niedertracht und Gesinnungsschnüffelei, von einem fanatisch auf alles fortschrittliche Denken fixierten Verfolgungswahn in Gang gehalten wurde. Da wurden Kameraden der Vereinigung der Verfolgten des Naziregimes, also Menschen, die durchs Fegefeuer der faschistischen Konzentrationslager gegangen waren, der Verfassungsfeindlichkeit bezichtigt. Ähnlich wurde mit Anhängern der Deutschen Friedensunion verfahren. Ganz genau erinnere ich mich an Dossiers, die über Mitglieder des Parteivorstandes der DKP angefertigt worden waren. Als Grundlage dienten meist sogenannte Quellenberichte, Produkte geldgieriger Spitzel, die alles, was an staatsbürgerlicher Gesinnung links von der SPD hochkam, selbst harmlose Bürgerinitiativen und Umweltschützergruppen, dem Verfassungsschutz ans Messer lieferten.

Die »Akte Kommunismus« war für eine Partei, die sich ihrer bediente, derart kompromittierend, daß sie auf keinen Fall bei einem damals drohenden Kanzlerwechsel der CDU in die Hände fallen sollte. Man hatte sie deshalb mit einem grünen Kreuz markiert, was bedeutete: sofortige Vernichtung im Falle eines Wahlsieges der CDU/CSU.

Was mich jedoch verbitterte, war das auch mir bis dahin unbekannte Ausmaß einer prinzipienlosen Verfilzung des SPD-Parteivorstandes mit den Überwachungs- und Unterdrückungsorganen des Staatsschutzes. Die Menschen, die da in den Spitzelberichten als Verfassungsfeinde, als Gegner der demokratischen Grundordnung verdächtigt wurden – das waren doch meine wahren Genossen und Gesinnungsfreunde. Beging ich nicht Verrat an ihnen, wenn ich die gegen sie gerichteten Dossiers nach dem Lesen einfach wieder in den Aktenschrank einschloß? Mußte ich sie nicht warnen vor den tückischen Operationen, mit denen selbst ihr Privatleben vom Verfassungsschutz eingekreist wurde? Durfte ich schweigen? War es nicht ein notwendiger Akt der Solidarität und auch der Selbstachtung, daß ich mein Wissen heimlich weitergab an die, die es betraf?

Dagegen erhoben sich wie eine schroffe Wand die übergeordneten Gesichtspunkte meines Auftrags. Ich konnte darüber fluchen, wenn ich mit mir allein war, in Gegenwart anderer durfte ich nicht einmal mit den Zähnen knirschen. Es war ein schwerer Gewissenskonflikt, in den ich bei der Ausführung meines Kundschafterauftrags gestürzt wurde. Das Herz wollte etwas anderes als der Verstand erlaubte.

Das Glück der Umstände und ein bißchen eigenes Nachhelfen hatten mich auf einen idealen Beobachtungsposten geführt. In meiner Umgebung gab es eine ganze Reihe von Seismographen, die mit ihrem Zeigerausschlag unterirdische Bewegungen der Weltpolitik nicht nur einfach registrierten, sondern auch geeignet waren, herannahende Konflikte und Katastrophen warnend anzukündigen. Diese ungewöhnlich exponierte Position durfte um keinen Preis gefährdet werden.

Wenn ich es gewagt hätte, mein Wissen über die Verfemten weiterzugeben, so daß sie vielleicht eher in der Lage gewesen wären, sich zur Wehr zu setzen, wäre es den Abwehrspezialisten des Verfassungsschutzes äußerst leicht gefallen, die undichte Stelle im Kanzleramt aufzuspüren. So viel Überwindung es mich auch kostete – ich mußte schweigen. Nur in wenigen Fällen, bei denen ersichtlich war, in welchem Ausmaß die Bewegung der Demokraten und Friedensfreunde als Ganzes durch Unterwanderung und Provokation bedroht war, informierte ich unsere Zentrale. Ich nehme an, daß sie sichere Wege gefunden hat, um den Freunden eine Warnung zukommen zu lassen.

Nachdem das Verfahren vorm Oberlandesgericht Düsseldorf eröffnet war und verschiedene Zeugen, darunter ein weiterer Kanzlerreferent ausgesagt hatten, durch die meine gelegentlichen Besuche im DGB-Haus in der Landeshauptstadt zur Sprache kamen, glaubte die Springer-Zeitung *Die Welt* mit einer Schlagzeile gleichzeitig mich und die Gewerkschaft treffen zu müssen: »Im Düsseldorfer DGB-Haus blieb für den ›DDR-Offizier‹ Guillaume keine Tür verschlossen.«

Es war nun einmal notwendig, daß ich im Düsseldorfer Hochhaus des Deutschen Gewerkschaftsbundes ein- und ausging. Das gehörte zu meiner Funktion als Verbindungsreferent u. a. für Gewerkschaftsfragen. Ich ging doch nicht zum DGB-Bundesvorstand, um etwa Fragen einer dienstlichen Überlastung von NVA-Soldaten der DDR zur Sprache zu bringen. Ich ging da hin, um zu tun, was meines Amtes war, nämlich Probleme zu erörtern, die die Gewerkschaftspolitik und die Regierungspolitik gleichermaßen berührten. War das so schwer auseinanderzuhalten? Mir ist es doch damals auch gelungen – und zwar im Einklang mit meinem eigentlichen Aufklärungsauftrag!

Allerdings will ich eingestehen, daß mit meiner ersten bedeutenden Amtshandlung Interessen der DDR direkt berührt wurden, und zwar mit einer von mir überhaupt nicht beabsichtigten Fernwirkung. In den Archiven des Bundeskanzleramtes wird noch das Dokument existieren, das den Vorgang belegt. Im Februar 1970 kam eines Morgens Herbert Ehrenberg aus der »kleinen Lage« beim Kanzleramtschef und erzählte: »Willys Reise in die DDR geht klar. Es bleibt bei einer Art Arbeitsberatung der Regierungschefs. Willy trifft sich mit Stoph in Erfurt.«

Ich kam ins Sinnieren.

Im Kanzleramt waren wir über die Geplänkel informiert, die dem geplanten Treffen der beiden deutschen Regierungschefs vorangingen. Mitte Dezember 1969 hatte Walter Ulbricht als Vorsitzender des Staatsrates der DDR dem Bundespräsidenten der BRD Gustav Heinemann einen Vertragsentwurf geschickt, der die Normalisierung der Beziehungen zwischen beiden deutschen Staaten zum Inhalt hatte. In einem Schreiben an den Vorsitzenden des Ministerrats Willi Stoph reagierte Brandt darauf ausweichend. Unter Anerkennung des Grundsatzes der Nichtdiskriminierung sprach er sich nur für einen breit angelegten Meinungsaustausch aus und betonte sein besonderes Interesse an Regelungen, die »das Leben der Menschen im gespaltenen Deutschland erleichtern können«. Stoph reagierte sofort in einem Antwortschreiben: Warum werde Ulbrichts Vorschlag nicht aufgegriffen, nicht mit einem Wort darauf eingegangen? Damit waren die Fronten klar. Stoph wollte die Anerkennung der Realität zweier deutscher Staaten völkerrechtlich durchsetzen. Brandt hielt an der Fiktion der deutschen Einheit fest.

Den Eingeweihten im Kanzleramt war klar, daß schwierige und harte Verhandlungen bevorstanden.

Was mich bewegte, stand damit im Zusammenhang. In seiner Regierungserklärung hatte Willy Brandt – bei allen gesamtdeutschen Verklausulierungen – die nach dem zweiten Weltkrieg in Deutschland entstandene Lage nicht mehr wie alle seine Vorgänger mit einem Betriebsunfall der Weltgeschichte erklärt, sondern klipp und klar mit dem nationalen Verrat des Hitler-Regimes in Verbindung gesetzt.

Ich sagte zu Herbert Ehrenberg an jenem Vormittag, als er von der Besprechung bei Prof. Ehmke zurückgekommen war: »Herbert, im Reiseprogramm fehlt etwas! Zum erstenmal in der Geschichte regiert ein Antifaschist in Bonn. Und der fährt nun nach Erfurt und läßt Weimar links liegen? Müssen wir nicht endlich für den Wähler und die Welt ein Zeichen setzen? Weimar symbolisiert die Polarität deutscher Geschichte: Goethehaus und Buchenwald. Mir ist es unverständlich, daß das nicht berücksichtigt wurde!«

Herbert Ehrenberg horchte auf und machte sich gleich noch einmal auf den Weg zu Horst Ehmke. Hier war endlich eine Möglichkeit, sich demonstrativ bemerkbar zu machen! Als er zurückkam, sagte er: »Günter, setz dich hin und mach sofort eine Vorlage an den Chef BK.«

So entstand das Dokument, das ich eingangs erwähnte und noch in den Archiven des Bundeskanzleramtes vermute. Ehmke zeichnete seine Kenntnisnahme und Befürwortung gegen und reichte es zum Bundeskanzler hoch. Dort aber wurde es schon von Brandts Büroleiter abgeschmettert.

Dann aber, noch vor dem Erfurter Treffen, machte sich Willy Brandt auf den Weg nach Hamburg, um dem Stadtstaat einen Antrittsbesuch als Bundeskanzler abzustatten. Neben dem Empfang durch Senat und Bürgerschaft war auch ein Gespräch mit dem Spitzengremium der Deutschen Angestellten-Gewerkschaft vorgesehen. Deshalb wurde ich als der für Gewerkschaftsfragen zuständige Referent der Reisemannschaft zugeordnet.

So faßte ich mir auf dem Flug nach Hamburg ein Herz, vielleicht stach mich auch nur der Hafer, und ich sagte bei passender Gelegenheit zu Brandt: »Herr Bundeskanzler, gestatten Sie mir die Bemerkung, wie sehr ich es bedauere, daß aus dem Besuch Buchenwalds nichts wird.«

Brandt machte ein nachdenkliches Gesicht. Offensichtlich wußte er, daß ich der Initiator des Vorschlags war. »Tja«, sagte er, »das war eine sehr gute Idee. Aber wie so viele gute Ideen ist sie zu spät gekommen. Leider!«

Ich ließ aber nicht locker, weil ich seine Empfänglichkeit spürte, und entwickelte noch einmal sehr ausführlich die politische Tiefenwirkung, die mit einem Besuch in Buchenwald verbunden wäre. Ich entdeckte dabei eine Eigenschaft von Willy Brandt, die ich später, als wir beinahe täglich Umgang miteinander hatten, noch stärker schätzen lernen sollte: Er konnte zuhören! Er ließ mich reden, ohne mich mit einem Wort, einem Blick oder einer Geste zu unterbrechen. Dann sagte er leise: »Ja, das klingt alles sehr vernünftig. Ich werde doch noch mal mit Ehmke und Bahr reden.«

In Erinnerung an den Tag des dann doch noch stattgefundenen Besuchs in Buchenwald schrieb Brandt später: »Über allen Streit des Tages hinweg mußte nicht nur der Respekt vor den Opfern gewahrt bleiben, sondern auch die Entschlossenheit bekundet werden, alles zu tun, damit sich die Schrecken der Vergangenheit nicht wiederholen. Ich bedaure nicht, daß ich den Besuch in Buchenwald vorgeschlagen hatte.«

Willy Brandt war von dem Erlebnis tief bewegt. Nach der Rückkehr erinnerte er die Parteifreunde daran, daß in Buchenwald neben dem kommunistischen Reichstagsabgeordneten Thälmann auch der sozialdemokratische Reichstagsabgeordnete Breitscheid gefallen sei.

Am Tage unserer Verurteilung, am 15. Dezember 1975, hatten Christel und ich 599 Tage Untersuchungshaft hinter uns gebracht. Anfang Juni 1976 wurden die Urteile gegen uns rechtskräftig. Wir mußten uns auf den schwierigeren Teil der Haft, auf die Zeit der Strafverbüßung einstellen.

Dreizehn Jahre ... Acht Jahre ...

Damals wußte ich nicht, wie Christel unter dem ersten Schock mit dem Gedanken fertig werden würde. Für mich war es nur schwer faßbar. Ich stand vor meinem 50. Geburtstag. Die besten Jahre des Lebens, die Jahre der Reife und Erfüllung – ich sollte sie, isoliert von der schönen, spannungsgeladenen Welt, hinter Gefängnisgittern verbringen? Es kostete alle Kraft, sich damit abzufinden. Der Sturz war heftig. Was mich letztlich aufrichtete und aufrecht hielt, war der Gedanke, für die richtige Sache das Richtige getan zu haben. Ich fühlte mich frei von Schuld – trotz aller Schuldsprüche oder gerade wegen der Schuldsprüche einer fremden Klassenjustiz. Ich dachte an die illegalen Kämpfer, die in den faschistischen Zuchthäusern und Konzentrationslagern unter ständiger Todesdrohung Schwereres hatten durchstehen müssen, und ich dachte an die Freiheitskämpfer in aller Welt, die den Verfolgungen zum Trotz gegen Hunger, Unterdrückung und Krieg ankämpften.

Für diesen Prozeß der moralischen Selbstbehauptung fand Christel die richtigen Worte: »Es war sehr schwer, sich in der Haft in eine Umgebung und in Lebensumstände einzuordnen, die uns bis zu dieser Stunde fremd und auch unverständlich waren. Es hat sehr viel physische und auch psychische Kraft gekostet. Es galt, auf eine in der Länge nicht absehbare Zeit sich darauf einzustellen, ständig die Waage zu halten zwischen notwendiger Anpassung an die gegebenen Umstände, einfach um zu überleben, und einer konsequenten Distanz, die es den feindlichen Verfassungs- und Justizorganen verwehrte, zu nahe an uns heranzutreten. Hierzu war die Ausschöpfung aller physischen und psychischen Kraftreserven erforderlich.

Und ich kann nach meinen Erfahrungen sagen, daß diese Reserven, die Kraftreserven, größer sind, als man vor dem Eintreten einer solchen Ausnahmesituation überhaupt für möglich hält.«

Von der Volksmarine zur Bundesmarine und zurück

Dieter Görsdorf, Jahrgang 1937, Zusammenarbeit mit der Militäraufklärung der NVA seit 1965. Übersiedlung in die Bundesrepublik 1967. Zu seinen Aufgaben gehörte die Aufklärung von Einrichtungen, Stäben und Verbänden der Bundesmarine.
Verhaftung 1974 und zu 4 Jahren und 6 Monaten verurteilt.
Im Juli 1976 gegen westliche Agenten ausgetauscht.

Ich habe begonnen, Fragen meines Sohnes zu beantworten, dem ich erst vor wenigen Jahren von diesem Abschnitt meines Dienstes in der NVA, von meinen Motiven und Erlebnissen berichtete.

Ich erlebte die letzten Kriegstage im Kessel von Halbe südlich Berlins. Meine Mutter, zwei kleine Schwestern und viele Dorfbewohner waren auf der Flucht vor »den Russen«. Dabei gerieten wir zwischen die Linien der Roten Armee und der Wehrmacht. Mein Vater wurde Ende April 1945 als Soldat irgendwo bei Berlin als vermißt gemeldet und nach zehn Jahren für tot erklärt. Mutter bewirtschaftete anderthalb Hektar Land in Lindenberg und war stets auf fremde Hilfe angewiesen. Wir hatten kein Zugvieh, das man vor den Pflug hätte spannen können.

Nach dem Besuch der Dorfschule, in der mehrere Jahrgänge gleichzeitig in einem Klassenzimmer unterrichtet wurden, besuchte ich ab 1951 die Oberschule in der nahen Kreisstadt Beeskow. Der Kalte Krieg reichte bis dorthin. Mitunter regneten Flugblätter des Ostbüros der SPD vom Himmel, die mit Ballons von Westberlin aus in die DDR geschickt wurden. Ich erlebte die Grundsteinlegung für das Eisenhüttenkombinat Ost (EKO) in Fürstenberg an der Oder, der späteren Stalinstadt, heute Eisenhüttenstadt. In den Ferien arbeitete ich als engagierter FDJler am Fundament für den Hochofen II.

1954 warb man mich für die Kasernierte Volkspolizei (KVP). Dazu mußte man mich nicht lange übereden. Ich hatte inzwischen genug gesehen und gehört, um zu wissen, daß der Frieden geschützt werden müsse.

Ich besuchte eine Offiziersschule. Aus den ursprünglich zehn Jahren, die ich bei der Truppe bleiben wollte, wurden erheblich mehr. Mein Dienst endete mit der DDR 1990.

Die Musterungskommission hatte mich für die VP See ausgesucht. Nach vier Jahren Seeoffiziersschule wurde ich 1959 zum Unterleutnant zur See ernannt. Es folgte das nach chinesischem Vorbild praktizierte Jahr in der Produktion, um die Bindung zur Arbeiterklasse nicht zu verlieren bzw. als Oberschüler überhaupt zu erfahren, was es heißt, in der Produktion zu arbeiten. Mein Jahr auf der Rostocker Neptunwerft war interessant und natürlich lehrreich. Einiges von dem, was ich zehn Jahre später im Einsatz in der Produktion unter kapitalistischen Bedingungen an Kenntnissen und Fertigkeiten benötigte, lernte ich bei den Schiffselektrikern in Rostock. Insofern: Dank an die chinesischen Genossen.

Als jungem Offizier wurde mir die Verantwortung für mobile und stationäre Küstenbeobachtungsstationen übertragen. Dort kontrollierte relativ wenig Personal mit Hilfe entsprechender Technik das Küstenvorfeld, wobei die Genossen dort mit Einheiten auf See, speziell den im Vorpostendienst eingesetzten Schiffen und Booten, sowie den Stäben an Land zusammenwirkten. Auf diese Weise schützten wir sowohl die eigenen Hoheitsgewässer als auch die offene Grenze vor Verletzungen.

Das war besonders wichtig zu Manöverzeiten, wenn Verbände der NATO in der Ostsee den Ernstfall übten. Zu ernsthaften Vorkommnissen kam es in den Tagen nach dem 13. August 1961 und während der Kuba-Krise im Herbst 1962. Es lag darum nahe, auch über Vorhaben und Pläne des Gegners im Ostseeraum, an der offenen Flanke von See aus, mehr zu erfahren, als man durch Beobachtung und Auswertung seiner Manövertätigkeit in Erfahrung bringen konnte. Das bedeutete, möglichst vor Ort Einblick in die Planungen der anderen Seite zu nehmen. Daß ausgerechnet ich 1965 mit der Aussicht konfrontiert wurde, eine Aufgabe in dieser Richtung zu übernehmen, kam für mich überraschend.

Den letzten Anstoß lieferte Max Christiansen-Clausen, der Funker Richard Sorges, welcher kurz zuvor in unserer Flottille über seine Arbeit in Japan berichtet hatte. Alle waren wir beeindruckt von der Bescheidenheit und vom Heldenmut dieses Mannes und seiner Frau Anna.

Ausbildung und Vorbereitung waren intensiv, es mußte viel erlernt werden, beispielsweise das Erfassen und die Beherrschung der Doppelgängerrolle, in die ich schlüpfen sollte. Es handelte sich dabei um einen Mann, der die DDR verlassen hatte und nach etlichen Stationen in der BRD und der Schweiz nach Kanada ausgewandert war. Mit seiner Rückkehr war nicht zu rechnen. Neben den persönlichen Daten und der Kenntnis der Familie, des Heimatortes und seines weiteren Umfeldes mußte ich mir auch seine beruflichen Fähigkeiten aneignen.

Ein zweiter Schwerpunkt der Ausbildung bestand darin, daß ich mich mit der Bundesmarine im Nordseeraum sowie mit vielen Details, die das

Leben unter anderen gesellschaftlichen Verhältnissen betrafen, vertraut machte. Das geschah zunächst nur in der Theorie, später praktisch vor Ort. Die Vorbereitung war solide und gründlich, so daß ich bei kurzen Aufenthalten in der BRD, die sowohl der Festigung der Legende als auch der Beobachtung gerade laufender NATO-Manöver dienten, keine wesentlichen Differenzen zwischen Theorie und Praxis feststellen konnte.

Nachdem ich im Verlaufe mehrerer befristeter Reisen in die BRD und in die Schweiz Wohnadressen und Arbeitsstellen meines Doppelgängers erkundet und seinen Werdegang ziemlich lückenlos nachvollzogen hatte, blieb als wichtigste Aufgabe, ihn dort aufzusuchen, wo er gerade lebte: in Kanada. Dabei wollte ich auch in Erfahrung bringen, ob er beabsichtigte, jemals wieder in die Bundesrepublik zurückzukehren.

Ich weilte fünf Monate in Kanada, machte mich mit Land und Leuten vertraut, um später in der Bundesrepublik, nach meiner »Rückkehr«, einen siebenjährigen Aufenthalt überzeugend belegen zu können.

Meinen Doppelgänger zu finden war nicht einfach. Das Meldesystem funktioniert nicht überall so wie bei den Deutschen. Außerdem sollten amtliche Stellen nicht bemüht werden. Ehemalige Kollegen von ihm, die in einem Vorort von Toronto lebten, halfen mir weiter. Schon wenige Tage später konnte ich mit »meinem Mann« nach Verlassen seiner Firma ein kurzes Gespräch führen. Nein, er dachte nicht an eine Rückkehr.

Die Phase der Legalisierung, d. h. das Heimischwerden mit fremder Identität in fremder Umgebung, war eine psychische Belastung. Ich mußte eine Wohnung suchen und Arbeit finden, mich um Originaldokumente bemühen, also recht oft Umgang mit Behörden haben. Logischerweise stellte man sich die Frage, ob die Dokumentation akzeptiert wurde, obwohl sie sich bereits mehrfach bewährt hatte. Ich fragte mich fortwährend, ob mein Auftreten überzeugend sei. Mit jedem Schritt aber wuchsen Selbstvertrauen und Sicherheit. Nach ersten Kontakten im privaten und beruflichen Bereich – zum Vermieter, zu Nachbarn und Kollegen – stand man nicht mehr »neben« der neuen Identität: Ich war er.

An eine Episode in jenen Wochen, in denen der Rückkehrer aus Kanada wieder Bundesbürger wurde, erinnere ich mich recht gut.

Ich war vor die Musterungskommission beim für Bremen zuständigen Verteidigungsbereichskommando geladen. Die Herren waren weniger daran interessiert, mich zum aktiven Wehrdienst zu schicken, sondern wollten etwas von meinem Leben in Übersee hören. Sie wollten unter anderem in Erfahrung bringen, wie dort das Erstarken der NPD, damals mit Adolf von Thadden im Vormarsch, aufgenommen wurde. Ich konnte sie beruhigen. Sie stuften mich in die Ersatzreserve II ein. Belastend wirkte sich in der Anfangsphase meine geringe berufliche Praxis als E-Monteur aus. Trotz gezielter Maßnahmen in der Vorbereitung konnte ich nicht zehn Jahre Berufspraxis meines Doppelgängers, erworben in mehreren Ländern, nachholen. Spätere Jobs in Großbetrieben der Elektronik- und Büromaschinenbranche hingegen bewältigte ich – im Gegensatz zu solchen in mittleren Handwerksbetrieben – problemlos. Ähnlich verhielt es sich mit meinen Sprachkenntnissen. Fünf Monate waren nunmal nicht sieben Jahre. Man vertraute mir aber und setzte mich in einer großen Firma zeitweilig sogar als Hilfsdolmetscher für irische Gastarbeiter ein.

Die Aufgabe, wichtige Informationen über die andere Seite zu erfahren, erforderte den Kontakt zu Menschen, die Nähe zu bzw. die Mitarbeit in Organisationen, Vereinen, Parteien.

Die rechtsextreme NPD befand sich Ende der 60er Jahre im Aufwind, sie war mit mehreren Abgeordneten in der Bremer Bürgerschaft vertreten. Die Zentrale beschloß, daß ich Kontakt zur Jugendgruppe dieser Partei aufnahm. Ich besuchte einige Diskussionsabende, hatte auch das zweifelhafte Vergnügen, zu offiziellen Veranstaltungen der NPD in der Hansestadt eingeladen zu werden, an denen sowohl Neonazis als auch zahlreiche »alte Kameraden« teilnahmen. Es war schon gespenstisch zu hören, daß von Thadden dort den Anwesenden versicherte, sie seien die wahre Elite des Vaterlandes, ganz Deutschland könne stolz auf sie sein.

Diese Verbindung ließ ich aber einschlafen. Im Marinestützpunkt Wilhelmshaven war für mich die CDU wichtiger.

Die mitunter gestellte Frage, wie man auf Dauer so ein Doppelleben führen könne, wird jeder »Illegale« unterschiedlich beantworten. Meine Antwort: Ich wußte, wozu ich dort war und hatte mich auch emotional in der Gewalt, egal, ob man nun Glückwünsche zur Aufnahme in die CDU per Handschlag von Adenauers ehemaligem Pressesprecher Felix von Eckart erhielt oder im Wahlkampf an der Seite von niedersächsischen Landesministern über den Marktplatz zog.

In einem Beitrag für die Lokalzeitung begrüßte ich den Bau neuer moderner Fregatten und U-Boote mit dem Hinweis auf die sowjetische Flottenpolitik.

Das lasen nicht nur jene, für die dieser militante Artikel bestimmt war, sondern auch vernünftige Menschen. Wenige Tage später fand ich einen anonymen Brief im Postkasten, dessen Schreiber mir gehörig die Leviten las und auf die unselige Geschichte des deutschen Militarismus im allgemeinen sowie der kaiserlichen und der Nazimarine im besonderen hinwies. Er hatte natürlich vollkommen recht, und wenn es möglich gewesen wäre, hätte ich ihn gerne für meine Arbeit gewonnen. Aber ich mußte nun einmal öffentlich den konservativen und prowestlichen Patrioten herausstellen.

Durch aktive Mitarbeit in der CDU und ihr nahestehender Organisationen, in der Gesellschaft für Wehrkunde und im Marine-Traditionsverein, d. h. seinem Shantychor, bekam ich auch Kontakte zu aktiven und ehemaligen Offizieren der Bundesmarine. Das eröffnete mir Möglichkeiten, an Informationen heranzukommen, die nicht in der Zeitung standen.

Natürlich mußte ich das von mir offen bekundete Interesse an wehrpolitischen und speziell an maritimen Problemen begründen, also legendieren. Der Besuch einschlägiger Veranstaltungen, die Besichtigung von Schiffen und Booten im Flottenstützpunkt, der Kontakt zu einem auch als Autor tätigen stadtbekannten Marineoffizier außer Dienst trugen dazu bei.

Als Pressereferent des Kreisverbandes der Jungen Union (JU) pflegte ich gute Beziehungen zu den Jugendoffizieren im Marineamt und ebenso zur führenden Lokalzeitung der Stadt.

Mit Unterstützung eines Admirals a. D., der die Sektion der Gesellschaft für Wehrkunde im nordwestdeutschen Raum leitete, konnte ich an einem einwöchigen Seminar an der Schule für Innere Führung in Koblenz teilnehmen.

Äußerlich wurde meine Bindung an die Bundesmarine durch die Teilnahme an zwei mehrwöchigen Übungen als Bootsmann der Reserve an der Marineortungsschule in Bremerhaven demonstriert. Dazu wurde ich nicht einberufen. Auf meinen Wunsch und durch das Engagement eines befreundeten Offiziers, der mir den Weg geebnet und die erforderlichen Formalitäten erledigt hatte, konnte ich diese Gelegenheit wahrnehmen.

Diese Aktivitäten ergaben im Laufe der Zeit in meiner Umgebung das Bild eines gesellschaftlich ziemlich stark engagierten Bürgers, der fest auf dem Boden der freiheitlich-demokratischen Grundordnung stand und der der Geschichte der deutschen Marine und der weiteren Entwicklung der Bundesmarine gegenüber aufgeschlossen und verbunden war.

Bei den Kommunalwahlen kandidierte ich auf der Liste der CDU in einem Wilhelmshavener Stadtbezirk, allerdings auf aussichtslosem Listenplatz. Trotzdem war ich emsig im Wahlkampf. Gleiches tat ich für den Vertreter »meiner« Partei, der in diesem Wahlkreis als Direktkandidat für den Deutschen Bundestag antrat. Er unterlag aber seinem Konkurrenten von der SPD, dem späteren Minister Herbert Ehrenberg.

Manchmal wurde gefragt, wie sich der persönliche Umgang mit Leuten gestaltete, auf die ich angewiesen war, zu denen ich ein gutes Verhältnis anstrebte, obwohl ich doch ihre erklärte Gegnerschaft zur DDR und gegen alle Linken kannte. Es war durchaus möglich, im privaten oder Kollegenkreis, im Gesangsverein, in Diskussionsrunden von CDU und

JU ganz normale, auch freundschaftliche Beziehungen zu pflegen, die auf gegenseitiger Wertschätzung und Sympathie beruhten. Es lag nicht in meiner Absicht – und konnte es auch nicht –, mich abzuschotten von meinem Umfeld, von dieser Gesellschaft und ihren Menschen, vor allem nicht von solchen, die im gesellschaftlichen Leben meines Wirkungskreises eine Rolle spielten.

Ich ging am Sonntagvormittag zum Frühschoppen in den Ratskeller, weil sich dort die Honoratioren der CDU trafen. Diese Gespräche waren mitunter ergiebiger als die Versammlungen.

Deshalb nahm ich an so manchem Wochenende lieber an Landesparteitagen und Wahlveranstaltungen der CDU oder Beratungen des verteidigungspolitischen Arbeitskreises der niedersächsischen Jungen Union in Hannover teil, statt mich auf die nächste Klausur an der Fachhochschule vorzubereiten.

Es gab natürlich auch Hürden: Ich war E-Monteur, Arbeiterklasse, und gehörte nachweisbar nicht zu den bürgerlichen Kreisen, deren Nähe ich suchte. Ich hatte auch kaum Zugang zu Dokumenten mit Verschlußcharakter.

Obwohl zeitweilig selbst in Uniform der Bundesmarine und in deren Dienststellen untergebracht, bedeutete das nicht automatisch, diese Dokumente einsehen und nutzen zu können. Entsprechende Versuche meinerseits scheiterten an der formalen Routine, mir fehlte die Sicherheitsüberprüfung für eine der Geheimhaltungsstufen und der dazugehörige Vermerk in den Akten. Bei »Nur für den Dienstgebrauch!« war Schluß. Diese Überprüfung wäre möglich gewesen, wurde mir auch geraten. Ich nahm aber tunlichst davon Abstand, weil das u. U. unliebsame Fragen aufgeworfen hätte.

Meine Herkunft aus dem Osten spielte auch sonst bei Kaderfragen eine wesentliche Rolle. Aus diesem Grund wurde meine Bewerbung beim Marinearsenal abgelehnt, ohne es allerdings zuzugeben. Das wurde erst später im Prozeßbericht einer Zeitung bekannt.

Bei Leuten, die aus dieser Himmelsrichtung kamen bzw. dort noch Verwandte hatten, verfuhr man in vermeintlich sicherheitsrelevanten Bereichen mindestens so rigoros wie DDR-Behörden bei Kadern mit Westbindungen, was uns damals und auch nach 1990 empört vorgehalten wurde. Gleiches gilt für die in politischen Schulungsheften der NVA gebrauchte Formulierung von der »Erziehung zum Haß auf den Feind«, was nicht bestritten werden soll. Ich habe das einschlägige Schulungsmaterial für die »Staatsbürgerliche Erziehung« der Angehörigen der Bundeswehr nicht nach gleichen oder ähnlichen Sprüchen durchgeblättert, hätte sie vermutlich auch nicht gefunden. Das hat man etwas geschickter und subtiler gemacht, auf jeden Fall anders als die Propagandisten der Politischen Hauptverwaltung der NVA. Aber die Botschaft war die gleiche. Also: Wenn schon Entrüstung, dann bitte gleichmäßig. Ansonsten ist es Heuchelei.

Als ich während meiner Reserveübung in Bremerhaven an einer praktischen Schießübung teilnahm und einer der Schützen Schwierigkeiten hatte, die Scheibe zu treffen, sagte ihm der aufsichtführende Stabsbootsmann: »Stellen Sie sich vor, dahinter liegt der Iwan, dann treffen Sie sofort!«

Gelächter ringsum.

Wenn die Schiffe Namen tragen wie Mölders, Rommel und Lütjens, die Kasernen benannt sind nach Lettow-Vorbeck, Hindenburg, von Waldersee, von Richthofen, nach dem Hitler-Intimus und General der Gebirgsjäger Dietl, dem General der Fallschirmjäger Kübler und nach anderen Durchhaltekriegern der Nazi-Wehrmacht, wenn Gebäude oder Traditionszimmer in Kasernen Ostpreußen, Pommern und Schlesien, Königsberg, Breslau oder Danzig heißen, dann war das Bekenntnis und Programm, das die meisten Soldaten, Unteroffiziere und Offiziere der Bundeswehr verinnerlichten. Da bedurfte es keines ausdrücklichen Hinweises zum Haß auf den Feind. Man hatte ihn im Visier. Besatzungsangehörige der Aufklärungsschiffe »Alster« und »Oste« der Bundesmarine, die viele Jahre die elektronische Spionage von den Grenzen der Territorialgewässer der DDR, Polens und der Sowjetunion aus gegen den Schiffsverkehr, Stützpunkte und das Landesinnere betrieben, erzählten mir davon mit Befriedigung und Begeisterung.

Jedermann weiß, wie seit 1989/90 in Deutschland mit der »Stasi-Keule« Geschichte »bewältigt« wird, insbesondere mit dem Thema »IM«. Die Wellen der Empörung schlugen hoch. Tausende beschädigter oder zerstörter Biographien waren und sind das Ergebnis einer hysterischen und denunziatorischen Atmosphäre. Ich sollte auch IM werden – allerdings beim Verfassungsschutz des Landes Niedersachsen.

Einer meiner politischen »Freunde« hatte mich offenbar den Herren empfohlen, da ich als Student an einer Fachhochschule mitten im Geschehen und an den politischen Auseinandersetzungen beteiligt war, fast alle Akteure kannte, Zugriff zu interessanten Materialien hatte und als politisch zuverlässig galt. Es kam zu einem Gespräch, in dessen Verlauf der Wunsch nach Insiderinformationen aller Art über die Aktivitäten der linken Studentenorganisationen geäußert wurde.

Zum »Vertragsabschluß« kam es dann aber doch nicht. Ich wurde kein V-Mann beim Verfassungsschutz: Entweder hatte man einen geeigneteren Kandidaten gefunden oder einen diskreten Hinweis bekommen.

Wenn sich im Laufe der Zeit zu einem Personenkreis ein gewisses Maß an Bindungen und Verbindungen ergeben hatte, ein Geflecht von Beziehungen entstanden war, wenn man dazugehörte, war vieles einfacher, normaler. Andererseits traten dann auch Probleme auf, die es vorher nicht gab, wenn man sich für mehrere Tage diesem Kreis entziehen mußte, um sich beispielsweise mit seinem Instrukteur zu treffen.

Da mußte man glaubhafte Begründungen erfinden, warum man an einer Geburtstagsfeier oder am Auftritt des Shantychores nicht teilnahm. Ich mußte also Menschen täuschen. Vermutlich habe ich damit, als meine Kundschaftertätigkeit bekannt wurde, manchen enttäuscht.

Ein Angehöriger der Bundesmarine, der im Prozeß als Zeuge gehört wurde, gab sich entrüstet, daß ich sein Vertauen angeblich mißbraucht habe, das sei einfach unmoralisch. Die Moralkeule oder die vermeintliche Beschädigung der Kategorien Ehre, Fairness und Ritterlichkeit eignete sich besonders, das Handeln von »Spionen der DDR« zu diskreditieren. Ein Illegaler kann schlecht mit offenem Visier kämpfen, etwa in Abwandlung des Mottos »Mein Name ist Bond, James Bond«. Ich konnte nicht erklären: »Mein Name ist Görsdorf, Dieter Görsdorf, Offizier der Volksmarine der DDR.«

Das Zeugnis, das mir nach Verhaftung und Verurteilung in etlichen Kommentaren ausgestellt wurde, war nicht unbedingt schlecht. So hieß es in der *Wilhelmshavener Zeitung* vom 16. September 1975: »Trotz der großen Enttäuschung, die der allseits beliebte Jungpolitiker und Reservemaat der Bundesmarine seinen Bekannten durch die Enttarnung bereitete, bekundeten doch manche heute noch offene Sympathien für ihn.«

Zu jenen gehörte auch ein als Zeuge geladener Fregattenkapitän, Mitglied der CDU, der mir vor Gericht einen integren Charakter bescheinigte. Beim Verlassen des Saales reichte er mir demonstrativ die Hand und wünschte mir alles Gute.

Bestand bei meiner doch recht intensiven Einbindung in diese Gesellschaft nicht irgendwann die Möglichkeit oder gar die Gefahr zu vergessen, weshalb man eigentlich dort war?

Wenn auch »Ostfernsehen« nicht möglich war, entnahm ich der Fülle der von Presse, Rundfunk und Fernsehen verbreiteten Nachrichten genug, um auf dem laufenden zu sein. Daß die Berichterstattung oft tendenziös und fast immer »parteilich«, d. h. antikommunistisch gefärbt war, wenn es um die sozialistischen Staaten ging – damit konnte ich umgehen.

Aber die Treffen mit dem Instrukteur waren sehr wichtig. Dabei ging es nicht nur um die Arbeit, sondern auch um die Lage zu Hause und wie man dort bestimmte Ereignisse oder Entwicklungen in der Bundesrepublik oder auf internationaler Bühne wertete. Ich kannte meinen Instrukteur aus der Vorbereitungszeit: Wir verstanden uns sehr gut und hatten absolutes Vertrauen zueinander. Schon seine Anwesenheit für einige Tage war hilfreich, weil er ja der einzige war, mit dem ich Klartext reden konnte. Ich erläuterte meine Aufgaben, ich legte meine Sicht dazu dar, warum manche Forderungen der Führung inhaltlich oder zeitlich nicht real waren und wie wir anders disponieren sollten.

Zum Teil hing das damit zusammen, daß sich bestimmte Personen nicht so entwickelt bzw. verhalten haben, wie wir das erwartet und erhofft hatten. Manchmal wurden auch Hindernisse unterschätzt, doch mit der Brechstange ließen sich die Probleme nicht lösen, auch wenn die Erwartungen hoch und die Ungeduld groß waren.

Dieses Spannungsfeld zwischen Anspruch und Erwartung einerseits und den Ergebnissen bzw. der Verwertbarkeit und Qualität der von mir übermittelten Informationen bestand immer. Es konnte motivieren, aber auch Stress hervorrufen, wenn aus unterschiedlichen Gründen wenig oder nichts gelang und per Funk an die gestellten Aufgaben erinnert wurde.

Ein anderer Faktor war die Zeit. Zu meiner beruflichen bzw. Studientätigkeit, die logischerweise viele Stunden des Tages in Anspruch nahm, kamen die gesellschaftlichen Aktivitäten hinzu. Für die operative Arbeit blieb manchmal zu wenig Zeit übrig.

Die Informationen und Erkenntnisse mußten zudem bearbeitet, verschlüsselt, gesendet und neue Weisungen empfangen werden. Es gab eine Reihe militärischer Einrichtungen, die ich zu festgelegten Zeiten im wahrsten Sinne des Wortes im Auge behalten mußte, um etwa Änderungen hinsichtlich der Dislozierung von Kräften und Mitteln oder das Aus- und Einlaufen von Einheiten feststellen zu können.

Das war besonders wichtig, wenn größere NATO-Manöver angekündigt waren und generell in Zeiten politischer Spannungen. Gespräche mit aktiven und Reserveoffizieren oder Menschen aus ihrem Umkreis konnten hier mitunter hilfreich sein, um bestimmte Vermutungen zu bestätigen bzw. Anhaltspunkte für weitere Beobachtungen zu erhalten.

Ein bekannter Treffpunkt für Angehörige der Marine und ihr nahestehender Vereine, Verbände, Organisationen war das Gorch-Fock-Haus, ein Clubhaus für die Soldaten des Standortes mit einem großen Saal, mehreren kleineren Räumen für Veranstaltungen aller Art, für sportliche und kulturelle Betätigung, dazu eine niveauvolle Gaststätte.

Da ich zum Personal ein gutes Verhältnis hatte, war ich oft Gast des Hauses, manchmal sogar als Hilfsbarkeeper oder für andere Aufgaben beim Marineball oder ähnlichen größeren Veranstaltungen engagiert. Zu den Gästen des Hauses zählte auch ein Offizier vom MAD, der dort gern sein Bier nach Feierabend trank. Wir unterhielten uns manchmal über Gott und die Welt.

Aber nicht er kam mir auf die Schliche, sondern ich wurde im Rahmen der sogenannten Rasterfahndung durch die gegnerische Abwehr enttarnt.

Es war Mitte Mai 1974, wenige Wochen vor der Abschlußprüfung an der Fachhochschule, Fachrichtung Elektrotechnik. Ich wurde in meiner Wohnung – einem bescheidenen Ein-Raum-Appartement – von Beamten des Bundeskriminalamtes, Sicherungsgruppe Bonn, verhaftet.

Sie wußten zunächst nicht, wer ich war. Bekannt war ihnen lediglich, daß ich nicht derjenige war, für den ich mich ausgab.

Nach einigen Wochen hatten sie meine Identität geklärt. Dabei hatten ihnen Verwandte von mir geholfen, die in dieser Region lebten. Sie hatten der DDR in den 50er Jahren den Rücken gekehrt und mein Bild in der Zeitung gesehen. Damit mußte man immer rechnen.

Mein Grübeln über die möglichen Gründe meiner Verhaftung führte zu keinem schlüssigen Resultat. Ich versuchte, mich an Gespräche, Begegnungen und Handlungen der letzten Zeit zu erinnern, eventuelle Schwachpunkte im nachhinein zu erkennen. Nichts.

Nach etwa 16 Monaten Ermittlungstätigkeit und fünf Tagen Gerichtsverhandlung erhielt ich viereinhalb Jahre Freiheitsentzug wegen landesverräterischer und geheimdienstlicher Tätigkeit, Urkundenfälschung und Betrug, letzteres, weil ich während der Studienzeit BAföG und Mietzuschuß beantragt und erhalten, nach Lesart des Gerichtes »erschlichen« hatte. Die Untersuchungshaft verbrachte ich im wesentlichen in der Justizvollzugsanstalt Oldenburg. Ich erfuhr dort insofern eine Sonderbehandlung, als ich streng von den anderen Häftlingen separiert wurde, also Einzelzelle, anfangs hatte ich sogar einen ganzen Flur für mich allein. Ich ging allein auf den Hof, allein zum Duschen und durfte auch nicht am Fernsehen teilnehmen. Später gab es Erleichterungen, ich konnte eine Zeitung abonnieren und Bücher ausleihen. So viel und so intensiv habe ich nie wieder lesen können. Nachdem ich mir selbst die Buchtitel aussuchen konnte – anfangs war das nicht so –, las ich fast alle Werke von Shakespeare, Goethe, Schiller, Lessing, Heine, Kleist, Büchner, Storm und Fontane. Ich absolvierte die Lesekür unter äußerlich wenig komfortablen Bedingungen. Wenn das Außenlicht nicht mehr ausreichte, spendete eine 15-Watt-Lampe nur einen sehr mickrigen Lichtschein.

Außerdem versuchte ich, mir die Grundbegriffe der französischen Grammatik einzuprägen, machte mir umfangreiche Aufzeichnungen über Konjugationen, Deklinationen, Besonderheiten usw. Der Hefter wurde mir später in einer anderen JVA, in der ich kurze Zeit »zu Gast« war, geklaut. Der Dieb konnte sicher nicht allzu viel damit anfangen.

Neben diesen Beschäftigungen, die in die Rubriken Unterhaltung und Weiterbildung einzuordnen waren, gab es die sich über Monate hinziehenden Vernehmungen, deren Extrakt dem zuständigen Oberstaatsanwalt Stoff für seine Anklageschrift liefern sollten. Da der Fakt der geheimdienstlichen Tätigkeit offenkundig war, von mir auch nicht bestritten wurde, ging es nun darum, von mir ein »umfassendes Geständnis« abzufordern. Obwohl von Anfang an klar war, daß die Vernehmer gerade das von mir nicht bekommen würden, wurde es immer wieder versucht. Dazu wurde mir sogar die »Chance« eingeräumt, vor dem Generalbundesanwalt auszusagen.

Wie mit meinen beiden Rechtsanwältinnen, die mich in Abstimmung mit meinen Genossen vertraten, vereinbart, hatte ich geraten, auf die Reise zu Herrn Buddenbrook – der übte damals diese Funktion aus – zu verzichten, weil von mir nichts zu erwarten sei. Wir fuhren trotzdem.

Man traf sich auf halbem Wege in Marburg, der Weg bis nach Karlsruhe wäre zu weit gewesen. Buddenbrook gegenüber machte ich die üblichen Angaben zur Person und sagte nichts weiter. Er äußerte Unverständnis und Enttäuschung, sprach von einer vergebenen Möglichkeit.

Das Verhalten der Beamten in der JVA mir gegenüber war korrekt. Es reichte von kühler Distanz, Gleichgültigkeit, Neugier bis zu angeregten Unterhaltungen während des Hofganges, denn manche drehten mit mir gemeinsam die Runden, andere blieben auf Abstand. Kurz vor der Verlegung nach Celle, wo die Verhandlung stattfinden sollte, kam einer der Beamten zu mir und wollte von mir Ratschläge für die weitere berufliche Entwicklung seines Sohnes. Unter anderem ging es um die Frage, ob er bei der Bundeswehr eine Perspektive haben würde oder nicht. Ich wünschte seinem Junior alles Gute.

Nach Gerichtsverhandlung und Verurteilung kam ich in den normalen Strafvollzug in die JVA Celle, ein Haus mit Tradition, gegründet 1736 als »Zucht-, Werck- und Tollhaus«, auf das sogar Heinrich Heine in einem seiner Gedichte Bezug genommen hatte. Dort war alles anders. Man hatte Kontakt zu den Häftlingen, die aus unterschiedlichen Gründen einsaßen – Raub, Betrug, Zuhälterei, Erpressung, schwere Körperverletzung, Mord und Totschlag. Viele waren Wiederholungstäter, viele Lebenslängliche, »Politische« gab es kaum, wenn man von einigen Häftlingen aus der RAF-Szene absah.

Zu den Insassen der Nachbarzellen hatte ich von Anfang an ein gutes Verhältnis. Sie gaben mir Hinweise, die für einen Neuen wichtig waren. Sie kannten meinen Fall und bekundeten Solidarität. Ich hätte dieses System auf meine Art bekämpft, sie auf die ihre, meinten sie, spendierten mir Kaffee, solange ich noch kein Geld hatte. Sie erzählten mir von ihren »Heldentaten« und halfen mir beim Erlernen der »Technologie« des Nähens von Einkaufstaschen, der Arbeit, die ich dort zu verrichten hatte. Pro Tag erhielt man dafür etwa 4,50 DM, wovon noch einiges in Abzug kam. Einen besonderen Gunstbeweis erfuhr ich von einem Gefangenen, der 1954 aus der KVP desertiert und im Laufe der Jahre in der von ihm erhofften »freien Gesellschaft« gründlich gescheitert war. Das Ergebnis waren inzwischen viele Jahre, die er in Gefängnissen verbracht hatte. Er kam öfter zu mir, um sich in meinen »Ostzeitungen« – die ich nun dank der Betreuung durch meine Genossen ziemlich regelmäßig erhielt – über den DDR-Fußball zu informieren. Er war noch immer Fan von Lokomotive Stendal. Er revanchierte sich, indem er mir die kostenlose Ausleihe von Pornoheften anbot, die er auf dunklen Kanälen von draußen bezog und im Knast gegen Zigaretten und Kaffee tauschte.

Andere weihten mich in ihre Pläne für die Zeit »danach« ein, obwohl sie doch noch einige Jahre abzusitzen hatten. Sie erhofften sich zum Beispiel von mir brauchbare seemännische Tips, was sie beim Zigarettenschmuggel im großen Stil auf See und in den Territorialgewässern bestimmter Staaten des Mittelmeerraumes zu beachten hätten.

Ein besonderes Erlebnis war die gelegentliche Teilnahme am Gemeinschaftsfernsehen. Meist wurde demokratisch abgestimmt, welches Programm eingeschaltet würde – ARD, ZDF oder »Ostzone«. Nicht immer waren inhaltliche, sondern zeittaktische Gründe für die Entscheidung maßgebend, denn die Schließzeiten wurden konsequent eingehalten, auch wenn der Krimi noch so spannend war.

Soweit es die Zeit »nach Feierabend« erlaubte – also immer – habe ich auch in Celle viel gelesen, zum Schluß waren es fast 230 Bücher. Raabes »Hungerpastor« habe ich nicht mehr bis zum Ende geschafft.

Ich wurde vorher ausgetauscht.

Auf der Fahrt zur Grenze nach Thüringen wurde mir von den mich begleitenden »seriösen« Herren eindringlich nahegelegt, mir noch einmal gut zu überlegen, ob ich den »Schritt zurück« wirklich wagen wollte. Schließlich hätte ich »drüben« mit Konsequenzen zu rechnen, da ich gescheitert sei. Andererseits, so offerierten sie mir, würde einem neuen Start im Westen nichts im Wege stehen.

Da ich darauf nicht einging, wurde mir dann – quasi als letzter Versuch – in Sichtweite der Grenze die Unmenschlichkeit des Systems erläutert, dem ich bisher gedient hatte. Noch könnte ich mich verweigern.

Ich habe mich nicht verweigert.

Im Regierungsbunker

Lorenz Betzing (1930-2004), geboren und aufgewachsen in Andernach. Klempner und Schlosser. Zusammenarbeit mit der HVA seit 1966. Tätigkeit im Regierungsbunker Marienthal, im US-Labour-Service und im Amt für Datenverarbeitung der Bundeswehr. 1985 Einsatz aus Sicherheitsgründen beendet. Der Prozeß gegen ihn wurde wegen schwerer Krankheit ausgesetzt.

Der Frieden muß erhalten und dauerhaft gesichert werden. Das war mein Grundsatz nach dem furchtbaren Zweiten Weltkrieg, den ich als Kind und Jugendlicher erlebte. Der Kalte Krieg setzte diesen Völkermord fort und erfaßte weite Teile der Welt. Ehemalige Verbündete wurden Feinde und bekämpften sich mit allen zur Verfügung stehenden Mitteln und Methoden: Gewalt, Terror, Lügenpropaganda, Vernichtung, Spionage usw.

Das atomare Potential bedrohte die gesamte Menschheit. Dem Raketen- und Hochrüstungswahn mußte Einhalt geboten und Vernunft entgegengesetzt werden.

Ich kam 1930 in Andernach, in der damals entmilitarisierten Zone, zur Welt. Meine Eltern wohnten am Rande der Stadt in einer kleinen Siedlung, die man im Volksmund Thälmannshöhe oder Thälmannsiedlung nannte. Mein Vater arbeitete als Mälzer in einer Malzfabrik. Die Gespräche in der Familie und mit den Nachbarn drehten sich meist um das eigene Grundstück, besonders aber um die gegenseitige Hilfe. Nicht wenige in der Siedlung waren arbeitslos. Geld war knapp – dreimal abgeschnitten und immer noch zu kurz.

Eine Antenne für politische Fragen hatte ich damals noch nicht. Bestimmt, dessen bin ich mir sicher, wurde auch über das internationale Gerangel gesprochen; beispielsweise welchen Stellenwert unser Grenzstreifen einnimmt. Vormals bestimmte die französische Besatzungsmacht unser Leben. Wir Kinder plapperten damals einen Spruch in den Wind: »Du Franzos, du mit der roten Hos', mit der blauen Jack', du kriegst eins aufs Pack.«

Woran erinnere ich mich, wenn ich an meinen Vater denke?

Auffällig war, wenn ich ihn vom Kartenspielen abholte, verstummten die Gespräche in der Runde. Und weil sich dieser Vorgang wiederholte, blieb er in meinem Gedächtnis. Kinder sind bekanntlich für sinnliche Wahrnehmungen besonders empfänglich. Mein Vater und seine Freunde saßen um einen Volksempfänger (ein Radio, das man auch »Goebbelsschnauze« nannte). Bei meinem Erscheinen verstummte der Kasten abrupt. Die Gespräche drehten sich plötzlich um den Nürburgring, der zu jener Zeit gebaut wurde.

Bei einem Spaziergang mit meinem Vater riß ich mich von seiner derben Hand los und marschierte stolz neben einem Spielmannszug des Reichsarbeitsdienstes. Die flotte Marschmusik verleitete mich, den festen Schritt der Arbeitsmänner nachzuahmen. Mein Vater hatte mich schnell wieder in seiner Klammer. Er bog kurzerhand in eine Seitenstraße ein und vermöbelte mich so, daß ich es bis heute nicht vergessen habe. Stumm schlug er auf mich ein. Niemals habe ich erfahren, was der Grund für seine Prügelattacke war. Ich glaube es heute zu wissen. – Bestimmt hätte er mir später eine Antwort auf seinen Wutausbruch gegeben, die Familie fiel aber auseinander, und ich habe von ihm nie wieder etwas gehört.

Die Reise über die sieben Berge, wie es im Märchen heißt, begann für mich. Von einem märchenhaft schönen Leben kann ich allerdings nicht sprechen, eher vom Knüppel aus dem Sack – schwere Arbeit huckepack.

Eine Tante, Frau eines Bergbauern in Tirol, nahm mich auf. Ihr Mann mit seinen buschig dunklen Augenbrauen brummte und stöhnte ständig. Das einzige Wort, das ich von ihm je hörte, lautete »Faulpelz«. In Wirklichkeit ackerte ich wie ein Kleinknecht. Schule war für ihn Nebensache, für mich ein Erlebnis. Die Dorfschule zählte nur neun Kinder, und sie war für mich eine erquickliche Abwechslung. Allein schon deshalb, weil ich mich in den Schulstunden nicht auf der Alm mit den Kühen herumplagen mußte.

Meine Mutter wurde nach Thüringen dienstverpflichtet. Sie bekam eine Beschäftigung in der Verwaltung. Der BMW-Konzern baute dort ein großes Motorenwerk. Produziert wurde für den Krieg und für den Profit. Das dazugehörige KZ-Lager trug die Bezeichnung »Dora II«. Meine Mutter hatte ständigen Kontakt zu den Häftlingen. Sie versuchte zu helfen, wo sie konnte. Es bestand dabei immer die Gefahr, selbst Häftling zu werden.

Dort lernte sie auch ihren Gustav Karst kennen, der mein Stiefvater wurde. Er war Kommunist, weshalb ihn die Nazis eingesperrt hatten.

1946 traf die Familie in München wieder zusammen. Meine Mutter kam aus der sowjetische Besatzungszone mit Karst, ich aus Tirol. Wir blieben dort bis 1947.

Großen Einfluß auf meine Entwicklung nahm fortan mein Stiefvater Gustav Karst, genannt Gustel. Er prägte maßgeblich meine politische

Entwicklung, hatte aber auch großen Anteil an meiner beruflichen Ausbildung und Qualifizierung. Mit 16 Jahren hatte ich Kontakt zu den »Roten Falken« und zur FDJ, die in allen Zonen tätig war.

1946 begann ich eine Lehre als Klempner und Schlosser. Ein wichtiger Schritt, wie sich später herausstellte. Ich wurde in diesem Berufszweig ein guter und gefragter Arbeiter.

1947 zog die Familie nach Frankfurt am Main. Gustel stieg dort in den Polizeidienst ein. Es war die neue Polizei nach Faschismus und Krieg, so gab es keine Schwierigkeiten. Die Kommunistische Partei Deutschlands gehörte zu den Siegern der Geschichte und hatte im antifaschistischen Widerstand große Opfer gebracht.

Eine Fortsetzung meiner Lehre scheiterte zunächst an einem Prügellehrmeister. Das war nicht auszuhalten. Deshalb wurden wieder Fäden nach Andernach geknüpft und eine Arbeit im dortigen Stahl- und Walzwerk besorgt. 1952 wechselte ich in die Zeche »Fröhliche Morgensonne« in Wattenscheid als Bergknappe, also als Lehrling, in den Bergbau. Es folgten drei Jahre Ausbildung.

Ich heiratete und wurde Vater eines Sohnes. In jenen Jahren arbeitete ich auch im Ausland untertage, hauptsächlich in Belgien. Die Ehe scheiterte.

Von 1964 bis 1969 arbeitete ich nacheinander bei zwei Firmen, die lufttechnische Anlagen herstellten und einbauten. Auf diesem Gebiet war ich durch meine Ausbildung spezialisiert. Diese Firmen arbeiteten in Regierungsobjekten. Eines war der sogenannte Regierungsbunker in Marienthal an der Ahr, in dem ich längere Zeit tätig war. Dieser Bunker sollte im Falle eines Atomkrieges von der politischen Führung der Bundesrepublik und weiteren wichtigen Institutionen genutzt werden.

In jener Zeit lernte ich Erika kennen. Sie arbeitete als Sekretärin in Bonn und, wie ich dann erfuhr, auch für die HVA. Erika war Ende der 60er Jahre von der DDR in die Bundesrepublik übergesiedelt.

Von 1969 bis 1972 war ich am Bau des Hochhauses des Deutschen Bundestages in Bonn beteiligt. Im »Langen Eugen« kam ich als Verantwortlicher für Belüftung und Aufzüge mit vielen Mitarbeitern der dortigen Büros zusammen. Danach orientierte ich mich neu. Am 1. November 1972 nahm ich eine Tätigkeit in Karlsruhe bei dem dortigen US-Labour-Service auf. Sechs Jahr lang war ich als Kabellöter in militärischen Einrichtungen der US-Streitkräfte im gesamten Bundesgebiet beschäftigt, ich arbeitete dabei auch in sicherheitsempfindlichen Bereichen wie Raketenstellungen, Radarstationen, Munitionsdepots, Treibstofflagern usw.

Nach einer zweijährigen Tätigkeit in einer Wachschutzfirma wurde ich im April 1980 vom Bundeswehrverwaltungsamt als Bote übernommen, wo ich beim dort ebenfalls untergebrachten Amt für Datenverarbeitung der Bundeswehr bis Mitte August 1985 tätig war. Stößeweise gingen mir Verschlußsachen und Papiere mit dem Stempel »Nur für den Dienstgebrauch« über den Tisch, EDV-Listen, Vertragsunterlagen, Personalvorgänge, Namenslisten, Telefonverzeichnisse, Organisations- und Dienstpostenpläne von Bundeswehrdienststellen und vieles andere mehr.

Die Zentrale in Berlin freute sich und sah: ein Arbeiter und in nachgeordneten FunktionenTätiger war durchaus in der Lage, wesentliche Informationen zu beschaffen, die für die Erhaltung des Friedens wichtig waren. Darauf bin ich stolz.

Bei meiner Arbeit in verschiedenen Gegenden der Bundesrepublik hatte ich oft Berührung mit Ostdeutschen. Ich lernte gute Menschen aus der Ostzone, später DDR, beispielsweise im Bergbau kennen. Manche habe ich auch im Urlaub besucht.

Über Verwandte und Bekannte in der BRD lernte ich hervorragende Menschen kennen, die nicht nur politische Auseinandersetzungen führten, sondern offen und ehrlich zu den oft brisanten Themen Stellung nahmen. Diese Auseinandersetzungen gefielen mir. Es waren Unterhaltungen von Mensch zu Mensch. Besonders ältere, erfahrene Genossen, die sich als solche zu erkennen gaben, und im Kampf gestanden hatten, die Opfer gebracht hatten, in Konzentrationslagern eingekerkert waren, fanden meine Sympathie. Dabei dachte ich oft an meinen Stiefvater Gustav Karst. Ich hatte und habe Hochachtung vor diesen Vorkämpfern für eine bessere Welt.

Deshalb sah ich in der DDR eine Alternative zur Entwicklung in der BRD, die aus der deutschen Geschichte und insbesondere aus der Zeit des Faschismus wenige oder keine Schlußfolgerungen gezogen zu haben schien.

Mit meiner Bekannten Erika entwickelte sich eine Lebenskameradschaft, die – mit Unterbrechungen – bis zu ihrem Tode im Jahre 2002 bestand. Unsere politischen Ansichten, das hatte uns auch zusammengeführt, waren sich sehr ähnlich. Wir waren offen zueinander und vertrauten uns. So erfuhr ich ihre Biographie. Sie hatte eine lange Phase der Legalisierung durchlebt, einen anderen Namen angenommen und erfüllte ihren Auftrag in Bonn. Ihr war es gelungen, in wichtigen Objekten als Sekretärin zu arbeiten. Zuletzt war sie im Bund der Vertriebenen als Sekretärin des Vorstandes tätig.

Ihr war es gelungen, in einem besonders interessanten Bereich einzudringen und dort wertvolle Informationen zu beschaffen. So leistete sie ihren Beitrag zum Kampf gegen den Revanchismus und damit für den Frieden in Europa.

Nach und nach wurde ich in die nachrichtendienstliche Arbeit einbezogen und saß bald mit Offizieren der Aufklärung und Erika an einem Tisch.

Der Bau des Hochhauses des deutschen Bundestages war für die Genossen nicht so sehr interessant, umso mehr jedoch der Regierungsbunker in Marienthal und meine Tätigkeiten bei den US-Streitkräften und im Amt für Datenverarbeitung der Bundeswehr.

Ständig wurde ich von meinem Instrukteur und Kurier sowie Mitarbeitern der Zentrale während der Treffs nach Anzeichen für die Vorbereitung einer Aggression gegen die DDR oder das sozialistische Lager gefragt. Das festzustellen sei meine wichtigste Aufgabe.

Umfang und Inhalt des anfallenden Materials erforderten, besonders sichere Wege des Transportes zur Zentrale auszuwählen. Das meiste ging in eingerichteten Schleusen über die »grüne Grenze«.

1985 erhielten Erika und ich überraschend das Signal, unseren Einsatz aus Sicherheitsgründen zu beenden.

Das passierte während einer Materialübergabe an der Grenzschleuse. Ich wollte gerade wieder in mein Auto steigen, als mein Instrukteur mich aufforderte mitzukommen. Der Chef wolle mich noch sprechen.

Ich hielt das zunächst für einen Witz, denn wir hatten bereits den Termin für einen Treff verabredet. Was wollte der hier an der Grenze? Es war jedoch kein Witz. Er eröffnete mir, daß mein Einsatz beendet sei. »Du fährst nicht zurück. Die warten bereits auf dich und wollen dich verhaften.«

Mir verschlug es die Sprache.

Wir gingen schweigend durch die Nacht, geisterhaft fuhr ein Zug über die Brücke. Schluß.

Vielleicht war es gut so.

Ein Amerikaner in der BRD

»Robert«, Zusammenarbeit mit der HVA seit 1976, in Forschungszentren tätig. Kontakte mit der CIA seit 1962.
Im Mai 1994 festgenommen. Nach seiner Inhaftierung meldeten am 22. September 1994 die Nachrichtenagenturen: »DDR-Spion will im Auftrag von US-Diensten gearbeitet haben, um herauszufinden, wie stark die Bestrebungen westdeutscher Politiker nach eigener Verfügungsgewalt über Atomwaffen seien, inwieweit das Verbot des Hochtechnologie-Exports in den Ostblock aufgeweicht werde und ob erneut eine im Westen nicht voll abgestimmte Ostpolitik versucht werde. Der Angeklagte war u. a. für eine regierungsnahe Washingtoner Beratungsfirma tätig, die Aufträge in der Bundesrepublik erteilt habe.«
»Robert« wurde zu 1 Jahr und 6 Monaten verurteilt, nach U-Haft auf 3 Jahre Bewährung ausgesetzt.
Seine Ehefrau »Loni« mußte eine Geldbuße zahlen.

Ich bin kein Kind politisch engagierter Eltern. Ich bin auch kein Arbeiterkind. »Gewerkschaft« war kein negativ besetztes Wort für mich, es war einfach kein Wort, kein Begriff. Ich kannte auf der einen Seite nur *Big Business, The Company*, die das Geschehen in unserer Stadt bestimmte, die Abkömmlinge der Gründerfamilie in die Gouverneurs-Villa oder in den Kongreß schickte. Auf der anderen Seite kannte ich die kleinen Händler wie meinen Vater und seine Beschäftigten.

Mein Vater hatte eine Schusterwerkstatt wie sein Vater vor ihm und sein Cousin in einer nahegelegenen Stadt. Die Familie meiner Mutter kam kurz vor der Oktoberrevolution aus Kiew in die USA. Meine Mutter schämte sich, im antikommunistischen und vom McCarthyismus geprägten Amerika der 50er Jahre preisgeben zu müssen, daß sie in Rußland geboren worden war.

Mein Vater hingegen, dessen Familie aus einem der baltischen Staaten stammte, war stolz darauf, bereits in den USA geboren worden zu sein, und spottete über die Verwandten, die solches Glück nicht hatten. »Bolschewik« nannte er seinen Vetter, der doch eigentlich ein »Menschewik« gewesen war.

»Werktätige« waren für mich nicht nur die schwarzen Angestellten meines Vaters, sondern auch die Ingenieure und Manager aus der großen

»Firma«. Auch als Jugendlicher wußte ich schon, daß sie finanziell anders gestellt waren als die Firmenbesitzer in unserer Stadt. Am Monatsende haben sie einfach ihre reparierten Schuhe in der Werkstatt liegengelassen und erst abgeholt, wenn ihr Gehalt auf das Konto überwiesen worden war.

Der Umgang mit den schwarzen Angestellten meines Vaters war sehr familiär. Ich habe ihre Arbeit angeschaut und ausgeholfen. Sogar unlängst, als ich meine Heimatstadt besuchte, habe ich Oskar aufgesucht, der mit seinen siebzig Jahren noch immer seine Schusterwerkstatt betreibt. Und noch immer wohnen wie damals die Schwarzen »unten im Tal« der Stadt, die seinerzeit nicht die Restaurants, in denen wir ein- und ausgingen, besuchen durften.

Es war allgemein bekannt, daß Menschen jüdischer Herkunft in der »Firma« keine hohe Stellen bekommen konnten. Das ist inzwischen ein wenig anders, die Eliten sind ein wenig klüger: Solange die Schwarzen und Juden die Werte der Herrschenden akzeptieren und ihr Verhalten danach richten, können sie es bis zum Vorstand oder zum Außenminister bringen. Meine Mutter hat mich durch Beispiele gelehrt, daß die Reichen und Gebildeten nicht bessere, sondern manchmal schlechtere Menschen als wir waren. Inakzeptables Verhalten oder Diskriminierung hat sie nicht hingenommen. Zwei unserer Nachbarfamilien haben antisemitisches Verhalten gezeigt, und meine Mutter hat sie zurechtgewiesen und gesagt, solche Unverschämtheiten würde sie nicht hinunterschlucken. Ihr furchtlos aufrechter Gang, ihr Gerechtigkeitssinn haben mich nachhaltig beeinflußt.

Jahre später, als ich mich in der Bewegung gegen den amerikanischen Vietnam-Krieg exponierte, schien sie zu bereuen, daß ich konsequent ihrem Beispiel gefolgt war. Dieses »Mißverständnis« führte zu langen Auseinandersetzungen zwischen uns und zu gegenseitiger Entfremdung. Sie war nur so lange stolz auf mich, wie ich ein braver Vorzeigeamerikaner war. Antisemitismus war während meiner Kindheit weit verbreitet, gerade als die USA gegen die Faschisten in den Krieg zogen. Meine Mutter berichtete wiederholt von jenem Tag, als die Nachbarskinder mich in eine Holzkiste sperrten und johlten »schmutziger Jude, schmutziger Jude«. Ich war drei Jahre alt. Als sie mich rausgelassen hatten, rannte ich schreiend nach Hause. Weinend fragte ich meine Mutter: »Was ist ein ›Soode‹?« Meine Mutter – obgleich sie nur acht Jahre zur Schule gegangen war – lief hinüber zum Vater der Nachbarskinder, einem promovierten Chemiker in verantwortungsvoller Stelle bei der »Firma«, und drohte ihm mit rechtlichen Schritten, wenn er seine Kinder nicht zur Rechenschaft zöge. Sie sagte ihm auch, sie wisse, die Kinder hätten solche Ansichten von den Eltern übernommen.

Ich wuchs also auf in einer Zeit, als Juden nichts rechtmachen konnten. Wenn sie – wie ich – sich als Klassenbester hervortaten, wurden sie als Streber kritisiert, wenn sie weiterkamen als andere, mußte es wegen der »Seilschaften« sein. Juden wurden kritisiert – entweder als Finanziers, die die Welt durch ihr Geld kontrollierten, oder als Kommunisten, die die Welt durch ihre »jüdisch-kommunistische Weltverschwörung« erobern wollten und unser hartverdientes Geld wegnehmen würden. Das ging nicht spurlos an mir vorüber.

Ich besuchte eine High School, an der ich der einzige Schüler mit jüdischer Herkunft war. Obwohl ich aktiv am schulischen Leben beteiligt war – im Orchester, im Sport, im Theater –, wurde ich zu privaten Festen selten eingeladen. Auf der Toilette und anderswo wurden unflätige Bemerkungen über »die Juden« gemacht. Aus diesem Grund wurde ich Mitglied einer jüdischen Schülerbruderschaft, wo es mir nicht an Festen und Parties gefehlt hat. Anders als die anderen Mitglieder, die eine High School mit überwiegend jüdischen Schülern besuchten und deshalb kaum Kontakt mit Christen hatten, war ich Teil zweier Welten. (Diese Erfahrung, mich in unterschiedlichen Welten zurechtzufinden, sollten mir zwanzig Jahre später als Kundschafter zugute kommen.)

Meine erste Liebe war eine Mitschülerin, eine bildhübsche »Schiksa«. Sie war die Tochter des Schatzmeisters der großen »Firma«. Meine Mutter wollte, daß ich eines Tages in eine reiche jüdische Familie heirate. Meine Freundin war nur reich, nicht jüdisch. Also war sie inakzeptabel. Die Eltern meiner Freundin dachten das gleiche über mich. Wir wären einfach nicht füreinander geeignet, sagten sie ihr, die Familien trennten Religion, Klasse und Bildung. Wir hielten den Widerstand beider Familien mehr als ein Jahr aus. Dann wurde meine Freundin auf eine Universität geschickt, die 1.000 Meilen weit weg war. Dort fand sich relativ schnell ein für sie geeigneter, also standesgemäßer Mann, in den sie sich verliebte und welchen sie wohl auch heiratete. Auch wenn meine Mutter oft über die antisemitischen Deutschen herzog, meine persönliche – nicht politische – Erfahrung mit Diskriminierung und Vorurteilen lehrte mich, daß Antisemitismus und Rassismus kein deutsches Problem war. Diese Erkenntnis machte es mir möglich, im Gegensatz zu meinen jüdischen Freunden in Deutschland zu arbeiten.

Als Junge fürchtete ich mich noch mehr vor »den Russen«, die uns jederzeit mit Atombomben angreifen konnten. Ich erinnere mich noch heute an die panikerzeugenden Nachrichten, die ich im Autoradio hörte, als wir von einem schönen Ausflug an den Strand zurückkehrten. Könnte »der Feind« auch an unserem Strand landen und uns umbringen? Ich wollte in die Fußstapfen meines großen Bruders, der Marineoffizier war, treten. Ich wollte die Zulassung zur U.S.-Naval-Academy. Als Klassenbester in der High School hätte ich das leicht schaffen können. Aber das Schicksal wollte es anders. In meinem letzten Schuljahr erkrankte ich an Diabetes, eine Offizierslaufbahn war damit ausgeschlossen.

Ich wuchs auf, wie es sich amerikanische Präsidenten vom Schlage Reagans oder Bushs wünschten: brav, angepaßt, gottesfürchtig, untertänig und antikommunistisch. Ich beugte mich dem Druck an der High School, wo jeder, der laut nachdachte, ob der linksliberale Demokrat Adlai Stevenson die USA eventuell besser und friedlicher führen könnte als General Eisenhower, bereits als Kommunist gebrandmarkt wurde.

Politik interessierte mich überhaupt nicht. Ich wußte damals noch nicht, daß es einen Zusammenhang zwischen meiner Angst vor den »Commies« und der offiziellen Politik gab. Ich lehnte zwar die Diskriminierung von Farbigen ab, ich tolerierte nicht, wenn meine Eltern oder Freunde »Schwarze« beschimpften. Doch eine Bürgerrechtsbewegung habe ich erst viel später wahrgenommen, als ich bereits selbst Aktivist in der Friedensbewegung war. Meine Bewerbung auf einen Studienplatz wurde von mehreren Elite-Universitäten in den USA angenommen. Ich entschied mich für Princeton, weil sie nicht nur für die Qualität ihres akademischen Angebots berühmt war, sondern auch ein ausgeglichenes Leben versprach. Dort führte ich in der Tat ein relativ unbekümmertes Leben. Meine Eltern zahlten die hohen Gebühren ohne fremde Hilfe. Sie haben mir sogar einen Sommer als Schauspieler in einer Touristenstadt an der Atlantikküste ermöglicht. (Dieses Talent sollte ich später nutzen können.) Ich habe hart für meine Noten arbeiten müssen, aber der Spaß im Leben kam auch nicht zu kurz.

Im Sommer vor dem letzten Jahr an der Universität, 1961, ging ich als Praktikant nach München. Ich hatte keine Berührungsangst, im Gegenteil: Ich verliebte mich obendrein in eine deutsche Frau. Wegen Hanna suchte ich einen Vorwand, in Deutschland länger als vorgesehen zu bleiben. Ich verwarf mein ursprüngliches Thema für die Diplomarbeit und erfand eines, das einen längeren Aufenthalt in Deutschland begründen könnte: ein Vergleich der Ziele und Struturen der Gewerkschaften in den USA mit denen in der BRD.

Ich entwarf einen Fragebogen für die Arbeiter des Betriebes, in dem ich Praktikant war. Aber die Geschäftsführung untersagte sowohl die Verteilung als auch Gespräche mit Arbeitern und Angestellten über ihre Einstellungen zur Gewerkschaft. Zum Glück war mein Vermieter bei einer bekannten Münchener Brauerei beschäftigt. Er verteilte den Fragebogen dort. Aber mit den Arbeitern über Gewerkschaften zu sprechen, wurde auch dort nicht gestattet. Teil meines Austauschprogramms war ein Besuch in Berlin. Bereits im Vorfeld war ich aufgeregt, *den* Brennpunkt des Kalten Krieges kennenzulernen. Die Reise erfolgte Anfang August. Ich spazierte durch das Brandenburger Tor und befand mich gerade gegenüber der Staatsbibliothek Unter den Linden, als ein afrikanisches Staatsoberhaupt empfangen wurde.

In der Menge drehte ich mich um und sah ein Schild an einem Hauseingang. Dort saß der Bundesvorstand eines Freien Deutschen Gewerkschaftsbundes (FDGB). Plötzlich kam mir die Idee, einfach hineinzugehen und nach Informationen und Literatur zu fragen. Das tat ich. Im Haus wurde ich sehr freundlich von einem Funktionär empfangen. Ich erklärte ihm meine Diplomarbeit, und wir begannen zu diskutieren. Solch einen offenen Meinungsaustausch über Gewerkschaften, Gesellschaftsformen und Macht hatte ich bisher weder in München noch später in den USA gehabt. Ich war erstaunt, daß dieser »Kommunist« meine antikommunistische Ansichten über die parteikontrollierten Gewerkschaften ernstnahm und mit einem 20jährigen amerikanischen Studenten stundenlang diskutierte. (Am Ende hatten wir uns an zwei Tagen insgesamt acht Stunden unterhalten.)

Ich erzählte über die Schwierigkeiten, meinen Fragebogen zu verteilen und mit den Arbeitern und Angestellten über ihre Arbeit und Einstellungen zu Gewerkschaften zu reden. Zu meiner Verblüffung bot der Gewerkschaftsfunktionär mir an, meinen Fragebogen persönlich in einer Lampenfabrik in Ostberlin zu verteilen und mich mit Arbeitern meiner Wahl zu unterhalten. Allein und ohne Kontrolle.

Diese Offenheit und die nachfolgenden Gespräche im Betrieb bedeuteten im Rückblick ein prägendes Erlebnis. Obwohl ich jahrelang, auch als Neuer Linker, mit einem gewissen Automatismus den Realsozialismus ablehnte, war ich, als ich 15 Jahre später eine Stelle in Westberlin antreten sollte, eben wegen jener Erfahrung von 1961 neugierig auf die DDR.

Im Herbst 1961 kehrte ich nach Princeton zurück und lieferte für die Universitätszeitung fünf Artikel über die DDR und meine Erlebnisse. Ich habe die Artikel realistisch, ohne ideologisch gefärbten Antikommunismus, geschrieben. Aber es war klar zu erkennen, daß ich den realen Sozialismus ablehnte. Ich mußte nicht lange auf eine Reaktion warten. Der Dekan der Universität rief mich zu sich. Er eröffnete mir, daß er für die CIA rekrutiere. Meine Artikel hätten gezeigt, daß ich Realist sei. Eine Auslandsaufklärung brauche Menschen, die ihre Analyse nicht durch eine Ideologie verzerren ließen. Er fragte mich unumwunden, ob ich bereit wäre, Offizier der CIA zu werden. Ich würde eine militärische und geheimdienstliche Ausbildung erhalten. Auch als Diabetiker.

Ich war daran interessiert. Zu jener Zeit war ich noch stolz, daß mein Bruder bei der Navy war.

Daß die Sache durchaus konspirativ war, verdeutlichte allein die letzte Bemerkung des Dekans: Ich solle über dieses Gespräch sowohl gegenüber meiner Familie als auch Freunden schweigen. Auch mit anderen muß der Dekan in dieser Sache gesprochen haben. Als ich später für die HVA arbeitete, habe ich einige ehemalige Kommilitonen regelmäßig in Washington besucht. Sie arbeiteten für die CIA.

Am Ende wurde es zwischen mir und der CIA aber nichts. Ich wurde vor die Wahl gestellt, mich entweder mit der Frau meines Herzens oder dem amerikanischen Geheimdienst zu verbinden. Der Dekan meinte abfällig, daß dies doch nur eine Jugendliebe sei, was soviel hieß: Das gehe vorüber. Und die Alternative wurde deshalb so scharf gestellt, weil Hanna Verbindungen in die DDR hatte.

Für mich war die Entscheidung klar, zumal ich mich bereits am 13. August 1961 mit Hanna in Wien verlobt hatte.

Ich lehnte ein Stipendium zur Promotion in Harvard zugunsten der Universität von Kalifornien ab. Mein Votum erfolgte nicht etwa, weil Berkeley damals als ein Zentrum der Bürgerrechtsbewegung und des Widerstandes gegen den noch immer tätigen Ausschuß des U.S.-Kongresses zur Untersuchung von antiamerikanischen Aktivitäten galt. Nein, ich wählte Berkeley, weil es in der Soziologie den besten Ruf unter den amerikanischen Universitäten genoß. Sie war zudem eine öffentliche Universität.

Was für eine schicksalhafte Entscheidung ich damit für mein weiteres Leben getroffen hatte, sollte ich bald erfahren. Wenn ich mich für Harvard entschieden hätte, wäre ich heute gewiß ein ganz anderer Mensch. Ich hätte wahrscheinlich schnell promoviert und Karriere als bürgerlicher Soziologe gemacht. Ich hätte keine Gelegenheit gefunden, die Gesellschaftsordnung in Frage zu stellen und marxistische Antworten zu finden. Ich wäre nicht mit der Heuchelei der amerikanischen Innen- und Außenpolitik konfrontiert worden und hätte auch nicht erlebt, daß eine Massenbewegung Erfolg haben kann. Meine Erlebnisse und die darauf folgende persönliche Entwicklung bestätigen den Wert politischer Agitation und des Aufbaus von politischen Bewegungen.

Harvard ist – wie Princeton – eine private Universität, die älteste und vermögendste Universität in den USA. Viele der amerikanischen Präsidenten haben dort als junge Männer studiert. Es ist üblich, daß Familien aus der herrschenden Klasse ihre Sprößlinge an die Universitäten von Harvard, Princeton und Yale schicken. Die US-Bundesregierung rekrutiert bevorzugt aus den Absolventen dieser Universitäten, ein Prozeß, der erleichtert wird durch die Tatsache, daß höhere Regierungsbeamte nach einer verlorenen Wahl Lehrstühle an den Universitäten bekommen. Harvard-Professoren liefern nicht nur Strategie- und Politik-Empfehlungen für die US-Bundesregierung, sondern auch das ideologische Rüstzeug, um die ideelle Hegemonie der kapitalistischen Gesellschaftsform zu untermauern. Die Harvard University erhielt in den 30er Jahren Geld, um eine Gegentheorie zur marxistischen Analyse der Gesellschaftsordnung und -entwicklung zu erarbeiten. Die Systemtheorie von Talcott Parsons mußte ich noch als Doktorand in Berkeley lernen. Ich sollte mit meiner Frau Hanna sieben Jahre dort bleiben.

Im Juni 1962 machte ich in Princeton meinen ersten Abschluß (»Bachelor of Arts«). Danach luden wir unser ganzes Hab und Gut auf das Dach eines neun Jahre alten Autos und fuhren von der Ostküste nach Kalifornien. Wir kamen durch Alabama, New Orleans, Texas, New Mexico, Nevada und die Mojave-Wüste. Schließlich erreichten wir San Francisco und Berkeley. Nach meiner Immatrikulation unterschrieb ich eine Erklärung, daß ich keiner kommunistischen Organisation angehörte oder noch angehöre und erhielt ein nationales Verteidigungs-Darlehen für mein Studium. Auch angehende Soziologen waren wichtig für die künftige Verklärung der kapitalistischen Ordnung. Sie nahmen teil an der »nationalen Verteidigung« gegen die Reds.

Nach einem Monat riß mich die sogenannte kubanische Raketenkrise aus dem akademischen Alltag. Ich war gezwungen, mich mit der realen Gefahr eines Atomkrieges auseinanderzusetzen. Ich wollte die Ursachen des Konfliktes erforschen. Plötzlich erkannte ich die Verbindung zwischen Politik und Überleben – auch meinem eigenen. Unter dem Druck der Gefahr der akuten atomaren Vernichtung las ich ein Buch über Kuba. Der Autor war Harvard-Historiker Theodore Draper. Ich hörte die leidenschaftlichen Reden seines Bruders, Hal Draper, der der Kopf einer trotzkistischen Organisation war. Ich sammelte Literatur von allen politischen Gruppierungen am Campus von Berkeley.

In Princeton war es unvorstellbar, daß »politische Literatur« auf einem Universitätsgelände verteilt werden würde. Dort bildete die herrschende Klasse ihren Nachwuchs aus. Undenkbar, daß man sich dort politisch bildete oder gar engagierte. Und wer es tat, bekam Ärger. Ich erinnere mich an einen Kommilitonen, der sich selber als »demokratischer Sozialist« bezeichnet hatte und dabei die linke SPD in der Bundesrepublik vor Augen hatte. Sein Zimmer wurde heimgesucht von den »Schränken« aus dem Footballteam, sie warfen seine Sachen auf den Rasen und »räumten« richtig bei ihm auf. In dieser Atmosphäre brachte ich meine ersten vier Universitätsjahre zu. Als ich für die Promotion zur Universität Berkeley in Kalifornien wechselte, hatte ich den Eindruck, ich sei auf einen anderen Planeten gelangt. 1964 kamen Studenten, die sich aktiv in der Bürgerrechtsbewegung im amerikanischen Süden engagiert hatten, zurück nach Berkeley. Ihnen wurde untersagt, Kundgebungen zu veranstalten und politische Literatur zu verteilen. So entstand die *Free Speech Movement* (FSM). Gleichzeitig war das der Beginn der weltweiten Studentenbewegung. Das Verbot konnte ich nicht begreifen; es widersprach dem in der amerikanischen Verfassung verbrieften Recht auf freie Meinungsäußerung. Ich konnte die Heuchelei nicht begreifen, bis Redner wie Bettina Aptheker, die Tochter des kommunistischen Historikers Herbert Aptheker, darauf hinwiesen, daß die größten Firmen Kaliforniens die Mitglieder des Aufsichtsrates der Universität stellten. Diese Firmen hatten weder Interesse an der Einheit von schwarzen und weißen Arbeitern noch an einer Massenbewegung wie die Bürgerrechtsbewegung. Politik werde von oben gemacht, lautete ihre Devise, die keinen Widerspruch duldete.

Als die Studenten das Gebäude der Universität besetzten (heute nichts ungewöhnliches, aber damals unerhört), wurden mehr als 600 von der Polizei brutal entfernt und verhaftet. Ich konnte der Verhaftung entkommen. Ich war schockiert von einem solchen Mißbrauch der Staatsmacht, um die kritische Meinungsäußerung zu unterdrücken.

Die Begründung, die Studenten hätten das Recht auf freie Meinungsäußerung mißbraucht, weil es Ziel der Reden gewesen sei, mehr Studenten für die Bürgerrechtsbewegung der Schwarzen zu gewinnen, klang hohl: Ist Meinungsäußerung nicht dazu da, um andere zu überzeugen? Das erste Mal, aber nicht das letzte Mal, habe ich begriffen, daß dieser Staat existierte, um die Interessen einer kleinen, aber mächtigen Elite zu schützen.

Zu jenem Zeitpunkt wußte ich nicht, warum dies so war, aber ich war – Mutters Stimme im Ohr – nicht bereit, diese Mißstände zu akzeptieren. Ich wurde zum Vertreter meines Fachbereiches in der sich formierenden Bewegung gewählt. Eines Tages während eines wochenlang andauernden Protestes der Studenten – es ging um die Benutzung eines Universitätsgrundstücks – ließ der kalifornische Gouverneur Ronald Reagan, ein ehemaliger Hollywood-Schauspieler, das ganze Universitätsgelände mit Tränengas aus einem Polizeihubschrauber bombardieren. In Reagans Augen war die Forderung über die Benutzung von Staatseigentum eine Herausforderung der Staatsmacht. Die Konfrontation ging so weit, daß die Nationalgarde meine Straße absperrte. Ich mußte mich gegenüber den Soldaten, die an ihren Gewehren blanke Bajonette trugen, ausweisen, um in meine Wohnung zu kommen.

Die ersten kritischen Stimmen zum amerikanischen Krieg gegen Vietnam wurden laut. Mit Unglauben hörte ich die Vorwürfe gegen die Politik der US-Administration. Ich war nicht sicher, ob ich den linken Erklärungen folgen sollte. Ich las die Protokolle der Verhandlungen, die zu den Genfer Abmachungen geführt hatten, und ich las die Vereinbarungen, die die USA unterzeichnet hatten. Ich reagierte mit Empörung und Unglauben, daß mein Land seine eigenen internationalen Vereinbarungen nicht eingehalten hatte, weil die Regierung erkannte, daß durch freie Wahlen in Vietnam die Kommunisten unter Ho Chi Minh an die Macht kommen würden. Ohne mich einer Organisation anzuschließen, habe ich einen Brief an den Präsidenten entworfen, der die Einhaltung der Genfer Vereinbarungen forderte. In meiner Wohnsiedlung, wo verheiratete Studenten lebten, sammelte ich Unterschriften für den Brief. Sofort wollten Unterzeichner ebenfalls Unterschriften sammeln. Innerhalb weniger Wochen bildeten wir die *Villagers Opposed to the War* (VOW). Wir hielten Reden, führten Dokumentarfilme über den Krieg vor und hatten bald die Kontrolle über die Demokratische Partei in unserem Ort übernommen. VOW wurde Teil eines Versuchs, den amtierenden linksliberalen Kongreßabgeordneten im nächsten Wahlkampf abzuwählen und durch Robert Scheer, einen bekannten linken Journalisten, zu ersetzen. Ich wurde Wahlkampfleiter für meinen Ort, einem Nachbarort von Berkeley.

Immer mehr wuchs die Kluft zwischen meiner akademischen Arbeit und meinen politischen Aktivitäten: Ich habe versucht, die zwei Seiten meines Lebens in Einklang zu bringen. Ich verwarf mein Dissertationsthema über die Auswirkungen von Arbeitslosigkeit von Ingenieuren auf ihr Leben und begann eine Untersuchung der wirtschaftlichen und politischen Faktoren, die für den enormen Zuwachs der Stellen für Ingenieure und Wissenschaftler im Rüstungsbereich verantwortlich waren. Mein Ziel war nicht nur Verstehen, sondern auch, diese Menschen gegen den Krieg zu mobilisieren. Die Arbeit mündete in die Unterstützung einer Gruppe kritischer Wissenschaftler und Ingenieure in der Rüstungsindustrie durch zwei Dokumentarfilme und ein Buch über die »Waffenmacher«, das ihre Mobilisierung erleichtern sollte.

Doch auch an der »linken« Universität in Berkeley war es nicht möglich, mit einer marxistischen Analyse der Entwicklung der High-tech-Rüstungsindustrie zu promovieren. Um meinen Doktortitel zu erwerben, wurde ich gezwungen, zwei Drittel – etwa 250 Seiten – meiner Dissertation zu eliminieren. Das betraf die historische Analyse der außen- und rüstungspolitischen Strategie gegen die sozialistischen Länder, die wirtschaftspolitischen Interessen hinter den Verteidigungsausgaben und die hochschul- und arbeitsmarktpolitischen Instrumente, die verwendet wurden, eine Armee der Wissenschaftler für den Kalten Krieg zu schaffen. (Leider ist die ursprüngliche Fassung, um mich zu schützen, 1990 durch den Reißwolf der HVA gegangen.)

Auf dem Höhepunkt der Antikriegsbewegung 1969 standen sogenannte radikale Soziologen hoch im Kurs. Ich wurde von mehreren Universitäten umworben und entschied mich für die Washington-Universität in St. Louis, Missouri. Das war eine Elite-Universität zweiten Ranges. Im Unterschied zu den älteren Soziologen wollten wir jüngeren die Welt nicht nur verstehen, sondern auch verändern. Einer meiner neuen Kollegen verbrannte öffentlich seine Wehrpflicht-Registrierungskarte und kam damit in die Nachrichten ...

Schon in der ersten Woche sahen mich meine älteren Kollegen in den Fernsehnachrichten mit meinen Studenten und Streikposten vor einer örtlichen Munitionsfabrik. Andere »Radikale« führten eine Gruppe Sozialhilfe-Empfänger und ihre Kinder in das Sozialamt, um mehr Geld für Winterkleidung zu fordern. In meinen Vorlesungen und Seminaren über die amerikanische Gesellschaft beleuchtete ich die gesellschaftlichen Rahmenbedingungen und Machtstrukturen, die zu neoimperialistischen Kriegen wie in Vietnam führten.

Mit einem Professor für asiatische Geschichte initiierte ich die wöchentliche Rundfunksendung »Bericht über Krieg und Frieden«, der alternative Sender hatte immerhin eine Reichweite von zehn Kilometern. Gemeinsam mit einem meiner Doktoranden unterstützten wir die Arbeiter in einer Rüstungsfabrik, die für nichtmilitärische Aufträge kämpften.

Da bekam ich die Staatsmacht zu spüren. Meine Kollegen und ich wurden von der örtlichen politischen Polizei verfolgt, Angehörige des *Office of Naval Intelligence*, der Aufklärung der Marine, besuchten jene Familie aus der Flugzeugfabrik, die mit uns einen Film über den Beitrag von McDonnell-Douglas zum Völkermord in Vietnam gedreht hatten. Sie wurden mit Fotos von ihren Begegnungen mit uns eingeschüchtert und erfolgreich bedroht mit dem Hinweis, man werde ihre Rente streichen, wenn sie nicht stillhielten. Ich selbst wurde zu ködern versucht, indem man andeutete, man würde einer Vertragsverlängerung mit mir nur unter der Voraussetzung zustimmen, wenn ich es künftig unterließe, die Entscheidung der Universität zu kritisieren, meinem Kollegen keinen unbefristeten Vertrag anzubieten. Ich lehnte dieses »Angebot« ab und zeigte mich solidarisch. Mein Kollege wurde durch einen Anhänger von Habermas-Luhmann ersetzt, jener Denkrichtung, die lieber Marx kritisierte als die Welt zu verändern.

Bald war ich mit Frau und zwei Kindern wieder auf Jobsuche. Ich fand eine Stelle an einem College im ländlichen Gebiet von New York und lebte auf einem Bauernhof. Hier war kaum Politik zu machen, aber ich machte meine Vorlesungen zur Theorie in der Soziologie zu einem Streifzug durch die historische Entwicklung der Klassengesellschaften – mit den Schriften von Marx, Engels und Lenin über den Imperialismus. Starker Tobak für ein College in der Provinz, aber es war niemand im Fachbereich da, der mich intellektuell hätte herausfordern können. Sie ließen mich in Frieden, bis ich eine Stelle in Buffalo, New York, bekommen konnte. An dem dortigen College waren viele Studenten, die aus Arbeiterfamilien stammten oder selber Arbeiter waren und meine Abendvorlesungen besuchten.

Schon bald wurde ich von einem konservativen Rundfunkkommentator eingeladen, in seiner Sendung über meinen Standpunkt zum Krieg in Vietnam zu diskutieren. Zu meinem Erstaunen kannte er genauestens meine politische Aktivitäten während meiner vier Jahre in St. Louis, obwohl das doch eintausend Meilen entfernt war. Offensichtlich hatte ihm das FBI meine Akte zugespielt.

Ich wurde zum Vertrauensmann der Lehrergewerkschaft gewählt und versuchte, die angepaßte Gewerkschaft mit einer Zeitung anzuspornen und Professoren für den Kampf der Studenten gegen finanziellen Kürzungen zu gewinnen. Leider habe ich meine Gewerkschaftskollegen nicht richtig eingeschätzt – ich war ihnen zu weit voraus. Aus diesem Grunde fand ich bei ihnen keine Unterstützung, als mein Vertrag nicht in einen unbefristeten umgewandelt wurde. Ich wurde auch als Vertrauensperson abgewählt.

Als ich um meine Stelle kämpfte, erhielt ich ein Angebot des John-F.-Kennedy-Instituts für Nordamerikastudien an der Freien Universität Berlin. Die Linken am Institut wollten mich. Von mehreren Bewerbern wurde ich auf den ersten Platz gesetzt. Offensichtlich ging die Bewerbung anstandslos durch die politischen Instanzen, weil die Assistenzprofessur befristet war. Ohne zu zögern nahm ich die angebotene Stelle an, weil ich mir bewußt war, in den USA keinen Job mehr als Akademiker zu bekommen.

Mit vollem Bart, langen Haaren und vielen politischen Plakaten fing ich Mitte April 1976 am Kennedy-Institut an. Am 1. Mai war ich bereits auf der Straße, um mit maoistischen und trotzkistischen und anderen »linken« Vereinigungen für einen nichtexistierenden Sozialismus zu kämpfen. Daß solche Gruppen – unterwandert oder nicht, gesponsert oder nicht – an der Grenze zwischen dem Vorposten des Kapitalismus und des realexistierenden Sozialismus objektiv die sozialistischen Länder schwächten, war mir nicht bewußt.

Ich begann regelmäßig DDR-Fernsehen zu schauen. Ich traute meinen Augen und Ohren nicht: Ich sah Szenen aus Betrieben der Industrie und in der Landwirtschaft, optimistische, aber durchaus kritische Gespräche über den Inhalt der Arbeit mit Arbeitern, nicht mit Managern, ich sah Diskussionen über die geplante Einführung neuer Technologien, ohne Arbeitslosigkeit zu schaffen, sondern um die Produktion zu verbessern. Die Geschlechterrollen, durch Erziehung, Propaganda und Mängel an institutioneller Infrastruktur im »reichen« Westen verfestigt, wurden in der DDR offensichtlich anders gehandhabt. Meine Kinder in den USA wurden von einer pädagogisch nicht qualifizierten Tagesmutter stundenlang vor den Fernseher gesetzt. (Dafür zahlt heute meine Tochter, die in den USA lebt, etwa 24.000 Dollar im Jahr.) Ich sah, daß Frauen nahezu alle Berufe ausübten, was in den USA unüblich war. Ich wurde sogar zum Fan von Schnitzlers »Schwarzem Kanal«. Er zeigte, wie eng die Grenzen des politischen Diskurses in der »freien Welt« gezogen waren. Jeder, der sich über sie hinwegsetzte, wurde als Extremist gebrandmarkt und setzte seine finanzielle Existenz aufs Spiel. Ich kannte das Leben, mit dem sich Schnitzler grundsätzlich und möglicherweise für DDR-Bürger zu abstrakt auseinandersetzte. Er hatte aber einfach recht.

Es dauerte einige Zeit, ehe ich Kontakt zu DDR-Bürgern suchte. Wie üblich wollte ich die Sache gründlich angehen und von allen Seiten betrachten. Wieviel aus dem Fernsehen stimmte mit dem Leben in der DDR überein? Ich wollte mit Ostdeutschen über ihre Gesellschaft reden.

Von einer linken Frau in den USA hatte ich den Namen von einem deutsch-jüdischen Schriftsteller, der nach dem Krieg aus dem Exil in Australien in die DDR gekommen war. Eines Tages im August 1976 rief ich Walter Kaufmann an. Wir vereinbarten ein Treffen im Klub der Deutsch-Sowjetischen Freundschaft am Maxim-Gorki-Platz. Auf Kissen sitzend, Tee trinkend, hat er mir erzählt, als Jude könne er nur im antifaschistischem Teil Deutschlands leben, nicht in einem Deutschland, wo ein Amt bei den Nazis für das Fortkommen von Vorteil gewesen sei. Er hätte nur die Wahl, gehabt, entweder in der DDR zu leben oder weiter im Exil.

Meine kritischen Fragen schienen ihm etwas naiv. Er sah nur die Möglichkeit, den bestehenden Sozialismus zu verbessern, d. h. das Bestehende mußte verteidigt, nicht abgeschafft werden.

Kaufmann vermittelte mir Kontakte zu Edith Anderson, einer amerikanischen Schriftstellerin, und zu Jack Mitchell, einem irischen Professor an der Humboldt-Universität. Anderson, auch jüdischer Herkunft, hatte viele kritische Bemerkungen zur DDR gemacht, aber blieb in der DDR, wo sie auch starb. Nicht »Love it or leave it«, sondern »Love it and improve it« war ihre Devise.

Die Begegnungen mit diesen beiden kritischen Intellektuellen haben mich sehr beeindruckt.

Jack Mitchell lud mich in seine Wohnung ein, wo er mit seiner Frau Renate, ebenfalls Professorin, und seinen drei Kindern lebte. Diese Verbindung entwickelt sich zu einer engen Freundschaft. Ich war fast an jedem Wochenende bei ihnen zu Besuch. Jacks Engagement steckte mich an, besonders sein Einsatz für die internationale Solidarität und beim »Festival des politischen Liedes«, das er mitorganisierte. Allmählich reifte in mir den Wunsch, in die DDR zu übersiedeln. Ich wollte in einem Land leben, wo »Revolutionäre« nicht verpönt waren, sondern in allen Bereichen tätig waren und geehrt wurden. Ich wollte in einem Land leben, das Befreiungsbewegungen unterstützte, statt sie mit Gewalt zu bekämpfen. Ich wollte in einem Land leben, wo die arbeitende Bevölkerung nicht um ihre Existenz fürchten mußte.

Weil ich gegen Krieg und für soziale Gerechtigkeit war, hatte ich zwei Arbeitsstellen verloren. Ich wurde von der politischen Polizei verfolgt. Keine Frage: Jeder Staat ist ein Herrschaftsinstrument, auch in der DDR sprach man von einer Diktatur, von einer Diktatur des Proletariats, in der eine Mehrheit eine Minderheit unterdrückte. Damit, so schien mir, ließ sich leichter leben, als wenn eine winzige Minderheit die uneingeschränkte Herrschaft ausübte. Wenn man in den USA das kapitalistische System in Frage stellte, bekam man sofort die Macht zu spüren. Die Geschichte der amerikanischen Gewerkschaftsbewegung kennt Spitzel, Erpressung, Gewalt und Mord. Ein Land wie die DDR, belagert und bekämpft von einem wirtschaftlich starken Nachbarn und seinen Verbündeten, darunter die USA, durfte zum Preis des eigenen Untergangs meiner Meinung nach nicht so großzügig mit Kritikern umgehen, wie ich und andere es sich wünschten und wie es vielleicht dem Sozialismus geziemte, den Marx und Engels vorgedacht hatten.

Ich suchte Kontakt zum Außenministerium der DDR.

Zuvor reiste ich mit Victor Grossman – ein Publizist jüdisch-amerikanischer Herkunft –, der als Kommunist an der renommierten Harvard Universität studiert hatte, zum Dokumentarfilm-Festival nach Leipzig. Dort konnte ich Mitglieder einer Delegation aus Nordvietnam umarmen, es trieb mir Tränen des Glücks in die Augen. Die Unterstützung ihres Befreiungskriegs hatte mich verwandelt, ich war vom Friedensaktivisten zum Sozialisten geworden. Ich sah auch einen Film von einem Marsch kubanischer Arbeiter, die Bohrmaschinen aus der DDR stolz in die Höhe reckten – das war internationale Solidarität, die mich bewegte.

Mich plagte jedoch auch mein Gewissen: Mache ich es mir nicht zu bequem, wenn ich in ein sozialistisches Land ging? Sollte ich mich als Amerikaner mit politischer und akademischer Erfahrung nicht besser in meiner Heimat politisch engagieren? Mein Konflikt wurde in einem

Gespräch mit einem britischen Kommunisten transformiert: »Ein Kommunist lebt, wo er die beste politische Arbeit leisten kann.«

Aber wo ist das, fragte ich mich. Die Ausländer in der DDR, die ich kannte, leisteten gute politische Arbeit in der DDR. Jenny, die Tochter von Jack Mitchell, war Mitarbeiterin und Sprecherin bei Radio Berlin International.

Ich konnte mir eine Rolle als Gegenspieler von *Radio Liberty* und *Voice of America* vorstellen.

Zwischen Weihnachten 1976 und Neujahr hatte ich ein Treffen mit Vertretern des Außenministeriums, um meine Übersiedlung zu besprechen. Man erklärte mir, daß ich als Übersiedler willkommen sei, ich könnte sicherlich der DDR helfen. Aber ...

Was »aber«?

Mir gehe es doch nicht nur um Arbeit und Wohnung, also um private Bedürfnisse, sondern darum, die DDR zu unterstützen, also um kollektive Interessen, erklärte der eine.

Ich nickte.

Am wirksamsten wäre meine Unterstützung für Frieden und Sozialismus, wenn ich im Westen bliebe und mich dort engagierte, sagten mir die beiden Herren und lächelten dabei. Ich habe an den berühmtesten Universitäten studiert, sei ein Intellektueller mit exzellenten Fähigkeiten, und wenn ich mir meinen Bart abnähme und die Haare auf das übliche Maß kürzte, mich von linken Kreise fernhielte und keine ketzerischen Reden mehr hielte, hätte ich gute Chancen, in einflußreiche Kreise zu gelangen. Die Perspektive schien mir nicht uninteressant, wenngleich der Preis sehr hoch war.

Ich sollte Freunde in konservativen Kreisen suchen und öffentliche Kritik allenfalls an »linken« Kollegen, besonders wenn sie bis dahin meine Freunde waren, üben. Ich würde schon sehen, daß bald einflußreiche Leute meinen Rat suchen würden. So kam es denn auch.

Allerdings war mir auch zugesagt worden, daß ich jederzeit die Aufklärungsarbeit beenden und in die DDR kommen könnte. Nach neun Jahren war ich fast so weit. Ich wollte Genossen als Freunde im Alltag haben und das Leben im Sozialismus erleben. Das war 1985. In Moskau kam nach Tschernenkos Tod Gorbatschow an die Macht. Spontan begrüßte ich die von ihm erklärte Absicht, Verkrustungen zu beseitigen und mehr Offenheit zu wagen. Perestroika und Glasnost waren objektiv notwendig, das wußte jeder politisch denkende Mensch. Aber das fand statt unter den Bedingungen einer unveränderten Blockkonfrontation. Hatten das die Genossen in Moskau ausreichend bedacht, fragte ich mich.

Ich las Gorbatschows Buch über die Perestroika und fand meine Frage hinlänglich beantwortet. Ich sah schwarz, nicht rot. Der Generalsekretär der KPdSU meinte offenkundig, daß der Widerspruch zwischen Sozialismus und Kapitalismus vom gemeinsamen Interesse am Überleben überlagert, mithin aufgehoben sei. Die Angst vor Atomkrieg und ökologischen Katastrophen sei größer als die vorm politischen Untergang. Aus Angst vorm Mord sollte man also besser Selbstmord begehen.

In meinem Kollektiv war ich derjenige, der am meisten über diesen neuen Helden besorgt war. War Gorbatschows Naivität gespielt, oder glaubte er im Ernst, daß das Ende der nuklearen Konfrontation zwischen der UdSSR und den USA die Kriegsgefahr weltweit bannen würde und Freiraum für die Entwicklung des Sozialismus schaffte? Der Kampf der Klassen ging doch nicht durch Abrüstungsverträge zu Ende! Würde Ronald Reagan nicht in die Schranken gewiesen, lebte er seine und die Intentionen des militärisch-industriellen Komplexes unwidersprochen aus – Präventivkriege, nuklearer Erstschlag, Niederschlagung von Befreiungsbewegungen etc. ... Der Klassenkampf war nicht zu Ende, sondern trat in eine neue Phase.

Und hatte man in Moskau vergessen, daß der Kalte Krieg durchaus ein Krieg gewesen war, der nur ein Ziel kannte: die Überwindung des Sozialismus. Der Appetit auf ein Sechstel der Erde, das sich dem Zugriff des Kapitals seit 1917 entzog, war nicht verschwunden. Im Gegenteil: Mit dem Rückgang der Weltressourcen nahm er noch zu.

Ich wußte aus meinen Verbindungen in Washingtoner Regierungskreise, daß jede Öffnung der sowjetischen Gesellschaft vom Westen ausgenutzt werden sollte, die UdSSR zu destabilisieren.

In einem Vier-Augen-Gespräch mit einem Mitglied des Nationalen Sicherheitsrats von Präsident Reagan hatte ich ungeschminkt zu hören bekommen, daß die Absicht bestünde, die Sowjets totzurüsten. Dies schien Gorbatschow begriffen zu haben, weshalb er die Notbremse zog. Aber was war die Alternative?

Der einstige Leiter der CIA in Bonn hatte mir einmal gesagt, daß sie Hunderte Agenten im Ostblock, vor allem in der DDR hätten, und wohl nicht übertrieben. Und nie würden sie die abziehen, nur weil Raketen abgerüstet würden. Gorbatschow war offenkundig blauäugig.

Ich nicht. Ich blieb auf meinem Posten und legte den Plan beiseite, in die DDR zu übersiedeln.

Mit gesteigerter Intensität beschaffte ich Pläne, Überlegungen und Bewertungen der BRD-Regierung. Allein zwischen September und Dezember 1989 lieferte ich fast 25 Berichte – einschließlich des 10-Punkte-Planes von Kanzler Helmut Kohl.

Die »Brüder und Schwestern« in der DDR vermochten nicht, zwischen der Realität und der Propaganda des Kapitalismus zu unterscheiden. Sie konnten (oder wollten) nicht wahrhaben, daß der Wohlstand in der BRD auf neoimperialistischer Unterdrückung und Ausbeutung der ärmeren Länder dieser Erde fußte. Meine Wut auf die DDR-Bevölkerung, auf die »Opposition«, auf das SED-Politbüro war groß. Wie konnte man sich so wegwerfen? So jämmerlich abtreten?

Trotzdem: Die Arbeit mit der HVA für den Schutz der DDR hat sich allemal gelohnt, weil die DDR Spuren für einen künftigen demokratischen Sozialismus hinterlassen hat.

Aus diesen Erfahrungen wird eine neue Form gegossen.

Spur = hinterlassenes Zeichen

Von »Loni«

Im Bauch des Drachen
Geflügeltes, feuerspeiendes, schlangenartiges Tier mit Köpfen.
Auskundschaften? Beobachten?

In seinem Bauch täglich zu sitzen
Zu arbeiten
Brav und hübsch, tüchtig, schön auszusehen
Aufmerksamkeit
Mut
Immer auf der Hut sein.

Abends müde
Arbeiten müssen
Fotografieren, Dunkelheit, Genauigkeit, Fahrpläne, Tote Briefkästen,
Tapfer sein
Sicher sein
Mutig sein.

Zu wissen, warum ich es tue.
Ohne Penis
Ohne Ruhm
Ohne Glanz
Ohne Ansehen
Hinter den Kulissen.

Die Atmosphäre schaffen
Strahlen
Ausstrahlung
Sicherheit
Tolles Essen
Gespräche führen
Zuhören, genau zuhören
Fragen stellen
Tiefer fragen
Wissen, was zu fragen.
Das Gespräch vertiefen

Intelligent
Klug
Gut Informiert
Hübsch sein.

Bauch des Drachens
Mein Bauch
Mutter werden
Mutter sein
Stillen im Kollektiv
Trinken mit den Männern
Reflektieren
Nur mit Männern sein
Nur mit Männern arbeiten
Frau sein.

Alles täglich schaffen
Einkaufen
Arbeit
Tagesmutter
Kinderlieder
Abendessen
Windeln, viele Windeln
Schön und ausgeschlafen zur Arbeit gehen
Tag für Tag
Jahr für Jahr
13 Jahre.

Das Kind lieben
Die Gefahr erkennen
In die Augen schauen
Das Gefangennehmen
Das Gefängnis
Die Verdrängung.
Erfahrung sammeln
Ein guter Menschenkenner
Die Menschenkenntnis
Grenzen erreichen
Frust und Müdigkeit
Eigene Ziele zurückstellen
Die Eigenartigkeit meines Wesens bremsen

Lust bremsen.

An der Botschaft
Beim Militär
Bei Gesprächen
Empfänge mit Cocktail in Hand
Journalisten
Diplomaten
Politiker
Regierungsbeamte
Ministerialbeamte …

Atomkrieg, Chemiewaffen, Neutronenbombe, Kriegsspiele
Heiß
Siedeheiß
Brühheiß
Vertraulich, Sicherheit, Sicher stellen.

Der Bauch
Bauchschmerzen
Bauchweh
Kopfweh
Nervosität, nervig, kräftig.
Zu wissen, warum ich es tue
Die vor mir …
Die Jüngste zu sein …
Trotzdem mutig
Mit dem Fahrrad zur Arbeit
Mit Kind im Zug,
Mit Stolz, dabei zu sein
Mit Ernsthaftigkeit.
Glasnost
Trotz allem
Dabei zu bleiben.

November 1989
Es neigt dem Ende zu
Noch jung zu sein
Noch Fragen, viele Fragen.

Warum? Ein Experiment? DAS Experiment.

Antifaschismus
Realsozialismus
Kalter Krieg zu Ende?
Friedensdividende?

Das Experiment gelingt
Das Experiment mißglückt
Aufbau Ost
Zusammen wachsen, was zusammen gehört
Ausverkauf
Treuhand
Blühende Landschaften.

Es kommt darauf an …
1991 Golfkrieg Irak
1994-1998 Jugoslawien
2001 Krieg gegen den Terror
Afghanistan, Irak, Nordkorea, etc. etc. etc.

Damals in der Grundschule, 1963
Atomkrieg? Kuba
Kinder im Schneidersitz
Wie kleine Indiane
In der Grundschule
Kleine Hände über dem zarten Nacken
Das Genick darf nicht brechen
Atombombe wie Hiroshima
Meine kleinen Hände als Schutz
Über mein Genick
Gegen Atombomben?

Heute, 2003, in der Grundschule
Atom-, Bio-, Chemie-Waffenanschlag ?
Tesakrepp verteilen
Fenster schließen
Als Schutz gegen Chemiewaffen?

Konventionelle und nukleare Waffen,
Auf dem Kriegsfeld
Gemischt
Nicht rühren

Nicht schütteln
Zukunfts-Cocktail ?

Heute in der Öffentlichkeit reden
Heute auf der Straße
Demonstrieren
Aufklären
Diskutieren
Farbe bekennen
Zuhören
Ängste erkennen
Krieg für Öl?
Sag nein!
Zivilcourage
Arbeitslos
Flexibilität
Global brutal.

Das Experiment gelingt
Das Experiment mißglückt
Nächstes Mal besser, nächstes Mal wo?
Nächstes Mal?

Ein notwendiges Nachwort

Die »Gesellschaft für rechtliche und humanitäre Unterstützung e. V.« (GRH) wurde 2003 zehn Jahre alt. Ihr Anliegen war es von Anfang an, den wegen ihres Handelns für die DDR von der Strafverfolgung Betroffenen zu helfen und gegen Unrecht, politische, wirtschaftliche und soziale Ausgrenzung sowie gegen Hetze und Verleumdung Widerstand zu leisten.

Wenngleich bei Aufklärern, besonders bei den in der alten BRD ansässigen, durchaus eine Spezifik vorliegt, so gehören sie zum Kreis der Betroffenen. Ihnen gehören unsere uneingeschränkte Solidarität und Unterstützung. Die Arbeitsgruppe Aufklärer der GRH ist fester Bestandteil unserer Organisation. Im Zusammenhang mit dem Anschluß der DDR an die BRD gab es nicht wenige bedeutende Politiker und Strafrechtler der BRD, die die Strafbarkeit von Spionage für Ost und West verneinten oder in Frage stellten. Forderungen nach Gleichbehandlung wurden erhoben. Die in der Folge von der Bundesregierung betriebene Strategie der Delegitimierung der DDR hatte jedoch auch für die Kundschafter Strafverfolgung und soziale Ausgrenzung zur Folge.

Alle unsere Versuche, eine Gleichbehandlung von Agenten der Nachrichtendienste der DDR und der BRD zu erreichen, wurden zurückgewiesen. Der in der Zeit des Kalten Krieges praktizierte Agentenaustausch mit dem damit verbundenen gegenseitigen Straferlaß war vergessen. Die noch während der Modrow-Regierung aus der Haft entlassenen Agenten westlicher Dienste wurden dagegen rehabilitiert und per Gesetz aus vollen Kassen fürstlich belohnt, die Kundschafter der DDR-Dienste hart bestraft, um ihre Renten und Pensionen gebracht, mit hohen Verfallstrafen belegt und ins soziale Aus gestellt, was mit politischer und persönlicher Ächtung verbunden wurde.

Allein gegen Bürger der Bundesrepublik wurden über 3.000 Ermittlungsverfahren eingeleitet, fast 400 Anklagen erhoben und 250 Freiheitsstrafen verhängt. Darunter drei Aufklärer mit je zwölf Jahren Freiheitsentzug, sechs bekamen zwischen neun und zwölf Jahren und 17 von ihnen erhielten Strafen zwischen fünf und acht Jahren. Auch in dieser schwierigen Situation zeigten die Kundschafter menschliche Größe. Sie verdienen unsere uneingeschränkte Hochachtung.

Prof. Siegfried Mechler, Vorsitzender der GRH
Berlin, im Mai 2003